本书为国家重点研发计划课题"长江流域文明进程研究"（课题编号2020YFC1521603）和"中华文明起源进程中的生业、资源与技术研究"（课题编号2020YFC1521606），以及国家文物局"考古中国"重大项目"长江下游区域文明模式研究"的阶段性成果。

丛书编委会

主 编：

方向明　陈明辉

编委成员（按姓氏拼音排序）：

陈　虹　高　洁　姬　翔　蒋卫东　金　瑶　孔懿翎　李　晖　李晖达　李默然

李新伟　连蕙茹　梁慧娟　梁颖琪　林　森　刘安琪　刘　斌　刘亚林　秦小丽

沈晓文　施兰英　时　萧　宋　姝　宋志华　苏明辰　孙海波　孙瀚龙　陶　豫

王宁远　王　正　闻　雯　武　欣　夏　勇　闫凯凯　于振洋　张　萌　张　森

张依欣　周黎明　朱叶菲

世界古文明译丛
Ancient Civilizations of the World

The Ancient Indus Valley

New Perspectives

失落的神秘之地

古印度河文明

[英]简·R.麦金托什 著

陈明辉 林 森 译

ZHEJIANG UNIVERSITY PRESS
浙江大学出版社
·杭州·

图书在版编目（CIP）数据

失落的神秘之地：古印度河文明 /（英）简·R. 麦
金托什著；陈明辉，林森译. -- 杭州：浙江大学出版
社，2022.9
（世界古文明译丛 / 方向明，陈明辉主编）
书名原文：The Ancient Indus Valley: New
Perspectives
ISBN 978-7-308-22745-2

Ⅰ. ①失… Ⅱ. ①简… ②陈… ③林… Ⅲ. ①印度河
—流域—文化史 Ⅳ. ①K350.03

中国版本图书馆CIP数据核字(2022)第104634号

Translated from the English language edition of *The Ancient Indus Valley: New Perspectives*, by Jane R. McIntosh, originally published by ABC-CLIO, Inc., an imprint of ABC-CLIO, LLC, Santa Barbara, CA, USA. Copyright©2008 by ABC-CLIO, Inc. Translated into and published in the Simplified Chinese language by arrangement with ABC-CLIO, LLC. All rights reserved.

No part of this book may be reproduced or transmitted in any form or by any means electronic or mechanical including photocopying, reprinting, or on any information storage or retrieval system, without permission in writing from ABC-CLIO, LLC.

浙江省版权局著作权合同登记图字：11—2022—147

失落的神秘之地：古印度河文明
SHILUO DE SHENMI ZHIDI：GU YINDUHE WENMING
[英] 简·R. 麦金托什 著 陈明辉 林 森 译

丛书策划	陈丽霞　丁佳雯
责任编辑	丁佳雯　朱梦琳
责任校对	张培洁
责任印制	范洪法
封面设计	程　晨
出版发行	浙江大学出版社
	（杭州市天目山路148号　　邮政编码　310007）
	（网址：http://www.zjupress.com）
排　　版	杭州林智广告有限公司
印　　刷	浙江海虹彩色印务有限公司
开　　本	710mm×1000mm　1/16
印　　张	26.5
字　　数	442千
版 印 次	2022年9月第1版　2022年9月第1次印刷
书　　号	ISBN 978-7-308-22745-2
定　　价	108.00元

版权所有　翻印必究　　印装差错　负责调换
浙江大学出版社市场运营中心联系方式：0571-88925591；http://zjdxcbs.tmall.com

总　序

大九州：中国考古学的世界性

中国考古学，其研究主题，自然是中华文明的起源和发展。中华文明熔多元为一体，绵延 5000 多年，依然年少，朝气蓬勃，特质鲜明。要讲好中华文明的故事，中国考古学自然需要"中国特色、中国风格和中国气派"。但我们越是心系中国，就越应该胸怀世界。战国人邹衍已经认识到，"儒者所谓中国者，于天下乃八十一分居其一耳。中国名曰赤县神州，……中国外如赤县神州者九，乃所谓九州也"。构建"最中国"的考古学，需要"最世界性"的胸怀，放眼此"大九州"。

百年之前，1921 年，以仰韶遗址的发掘为标志，中国考古学诞生。其刚睁开双眼，就看到了中国之外的世界。仰韶遗址的发掘者安特生，是为中国政府和科研机构工作的瑞典学者。他发掘的起因，是仰韶遗址彩陶的"世界性"，即与土库曼斯坦的安诺遗址、黑海西岸的特里波利遗址的彩陶颇为相似。发掘确立了中国第一个史前文化——仰韶文化，中华文明起源的科学探索迈出关键一步；但同时高声发出"世界性"的提问：中国远古之文化，是否跨越辽阔的欧亚草原，自西而来？

应声而起的第一代中国考古学家，同样有开阔的世界视野。在哈佛大学学习人类学并获得博士学位的李济，"想把中国人的脑袋量清楚，来与世界人类的脑袋比较一下，寻出他所属的人种在天演路上的阶级来"，要是有机会，他还想去中国的新疆、青海、西藏，印度以及波斯去"刨坟掘墓、断碑寻古迹，找些人家不要的古董，来寻绎中国人的原始出来"。

梁思永，同样在哈佛大学获得博士学位，以经典西方考古地层学方法，识别"后岗三叠层"，厘清仰韶文化、龙山文化和殷商文化的年代关系。吴金鼎，学成于伦敦大学，以经典西方类型学，全面分析中国史前陶器。中国现代考古学奠基人之一夏鼐，在伦敦大学学院师从著名埃及学家 S. 格兰维尔（S. Glanville）、探方发掘法的首创者 M. 惠勒（M. Wheeler）和古埃及文字学泰斗 A. H. 伽丁内尔（A. H. Gardiner），利用当时最新的考古资料，完成博士论文《埃及古珠考》（*Ancient Egyptian Beads*），开启了之后贯通中西、气象恢宏的研究旅程。

可见，中国考古学在其早期阶段，无论是视野还是方法，都已颇具国际风范。

1949 年后，考古田野工作全面铺开，新发现目不暇接，建立考古学文化的时空框架成为最紧迫的任务。但中国考古学家们并未埋首于瓶瓶罐罐，"见物不见人"。一方面，实证中华文明起源和发展之路的初心未变。主流认识是：中国史前文化多元发展，在黄河中下游或"中原地区"文化引领下，凝聚为一体，向文明迈进。史前之中国，已初具后世"大一统"中央王朝的模样。另一方面，马克思主义经典理论主导地位确立。中华文明之演进，被放在世界范围的人类社会进化背景下，成为验证普遍进化框架的新证据。1963 年出版的《西安半坡——原始氏族公社聚落遗址》发掘报告对仰韶文化早期的半坡聚落进行了精细的描述和分析，提出："从物质文化遗存的特点来观察，半坡氏族部落是处在发达的新石器时代阶段，即恩格斯所论述的野蛮时代的中级阶段。从社会发展阶段来说，相当于母系氏族公社的繁荣时期。"1974 年出版的《大汶口：新石器时代墓葬发掘报告》则引起了关于父系社会的热议。在这样的讨论中，世界各地的民族学资料尤其受到关注，扩大了中国考古学的世界视野。

这两个研究主旋律同时奏响，各有动人之处，但似乎并未合奏出描述中华文明起源的壮丽交响乐。以历史时期的"大一统"格局解读史前文化演变、对经典理论"对号入座"式的僵化应用，反倒陷入苏秉琦所称的两个"怪圈"。

20 世纪 80 年代，中国考古学和国家同步，进入发展的黄金时代。

一系列重要的考古发现，如重重变奏，将重建中国古史的主旋律推向高潮。辽宁建平牛河梁，红山文化仪式圣地，高坛石冢，唯玉为葬。浙江余杭良渚，强大古国的都邑，琮璜璧钺，玉礼通神。距今 6000 年至 5000 年，中国史前时代灿烂的转折期，各地竞相展开构建复杂社会的开创性实践，文明火花迸发，绚丽如满天星斗。"中原"之外，"边缘"地区的发展，尤其引人注目，"中原"引领模式被严厉质疑。

1981 年，苏秉琦正式提出"区系类型"模式，将中国史前文化分为六大区系，指出：各大区系不仅各有渊源、各具特点和各有自己的发展道路，而且区系间的关系也是相互影响的。中原地区是六大区系之一，中原影响各地，各地也影响中原。这同以往在中华"大一统"观念指导下形成的黄河流域是中华民族的摇篮，中国民族文化先从这里发展起来，然后向四周扩展，其他地区的文化比较落后，只是在中原地区影响下才得以发展的观点有所不同，从而对于历史考古界根深蒂固的中原中心、汉族中心、王朝中心的传统观念提出了挑战。

1985 年，严文明也指出：一定要花大力气加强黄河流域以外广大地区的新石器时代考古研究工作，只有这样才能最后破除中原中心论或黄河流域中心论，正确阐明我国新石器时代文化发展的真实情况和各地新石器文化在孕育我国古代文明中的作用。他随后提出的"重瓣花朵"模式，虽然仍强调"最著名"的中原地区的特殊地位，但认为中原只是因其地利，易于受到周围文化的激荡和影响，能够从各方面吸收有利于本身发展的先进因素，因而有条件最早进入文明社会。

1986 年，在哈佛大学任教的张光直，为重建中国古史这样"最中国"的学术探索，引入了世界的视野。他借用美国学者葛德伟（Joseph R. Caldwell）讨论美国东部印第安人文化时使用的"相互作用圈"（Sphere of Interaction）概念，提出"中国相互作用圈"的概念，即中国各文化区通过无中心的网络式互动，形成的文化共同体，并热忱地称之为"最初的中国"。

上述精彩展示出的、中国史前社会超出预期的发展高度，也将从"世界性"人类社会普遍进化的角度认识中华文明的主旋律推向高潮，并将其研究焦点由母系或父系社会转为关于中华文明起源的热烈讨论。1991 年，中国社会科学院考古研究所组织中国文明起源研讨会，在"文明"的定义上，与会者普遍接受《家庭、私有制和国家的起源》中"国家是文明社会的概括"的说法。关于"国家"的标准，有学者坚持柴尔德提出的"世界性"标准，即城市、金属和文字"三要素"说。准此，则中国在殷墟时期才出现国家，形成文明。但更多学者在世界文明起源的视角下，指出三要素并非放之四海而皆准的文明标志，只要有足够的反映国家"实质"的考古证据，就可以认定国家的出现、文明的起源。对于中华文明而言，这些证据可以是玉器和丝绸等高级手工业品，都邑性聚落以及表现王权、军权和宗教权力形成的各类遗存。

两大主旋律终于发出共鸣，合奏起以中华文明起源为主题的交响乐章。

张光直在提出"中国相互作用圈"的同时，其实也对中国考古学的"世界性"进行了更深入的思考。1984 年 8 月，他访问北京大学考古系，连续作九次演讲。这成为推动中国考古学国际化的标志性学术活动。1986 年，演讲内容以《考古学专题六讲》之名出版。第一讲为"中国古代史在世界史上的重要性"，第二讲为"从世界古代史常用模式看中国古代文明的形成"。也是在 1986 年，他在香港《九州学刊》上发表了《连续与破裂：一个文明起源新说的草稿》。

他提出：一个着眼在世界性上的考古学者，在研探中华文明起源时，至少可以从三个不同的方面进行。第一个方面，是中国古代文明在世界历史上有多大的重要性？它是土生土长的，还是外面传入的？它吸收了外面多少影响，以及对外产生了多大的影响？第二个方面，应该是探讨世界史关于文化、社会变迁模式与中国丰富的历史材料之间的关系。换言之，就是用世界史解释重大历史变迁的模式来考察中国史前史和古代历史的变化过程。第三个方面，就是用从中国古代史和从中国古代史发展本身看到的法则，来丰富一般社会科学的理论。这方面是以往中外学术界较为忽略的，而从这方面进行研究，又是中国古代史和考古学家们的重大责任。这实在是对中国考古学应具有的"世界性"的精当阐述。

在第一个方面中，中国文明是土生土长还是西来，在中国考古学诞生之初就是焦点，第一代中国考古学家已经确立了中华文明的本土起源。马克思主义经典社会进化理论的应用，关注的正是第二个方面的问题。对于第三个方面，因国内学者普遍专注于中华文明本身的研究，确实是"较为忽略的"。

哈佛大学汇集了研究世界文明的优秀学者，自然会激发张光直的世界性思考。他的办公室对面，就是中美地区古代文明研究大家戈登·威利（Gordon Willey）的办公室，楼下的皮博迪博物馆（Peabody Museum）里面，陈列着哈佛大学自 19 世纪末开始在玛雅名城科潘遗址获得的珍贵文物，这又让他对中美地区古代文明有更深入的了解。因此，他得以对被忽略的第三个方面进行开创性探索。

通过对中国、玛雅和苏美尔文明的比较研究，他对中国古代文明的主要特征做出如下扼要阐述：经过巫术进行天地人神的沟通是中国古代文明的重要特征；沟通手段的独占是中国古代阶级社会的一个主要现象；促成阶级社会中沟通手段独占的是政治因素，即人与人关系的变化；中国古代由野蛮时代进入文明时代过程中主要的变化是人与人之间关系的变化，而人与自然的关系的变化，即技术上的变化，则是次要的；从史前到文明的过渡中，中国社会的主要成分有多方面的、重要的连续性。中美地区文明和中国文明实际上是同一祖先的后代在不同时代、不同地点的产物，走过了同样的"连续性"发展道路，其他非西方文明也大致如此。以两河流域的苏美尔文明为源头的西方文明，则主要以技术手段突破自然的束缚，开辟了"破裂性"的文明形成和发展道路。因此，中国的形态很可能是全世界向文明转进的主要形态，而西方的形态实在是个例外，因此社会科学里面自西方经验而来的一般法则不能有普遍的应用性。

这样的探索，似乎并未引起国内考古学界的热烈呼应，奏响中华文明研究的第三个主旋律。万里之外，热带丛林中的玛雅过于遥远；刷新认知的新发现，亟待认真梳理解析。与世界考古学的接触刚刚恢复，中国考古学界更加期待的，是新的理论和方法。《考古学专题六讲》中的"谈聚落形态考古"，产生了更迅速的影响。在俞伟超的激励下，当年最富激情的青年考古学家们，翻译西方考古学的经典论文，结集为《当代国外考古学理论与方法》，在 1991 年出版。其中收录的张光直的文章为《聚落》。由此引发的学术实践，也是西方理论与方法的应用。这包括一系列国际合作的聚落考古项目的开展，也包括对"酋邦"等概念的热烈讨论。

或许，要在对自己的文明发展有更透彻的领悟之后，才能激发"世界性"思考。

2000 年至今的 20 余年中，在多学科结合的重大项目推动下，重要考古新发现频出，现代科技手段与史前考古发掘和研究的结合日益紧密。中华文明探源工程深入开展，我们的文明起源和早期发展的壮阔历程逐渐清晰。

万年之前，中国即开启了南稻北粟的农作物驯化进程，距今 8500 年至 6000 年之间，随着农业经济形态的逐步确立和发展，各地普遍发生"裂变"，基于本地自然环境和文化传统完成了社会复杂化的初步发展。自距今约 6000 年开始，中国史前时代进入灿烂的转折期，各地区社会复杂化加剧，苏秉琦定义的"高于氏族部落的、稳定的、独立的政治实体"——"古国"纷纷涌现；同时，区域互动更加密切，形成"社会上层远距离交流网"，催生了"中国相互作用圈"，即"最初的中国"。从这个意义上说，中国是统一的多民族国家的根源可以追溯到距今 5000 多年的史前时代，"中华文明五千年"并非虚言。

遍布"最初的中国"的"古国"社会如"满天星斗"熠熠生辉，各类型政治构想被广泛实践，并在各地区的"撞击"中不断迸发新的火花，造就出更具雄心的领导者。距今 5300 年前后，中华文明的形成进入"熔合"阶段，长江下游的良渚文化成为"熔合"式发展的第一个典型，在更宏大的政治理想的促动下，有目的地借鉴各地区"古国"的兴衰经验和"领导策略"，首次完成了构建早期国家的政治实践，成为中华文明五千年的重要标志。

距今 4300 年前后，良渚文化解体，如一石入水，激起千重波浪。山东、河南和江汉地区的龙山时期社会吸收良渚社会成败的经验教训，获得普遍发展，出现大量城址，形成与古史记载契合的"万邦林立"的政治景观。在文献中帝尧活动的核心地带晋南地区，陶寺文化采取更广泛的"熔合"策略，完成又一次早期国家的构建。距今 3800 年前后，环嵩山地区龙山社会与"最初的中国"的各地区激荡碰撞、"熔合"互鉴，形成与夏王朝对应的二里头文化，完成了具有划时代意义的、中国历史上第一个王朝的构建，在与《禹贡》中九州大体相当的地理范围内，施展政治、经济和军事手段，获取资源、推广礼仪，确立强大的核心文化地位。

我们已经明确，中华文明是在三级阶梯式的中国山川形成的摇篮中，在东亚季风的吹拂下，独立孕育出来的。我们的文明在形成过程中吸收了大量外来因素，尤其是距今 4000 年前后，小麦、羊、牛和金属冶炼技术自欧亚大陆草原地带传播而来，成为龙山时代社会发展和早期王朝建立的催化剂。但是，"最初的中国"内部各地区的创造性社会发展实践和互动发展，是中华文明形成的根本原因。我们知道，中华文明的形成，对整个东亚地区的社会发展产生了深远影响，甚至引发南岛语族人群向太平洋深处的航行。

我们已经尝试，建立自己的概念体系。用"古国"这样的概念建立史前复杂社会和三代实际基本政治组织"国"或"邦"的联系。用恰当的文明形成标准认定我们独特的文明起源和发展历程。

我们已经认识到，两河流域、古埃及、印度河流域和中美地区等世界其他地方的原生文明的形成空间均不过数十万平方千米，唯有中华文明的形成如此气势恢宏，在覆盖长江、黄河及辽河流域的面积近 300 万平方千米的"最初的中国"的范围内，以"多元一体"的形式展开。正是因为在如此广大的空间中经历了各地区文化的"裂变""撞击"和"熔合"，中华文明才孕育出"协和万邦"的文明基因，产生了完成各地区一体化的宏大政治构想，周人才能在距今 3000 多年前就以分封制完成了"普天之下莫非王土"的政治抱负，将"理想的中国"落实为"现实的中国"，创建了人类文明史上第一个多民族统一的政体，此后不断发展壮大，绵延至今。放眼世界，在疆域和理念上略可与之匹敌的古波斯帝国的形成是 600 年以后的事了，而且转瞬即逝。

重建中国古史初见成果。人类社会普遍进化视角下的中华文明起源历程研究，也初步建立了自己的话语体系。张光直提出的中国考古学"世界性"的三个方面中，前两个方面涉及的问题已经有了基本答案。我们终于可以开始认真思考，如何用从中国古代史和从中国古代史发展本身看到的法则，来丰富一般社会科学的理论，而且强烈感受到：要推进这第三方面的研究、深化前两个方面的认识，一定要走出"赤县神州"，不仅要"把中国人的脑袋量清楚"，更要把"上穷碧落下黄泉，动手动脚找东西"的范围扩展到大九州，去其他文明的核心地区，从最基础的考古发掘开始，把其他文明的发展脉络看清楚。

正是在此背景下，中国考古学家对世界古代文明的考古发掘和研究正在蓬勃展开，他们的身影出现在古埃及的卡尔纳克神庙、玛雅名城科潘、印度河上游和伊朗腹地，也出现在"中国文化西来说"中彩陶文化的发源地、黑海西岸的特里波利－库库泰尼文化区。

我有幸主持的科潘城邦贵族居址发掘项目自 2015 年开展以来，获得大量珍贵文物，且第一次从贵族家庭演变的角度，验证了从王宫区考古资料获得的、关于科潘王国兴衰的认识。我也在对中美地区古代文明的研习中，收获良多。中美地区的图像学研究，启发了我对中国史前图像的探索性解读；中美地区早期城市神圣空间构建对理解中国史前都邑极具参考价值。

在科潘项目进行的过程中，我们与浙江省文物考古研究所开展了深度合作。我佩服的资深学者、朝气蓬勃的青年后起之秀，不断来科潘参加发掘、开展研讨。他们以开拓性的田野发掘和研究，不断刷新我们对中国史前文化发展和中华文明起源的认知。2019 年，良渚古城遗址被列入世界文化遗产名录，成为得到世界认可的中华文明五千年的实证。这是可以凿破"大一统"式古史记载的鸿蒙混沌的有力一击，让我们初窥自己文明创生之初，各地区竞相发展、碰撞"熔合"之壮丽景象。对中华文明起源的"大一统"认知根深蒂固，"中原模式"引领的呼声仍高，第一个"怪圈"的破除还需时日。但浙江的考古学家，已经放眼世界。在科潘王宫区的仪式大广场上，面对科潘第 13 王瓦沙克·吐恩·乌巴·卡威尔一尊尊渲染自己在萨满状态下通神入幻的石雕像，遥望远处记录科潘光荣历史的象形文字台阶金字塔，我们共同被玛雅与良渚的相似性震撼，体味张光直提出的"玛雅－中国连续体"和中华文明早期的萨满式思维。我们也共同深思，两大文明，何以有相似的开始，却有不同的发展道路和结局。

　　大家的另一个共识是，比起 19 世纪已经开始在中美地区热带丛林中探索的西方学者，我们对玛雅文明的研究才刚刚起步。其实，在对世界各地区古代文明的考古发掘和研究中，我们都是后来者。学习和借鉴，自然是初学者必不可少的功课，而翻译经典著作，是最有效的学习方式之一。幸运的是，考古学家的心愿与浙江省文物主管部门具有远见的规划不谋而合。浙江省文物考古研究所很快就开始了"世界古文明译丛"的翻译计划。与其他主题类似的译丛不同的是，这个译丛的书目由考古学家选定，更能突出考古学特有的、以物质遗存对文明内涵的展现，以及对超长时段文明兴衰历程的描述。

　　尤为可喜的是，译者多是年轻学者。他们中不少人参加过科潘的工作，是同龄人中的佼佼者，是浙江省文物考古研究所的骄傲。张光直在《要是有个青年考古工作者来问道》中，饱含深情地说："有大才、有大志的年轻人，很少有学考古学的。我有时白日做梦，梦见天资好，人又天真又用功的中国青年，志愿以考古为终生事业，来问我这个老年考古学家对他（她）有何指示，这虽然只是梦境，我还是将答案准备好，以防万一。"张先生的答案有四条，其中最后一条是"今天念中国的考古不是念念中国的材料便行了。每个考古学者都至少要对世界史前史和上古史有基本的了解，而且对中国以外至少某一个地区有真正深入的了解。比较的知识，不但是获取和掌握世界史一般原则所必须有的，而且是要真正了解中国自己所必须有的"。

　　看到他们信达的译文，我想，张先生若是有知，应该可以感到欣慰。他们和我一样，未必有大才，未必天资好，但愿意尽力，心怀大志，放眼大九州，也愿意保持无邪的学术之心，一起用功，以世界文明的视角，认知中华文明的特质和地位，以中华文明的视角，观察世界文明之发展，丰富一般社会科学的理论。

中国社会科学院考古研究所　李新伟

前　言

环境概况

　　印度河流域土地肥沃，种植小麦、大麦，饲养绵羊、山羊和牛，属近东农业发展区的东部边缘。印度河流域西邻伊朗高原的东部边缘山区——俾路支地区（Baluchistan），因此与伊朗高原一直有着密切的联系。印度河流域与近东文明通过穿越伊朗高原的贸易路线网可实现远距离交流，并通过印度河汇入的阿拉伯海与海湾、近东、阿拉伯半岛、东非、印度南部、印度东部和东南亚建立海上交流。发源于喜马拉雅山脉的 5 条河流是印度河的上游支流，旁遮普（Punjab）也由此得名，这些支流为森林和草原地区提供了充足的水源，促进了河岸农业和畜牧业的发展。喜马拉雅山脉在印度次大陆和中亚草原沙漠、中国和东南亚之间形成了一个强大但并非不可逾越的屏障。恒河（Ganges）和亚穆纳河（Yamuna）位于旁遮普东南，从公元前一千纪起成为古印度文明的中心。但这只是后来的情况，因为在公元前 3000 年左右，亚穆纳河的前身可能只是萨拉斯瓦蒂河（Saraswati）的一条支流。萨拉斯瓦蒂河与印度河平行，流经现在的塔尔沙漠 [the Great Indian (Thar) Desert]。塔尔沙漠及其南部的阿拉瓦利山脉（Aravalli Hills）把印度河–萨拉斯瓦蒂河流域与印度半岛中部分隔开来，印度半岛中部历来是狩猎采集人群和牧民的乐园。现在的兰恩大沼泽（marshy Ranns）、喀奇（Kutch）和索拉什特拉半岛（Saurashtra Peninsulas）在公元前 3000 年左右还是海洋和岛屿，印度河从现三角洲的南部汇入阿拉伯海。几千年来，农业、畜牧业和渔业养活了这个地区的居民。

　　同样在公元前 3000 年左右，印度河流域是次大陆的聚居中心，其他地区分布有小型农耕社群、游牧部落和狩猎采集者。尽管该区域农业回报相当巨大，但随着喜马拉雅山脉不断地向上抬升，这里也历来是地质构造的活跃区，地震、河流改道和毁灭性的洪水一样，是无时无刻不在的威胁。可公元前 2000 年左右萨拉斯瓦蒂河的消失对印度河文明 [也称哈拉帕文明（Harappan Civilization），因其重要城市哈拉帕（Harappa）而得名] 的衰落产生了重要的影响。在公元前 3000 年左右，哈拉帕文明蓬勃发展，其分布区域远远超过同时代的美索不达米亚文明和古埃及文明。但是当后两者在公元前 2000 年左右继续发展时，印度河文明解体了，文明的中心转移到恒河流域。然而，印度河文明留下了长期的遗产，为印度次大陆生活的许多方面确立了模式，其中不少因素一直延续到了今天。

失落的文明

　　古埃及、美索不达米亚和中国文明留下了经久不衰的纪念建筑和历史记录，并为后世所铭记，而印度河文明却被遗忘了。18 世纪末和 19 世纪欧洲古物学家开始调查印度次大陆的历史遗迹时，他们仅仅注意年代较晚的遗存，比如年代早于佛陀（Buddha）几个世纪的孔雀帝国（Mauryan Empire）的城址，以及印度南部与欧洲史前墓葬非常相似的巨石纪念碑。因此，20 世纪 20 年代摩亨佐达罗（Mohenjo-daro）和哈拉帕的发掘及印度河文明的发现，震惊了整个欧洲。城市里布局合理的街道和带有浴室的考究的房屋建筑给考古学家和社会公众惊喜和震撼，镌刻了神秘图符的印章也引起广泛的关注。人们很快认识到印度河流域的城址和美索不达米亚文明是同时的。莫蒂默·惠勒爵士（Sir Montiner Wheeler）在 20 世纪 40 年代的发掘也使之得到更广泛的宣传。

　　1947 年印巴分治（Partiton in 1947）后，已知的哈拉帕文明的大部分遗址属于新成立的巴基斯坦，这一情况促使印度政府加大了对古吉拉特（Gujarat）和印度河-恒河分水岭地区（Indo-Gangetic divide）的考古调查工作。巴基斯坦乔利斯坦地区（Cholistan）的调查工作则揭示了印度河文明时期萨拉斯瓦蒂河的重要性。近年来，国际联合考古队在两个最著名、最大型的城址——哈拉帕和摩亨佐达罗的考古工作中，使用了最新的技术，大大提升了人们对印度河文明的认识。与此同时，调查中还发现了许多新的遗址，如朵拉维拉城址（city of Dholavira）和大量小型村庄，使我们的相关知识往新方向不断拓展。

神秘之地

虽然现在对印度河文明已经有了较多的了解，但由于无法释读其文字，许多问题都无法解答，包括印度河先民的身份问题。在古代和更晚近的文明中，印度河文明似乎是在没有内部和外部的战争或暴力竞争的情况下发展和繁荣起来的，这一点颇为独特。印度河文明中没有发现宫殿，很少带明确宗教性的建筑。然而，该文明又似乎具有高度的组织性，精美的文物分布广泛，甚至出现在村落遗址中。哈拉帕商品的流通范围覆盖从中亚到美索不达米亚的广大地区，然而，几乎不知道印度河流域从贸易中获得什么商品。六七个世纪之后，城市生活突然崩溃，其原因仍在激烈讨论中，尤其是操印度–雅利安语人群的到来，使这一话题在一些学者中激起了强烈的党派情绪。

目 录 CONTENTS

第一部分　印度河文明

第二部分　最新进展

第一部分

印度河文明

第1章　印度河文明的地理位置及所处的自然环境

地理位置

印度河文明所在的区域处于两个主要地区的交汇处，即干旱的伊朗高原和大部分属于热带季风性气候的南亚半岛。这里原本分属于两个不同的大陆，中间隔着一片广阔的海洋。后来南亚半岛从南部的冈瓦纳古陆（Gondwanaland）分离出来，在3500万年前碰撞到亚洲[劳亚古陆（Laurasia）]，两个板块的边缘由此产生了弯曲和抬升，形成了喜马拉雅山脉。板块交界处形成了沟槽，随着侵蚀物的堆积，形成了印度大平原。碰撞区现在仍处于活跃状态，导致山脉内外经常发生周期性小地震，造成地形的改变和大规模破坏，如区域抬升或下沉，河流改道。每年的洪水和冲积也导致主要河流流向的变化，并对海岸线产生影响。

印度河和形成旁遮普的其他河流都发源于喜马拉雅山脉，并在潘尼纳德地区（Panjnad）汇合，形成宽阔的印度河下游河道，流经信德省（Sindh）——一个除了印度河河谷之外绝大部分都是沙漠的地方。其他支流从伊朗高原和印度河平原交界处的俾路支山地（the mountains of Baluchistan）汇入印度河，浩浩荡荡的河流在阿拉伯海形成三角洲。旁遮普以东的其他河流（包括恒河）发源于喜马拉雅山脉和西瓦利克山脉（Siwalik Hills），其中恒河向东流入孟加拉湾，形成巨大的三角洲。亚穆纳河现在是恒河的支流，但在古代很可能流向西南方向。萨拉斯瓦蒂河在印度文学中已有传颂，如今只剩下一些小的季节性河流，周期性地流入干涸的加加尔–哈克拉（Ghaggar–Hakra）河床。古代萨拉斯瓦蒂河可能在印度河流域南部的印度大沙漠（塔

3

尔沙漠）中形成内陆三角洲，也可能一直继续流入阿拉伯海，从而与印度河三角洲相连或流入古吉拉特的喀奇湾（Gulf of Kutch）。古吉拉特是印度河文明的南边界。现在的喀奇湾与印度大陆之间隔着兰恩大沼泽，但在印度河时代，这处沼泽可能是开阔的水域。就像西亚一样，大部分印度河流域都种植春收作物 [Rabi（winter）]，以小麦和大麦为主。在许多不适宜农耕的地区，草地为家畜饲养提供了场地，上游高地则有丰富的森林和矿石、宝石等矿产。

塔尔沙漠的南部及恒河地区与印度河流域相比环境有一定差异。最显著的不同是降雨量大幅度增加，特别是在 6—9 月的西南季风期间。另外，气温的季节变化也要小得多，而恒河流域原有的茂密森林是农业聚落发展的最大障碍。秋收作物 [Kharif（summer）] 是这一地区的主流，以水稻和各种小米为主要作物；然而，这些谷物在公元前三千纪末之前还没有出现。在印度河文明时代，半岛和南亚东部地区主要是以狩猎、采集、捕捞或以家畜饲养为主体的生计类型。在经济上，印度河流域先民与他们西部的俾路支地区和伊朗高原有着密切的联系，存在长期的交流和贸易往来，但同时，他们也建立和发展了与波斯湾地区文化的联系。最初是与阿曼建立的联系，随后拓展到了美索不达米亚南部新兴的阿卡德帝国（Akkadian State）及两大文明之间的地区。从公元前一千纪开始，海路贸易对印度次大陆来说仍然非常重要。

自然环境

印度–伊朗边境地区（Indo–Iranian Borderlands）

俾路支山地西接伊朗高原，东北与高大的喜马拉雅山脉相连。多条高大山脉构成印度河流域的边界；北部是南北向的苏莱曼山脉（Sulaiman Range），这条山脉与马里–布格迪山脉（Marri–Bugti Hills）一样向南延伸到印度河平原。再往南是基本上呈南北走向的基尔塔尔山脉（Kirthar Range）。在基尔塔尔山脉和马里–布格迪山脉之间分布着卡奇平原（Kachi Plain），是印度河冲积平原的重要延伸部分。流经卡奇平原的博兰河（Bolan River），为沟通印度河平原和俾路支高地以及更远的伊朗高原提供了重要的孔道。一些较小的河流和山区溪流也突破山脉的阻隔，形成东西向的交通路线，其中最重要的是苏莱曼山脉北部的戈玛尔河（Gomal River）。西部的山脉海拔较低，发育了众多山谷和溪流，其中靠北的河流主要向西流，而俾路支南部的河流则多自北向南流。这些河流形成的狭窄河谷和高地为农耕提供了有限的土地。有些山谷有面积更大的耕地，如北部的班努盆地（Bannu Basin）和戈玛尔河谷（Gomal Valley）、中部的奎达河谷（Quetta Valley）和南部的拉斯贝拉平原（Las Bela Plain）。

该地区属于半干旱气候，西风带来的冬季降雨不仅有限，而且往往不稳定。因此，农业严重依赖其他水源，比如有些地方是用泉水和井水，更广泛的是依靠降雨和融雪形成的季节性溪流、河流等山地径流。这种水源通常会被拦截并储存起来，供日后使用，或者堆筑一些小型水坝将其引流至农田。虽然到目前为止还很难确定年代，但其中一些水坝可能早到印度河文明形成之前。由于缺水，该地区农业不如饲养绵羊、山羊和牛为主的畜牧业来得重要。许多牧民在俾路支度过夏天，到了寒冷的冬季则带着他们的牲畜迁徙到印度河河谷，这种生业模式可以追溯到远古时代。山区生活着各种各样的野生动物，如羚羊（gazelle）、捻角山羊（markhor）等野山羊、野绵羊[urial（东方盘羊）]、野猪（boar）、野驴（onager），以及狼、熊、豹等肉食动物，过去可能还有亚洲狮。当地植被主要为草原或灌丛，散布着树木，古时候树木和其他植物要比现在丰富得多。草原上生长着各种野生大麦，树木有刺槐（acacia）、柽柳（tamarisk）、大戟属（euphorbia）等树木，以及杜松（juniper）、枣树（zizyphus）、杏树（almond）、开心果（pistachio）等可食用的树种。

印度-伊朗边境地区的山脉，特别是查盖山脉（Chagai Hills）和萨拉万地区（Sarawan region），蕴藏了许多矿物，其中一些有着悠久的开发历史，如盐、滑石（steatite）、玛瑙（agate）等半宝石（semi-precious stones），以及雪花石膏（alabaster）、铜等。

阿拉伯海沿岸的狭窄的马克兰（Makran）是一个荒凉且不适合人居住的地区，除了不多的绿洲和河流外，没有其他水源。西部的科奇-达什特山谷（Kech-Dasht Valley）是主要的聚居地，同时也是通往内陆的重要通道。马克兰以东是肥沃的拉斯贝拉平原，分布有波拉利河（Porali River）和辛格尔河（Hingol River）。其他河流在一年中大部分时间都没有水，不过也可作为沿海到山地之间的交通通道，降雨之后又可通航。鱼是沿海居民的主要食物来源，枣椰（date）是耕作区的主要作物。犬牙交错的海岸提供了大量小型的天然港口和停泊地，可躲避季风。对于印度河先民来说，海上贸易很重要，他们在战略要地兴建了许多沿海聚落，早在公元前三千纪早期就与海湾西侧阿曼半岛建立了海上联系。

旁遮普

印度河先向西流，随后转而向南。受春季融雪和夏季季风降雨的影响，河流因接纳了山间溪流和支流[包括喀布尔河（Kabul River）]，水量猛增，奔腾而下，穿过波特瓦尔高原（Potwar Plateau）和盐岭（Salt Range）。此后，印度河进入平原地区，河道逐渐适合通航。印度河沿冲积平原的西部南流，它与苏莱曼山脉之间是低矮无树的德拉贾特平原（Derajat），这处平原上有多条连通印度河平原与西部山区的通道。冲积平原从印度河向东延伸，最后与恒河平原相接。许多河流位于印度河平原的北部，现在有杰赫勒姆河（Jhelum）、杰纳布河（Chenab）、拉维河（Ravi）、比亚斯河（Beas）和萨特莱杰河这5条河流，它们逐渐汇聚并最终在马里–布格迪山脉东部的潘尼纳德地区汇入印度河。虽然这些河流在北边的部分河道稳定，但到了平原上，河床就变得宽浅，河流容易变道。洪水季节河流淹没区的宽度从几百米到10公里甚至更宽，洪水带来了丰富的肥沃土壤，满足了该地区发展农业的需要。冲积平原的植被主要有草地和一些树木，如刺槐和印度黄檀（sissoo），现在由于砍伐树木，已经大量减少，但在古代很可能存在茂密的森林。除了塔尔沙漠，河间地地势稍高处主要是草原，可为牛等家畜提供充足的牧场。喜马拉雅山脉南麓低坡分布着茂密的森林，包括许多可以作为木材的树种，而在古代，森林覆盖率要高得多。山区同样也是矿物的来源地，包括来自米安瓦利地区（Mianwali）的沥青、来自多个地区的滑石、来自盐岭的盐，以及来自克什米尔的各种宝石和其他石料。从印度河的沉积中可以淘洗出少量黄金，在克什米尔和喜马拉雅山脉的其他地区也有黄金和少量的银和铅。

西南季风给旁遮普省带来一定的冬季降雨量和一些夏季降雨量，西部地区冬季降雨量最多，向东逐渐减少。冬春季生长的小麦是主要的作物，河间草原的肥沃牧场上可畜养大量的牛和少量的绵羊、山羊。这一区域现在有很多野生动物，而过去动物种类更丰富，包括常年的鸟类和候鸟[如松鸡（grouse）、鹧鸪（partridge）、原鸡（jungle fowl）、孔雀（peafowl）和鹤（cranes）]、鹿、羚羊、中亚野驴、野猪、犀牛（rhino）、大象和肉食动物（如老虎和熊），河流里不仅有鱼，还有鳄鱼和印度海豚（*bulhan* 或称为 blind Indian dolphin）。在邻近的山上也生活着野生绵羊和山羊（东方盘羊和捻角山羊）。

信德

在潘尼纳德汇入印度河的河道都是常年固定的，且水量充沛，因此在潘尼纳德以南的印度河是一条大河。随后，印度河向西流并分叉，主河道流向西南，大致与俾路支南部的基尔塔尔山脉平行。东流的一支支流被称为东奈拉河（Eastern Nara），大体与印度河平行。印度河流入俾路支山脉以南的阿拉伯海，在入海口形成大量以扇形分布的支流，东奈拉河则流入喀奇兰恩大沼泽（the Rann of Kutch）。信德地区地势平缓，虽然足以维持印度河的快速水流，但无法防止河道蜿蜒漫流。在很多情况下，印度河经常发生某些小变化，如每年一次的洪水导致新的河道产生，或者河道的弯曲部分会被切断形成牛轭湖（Oxbow lakes）。自更新世结束以来，河道多次发生重大变化。印度河和东奈拉河流经的地区几乎没有降雨，本质上是沙漠地区，每年的洪水带来的冲积物逐年沉积，局部厚度可达数百米。冬季里雨水很少，印度河被限制在河床内，沿着河岸流淌。春天喜马拉雅山脉的融雪和夏天西南季风带来的降雨使河流水量大涨，比平时增加5倍、8倍甚至12倍；平均5~15年会有一次水量增长至原来的12倍并形成大洪水。洪水漫过河岸，在河道两侧形成大面积的水域，在河岸及邻近地区留下洪水沉积层。每年被淹没的泛滥平原以外的地区经常受洪水影响。印度河周期性地冲破河岸，在泛滥平原的沉积层中形成新的河道。河的一岸甚至两岸都可能受到影响，因此在任何地区都不能完全保证每年都有固定的水和冲积泥沙，但由于土壤肥沃和作物（主要是小麦，但也有大麦、豆类等作物）丰富，河流的变动也不会造成长期的困扰。上述作物是春收作物，此外这里也会种植一些棉花和芝麻等秋收作物。最适合耕种的地方是洪水冲出来的河道范围，这里沉积了厚厚的淤泥，一般可以直接播种，不需要犁耕。不过这种肥沃的地块每年的位置都在变化，因此必须要去寻找。其他洪泛区则要在水退之后犁耕。牛（cattle）和水牛（water buffaloes）是信德农民饲养的主要牲畜，而平原边缘地带（包括西部山麓地带和东部塔尔沙漠边缘）则为野绵羊、野山羊和中亚野驴提供了草场。

牛轭湖是野生动物的重要栖息地。河流故道的堤岸内常常形成季节性湖泊。湖边生长着芦苇、棕榈树和草，湖泊和河流中有各种鱼类、贝类、龟类、鳄鱼和鸟类，捕鱼是该地区许多人群的主要职业。在湿地中还生活着野生水牛（wild water buffaloes）、沼泽鹿（swamp deer）、野猪。那些能够承受每年被洪水淹没的植物构成了河道两岸的主要植被，洪泛区之外的平原上才能够形成稳定的条带状森林。该地区的自然植被虽然在 20 世纪有所减少，但还是保留了不少，如刺槐、菩提树（pipal）、印度黄檀、印度楝（neem）、柽柳和枣树（jujube）。这些森林和草原是老虎、狮子、犀牛、大象、孔雀和鹧鸪等动物和鸟类的乐园。

聚落集中分布在有水可供使用又不用每年受洪水威胁的地方，如牛轭湖湖岸和岛屿。印度河流域的城市常常位于人工营建的台地上以避免洪水侵袭，或以巨大的砖墙围护。

印度河以西是基尔塔尔山脉的山前平原，往南为信德的科希斯坦地区（Kohistan）；通过这一区域可以与俾路支高地相通。夏季这里会形成季节性的溪流，溪流顺山而下，在山脚形成冲积层。大部分溪流都在平原上逐渐消失，但在过去有些可能流入印度河。卡奇平原位于基尔塔尔山脉以北、马里–布格迪山脉以西，是印度河平原向俾路支山地的重要延伸。流经其中的博兰河是印度河中游与西部山区沟通的主要孔道，来自两侧山区中的支流，最重要的是穆拉河（Mula）和奈利河（Nari）。与信德不同，这片平原有更多的降雨，主要来自夏季的西南季风雨，也有来自冬季的降雨。作物种植主要是秋收作物，虽然也会有春收作物。在印度河文明时期，春收作物占主导地位，有时通过小水坝和渠道进行小规模灌溉。卡奇平原位于俾路支山地和更具挑战性的印度河平原之间的过渡地带，早在公元前 8000 年左右，这里就有农业人口居住 [梅赫尔格尔（Mehrgarh）]。

冬天，印度河没有泛滥时，大型船只可以通航；而在夏季洪水时节，河流太过汹涌而无法航行，但在夏季的有些时候，可以使用一种轻便的乡村小船。印度河以西，一条较小的河流——西奈拉河（Western Nara），流淌于被称为信德谷地（Sindh Hollow）的印度河故道，最终流入位于印度河以西的大湖——曼查尔湖（Lake Manchar）。与印度河相比，西奈拉河相对平缓，在洪水季节的部分时候可供航行，也可用于灌溉。曼查尔湖在洪水季节面积扩大至10000公顷（约1亿平方米），鱼类和鸟类资源相当丰富。该地区的居民已想出各种方法来应对洪水，他们住在船上或台地上的小屋里，或者在洪水季节把家搬到台地上。如今的曼查尔湖比印度河时期的要大得多。印度河流域的一种主要资源是适宜农耕的沉积层。但是，不同于美索不达米亚和埃及，印度河流域也拥有丰富的矿产资源。在信德省中部，印度河流经一处重要的石灰石露头，罗赫里山（Rohri Hills）和苏库尔山（Sukkur Hills）则蕴藏着大量优质燧石，自旧石器时代以来已被开采使用。明矾、石膏和建筑石材也很多见。在卡奇平原上有沥青，梅赫尔格尔的早期居民就用它来制作防水的篮子。

印度河东部和东奈拉地区比印度河平原气候更加干旱，仅次于印度大沙漠（或称塔尔沙漠）。沙漠边缘和西南部干旱的塔帕卡地区（Tharparkar）受益于西南季风，夏季会有一些降雨，由此形成富饶的草原。到了夏天，印度河流域的牛、山羊和绵羊便会被驱赶至此。沙漠地区有限的雨水汇集在地势低洼处，形成季节性的湖泊和池塘，给人和动物提供了水源。

古吉拉特

塔帕卡地区在夏天变成草场时，也同时成为连通印度河流域和古吉拉特南部的通道。这一地区相对于沙漠地区和印度河平原而言有更多由夏季季风带来的降雨，但每年也只有400~800毫米。秋收旱作农业如今是一种常态，同时低矮灌木如刺槐、大戟属、刺山柑（caper）和草地也会用来饲养家畜。在春季中比较干旱的几个月，从信德地区迁徙过来的农民和游牧民会饲养大量的牛、山羊及一些绵羊。水牛在古吉拉特北部也很重要，在其他地方也有一定的数量。高地上分布有森林，通常包括具有经济价值的柚木，而在古代森林覆盖率要更高。这里生活着大量的野生动物，如野生水牛、野猪、印度羚（blackbuck）、梅花鹿、中亚野驴、蓝牛（nilgai），过去可能还有印度野牛（bison 或 gaur）、大象、犀牛和狮子。它也吸引了许多候鸟和常年鸟类（perennial bird），如生活在河流形成的池塘，尤其是兰恩大沼泽的水鸟（waterfowl）。犬牙交错的沿海地区有泥滩和深的河口，对那些不熟悉其情况的人来说是危险的，但也为他们提供了很好的天然港口。钓鱼在过去和现在都是古吉拉特地区及其北部沿海地区的主要生计活动。这里的鱼类包括鲳鱼（pomfret）、鲻鱼（mullet）、鸡鱼（grunt）、鲨鱼、龙头鱼（bombay duck）、鳎目鱼（sole）等，还有乌贼和大量贝类。贝类为镯环等手工艺品的制作提供了贝壳，珍珠贝在喀奇湾地区也很常见。

这一地区的北部和东北部边缘分布着被称为大喀奇兰恩和小喀奇兰恩（the Great and Little Ranns of Kutch）的沙质泥滩，夏季涨水时会被淹没。在印度河文明时期，兰恩地区可能还是一片水域。这里的聚落集中分布在小片高地和岛屿上，其中最大的是卡迪尔岛（Kadir Island），岛上坐落着著名的印度河文明城市——朵拉维拉城。

大兰恩南面是当时的一座大岛——喀奇半岛（Kutch Peninsula），这里分布着大片的草场，可供养大量的牛群，畜牧业也是这里的主要生计类型。因为降雨量稀少和永久性河流的缺乏，农业很不发达。储存在砂岩中的地下水在一定程度上弥补了天气干旱的缺陷，从而减轻了周期性干旱的影响。

小兰恩围绕在喀奇半岛的东南部，并将其与索拉什特拉，卡提阿瓦半岛（Kathiawar）隔离开。索拉什特拉是面积很大的半岛，主要地形是多山的高原，高原周围环绕着肥沃的条带状土地。流经高原的许多小溪和小河一年四季都只有少量的水，但在季风降雨之后水流湍急，颇具破坏性。索拉什特拉的土壤是持水性很强的黑棉土（black cotton soils），适合旱作农业，灌溉主要依靠井水。

小兰恩延伸到地势低洼的纳尔洼地（Nal Depression），这片洼地与肯帕德湾[Khambhat，坎贝湾（Cambay）]相接，在季风季节会被水淹没。纳尔洼地的中心是季节性湖泊纳尔湖（Nal Lake）。花粉的证据表明，在印度河文明时期这里是淡水湖，面积比现在大。纳尔洼地的南端坐落着一处重要的城镇——洛塔尔（Lothal）。

邻近印度大陆的土地对印度河流域的先民也很重要。古吉拉特北部平原土壤肥沃，但土质是干旱沙土，并分布着大片荆棘林。印度河先民没有在这里建立聚落，有人认为是因为狩猎人群长期占据着该区域，印度河先民与之保持着互惠互利的关系。南部的肯帕德湾沿岸也是如此，土壤肥沃但含盐量高，平原上发育了许多季节性河流，包括河道很深的纳尔玛达河（Narmada River）和塔普提河（Tapti River）。这里比其北部和西部地区有更多的降雨量，季风期易遭受严重洪涝灾害。部分区域分布有肥沃的黑棉土，虽有一定的耕作区，但大部分区域还是草地。沿海地带背靠西高止山脉（Western Ghats）。

古吉拉特有丰富的宝石资源，特别是产于索拉什特拉的河谷和高原地带，和开采于纳尔玛达河流域拉吉皮普拉（Rajpipla）的玛瑙。滑石和雪花石膏也有分布。北古吉拉特地区有出产少量铜，北古吉拉特和位于东部的帕奇马赫山（Panch Mahal Hills）还有少量的锡。

阿拉瓦利山脉和塔尔沙漠

许多季节性河流汇入兰恩大沼泽或通过肯帕德湾入海。最靠北的是流入兰恩东北角的卢尼河（Luni River）。卢尼河、巴纳斯河（Banas）和萨巴马提河（Sabarmati）等均源于阿拉瓦利山脉，不过巴纳斯河汇入小兰恩，萨巴马提河则汇入肯帕德湾。阿拉瓦利山脉是一系列低山，分布在塔尔沙漠南部边缘。植被主要有耐干旱的刺槐和柽柳。这个地区夏天有足够的雨水，可维持低地的农业和高地的牧业。季风降雨也为季节性溪流、河流和湖泊提供了补给。在印度河文明时期，这里居住的主要是靠捕鱼、狩猎和采集为生的人群。山脉中矿藏丰富，如滑石，同时也是印度河先民铜矿的主要来源地，可能还有锡、金、银和铅。

阿拉瓦利山脉北面和西北面是塔尔沙漠，这是一个古沉积土层构成的多山高原，分布有移动沙丘和小山丘。土壤肥力有比较大的潜力，但肥沃程度依靠降雨量的多少，而这里降雨量一般较少，部分地区不足100毫升。在塔尔沙漠里曾发现过古河道，其中一些被沙丘堵塞，形成湖泊。在夏天的几个月里，湖泊吸收了从沙丘和山丘上流下来的径流，但很快就干涸和盐碱化。这个地区生活着一些野生动物，如印度羚、印度瞪羚（Indian gazelle）和沙漠狐（desert foxes），是现在的牧民和古代的狩猎采集人群狩猎的对象。相对于今天，古代这里可能更适合人居。

印度河–恒河分水岭地区及萨拉斯瓦蒂河河谷

塔尔沙漠东北边缘和喜马拉雅山脉之间分布着平坦肥沃的冲积平原，印度河–恒河分水岭地区（即旁遮普和恒河流域之间的区域）即位于该平原内。在该地区的南部，发源于喜马拉雅山脉的亚穆纳河和恒河东西并流向南，并在阿拉哈巴德（Allahabad）交汇，最终汇入孟加拉湾。恒河–亚穆纳交汇地区（Ganges-Yamuna doab）降雨量丰沛，在古代，这片土地上覆盖着茂密的森林 [如印度黄檀和婆罗双树（sal）] 以及稠密的灌木丛（如刺槐），都可以提供可用的木材。该地区，特别是在湖泊周围，分布有丰富多样的动植物，如印度原鸡（家鸡的野生祖先），为狩猎采集群体提供了生计来源。印度河先民向北迁移至该地区的北部，并推进到最东边的恒河西岸，他们当时可能用火清除了少量的森林，但是，在公元前一千纪铁器出现、砍伐森林的效率提高之前，北方的农民无法深入恒河流域。在印度河农民曾经定居的地区，主要作物是依靠灌溉、冬天种植的小麦。

再往北是一处地势较低的区域——西瓦利克山脉，属喜马拉雅山脉的西部边界，与婆罗双树森林相接，许多溪流和河道发源于此，并最终汇合成格格尔河（Ghaggar）或称哈克拉河（Hakra）。离现代的赫努曼格尔（Hanumangarh）不远。在古代，它被称为萨拉斯瓦蒂河，如今仅剩下发源于西瓦利克山脉的众多河流中的一条小河。这些季节性的河流一年中的大部分时间都是干涸的，但季节性的水流给萨特莱杰河和德里萨瓦蒂河 [Drishadvati，现代的绰塘河（Chautang）] 之间的平原带来冲积层。但是，已干涸的古河床的存在，以及在现有的或已干涸的河流边高度集中分布的印度河时期或其他史前时期的遗址，表明过去河流要比现在大得多，它们向西流淌，最终可能会汇入阿拉伯海。虽然河流只在季风季节才有水，但人们可以利用水井获得地下水。来自北面萨特莱杰河的洪水有时会填满部分干涸的河床，形成湖泊。东部地区分布着大量季节性河流，是主要的农业区，主要在冬季种植小麦。再往西是沙漠，分布着多年生沙漠灌丛，以及一些树木，如大戟属植物和刺槐。冬季和夏季期间的少量降雨使这一地区变成富饶的草原，形成优良的牧场，既可供养在每年一度的印度河洪水季节从信德地区迁徙而来的牛、骆驼和羊，也养活了印度瞪羚、印度羚和中亚野驴等野生动物。其他的本地野生动物还有野猪、老虎和狮子。依靠现代灌溉可以开展一些高产的耕作，在河谷地带也分布有相当高风险和低产量的依靠降雨的农业生产。

不断变化的景观

南亚环境总体上在整个冰后期保持稳定，但也发生了重大变化，包括自然变化和人为变化。印度河时期的降雨、气温和季风模式与今天是否不同目前还有相当大的争论。地壳运动导致的地震和滑坡造成了景观格局的重大变化，而河流活动也经常引起较小规模的变化。人类的开发，特别是农业和狩猎，不仅对植被和动物群造成很大的破坏，还伴随着环境退化，而水坝的建造和河道的截留也在某些地区改变了自然的河道。

消失的萨拉斯瓦蒂河

最引人注目的变化发生在印度河以南，有证据表明在这一时期存在一个巨大的河流系统。通过地面测量和卫星摄影等手段，在塔尔沙漠和印度河–恒河分水岭地区中追踪到了许多干涸的河道，它们通常有 10 公里宽，表明它们曾经水量充沛。在河岸中发现的淡水贝壳也证实了这一点。今天，一些发源于西瓦利克山脉的小的季节性河流会在其中一些干涸的河床中形成窄窄的短距离河道。在干涸的河床两侧发现的密集的哈拉帕时期和其他史前时期的遗址，说明这一地区的河道有着复杂的历史。河道的不同部分有不同的命名，包括哈克拉河和格格尔河。因此，为了清晰起见，学者们经常提到古代已消失的萨拉斯瓦蒂河系统。最早的神话作品中也提到萨拉斯瓦蒂河是一条大河，但从公元前一千纪早期开始，据说河道是消失在沙漠里，然后渗到地下与亚穆纳河一道流向更远的南方。

古河道年代的确定是一个很难解决的问题，虽然沿河分布的遗址可提供一定的帮助，但确定变化的年代序列和意义依旧任务艰巨。学者们对萨拉斯瓦蒂河的历史有不同的意见，而持续的工作常常会挑战已经被普遍接受的观点。目前，人们认为在印度河和更早的时期，发源于西瓦利克山脉的河流 [包括格格尔河、瓦赫河（Wah）和目前仍被称为萨拉斯瓦蒂河的奈瓦尔斯河（Naiwals），以及目前被称为绰塘河的德里萨瓦蒂河]与亚穆纳河汇合后，流经现在的德里萨瓦蒂河和萨特莱杰河（如今是印度河的支流），然后汇入一条西部的河床，最终形成哈克拉河。亚穆纳河和萨特莱杰河均是发源于喜马拉雅山脉的主要河流，水源包括融雪和季风性降雨，在印度河时期，这些河道合并成一条巨大的河流，流经现属塔尔沙漠的干旱的乔利斯坦地区。现今汇入萨特莱杰河的比亚斯河在印度河时期是向西流的，并与现在印度河交汇处的略为东部的地区融合了旁遮普的其他河流。现在被称为亚穆纳河系统的前身是位于德里萨瓦蒂河以东、由发源于喜马拉雅山脉的一系列溪流汇合而成的小河。

在印度河时期，从沿岸聚落的密度来看，萨拉斯瓦蒂河系统可能要比印度河流域还要肥沃多产。在该河以西的巴哈瓦尔布尔地区（Bahawalpur region），聚落密度要远远高于印度河文明的其余地区。该区多处分布有大规模的城址，如甘瓦里瓦拉城（Ganweriwala），该城址与哈拉帕和摩亨佐达罗的距离大致相当。在河道的其余部分印度河时期聚落的分布也很密集。印度河流域目前已知分布有 50 处左右遗址，而萨拉斯瓦蒂河流域却有将近 1000 处。尽管侵蚀和冲积可能导致印度河流域内的许多遗址被破坏和深埋，但毫无疑问，萨拉斯瓦蒂河流域的农业生产在印度河时期占有很大的比重。

巴哈瓦尔布尔以西的萨拉斯瓦蒂河的位置还未得到确认。最近的研究发现德拉瓦尔堡（Fort Derawar）附近可能存在一处内陆三角洲，有人认为萨拉斯瓦蒂可能在此处分成扇形分布的支流，最终消失在沙漠里。也有证据表明，萨拉斯瓦蒂河在德拉瓦尔堡附近分成两条支流。再往西南约 150 英里（约 241 公里）范围内均未发现古河道存在的迹象，但广泛存在的沉积层（不属于印度河沉积层）暗示了在某个时候（可能在更早的过去）曾经有一条河流经此处。不过，两条流经塔尔沙漠的、如今是季节性的河流拉伊尼河（Raini Nullah）和瓦辛达河（Wahinda）可能是萨拉斯瓦蒂河的延续。其西部是目前为印度河支流的东奈拉河，这条河道在哈拉帕时期究竟是属印度河还是萨拉斯瓦蒂河，目前尚不清楚。东奈拉河可能在三角洲上端与印度河汇合，通过现在的大兰恩地区进入阿拉伯海；也可能单独流入大兰恩地区。

在公元前 2000 年左右，区域水系发生了重大变化，可能是由于发生了地质构造事件，或者是极其平坦的平原上倾斜度发生了轻微的改变导致主要河流在流入平原之前改道。一些证据表明，变化首先发生在亚穆纳河/德里萨瓦蒂河。在公元前两千纪初期，主要河流亚穆纳河改而向东流，最终在公元前1000年左右到达现在的河床，而德里萨瓦蒂河也只保留了少量的季节性河水，导致萨拉斯瓦蒂河的水量大大减少。萨特莱杰河的河道逐渐向北移动，最终变成印度河流域的一部分。起初它是印度河独立的支流，但最近它接纳了比亚斯河后才流入印度河。没有了萨特莱杰河，萨拉斯瓦蒂河流域变成了今天所熟悉的一系列小型季节性河流。调查显示，在公元前2000年左右，萨拉斯瓦蒂地区的遗址数量和规模大幅减少。

印度河河道的变迁

印度河下游的水系也有着复杂的历史。虽然大部分河道都会发生变化，但如今河床的中部已经被罗赫里–苏库尔山脉（Rohri–Sukkur Hills）之间的苏库尔峡谷（the Sukkur Gap）固定。但在亚历山大大帝（公元前4世纪）时，印度河还沿着这些山脉向西流去。在其全新世的历史中，印度河有一条主要的支流，东奈拉河，随着时间的推移，其河道及其与印度河汇合的地方也发生了改变。在阿拉伯海岸逐渐形成了一个巨大的三角洲，减少了河流的坡度，增加了长度，这是河流改道的一个主要原因。对于在信德省的哪条古河道，曾在何时被哪条河流占据，仍然存在争议，但一系列河道变化的可能原因已得到确立。

在全新世早期，印度河很可能沿着雅各布阿巴德河（Jacobabad）和沙达科特河（Shahdadkot）的古河道流动，向东流向马里–布格迪山脉的南部，并沿着基尔塔尔山脉的东部边缘继续向南流动。随后印度河向西转，沿着桑克尔古河道（Sanghar）流动，与东奈拉河汇合后流入喀奇西北部的阿拉伯海。这一走向可能一直持续到公元前4000年左右，但到了印度河时期，它流向了东部更加平缓弯曲的瓦拉古河道。它穿过摩亨佐达罗略往南的现代印度河，向南流经萨马罗–德霍罗古河道（Samaro-Dhoro），并与南部的东奈拉河汇合。有可能在这两个时期，占据东奈拉河床的河流是萨拉斯瓦蒂河下游，而不是今天的印度河支流。公元前两千纪或之后，河流的流向发生了进一步的变化，到了公元前4世纪，当亚历山大来到这个地区时，河流更接近现代的流向。

1819年，喀奇的一次地震造就了一个长达75英里（约120公里）、宽达16英里（约26公里）的天然大坝，阻断了印度河的支流东奈拉河。但7年之后，洪水冲出了一个缺口，奈拉河重新流入大海。达到如此规模、充满戏剧性的短期事件，在过去也可能发生过，一些学者猜测是类似的事件导致摩亨佐达罗被洪水淹没，开始了它的衰落，不过支撑这一理论的证据很少。

阿拉伯海沿岸

人们认为荒凉的马克兰沿海地区的哈拉帕文化遗址，如苏特卡根多尔（Sutkagen-dor）和巴拉克特（Balakot），是曾经从事海上贸易和开发沿海资源的聚落。这几处遗址现在已处于内陆，但在哈拉帕时代离海岸更近，根据地质研究的结果，曾经的马克兰海岸线在当前位置以北。目前处于内陆的印度河流域的阿姆里遗址（Amri）提供了有趣的证据，表明在公元前三千纪早期，可能曾有海湾伸展到更远的内陆。早哈拉帕时期堆积中的软体动物几乎都是海洋物种，但到了哈拉帕河时期，淡水物种逐渐增加，到了晚哈拉帕时期淡水物种变得和海洋物种一样普遍。这些证据表明，公元前3000年左右，该地区的海平面比现在高2~5米，而且在公元前2200—前2000年，海平面急剧下降。该地区在冰后期也发生过相当大的构造抬升。

从卡拉奇地区（Karachi）来看，冰后期早期的海岸线大致上是向东延伸到古吉拉特的卢尼河河口。印度河河口位于现在位置的东面。经过全新世的大部分时期，印度河形成一个巨大的三角洲，每年在河口淤积的泥沙，将海岸线逐渐推向西部和西南部。不过在现代，用于灌溉的一个主要的大坝和一些主运河已经建成，它们转移了大量上游的水，沉积在河口的淤泥也随之减少，导致如今三角洲被侵蚀的速度比沉积的速度稍快。

因此，哈拉帕时期的印度河，汇入了现在的喀奇兰恩大沼泽。在当时这里还是将南亚大陆与现在的喀奇岛分开的开放水域。可能自哈拉帕时代以来，板块构造活动抬高了这一地区，印度河等河流也带来了淤泥，将兰恩地区逐渐填平。在南部，索拉什特拉半岛与大陆之间也可能有一条潮汐水道相隔，这条水道穿过现在的纳尔洼地，后来被拉贾斯坦邦（Rajasthan）和古吉拉特邦的河流冲积物填平。孢粉证据显示，纳尔湖的中部在哈拉帕时期曾经是一个淡水湖。

气候变化

来自桑珀尔湖（Sambhar）、迪德瓦纳湖（Didwana）、隆卡拉萨尔湖（Lunkaransar）等咸水湖以及拉贾斯坦邦的普什卡湖（Pushkar）、盖纳湖（Gajner）等淡水湖的孢粉证据表明，全新世中期的气温和夏季降雨量高于今天，降雨量在公元前3000年左右大幅增加，一直持续到公元前两千纪初，然后减少。公元前3000年左右，克什米尔开始出现聚落，而该地区在过去很长一段时间都过于寒冷，不适合人类居住，可见在公元前3000年左右，出现了一段温暖潮湿、适合人居的时期。不过对于这些问题的看法却存在分歧，许多学者认为，在全新世期间，气温、降雨量和季风模式几乎没有发生变化。拉贾斯坦邦湖泊的相关记录中反映出来的湿润程度，可能和当时流经该地区的河流有关，而不是跟降雨量增加有关。但正如世界各地在某些时候所证明的那样，气温和降雨量的一些波动被认为反映了全球气候的变化，原因包括地球在太阳轨道倾斜度的变化和偶尔发生的如大规模火山爆发等重大灾难。来自很多地区的证据表明，在中全新世时期，全球比今天更温暖湿润。此后，情况变得复杂，一些地区降雨量增加，而另一些地区降雨量减少。在公元前2000年左右，温暖干燥的气候似乎已经广泛存在。

环境退化

今天南亚的植被是人类数千年的活动和开发的结果。砍伐树木得到木材，用于建造房子和船，制造家具、工具等产品，或作为家庭和手工业活动的燃料。为了开辟居住地和耕地，森林被大量砍伐。因此，现代树木覆盖率和分布范围远远不如古代，曾经覆盖大部分大印度河地区（Greater Indus region）的高达120英尺（约36.6米）的喜湿落叶林，已经被耐干旱的落叶林所取代，树木变矮，灌木丛生，导致土壤肥力变差、保水性降低、植物覆盖面积和多样性减少，动物数量大大减少。放牧家畜群对森林再生和其他植被也造成了不良的影响。烧制用于建造印度河城市的大量砖块可能会减少植被覆盖率，虽然研究表明，即使是该地区目前的灌丛植被也可以持续提供足够的燃料。制造用于冶铜的木炭影响可能更大，在洛塔尔的哈拉帕时期，木炭是由当地落叶林的各种树木制成的，但到了哈拉帕最晚阶段，木炭是用矮的刺槐制成的，动物粪便也被用作燃料，这表明当时的树木砍伐严重影响了森林覆盖率。

数千年来，森林砍伐和过度放牧造成了严重的水土流失，增加了径流量，导致印度河的水量增加、流速变快，反过来又加剧了洪水的风险。这些活动还造成环境退化、土壤和植物保水性的降低以及许多本地动物的减少乃至灭绝。这一过程可能始于印度河时期。在卡奇平原等地区，已经发现了公元前 2000 年左右环境紧张的证据。尽管如此，次大陆大部分动植物的严重退化基本上是最近才出现的情况。

在美索不达米亚和南亚部分地区，在历史时期和近代，长期的定期灌溉造成土壤盐碱化，使其最终变成盐荒地，种植农作物变得越来越困难，乃至无法进行。如果使用人工灌溉，古印度河流域也会出现这种循环，但是在古印度河流域，没有大规模灌溉或盐碱化的证据，每年的河水泛滥和有限的降雨量似乎足以支持平原地区农业的发展。

参考文献

AGRAWAL D P, KHARAKWAL J S, 2003. Archaeology of South Asia. II. Bronze and Iron Ages in South Asia[M]. New Delhi: Books International.

ALLCHIN B, 1984. The Harappan Environment[M]//LAL B B, GUPTA S P. Frontiers of the Indus Civilization. New Delhi: Books and Books: 445-454.

ALLCHIN B, ALLCHIN R, 1968. The Birth of Indian Civilization. India and Pakistan Before 500 BC[M]. Harmondsworth, UK: Penguin.

ALLCHIN B, ALLCHIN R, 1982. The Rise of Civilization in India and Pakistan[M]. Cambridge, UK: Cambridge University Press.

ALLCHIN B, ALLCHIN R, 1997. Origins of a Civilization[M]. New Delhi: Viking Penguin India.

ALLCHIN B, GOUDIR A, HEGDE K, 1987. The Prehistory and Palaeogeography of the Great Indian Desert[M]. New York: Academic Press.

BHAN K K, 1989. Late Harappan Settlements of Western India, with Special Reference to Gujarat[M]//KENOYER J M. Old Problems and New Perspectives in the Archaeology of South Asia. Wisconsin Archaeological Reports. Vol. 2. Department of Archaeology. Madison: University of Wisconsin Press. Vol. 2: 219-242.

CHAKRABARTI D K, 1997. The Archaeology of Ancient Indian Cities[M]. New Delhi: Oxford University Press.

CHAKRABART D K, 1997. India: An Archaeological History. Palaeolithic Beginnings to Early Historic Foundations[M]. New Delhi: Oxford University Press.

CHITALWALA Y M, 1982. Harappan Settlements in the Kutch-Saurashtra Region: Patterns of Distribution and Routes of Communication[J]//POSSEHL G L. Harappan Civilization: A Contemporary Perspective. New Delhi: Oxford&IBH Publishing Co.: 197-202.

FAGAN B, 2004. The Long Summer. How Climate Changed Civilization[M]. London: Granta Books.

FARMER B H, 1993. An Introduction to South Asia[M]. 2nd ed. London and New York: Routledge.

JOHNSON G, 1995. Cultural Atlas of India[M]. Oxford: Andromeda.

KENOYER J M, 1998. Ancient Cities of the Indus Valley Civilization[M]. Karachi: Oxford University Press and American Institute of Pakistan Studies.

LAWLER A, 2007. Climate Spurred Later Indus Decline[J]. Science: 316-979.

MISRA V N, 1984. Climate, a Factor in the Rise and Fall of the Indus Civilization—Evidence from Rajasthan and Beyond[J]//LAL B B, GUPTA S P. Frontiers of the Indus Civilization. New Delhi: Books and Books: 461-489.

MISRA V N, 1994. Indus Civilization and Rgvedic Sarasvati[J]//PARPOLA A, KOSKIKALLIO P. South Asian Archaeology 1993. Helsinki: Suomalainen Tiedeakatemia: 511-526.

MISRA V N, 1995. Climate Change and the Indus Civilization[M]//GUPTA S P. The "Lost" Sarasvati and the Indus Civilization. Jodhpur, India: Kusumanjali Prakashan: 125-1.

MUGHAL M R, 1982. Recent Archaeological Research in the Cholistan Desert[M]// POSSEHL G L. Harappan Civilization: A Contemporary Perspective. New Delhi: Oxford&IBH Publishing Co: 85-95.

MUGHAL M R, 1984. The Post-Harappan Phase in Bahawalpur District, Pakistan[J]//LAL B B, GUPTA S P. Frontiers of the Indus Civilization. New Delhi, India: Books & Books: 499-503.

MUGHAL M R, 1999. Indus Age: The Begnnings[M]. New Delhi: Oxford University Press.

MUGHAL M R, 2002. The Indus Civilization. A Contemporary Perspective[M]. Walnut Creek, CA: AltaMira Press.

GEORAGE PHILIP LTD, 1991. Philip's Atlas of the World[M]. London: George Philip Ltd.

POSSEHL G L, 1992. The Harappan Cultural Mosaic: Ecology Revisited[J]//JARRIGE C. South Asian Archaeology 1989. Madison, WI: Prehistory Press: 237-241.

RAIKES R L, 1984. Mohenjo Daro Environment[J]//LAL B B, GUPTA S P. Frontiers of the Indus Civilization. New Delhi: Books and Books: 455-460.

RATNAGAR S, 2000. The End of the Great Harappan Tradition. Heras Memorial Lectures 1998[M]. New Delhi: Manoha.

RATNAGAR S, 2004. Trading Encounters. From the Euphrates to the Indus in the Bronze Age[M]. New Delhi: Oxford University Press.

SCHWARTZBERG J E, 1992. A Historical Atlas of South Asia. 2nd impression, with additional material[M]. New York and Oxford: Oxford University Press.

SINGH G, 1971. The Indus Valley Culture (Seen in the Context of Post-Glacial Climate and Ecological Studies in North-west India)[J]. Archaeology & Physical Anthropology in Oceania, 6(2): 177-189.

SPATE O H K, LEARMONTH A T A, 1967. India and Pakistan: A General and Regional Geography[M]. 3rd ed. London: Methuen & Co.

THAPAR B K, 1982. The Harappan Civilization: Some Reflections on Its Environments and Resources and Their Exploration[J]//POSSEHL G L. Harappan Civilisation: A Contemporary Perspective. New Delhi: Oxford&IBH Publishing Co.: 3-13.

WILKINSON T J, 2002. Indian Ocean: Cradle of Globalization. Scholar Voices[EB/OL]. [2002-10-02]. www.aced.edu/sac/history/keller/Indian0/Wilkin.html.

YASHPAL B S, SNOOD R K, AGRAWAL D P, 1984. Remote Sensing of the 'Lost' Saraswafl River[J]//LAL B B, GUPTA S P. Frontiers of the Indus Civilization. New Delhi: Books and Books: 491-497.

第 2 章　历史与年代

南亚考古史

古物学家

16 世纪和 17 世纪前往印度的早期欧洲游客常常对它的纪念碑感兴趣，有时他们会留下详细的记录。从伦敦到加尔各答（Calcutta），18 世纪博学家的探究精神引领着他们向许多方向发展，包括科学、自然史、哲学、语言和人类状况。人们对印度的知识、文化、科学和宗教遗产产生了极大的兴趣，一些学者认为这块土地是西方知识和思想的原始来源。正是在这样的思想背景下，威廉·琼斯（William Jones）于 1784 年创立了孟加拉亚洲学会（the Asiatic Society of Bengal）。

古典文献的研究，包括关于亚历山大东征北印度，以及后来希腊使者梅根斯托内斯（Megasthenes）出使旃陀罗笈多·孔雀（Chandragupta Maurya）皇帝宫廷的研究，提供了一些关于印度早期历史的信息，而后来访问了印度佛教圣地的中国朝圣者留下的著作，也提供了若干记录。此外，还有大量的印度文献，包括从《吠陀经》（*Vedas*）的神圣文本，过去的神话传说如《罗摩衍那》（*Ramayana*），到历史时期的所有文本，如旃陀罗笈多的大臣考底利亚（Kautilya）的权议《政事论》（*Arthashastra*），以及佛教、犹太教和印度教的宗教文献。这些文献为学者们理解印度的历史和文化以及评估印度对世界文明的贡献提供了原始资料。

　　琼斯本人认识到印度早期神圣文本中的语言梵文（Sanskrit）与伊朗早期神圣文本《阿维斯陀》（*Avesta*）中使用的语言，以及欧洲的语言（不仅包括希腊语和拉丁语，还包括凯尔特语和日耳曼语）都有很大的相似之处，他从而提出了一个重要的观点：这些语言有一个共同的来源。关于印欧语系的这一发现产生了深刻的影响：操印欧语系语言的人被看作属于一个单一的种族——雅利安人，它被纳粹歪曲地看作是文化上的优等民族，而印欧语系语言的广泛分布使移民理论成为解释文化变化和发展的主要理论。

　　亚洲协会的成员以及欧洲官员和驻印度士兵中的其他探索者，热衷于收藏印度古物，他们报告了在农业生产、建设和他们偶尔做的一些发掘中意外发现的古代遗存。他们还报告了通过描述如在石窟寺和南印度的巨石遗存的纪念碑，记录当地人对纪念碑的信仰，并试图识别如旃陀罗笈多的首都帕塔利普特拉（Pataliputra）一样的历史古迹等意外发现的古代遗存。区域调查关注与当地生活相关的一切事物，从农业、地形学、自然史到宗教和风俗习惯、古物。调查人员发现南印度的居民操非印度语的语言，这个语言被罗伯特·考德威尔（Robert Caldwell）称为德拉维德语（Dravidian）。到19世纪30年代，关于铭文的复制、研究和对硬币的研究也在进行，这很大程度上归功于加尔各答铸币厂的分析师詹姆斯·普林塞普（James Prinsep）。到了19世纪40年代，公元前1000年左右的婆罗米文（Brahmi）和佉卢文[卡罗须提文（Kharoshthi）]都被破译了，由此提供了大量历史资料。

　　英国人越来越感到，他们有责任保护和记录其管辖地区的古物。1848年，一些人受权在印度各地区进行考察，并记录和报告那里的遗迹，其中包括亚历山大·坎宁安（Alexander Cunningham），他于1861年被任命为考古调查人员，并于1871年被任命为新成立的印度考古调查局局长，他担任这一职务直至1885年。他的研究范围虽然很广，但主要集中在佛教古迹和中国朝圣者及印度和古典文献记载的历史时期城市，其工作包括调查、记录和发掘。坎宁安还收集和研究古物，特别是硬币，并关注当地的传统和民族志。19世纪50年代，他考察了印度河流域的哈拉帕遗址。考察后，他认识到这些土墩是人工营建的规模庞大的砖结构建筑群，但远远低估了其年代的久远性，而是接受了其他参观者表达的观点，即这处遗址是一座距今不超过1500年的堡垒。尽管如此，他注意到并发表了一些来自该遗址的奇特遗物，其中包括一件他认为是进口

的带图符的印度河印章，因为他在印度没有见过同类的遗物。令人遗憾的是，到了 19
世纪 70 年代，铁路承包商为了修建铁路，从遗址中挪用了大量砖块，使哈拉帕遗址遭
到了大规模的破坏。

坎宁安的助手和后继者也把精力集中在了历史古迹上，尽管他们也做了一些关于
巨石墓和建筑的研究，学者对这些感兴趣是因为它们与西欧壮丽的巨石遗迹有着很多
的相似之处。1863 年，罗伯特·布鲁斯·富特（Robert Bruce Foote）在印度南部发现
了旧石器。新石器时代和早期的工具也在其他地方屡有发现。富特将印度文物与欧洲
文物进行了比较，区分出旧石器时代、新石器时代和铁器时代的遗存，他还推断南印
度的灰土堆（ash mounds）与新石器时代养牛有关。其他学者，特别是 A. C. L. 卡莱
尔（A. C. L. Carlleyle）和文森特·史密斯（Vincent Smith），在之前的年代序列中增补
了细石器时期和铜器时代。在温迪亚山脉（Vindhya Hills）等地发现了史前岩画，尽管
年代尚未确定，但被认为是使用石器的人创作的。哈拉帕时期的遗物中也偶有发现 [如
W. T. 布兰福德（W. T. Blanford）于 1875 年在罗赫里山和 1877 年在苏特卡根多尔的
发现]，并认识到那时的工艺已经有较高的水平。然而，关于印度是文明之源的观念已
被完全抛弃，以至于人们认为城市社会是在公元前一千纪中期才出现的，那时美索不
达米亚文明已经被波斯征服，英勇但野蛮的小王国在恒河谷地建造了城镇，这些王国
之间的斗争被记录在了伟大的印度史诗《摩诃婆罗多》（*Mahabharata*）中，其中的一
些城镇也被佛陀造访过。

马歇尔（Marshall）时代

1890 年调查局局长一职被撤销，考古工作的职责也被移交给地方政府。1899 年，
当寇松（Curzon）勋爵被任命为印度总督时，他批评考古工作断断续续且普遍水平不
高，于是他建议恢复调查局局长职位，以监督和协调这项工作。1902 年，约翰·马歇尔
[John Marshall（后来的约翰爵士）] 开始担任这一职务。他的改革包括制定保护政策、
发表年度报告以及培训印度人成为考古调查局的高级官员，这些职位之前很少有印度
人担任。他还坚持使用早期在短暂的古典考古学生涯中学到的科学发掘技术，虽然这
些技术在许多方面对以前的工作来说是进步，但它们还有许多地方有待改进。特别是
虽然他记录了遗物的三维位置，但这些记录都是基于水平层。尽管马歇尔的大部分工

作仍然集中在历史时期的遗址上，但他还是持续关注南方的巨石墓，并发掘了几座灰土堆，他在西北部，包括克什米尔，也发现了史前时期的遗址。

马歇尔对坎宁安在哈拉帕发现的材料（包括奇特的印章）很熟悉，他于 1920 年在 D. R. 萨赫尼（D. R. Sahni）的指导下在哈拉帕开展工作。由于早先因修建铁路大量砖块被掠走，遗址遭到了严重破坏，大大限制了人们对遗址性质的认识。摩亨佐达罗被认为是一处保存很差的佛塔遗址，这座佛塔坐落在土墩顶上，但 R. D. 班纳吉（R. D. Banerji）在遗址上采集到一件燧石刀，表明这处土墩年代更古老。因此，他在 1922 年开始对该遗址进行发掘。摩亨佐达罗也出土了刻有未知图符的印章，与哈拉帕遗址的印章近似，而且也是一座堆积很厚的大型古代砖砌城市。马歇尔此时正在休假，所以直到 1924 年夏天，他才研究了这两处遗址出土的印章等遗物及建筑遗迹。根据遗址的地层学，早期的堆积叠压在历史时期地层之下，使用铜器而不是铁器，同时印章上的神秘文字显然与公元前几世纪的婆罗米文无关，他由此认为印度河流域城市存在的年代早于孔雀王朝时期。为了从考古界获得关于年代的更多信息，他于 9 月 20 日在《图解伦敦新闻》（Illustrated London News）上披露了这些发现。美索不达米亚的学者们立即做出了反应，他们发现摩亨佐达罗和哈拉帕遗址与公元前 3000 年左右的苏萨（Susa）和苏美尔（Sumerian）城市的遗物和建筑相似。虽然自马歇尔时代之后对这些文明的认识有了巨大的进步，但这些文明之间的同步性和文化联系经受住了时间的考验。

这两座城市的发掘工作持续开展，其中包括马歇尔亲自领导的 1925—1926 年对摩亨佐达罗的发掘。艰苦的工作条件对一些发掘者的健康造成了损害，其中包括 K. N. 迪克斯特（K. N. Dikshit），M. S. 瓦茨（M. S. Vats），D. R. 萨赫尼和欧内斯特·麦凯（Ernest Mackay），后者是一位在近东参与过发掘的老手。这些发掘揭露了大型居住区，其内发现有建造考究的房屋、笔直的街道和完善的排水系统，在摩亨佐达罗的高土墩上发现被称为"大浴池"（the Great Bath）的砖砌水池和在哈拉帕遗址发现被称为"粮仓"（the Granary）的大型建筑。出土的遗物有珠宝、铜质工具、几种最有名的印章、祭司–王（the Priest-King）残雕像以及舞女（the Dancing-girl）铜像。摩亨佐达罗已发掘至地下水位线，最底层堆积未能揭露。麦凯还发掘了印度河谷的一处较小的遗址——昌胡达罗（Chanhu-daro），发现了大量与制作珠子和印章有关的手工业活动的证据，和一处带有熔炉的作坊。麦凯的这项工作由波士顿美术博物馆资助，该博物馆得以收藏该遗址出土的遗物。在哈拉帕发现了一处墓地（墓地 H，Cemetery H），墓葬中随葬的陶器与城址其他区域出土的陶器不同。瓦茨根据吠陀仪式实践（Vedic ritual pratices）对墓地 H 陶器上的图像进行了有趣的分析。摩亨佐达罗中没有发现墓地（后来也没有发现任何墓地），但麦凯在摩亨佐达罗的街道上发现了许多属于遗址晚期阶段的人骨。

马歇尔将这一文明视为印度河流域本地文化发展独特的结果。这一文明与两河流域（Trgris-Euphrotes Valley）同时期的苏美尔文明具有可比性，尽管它们之间存在着密切的联系，但与之无关。也已有学者开始思考印度河文明与创作了印度最早文献的吠陀雅利安人（Vedic Aryans）的关系，马歇尔的下属 R. P. 钱达（R. P. Chanda）在一些论著中提出，印度河文明不属于吠陀文化（Vedic Culture），印度河文明的城市被吠陀雅利安人摧毁了，但印度河宗教幸存了下来，并对后来印度的信仰和实践产生了影响。马歇尔在 1931 年出版的关于印度河文明的著作中对这些观点表示认同。几年后，戈登·柴尔德（Gordon Childe）指出，印度河文明的显著特点包括完善的排水系统和规划有序的城市布局，几乎没有可以被确定为宫殿或神庙的建筑，没有发现大型墓葬，明显缺乏战争的迹象。

马歇尔认识到摩亨佐达罗和哈拉帕相距近 400 英里（约 640 公里），城市建筑和出土遗物却惊人地一致，这个发现也引起了人们的关注。20 世纪 30 年代中期，发掘和调查工作揭示了更多印度河时期的遗址，包括旁遮普邦东部的科特拉·尼杭可汗遗址（Kotla Nihang Khan）和索拉什特拉的朗布尔遗址（Rangpur），瓦茨认为索拉什特拉的印度河时期遗址年代要比摩亨佐达罗或哈拉帕晚。奥莱尔·斯坦因（Aurel Stein）在巴哈瓦尔布尔干涸的河床上发现了印度河时期的许多遗址。很明显，印度河文明的范围比这一时期的其他国家如古埃及王国和美索不达米亚的阿卡德（Akkadia）和乌尔第三王朝（Ur III）要大得多。

其他考古工作开始揭示印度河文明的前身。奥莱尔·斯坦因在俾路支地区发现了许多早期的遗址，如佩里亚诺·昆代遗址（Periano Ghundai），并对其中一些遗址进行了试掘，其中包括出土了印度河时期遗存的达巴克特遗址（Dabarkot），此外，他对库利遗址（Kulli）的发掘确定了与印度河文明有关联的库利文化。哈罗德·哈格里夫斯（Harold Hargreaves）在纳尔遗址（Nal），俾路支地区南部发掘了一处早期的聚落，而N. G. 马朱达（N. G. Majundar）则在信德省发掘出了印度河平原上第一处前印度河时期的城镇阿姆里遗址。马朱达还在丘卡尔遗址（Jhukar）等不少遗址中发现了该文明的衰退阶段（a dagenerate phase）的遗存。此后，信德地区的此阶段遗存开始为人所知。

摩亨佐达罗处出土的印度河时期印章和少量铜板上的简短图符引起了相当大的关注，巴纳尔吉最初认为这是一种带有冲压标记的印度钱币。早在 1925 年，陆军上校 L. A. 瓦德尔（L. A. Waddell）就曾试图破译这种文字。在接下来的几年里，人们做出了进一步的努力，印度的标记被拿来与印度河流域的符号和苏美尔、米诺斯（Minoan）、伊特鲁里亚（Etruscan）、赫梯（Hittite）、布拉米文（Brahmi scripts）甚至复活节岛（Easter Island）的朗戈–朗戈文（rongo–rongo）比较，但没有取得成功。在破译文字的过程中，一个至关重要的问题是它所呈现的语言。马歇尔认为，在印度河文明中使用的语言很可能属于德拉威语系（Dravidian family）。

惠勒

1944 年，莫蒂默·惠勒爵士被借调至印度担任考古调查局局长。他的主要目标之一是训练新一代的印度考古学家，传授他在英国和法国已经完善的野外工作方法。这些方法包括按照实际的地层叠压层次而不是马歇尔和他的同时代人使用的人工水平层进行发掘，并对地层进行仔细记录。因此，他在一些关键遗址进行了一系列的发掘训练，以加深对印度历史的了解，其中包括伟大的印度河城市哈拉帕遗址。

在他第一次考察哈拉帕遗址时，他对 AB 土墩（the AB bound）印象很深，他随即将其解释为一处坚固的城堡，并认为印度河文明并不是像以前所认为的那样没有战争。他的解释在其周边的几个点的发掘中得到了证实，这些发掘中也揭露了带有塔和门道的巨大泥砖墙。

这些发掘包括发掘至生土的一条很深的探沟，从而通过地层学了解了城市的形成史，意义重大。其中最早的地层出土了类似俾路支地区北部一些遗址出土的陶片，如最近由 E. J. 罗斯（E. J. Ross）发掘的拉纳·昆代遗址（Rana Ghundai）。斯图尔特·皮戈特（Stuart Piggott）近年来研究了出土于俾路支地区不同地点的陶器，发现了几种区域风格，并将这些陶器与印度河文明时期的陶器以及伊朗和西亚的陶器进行了比较。

在哈拉帕的早期地层上，修建的一座用来抵御洪水的巨大砖墙和另外一堵经过了多次修补和重建的墙，在惠勒看来具有更强的防御性质。惠勒还在哈拉帕 R-37 地点发掘了一处与这座城市的主体年代一致的墓地，其中发现了一层包含大量沉积物的间歇层，将其与墓地 H 从地层上明确区分开来。从结构上看，墓地 H 的一些墓葬打破了原先废弃的建筑。包含墓地 H 类似风格的小建筑紧挨着城堡区的西边缘。惠勒认为墓地 H 文化可能是外来的，他采纳了柴尔德的建议，认为墓地 H 文化可能代表入侵印度的雅利安人，这些人群一般被认为是在公元前 1500 年左右到达的。惠勒发展了来自印度调查局的 V. S. 阿格拉瓦拉（V. S. Agrawala）之前提出的理论，即印度雅利安人是印度河城市消亡的主要原因，并引用吠陀经里描述达萨（Dasa）被劫掠的场景，认为"摩亨佐达罗后期，男人、妇女和儿童似乎被屠杀了……间接证据表明，因陀罗（Indra，雅利安战神）对此负有主要责任"（Wheeler，1947）。

惠勒在早前对摩亨佐达罗的考察中也确认了一处城堡。1947 年印巴分治后，惠勒在巴基斯坦政府担任了几年的考古顾问，并于 1950 年在摩亨佐达罗进行了考古发掘，找到了包括塔楼（towers）在内的一系列砖结构建筑，这让他更加相信自己关于城堡的观点是正确的。他还在土墩上完全揭露了一座大型建筑的地基，这座建筑曾经被认为是蒸汽浴室，他认为应该是大粮仓。通过这些发现和解释，惠勒和皮戈特描绘了一幅印度河文明的图景，直到今天仍支配着人们对这一文明的理解。摩亨佐达罗和哈拉帕被视为一个伟大国家的双首都，可能由祭司-国王统治。城市的建设遵循了标准的规划，包括一处坚固的城堡，公共建筑和一处作为居住区的下城区，城市街道呈网格状分布，类似于很久以后希腊化（Hellenistic）时期的城市和城镇。大粮仓用于储存粮食，而粮食作为贡品或税收征收，并再分配给国家的工作人员，就像同时期的美索不达米亚一样。高效和维护良好的排水和卫生系统是印度河时期城市的标准特征。标准化在手工业产品上表现得也很明显，比如珠串、石质和金属工具，以及精美陶器。皮戈特认为这些手工业产品"死气沉沉……几乎每一种视觉艺术和手工艺产品都散发着资产阶级式的平庸"（Piggott，1950：200）。尽管惠勒对某些手工制品的技术和美感表示赞赏，比如描绘了生动的动物形象的滑石印章，整个文明的情况是：此文明拥有相当高的技术能力和生活水平，但其中也有停滞不前的文化，僵化的官僚主义和沉闷的专制政权，这种情况在近 1000 年来显然没有得到改变。

惠勒希望寻找其他文明中熟悉的、被认为是这些文明所特有的特征：公共纪念性建筑，如神庙；防御工程和武器；王墓和宫殿。城堡上的建筑，如摩亨佐达罗的大粮仓和大浴池，可以合理地解释为公共和宗教建筑。巨大的砖墙城堡和宏伟的城门与预期的防御工程一致。矛、匕首、箭、斧等金属制品可以作为武器，不过惠勒也指出，这些武器"大多数可能由士兵、猎人、工匠，甚至是普通的平民平等使用"（Wheeler，1968；1973）。然而，埃及和美索不达米亚早期文明却不存在其他特征，例如，没有发现宫殿或王墓，也没有明确的神庙。尽管存在这些差异，惠勒认为，印度河流域先民从苏美尔人那里接受了文明的概念，同时也学习了书写等关键能力。

印巴分治之后

考古调查和发掘

二战后，人们对印度河文明的了解大为增加。1947 年印巴分治，著名的印度河文明遗址，包括摩亨佐达罗和哈拉帕，被归入了新成立的巴基斯坦，这刺激了印度在其国境范围内开展相关的考古调查。在古吉拉特邦和北恒河-亚穆纳地区发现了许多遗址，并对其中一些进行了发掘。特别重要的是由 S. R. 拉奥（S. R. Rao）在古吉拉特邦主持发掘的港口城镇遗址洛塔尔，遗址内分布有集中的手工业作坊，生产许多典型的印度河文明遗物，如珠子和金属制品，还发现有大型仓库。遗址东部有一处神秘的砖砌池塘，最初被认为是码头，至今仍未有合理的解释。城镇外也发掘了一些墓葬，以往只发掘过哈拉帕遗址的 R-37 墓地，这批墓葬的发掘提供了关于印度河时期丧葬习俗的新资料。在 20 世纪 60 年代的调查中还发现了另一座城镇遗址卡利班甘（Kalibangan），并发掘了第三处墓地，主持发掘的 B. B. 拉尔（B. B. Lal）和 B. K. 撒帕尔（B. K. Thapar）都曾与惠勒共事。通过发掘他们揭露了一处印度河时期包含有典型城堡和规划有序的下城区的城市遗址，而且还揭露了被其叠压的缺乏规划的更早期的居住区，这处较早的城镇由巨大的泥砖城墙围护。该遗址的一个重要发现是揭露了一片耕地，这处耕地可从两个方向进行犁耕，跟现在完全一样。巴基斯坦考古主任 F. A. 可汗（F. A. Khan）发掘了科特·迪吉（Kot Diji）遗址，法国考古学家珍-玛丽·卡萨尔（Jean-Marie Casal）也在阿姆里遗址进行了新的发掘，他们都发掘到印度河早期的遗存，并揭示了从区域性城市社区向成熟印度河文明发展的过程。乔治·戴尔斯（George Dales）的深入探查显示，在摩亨佐达罗也有类似的早期堆积，但高水位妨碍了考古发掘工作。在邻近的俾路支地区也发现了同时代的遗址，还发现明显早于成熟印度河文明的遗址。华尔特·费尔塞维斯（Walter Fairservis）在阿拉迪诺（Allahdino）的发掘清楚地揭示了这座印度河时期的城镇遗址，该遗址面积很小，但具有许多城市的特征。在探讨印度河文明如何发展和运作方面，费尔塞维斯颇有建树。

年代序列和发展过程

在某种程度上印度河文明的年代序列是通过与年代比较清楚的美索不达米亚文明进行比对来建立的。成熟印度河文明是从公元前 2500 年左右开始，一直持续到公元前两千纪早期，也许下限可到公元前 1500 年左右。但更早的印度河流域和俾路支地区的遗址或更晚的遗址，如已知在信德地区的丘卡尔和哈拉帕的墓地 H 的绝对年代并不明确。1949 年，这一情况发生了戏剧性的变化，物理学家威拉德·利比（Willard Libby）发明了放射性碳素测年法（radiocarbon dating），并因此获得了诺贝尔奖，开启了考古学认知和理解上的一次革命。这种技术通过测定保存下来的有机材料，如骨头、木头和贝壳，直接测定年代，而不用依靠地层学和通过比对年代已知的遗物，或其他间接的或情境分析的方法。放射性碳素测年法的出现使单独测定文化的年代成为可能，而不用通过与少数有历史口期的文化进行比较来断代。考古学家据此可以清楚地了解各种文化在时间上是如何相互联系的，并可从对年代的过分关注中解脱出来，从而去研究更广泛的问题。到 20 世纪 50 年代末，印度已经在 D. P. 阿格拉瓦尔（D. P. Agrawal）的领导下建立了放射性碳素测年实验室，实验室最初设在孟买的塔塔基础研究所（Tata Institute of Fundamental Research），后来搬到艾哈迈达巴德（Ahmedabad）的物理研究实验室。

很明显，到公元前五千纪，在印度-伊朗边境地区已经存在定居的农业聚落。20世纪70年代，对博兰河流域的大型聚落梅赫尔格尔的发掘工作开始了，出土了公元前四千纪的遗存。从博兰河切断的地层断面上可以看到早期聚落的存在。事实证明，这些遗存的年代可追溯到公元前七千纪或前八千纪，可见这一地区的农业发展与西亚的大部分地区几乎同步。作为南亚该时期唯一的农业聚落，梅赫尔格尔遗址一直是研究的主要焦点，这可能有助于回答这个棘手的问题：农业是起源于近东，并从那里扩散到邻近区域，还是在多个中心独立发展？

来自俾路支地区的牧民在公元前四千纪活跃在印度河流域，直到公元前四千纪末农民才开始在那里定居。目前已知有若干处区域集团：信德省、俾路支地区南部和古吉拉特邦部分地区的阿姆里-纳尔（Amri-Nal）；俾路支地区中部的达姆卜·萨达特（Damb Sadaat）；中部和北部大地区，包括乔利斯坦的科特·迪吉（Kot Diji）；东部，包括卡利班甘遗址的索斯·西斯瓦尔（Sothi-Siswal）。令人困惑的是，这些同时期的区域集团被称为阶段（phase），而这个术语通常用于表示年代先后关系。学者们最初认为成熟哈拉帕文明的出现是突然的具有戏剧性的事件，而目前此事件则被普遍认为发生在公元前2600—前2500年的一个世纪内。这种转变背后的驱动力仍然值得深入思考。

在公元前两千纪早期的某个时候，印度河地区再次出现各种各样的区域集团，这些集团缺乏印度河文明的许多特征，如城市、文字、排水设施和长途贸易。不同的区域集团有着不同的手工制品（尤其是陶器）风格，常常与同一地区早印度河时期的陶器相似。尽管确定这一转变的年代对理解实际发生了什么非常重要，但这并不容易。现在看来，转变是渐进的过程，而不是突然的崩溃，发生的时间大概在公元前2000年至公元前1900—前1800年，此时中心地带的人口数量少于外围区域，古吉拉特邦和印度河流域东部的遗址数量则有所增加。

最近的考古工作

半个世纪以来，惠勒的著作使公众对印度河文明有了基本的认识，最近考古工作积累的大量新材料，则使人们对印度河文明的前身、内部运作、对外关系和衰落有了更清晰的认识。此外，印度河文明和整个考古学科的研究范式都发生了巨大的变化。

以城市考古为中心

20 世纪 20 年代和 30 年代在马歇尔主导下开展的对哈拉帕和摩亨佐达罗的发掘是一项伟大的事业，但那时考古技术还处于初级阶段。按照现在的标准，以往的发掘还不够充分，未能回答许多现在认为重要的问题。在印度河文明确认后的几年里，也陆续发掘了其他城镇遗址，但摩亨佐达罗和哈拉帕似乎仍然是其中最重要的遗址，是我们了解 5000 年前印度河文明的关键。

从 20 世纪 80 年代开始，德国、意大利和美国的考古队与巴基斯坦的学者合作，在摩亨佐达罗和哈拉帕开展工作，目的是使用最新的设备和方法，包括实验考古学和民族考古学，重新评估早期发掘的成果。在摩亨佐达罗，来自德国亚琛理工大学（Aachen Technical University）和意大利中东远东研究院（Institute of Middle and Far Eastern Studies of Rome，IsMEO）的考古学家们认真研究了之前的原始发掘记录和照片，并对其余建筑进行摄像和记录，同时研究了马歇尔时代的人为水平层与实际的地层之间的关系。在哈拉帕，HARP 项目组 [巴基斯坦和美国合作的哈拉帕考古研究项目（Harappa Archaeological Research Project，HARP）] 也进行了一些发掘，发现了早印度河时期（科特·迪吉期）堆积之前的遗存，这些遗存或可追溯到公元前 3500 年左右。在这两座城市中都发现了大量的建筑遗迹，包括抵御洪水的大型泥砖平台。为了解城址的分布范围而开展的调查工作，表明了地表可见的土堆只是城址的一部分。这些调查同时还对这些城市的组织和运作，特别是其手工业生产活动提出了新的见解。其他遗址的研究也提供了补充资料，特别是拉维·辛格·比什特（Ravi Singh Bisht）对古吉拉特邦朵拉维拉城址的发掘也提供了重要的新证据，这座城址与摩亨佐达罗和哈拉帕既有惊人的相似之处，也有显著的差异。

聚落

已知的印度河时期遗址的数量急剧增长：从 1947 年的 37 个增加到如今的 1000 多个。在对印度河流域的第一次发掘中，摩亨佐达罗和哈拉帕城址得以揭示，随后一些城镇遗址得到了调查。最近，更多的城址得到确认，如乔利斯坦沙漠的甘瓦里瓦拉城址。尽管在卡利班甘发现了世界上最早的耕地，但人们对村落居民、农民和牧民的生活状况却所知甚少，这些人无疑是人口的主要组成部分。近年来，为改变这一状况做了大量工作，发掘了几处村落遗址和牧民营地，还调查了一些专业工匠的小型聚落。

通过区域调查，已经建立了印度河地区遗址的分布概况及其与地貌的关系。例如，哈拉帕遗址实际上是旁遮普邦西部唯一的印度河时期遗址，这表明该城址的出现可能与其在贸易中的重要性有关，特别是喜马拉雅山脉木材的贸易，同时这也指出了该城址和现在一样，在牧民与不同的定居聚落的沟通中起到了重要作用。格雷格·波塞尔（Greg Possehl）对索拉什特拉地区聚落形态的研究表明，随着时间的推移，土地使用发生了重大变化，印度河文明时期聚落沿河集中分布，而后哈拉帕时期农民开始开发河间地，导致遗址数量大为增加。拉菲克·莫卧儿（Rafque Mughal）在乔利斯坦进行的密集调查显示，在格格尔-哈克拉河（消失的萨拉斯瓦蒂河）干涸的河道沿线发现大量遗址，表明这个地区虽然现在是沙漠，但在印度河时期是最密集的聚居地之一，也许是该文明的农业中心区。

对外贸易

大印度河地区以外的调查，加深了我们对印度河先民海外贸易的了解。距离印度河 1000 公里的阿富汗肖图盖遗址（Shortugai）是一处典型的印度河文明遗址，是控制巴达赫尚（Badakhshan）青金石贸易的基地。印度河先民似乎通过肖图盖来垄断青金石的供应，青金石是一种美丽的蓝色宝石，价值极高。同时从该地区中也可能获得金属矿石。

在沙赫里·索科塔（Shahr-i Sokhta）、特佩·雅雅（Tepe Yahya）等遗址也进行了发掘，这些城址于公元前四千纪和前三千纪早期在伊朗高原上发展起来，揭示了在印度河文明垄断之前青金石到近东的贸易网络；其他商品，如绿泥石和金属矿石，也沿着这些路线流通。20 世纪 70 年代至 90 年代，人们非常关注赫尔曼德文明（Helmand）和中亚的文化。人们关于伊朗高原城市文化的认识在不断加深：最近在克尔曼省（Kerman）确认了一个国家社会，在吉罗夫特地区（Jiroft）发现了该文明的一处重要遗址，这可能是苏美尔传说中的阿拉塔（Aratta）。

早期美索不达米亚文本中提到的其他国家经过了详细的调查之后也已得到证明。印度河文明可能是文献中记载的梅卢哈（Meluhha），而巴林和阿曼可能是文献中的迪尔蒙（Dilmun）和马根（Magan），迪尔蒙和马根是贸易和原材料供应的重要场所。在这些地区进行的调查揭示了海湾地区文化发展的情况及其国际贸易和手工业的贡献。印度河文明是海湾贸易的主要参与者，其商人在美索不达米亚建立了贸易前哨。然而，印度人从近东进口何种商品仍然是个谜。

最近的工作揭示了更远程的文化交流。公元前 2000 年左右，一些非洲作物开始在大印度河地区的部分区域种植。这些农作物可能是通过阿曼传播给哈拉帕先民，而阿曼人则可能是通过阿拉伯南部的沿海贸易获得的。不排除有印度河沿岸经验丰富的航海者也曾到达过东非的可能性。

神秘的文字

印度河文字自发现以来，就引起了学者和社会公众的关注和兴趣。在哈拉帕遗址拉维阶段[Ravi phase（公元前 3500—前 3300 年至公元前 2800 年）]发现了刻有符号的遗物，从而为文字的起源研究带来了新材料。人们做了许多尝试来破译这种文字，如对比该图符与其他文字之间细微的相似之处，或猜测其图形含义，甚至纯粹凭空想象。自 20 世纪 60 年代以来，已开展了很多研究，特别是由俄罗斯学者尤里·克诺罗佐夫（Yuri Knorozov）和芬兰考古学家阿斯科·帕尔波拉（Asko Parpola）以及印度学者伊拉瓦萨姆·马哈迪温（Iravatham Mahadevan）等团队进行的研究，他们通过计算机等手段对文字结构进行分析。帕尔波拉和马哈迪温还编写了索引，复制南亚等地区主要藏品中的印章等刻符文物，这些是研究文字的基本资料。这些研究在确定文字的类型、书写方向等特征方面取得了重大进展，但离破译仍有较大的差距。史蒂夫·法尔梅（Steve Farmer）在他的一项新的研究中，甚至质疑这些符号是否真的属于文字。

衰落的问题

许多调查工作致力于探索印度河文明衰落的原因。在摩亨佐达罗，那些曾被认为死于大屠杀的人骨经研究后显示，它们是被埋葬在废弃的建筑中的，根据已知的印度河文明衰落的年代，可以排除吠陀雅利安人是城市破坏者的可能性。然而，印度雅利安人进入次大陆的时间仍然是一个经常引起激烈争论的问题，人们普遍认为他们在公元前两千纪期间进入了印度河流域西北部，但在考古上还无法证实。

学者们开始从别的方面，如自然灾害，去解释城市崩溃的原因。罗伯特·雷克斯（Robert Raikes）认为是一场巨大的洪水摧毁了摩亨佐达罗。然而，由于他提出的证据可以有多种其他的解释，这一理论没有经受住时间的考验。此时，卫星摄影已被用来记录印度河流域河流的变化。吠陀和后来的文献表明，早在公元前 2000 年到公元前 1000 年之间，萨拉斯瓦蒂河就已经干枯，关于这一重大环境变化的年代学研究表明它在印度河文明的崩溃中扮演了重要角色。然而，也有学者对崩溃本身提出了怀疑：哈拉帕晚期和后哈拉帕时期遗址资料说明虽然印度河流域中心地带的遗址数量有所减少，但古吉拉特邦和印度河–恒河分水岭地区的遗址数量却增加了。公元前两千纪初，与其说是崩溃，不如说是城市生活的放弃加上其他地区的发展。

前景

尽管从发现印度河文明以来，关于印度河文明的研究在 80 多年的研究过程中取得了进展，但由于文献的缺乏，印度河文明仍然是个谜。其社会政治组织的性质、宗教形态及其在国家运作中的作用仍处于猜测阶段。有学者对印度河文明是一个统一的国家这一观点提出质疑，因为已发掘遗址的建筑展现出的多样性使我们认识到早期关于文化统一的印象是有误的，很多其他的问题也没有得到解答。许多研究集中于文明消亡的原因，而另一些则致力于寻找国家崛起的动力。为寻找关键发展阶段的证据，有些学者在一些区域开展了调查，并取得了丰硕的成果。然而，如在西北部地区，由于某些因素，调查工作已经中断。

学习印度河文明

语言和文字

文字是了解早期文明先民的主要途径。文字不仅可以揭示国王和其他领袖人物的姓名和行动，也可以了解社会组织、法律、宗教信仰、教育、经济组织、神话、科学知识等方面的内容。相比之下，印度河文明的文字没能被破译，留存下来的符号太短，涵盖的范围太小，即使破译了，提供的信息也有限。因此，印度河文明还有很多方面都是未知的。

在这些未知的方面中，其中一个就是印度河先民的语言。现在印度次大陆的大多数居民均操印欧语系的语言。最近，大部分受过教育的南亚人把英语作为第二语言。自公元前两千纪以来，越来越多的人使用印度—雅利安语。但在印度河时期，尽管受到少数学者的强烈质疑，任何居住在南亚的人群可能都不使用印欧语系的语言。今天，印度南部的居民和印度次大陆其他地方的一些人群，包括俾路支地区的布拉灰人（Brahui），都说德拉威语（Dravidian）。根据一些学者的说法，印度河时期的语言很可能属于德拉威语系。不过今天一些印度以及东南亚小部落所讲的南亚语系（Austro-Asiatic）的语言，也可能在印度河时期被使用。在印度次大陆的少数民族语言中，还有其他一些被使用可能性较小的语言：藏缅语（Tibeto-Burman）在中国西藏、印度东北、不丹、缅甸、越南以及泰国等国家和地区使用，属于汉藏语系（Sino-Tibetan）；布鲁夏斯基语（Burushaski）是一种孤立的语言，在西部喀喇昆仑（Karakoram）地区使用。印度河时期可能还存在其他没有流传下来的语言。

确定年代的考古学和历史学方法

了解过去的基础是掌握遗物及其发展过程的年代、顺序和相互联系。地层学和类型学是确定相对年代的基本方法，但绝对年代取决于年代测定技术，这些技术只适用于某些特定材料。当存在文献资料时，历史文本有时可以提供精确的年表，尽管也可能出于某些原因导致失真或年代不明确。当历史年代对比来自外部时，如印度河文明的历史年代即来自美索不达米亚，会给绝对年代的确定增加额外的困难。

考古年代

遗址发掘时，人类活动以及自然过程产生的土层以相互叠压的地层形式呈现，遗物和遗迹即通常发现于地层序列中。地层序列可提供人工制品和建筑样式的相对年代。

根据出土遗物和遗迹的类型，也可确定堆积的相对年代。类型学和地层学确定了相对年代，再结合历史或测年技术确定一些人工制品或堆积的绝对年代，便可得出年代框架。陶器易碎但耐用，用途广泛，在形状、制造和装饰方面易发生演变，是很好的类型学年代研究对象，陶器样式是印度次大陆史前遗址年代判定的主要手段。由于陶器风格的标准化，陶器的类型学研究在判断印度河文明发展过程中更细的年代划分方面用处并不太大。另外，某些陶器风格[如从早期印度河到后城市时代使用的西斯瓦尔陶器群（Siswal ware）]使用时间很长，年代标记不明显。

碳十四测年法（Carbon-14 dating，又称放射性碳年代测定法）是第一种发展起来的放射性年代测定技术，今天已有许多科学的年代测定技术。这些技术经常被用来确定考古材料背景而不是材料本身的年代，这就使得确定材料的背景变得至关重要。样品的污染也是一个潜在的问题。当从遗址中获取了大量的年代数据后，就可以淘汰一些不一致的数据，但如果只有二三个年代数据（通常是由于资金的限制），这时就很难正确区分错误的年代和那些意想不到但准确的年代。

由于统计限制，大多数测年技术都存在一定程度的偏差，我们可以通过对来自同一单位的多个样本进行测年来提高精确度。科学的测年技术意义非凡，因为它们提供的年代无需依赖未必准确的历史或文化假设。

碳十四测年法是最常用的技术，因为它可应用于各种有机材料，如在发掘中经常见到的骨头。有机体活着的时候会吸收放射性同位素碳-14，但死亡后就会停止吸收，碳随后以已知的速度衰减。因此，生物体内放射性碳的剩余量与死亡后经过的时间成正比。由于大气中放射性碳的比例在过去有一定程度波动，碳-14年代（ce和bce）必须通过树木年轮断代法（dendrochronology或tree ring dating）的校正曲线来校正为日历年代（CE和BCE）。

普遍可见的陶器不能通过放射性碳测定年代，但通过热释光法（Thermoluminescence，TL）已经取得了一些成功，尽管这种技术的精确度仍然相对不高（约10%的样本年龄）。虽然也能通过一些其他依靠放射性物质衰变的技术（放射性技术）来测定年代，但放射性碳年代测定法是用来测定南亚遗存年代的主要技术。

历史年代

虽然关于印度河文明本身没有任何历史文献，但哈拉帕先民与近东的苏美尔（Sumer）和阿卡德（Akkad）这些有文字的、出土大量历史文献的文明有过文化交流。印度河文明年代的首次确认得益于在美索不达米亚发现的一些与阿卡德和乌尔第三王朝有关的哈拉帕文化遗物。印度河流域的手工业品，如玛瑙珠和印章，从乌尔王陵（Royal Cemetery at Ur）到加喜特时期[the Kassite period（大约公元前三千纪中期至公元前两千纪后期）] 都可见到，年代多集中于伊新–拉尔萨时期[Isin–Larsa（公元前两千纪早期）]，少量年代较晚的遗物可能因为在传入美索不达米亚后流传了很久。尽管美索不达米亚的历史文献对印度河文明内部年代序列的判断无法提供帮助，但其在绘制海湾贸易关系的发展和变化模式方面具有重要价值，哈拉帕人在其中也发挥了重要作用。

公元前一千纪的美索不达米亚年表已经比较完善，然而其早期的年表仍存在很大的不确定性。两河流域的早期年表中，一系列孤立事件的前后顺序是清楚的，但它们之间的间隔时间并不明确，不幸的是，其中一个不确定时期，落在阿卡德和乌尔第三王朝时期与印度河存在贸易往来的时间段内。在这些年表中有几个时间点是可通过观测确定日期的天文事件（如金星的运动）来确定的。然而，在相关的时间跨度内，这些事件通常有几种可能发生的情况，其结果便是目前美索不达米亚在公元前两千纪和公元前三千纪晚期有 3 种不同的年表（分别被称为高年表、中年表和低年表）。为了使不同学者的著述保持一致，学者们通常采用中年表。根据这一年表，阿卡德帝国建立到乌尔第三王朝衰落，也即美索不达米亚南部和印度河之间的贸易繁荣的时间，是公元前 2334—前 2004 年。而高年表和低年表会将日期向前或向后移动约半个世纪。

公元前 530 年左右，波斯对南亚西北地区的征服标志着当地历史时期的到来，当时早期城市在恒河流域及更远的地方蓬勃发展。此外，一些印度的历史资料涵盖了从公元前 6 世纪开始的时期，为一些统治者、宗教人物（包括佛陀）和事件提供了相当可靠的年代证据。早期流传下来，后来书写成文本的印度口头文学，可以追溯到大约

1000 年前。最早的是宗教文献《梨俱吠陀》（*Rigveda*），内容似乎主要涉及公元前两千纪后半段，年代比印度河文明衰落的时间（即大约在公元前 1900 年）晚了几个世纪，但与西北地区的一些后哈拉帕文化同时。

研究印度河文明的资料来源

印度河文明尚未被破译，考古发掘和调查是重建和解释过去的主要资料来源，但也利用了许多多学科的方法。南亚民族志特别有价值，对手工业和经济考古有很大的启发。美索不达米亚丰富的历史资料提供了一些关于贸易方面的有用信息，后来的南亚口头和书面历史也可能为印度河文明时期遗留下来的某些因素提供宝贵的见解。

考古资料

考古学揭示了大量过去个人和社群日常生活的细节，并有助于了解人类社会的发展过程。为此，考古学家利用实地调查、发掘和类型学分析等考古学方法，以及来自其他学科的方法，如航空摄影、民族考古学（ethnoarchaeology）、动物考古学（archaeozoology）和其他领域的专业技术，如物理、化学、土壤科学、医学和语言学来进行研究。印度河先民制作的器物，如陶器、珠宝，以及少量的石雕像（statues）、丰富的小雕像（figurines）和刻符印章等艺术作品，深刻反映了他们的审美意识和艺术能力，并提供已经消逝的生活的各个方面，如服饰以及关于宗教的细微线索。类型学和化学及物理分析为了解人工制品的实际和社会用途，人工制品和材料的流动以及社区之间的关系提供了帮助。通过详细研究人工制品的分布及其与建筑等的关系可获取关于过去活动的大量信息，如手工业生产方式或丧葬活动，或揭露社会组织相关情况，此类研究最近在摩亨佐达罗和哈拉帕取得相当大的成果。

印度河文明的住宅建筑非常著名，可以揭示日常生活的许多方面，而公共建筑相对稀少但多样，这引发了大量关于这些建筑所承担的宗教仪式和社会政治组织方面的思考。早期的学术研究集中在城市和城镇，而最近一些小遗址的调查弥补了资料的不平衡。广泛的调查揭示了区域聚落模式和景观演变（尤其是河流系统），从而有助于我们理解印度河文明的发展和全盛时期的状况及其从城市文明向分布区域更广的小型农业社会的转变。不过，诸如冲积和侵蚀等埋藏作用破坏或掩盖了许多地区的聚落。花粉分析只能提供有限的关于古环境的信息。植物遗存，尤其是动物遗存，也提供了一些关于印度河文明经济相关的资料。

对人类骨骼和其他遗骸的分析可以揭示与人们体质相关的细节，比如饮食、环境压力、疾病或伤病。这种分析也有助于深入了解人口历史，特别是在确定外来人群在多大程度上参与了次大陆的重大发展。可惜的是，大多数印度河先民的墓葬都没有找到，体质人类学的数据因此比较有限。

其他来源

美索不达米亚文献中提到的与多种文化进行过的海上贸易，比如其中的梅卢哈，已被确定为印度河文明。因此，印度河文明是国际贸易的主要参与者，印度河流域的商人曾到美索不达米亚旅行，甚至定居。

后世的印度文献也可以为了解印度河文明生活的各个方面提供有用的线索。现存最早的文献《吠陀经》是印度雅利安人撰写的，大多数学者认为他们是外来人群，于公元前 2000 年左右进入次大陆。比较《吠陀经》和那些被后来文献证明的事件，可能有助于筛选出一些早期的活动，然后尝试在印度河文明中找出相关证据。

对在与过去相似的环境中生活的人群进行民族学观察，可能可以帮助了解当时的经济活动、制造技术、特定工具的使用和某些建筑特征的功能等。这特别适用于南亚，在这里有许多不间断的关于居住、手工业等活动的传统，许多牧民及部落群体仍过着一种从某种程度上来说和以前的狩猎采集者相似的生活。

参考文献

ALLCHIN B, 1994. Living Traditions. Studies in the Ethnoarchaeology of South Asia[M]. New Delhi: Oxford & IBH Publishing Co.

BISHT R S, 1997. Dholavira Excavations: 1990–94[M]//JOSHI J P. Facets of Indian Civilization. Recent perspectives. Essays in Honour of Professor B. B. Lal. New Delhi: Aryan

Books International: 107-120.

CHAKRABARTI D K, 1988. A History of Indian Archaeology[M]. New Delhi: Munshiram Manoharlal.

CHANDA R P, 1926. The Indus Valley in the Vedic Period[J]. Memoirs of the Archaeological Survey of India. SI 31. Calcutta: Archaeological Survey of India.

CHANDA R P, 1929. Survival of the Prehistoric Civilization of the Indus Valley[J]. Memoirs of the Archaeological Survey of India. SI 41. Calcutta: Archaeological Survey of India.

CHILDE G, 1926. The Aryans: A Study of Indo-European Origins[J]. London: Kegan Paul, Trench Trench, Trubner & Co.

CHILDE G, 1934. New Light on the Most Ancient East: The Oriental Prelude to European Prehistory[J]. London: Kegan Paul, Trench, Trubner & Co.

CRYSTAL D, 1987. The Cambridge Encyclopedia of Language Cambridge[M]. UK: Cambridge University Press.

CUNNINGGHAM A, 1875. Harappa[J]. Archaeological Survey of India: Report for the Years 1872–35: 105-108.

DALES G F, 1964. The Mythical Massacre at Mohenjo Daro[M]. Expedition, 6(3): 36-43// POSSEHL G L, 1979. Ancient Cities of the Indus. New Delhi: Vikas Publishing House: 293-296.

DALES G F, 1974. Excavations at Balakot, Pakistan, 1973[J]. Journal of Field Archaeology, 1(1/2): 3-22.

DALES G F, 1979. Excavations at Balakot[J]//TADDDEI M. South Asian Archaeology 1977. Naples: Istituto Universitario Orientale, Seminario di Studi Asiatici: 241-274.

FAIRSERVIS W A, 1961. The Harappan Civilization: New Evidence and More Theory[J]. Novitates, 2055: 1-35//POSSEHL G L, 1979. Ancient Cities of the Indus. New Delhi: Vikas Publishing Hous: 49-65.

FAIRSERVIS W A, 1967. The Origins, Character and Decline of an Early Civilization[J]. Novitates, 2302: 1-48//POSSEHL G L, 1979. Ancient Cities of the Indus. New Delhi: Vikas Publishing Hous: 66-89.

FAIRSERVIS W A, 1982. Allahdino: An Excavation of a Small Harappan Site[J]//POSSEHL

G L. Harappan Civilization: A Contemporary Perspective. New Delhi: Oxford & IBH Publishing Co: 106-112.

FARMER S, SPOROAT R, WITZEL M, 2004. The Collapse of the Indusscript Thesis: The Myth of a Literate Harappan Civilizatio[EB/OL]. [2007-01-12]. www.safarmer.com/fsw2.pdf.

GADD C J, 1932. Seals of Ancient Indian Style Found at Ur. Proceedings of the British Academy 18: 3-22//POSSEHL G L, 1979. Ancient Cities of the Indus. New Delhi: Vikas Publishing House: 115-122.

GADD C J, SMITH S, 1924. The New Links between Indian and Babylonian Civilizations[J]. Illustrated London News, 4: 614-616//POSSEHL G L, 1979. Ancient Cities of the Indus. New Delhi: Vikas Publishing House: 109-110.

HARGREAVES H, 1929. Excavations in Baluchistan 1925. Sampur Mound, Mastung and Sohr Damb, Nal[J]. Memoirs of the Archaeological Survey of India. SI 35. Calcutta: Archaeological Survey of India.

JANSEN M, GUNTER U, 1984. Reports on Fieldwork Carried out at Mohenjo-daro, Pakistan 1982–83[J]. IsMEO-Aachen University Mission: Interim Reports I. Aachen and Rome: RWTH and IsMEO.

JANSEN M, GUNTER U, 1987. Reports on Fieldwork Carried out at Mohenjo-daro, Pakistan 1983–84[J]. IsMEO-Aachen University Mission: Interim Reports I. Aachen and Rome: RWTH and IsMEO.

JARRIGE C, JARRIGE J F, MEADOW R H, QUIVRON G, 1995. Mehrgarh: Field Reports 1974–1985, from Neolithic Times to the Indus Civilization[M]. Karachi: Department of Culture and Tourism of Sindh, Department of Archaeology and Museums, French Ministry of Foreign Affairs.

KENOYER, MARK J, 1989. Old Problems and New Perspectives in the Archaeology of South Asia[M]. Wisconsin Archaeological Reports. Vol. 2. Department of Anthropology. Madison: University of Wisconsin Press.

KNOROZOV Y, 1976. The Characteristics of the Language of the Proto-Indian Inscriptions[J]//ARLENE R K Z, KAMIL V Z. The Soviet Decipherment of the Indus Valley Script: Translation and Critique. The Hague and Paris: Janua Linguarum: 55-59. Series Practica, 156.

LAL B B, 1970–1971. Perhaps the Earliest Ploughed Field So Far Excavated Anywhere in the World[J]. Puratattva, 4: 1-3.

LAL B B, 1984. Some Reflections on the Structural Remains at Kalibangan[J]//LAL B B, GUPTA S P. Frontiers of the Indus Civilization. New Delhi: Books and Books: 55-62.

LAMBRICK H T, 1964. Sind: A General Introduction[J]. Hyderabad: Sindhi Adabi Board.

MACKAY E J H, 1931. Further Links between Ancient Sind, Sumer and Elsewhere[J]. Antiquity, 5(20): 459-473//POSSEHL G L, 1979. Ancient Cities of the Indus. New Delhi: Vikas Publishing House: 123-129.

MACKAY E J H, 1935. The Indus Civilization[M]. London: Luzac and Co.

MACKAY E J H, 1938. Further Excavations at Mohenjo Daro[M]. New Delhi: Government of India.

MACKAY E J H, 1943. Chanhu-daro Excavations 1935–36[M]. New Haven. CT: American Oriental Society.

MAHADEVAN I, 1972. Study of the Indus Script through Bi-lingual Parallels. Paper read at the Second All-India Conference of Dravidian Linguists, Sri Venkateswara University[C]// POSSEHL G L, 1979. Ancient Cities of the Indus. New Delhi: Vikas Publishing House: 261-267.

MAHADEVAN I, 1977. The Indus Script: Texts, Concordance, and Tables[M]. Memoirs of the Archaeological Survey of India, 77. New Delhi: Archaeological Survey of India.

MAHADEVAN I, 1982. Terminal Ideograms in the Indus Script[J]//POSSEHL G L. Harappan Civilization: A Contemporary Perspective. New Delhi: Oxford & IBH Publishing Co: 311-317.

MAJUMDAR N G, 1934. Explorations in Sind. Memoirs of the Archaeological Survey of India[J]. SI 48. Calcutta: Archaeological Survey of India.

MARSHALL J, 1924. First Light on a Forgotten Civilisation[M]. Illustrated London News, September 20: 528-532 and 548//POSSEHL G L, 1979. Ancient Cities of the Indus. New Delhi: Vikas Publishing House: 528-532.

MARSHALL J, 1926a. Harappa and Mohenjo Daro[J]. Annual Report of the Archaeological Survey of India. 1923–4: 47-54//POSSEHL G L, 1979. Ancient Cities of the Indus. New

Delhi: Vikas Publishing House: 181-188.

MARSHALL J, 1926b. Mohenjo-daro[M]. Illustrated London News, February 27: 346-349//
BACON E, 1976. The Great Archaeologists. London: Martin Secker and Warburg: 228-230.

MARSHALL J, 1931. Mohenjo Daro and the Indus Civilization[M]. London: Arthur
Probsthain.

MCINTOSH J, 1999. The Practical Archaeologist[M]. 2nd ed. New York: Facts on File.

MCINTOSH J, 2005. Ancient Mesopotamia: New Perspectives[M]. Santa Barbara, CA:
ABC-CLIO.

MEHTA D P, POSSEHL G L, 1993. Excavation at Rojdi, District Rajkot[M]. Indian
Archaeology—A Review 1992–3: 31-32.

MEHTA R N, 1984. Valabhi—A Station of Harappan Cattle-Breeders[J]//LAL B B, GUPTA
S P. Frontiers of the Indus Civilization. New Delhi: Books and Books: 227-30.

MUGHAL M R, 1973. The Present State of Research on the Indus Valley Civilization[M].
Karachi: Karachi, Dept. of Archaeology and Museums, Ministry of Education and Culture,
Govt. of Pakistan.

MUGHAL M R, 1982. Recent Archaeological Research in the Cholistan Desert[J]//
POSSEHL G L. Harappan Civilization: A Contemporary Perspective. New Delhi: Oxford &
IBH Publishing Co: 85-95.

MUGHAL M R, 1984. The Post-Harappan Phase in Bahawalpur District, Pakistan[J]//LAL B
B, GUPTA S P. Frontiers of the Indus civilization. New Delhi: Books and Books: 499-503.

MUGHAL M R, 1990. The Harappan Settlement Systems and Patterns in the Greater Indus
Valley (circa 3500–1500 BC)[J]. Pakistan Archaeology, 25: 1-90.

MUGHAL M R, 1997. Ancient Cholistan: Archaeology and Architecture[M]. Lahore:
Ferozsons.

PARPOLA A, 1994. Deciphering the Indus Script[M]. Cambridge, UK: Cambridge University
Press.

PIGGOTT S, 1946. The Chronology of Prehistoric Northwest India[M]. Ancient India, 1: 8-26.

PIGGOTT S, 1950. Prehistoric India[M]. Harmondsworth, UK: Penguin.

POSSEHL G L, 1979a. Pastoral Nomadism in the Indus Civilization[J]//TADDEI M. South Asian Archaeology 1977. Naples: Istituto Universitario Orientale, Seminario di Studi Asiatici: 537-551.

POSSEHL G L, 1979b. Lothal: A Gateway Settlement of the Harappan Civilization[J]// POSSEHL G L. Ancient Cities of the Indus. New Delhi: Vikas Publishing House: 212-218.

POSSEHL G L, 1980. The Indus Civilization in Saurashtra[M]. New Delhi: B. R Publishing Corporation.

POSSEHL G L, 1986. Kulli: An Exploration of Ancient Civilization in South Asia[M]. Durham, NC: Carolina Academic Press.

POSSEHL G L, 1989. Radiocarbon Dates for South Asian Archaeology[M]. Philadelphia: University of Pennsylvania Museum of Archaeology and Anthropology.

POSSEHL G L, 1999. Indus Age: The Beginnings[M]. Philadelphia: University of Pennsylvania Press.

POSSEHL G L, 2002. Fifty Years of Harappan Archaeology: The Study of the Indus Civilization since Indian Independence[J]//SETTAR S, KORISETTAR R. Indian Archaeology in Retrospect. II Protohistory. Archaeology of the Harappan Civilization. Indian Council of Historical Research. New Delhi: Manohar: 1-41.

RAO S R, 1979, 1985. Lothal: A Harappan Port Town (1955–62)[J]. 2 vols. Memoirs of the Archaeological Survey of India. SI 78. New Delhi: Archaeological Survey of India.

RENFREW C, BAHN P, 2004. Archaeology: Theories Methods and Practice[M]. 4th ed. London: Thames and Hudson.

SAYCE A H, 1924. Remarkable Discoveries in India[J]. Illustrated London News, September 27: 526//POSSEHL G L, 1979. Ancient Cities of the Indus. New Delhi: Vikas Publishing House: 108.

STEIN M A, 1929. An Archaeological Tour in Gedrosia[J]. Memoirs of the Archaeologica Survey of India. SI 43. Calcutta: Archaeological Survey of India.

STEIN M A, 1931. An Archaeological Tour in Waziristan and Northern Baluchistan[J]. Memoirs of the Archaeological Survey of India. SI 42. Calcutta: Archaeological Survey of India.

STEIN M A, 1942. A Survey of Ancient Sites along the Lost Sarasvati River[J]. The Geographical Journal, 99: 173-182.

THAPAR B K, 1975. Kalibangan: A Harappan Metropolis beyond the Indus Valley[J]. Expedition, 17(2): 19-32//POSSEHL G L, 1979. Ancient Cities of the Indus. New Delhi: Vikas Publishing House: 196-202.

VATS M S, 1940. Excavations at Harappa[M]. New Delhi: Government of India.

WADDELL L A, 1925. The Indo-Sumerian Seals Deciphered: Discovering Sumerians of Indus Valley as Phoenicians, Barats, Goths and Famous Vedic Aryans, 3100–2300 BC[M]. London: Luzac and Co.

WHEELER R E M, 1947. Harappa 1946: The Defences and Cemetery R-37[J]. Ancient India, 3: 58-130.

WHEELER R E M, 1950. Five Thousand Years of Pakistan: An Archaeological Outline[J]. London: Royal India and Pakistan Society.

WHEELER R E M, 1953. The Indus Civilization[M]. Cambridge. UK: Cambridge University Press.

WHEELER R E M, 1955. Still Digging[M]. London: Michael Joseph.

WHEELER R E M, 1966. Civilizations of the Indus Valley and Beyond[M]. London: Thames and Hudson.

WHEELER R E M, 1968. The Indus Civilization[M]. 3rd ed. Cambridge, UK: Cambridge University Press.

ZIDE A R K, ZVELEBIL K V, 1976. The Soviet Decipherment of the Indus Valley Script: Translation and Critique[M]. Series Practica, 156. The Hague and Paris: Janua Linguarum.

第 3 章　印度河文明的起源、发展和衰落

南亚早期（公元前 200 万—前 100 万年至公元前 7000 年）

狩猎者、采集者和渔民

关于南亚古人类活动的考古资料非常零散，一般仅以零星的石器为主，往往缺乏层位。根据出土的各类石器可知，100 万年前，人们就在南亚的几个地区活动，最早或可至 200 万年前—180 万年前。纳尔玛达地区发现了约 30 万年前的一件不完整的原始人类头骨化石，可能属于生活在非洲、欧洲和西亚的海德堡人（Homo heidelbergensis），但也可能是介于海德堡人和直立人（Homo erectus）之间的人种，直立人当时占据了东亚和东南亚的部分地区。大约 7 万年前，现代人（智人，Homo sapiens）可能通过阿拉伯从非洲到达南亚。在人类居住的地方，最常见的遗迹是活动面，但偶尔也会发现由易腐烂的材料、石块和柱子建造的临时房屋，以及散布在洞穴和露天场地的遗物。

3 万年以来，南亚的古人类活动证据日益丰富，使人们对其居民的生活方式有了更全面的了解。他们用的工具是从石核上打制下来的细长石片，这其中使用的各种技术，如原材料加热和反向间接打制法（inverse indirect percussion），不仅持续沿用至印度河文明时期，甚至直到今天。罗赫里山燧石资源丰富，容易获取，这里发现的大型石器制作场地见证了这些制作技术的使用。与其他优质原料来源一样，这处燧石露头也在早期被人类开采。

始于旧石器时代晚期的岩画可以直接反映狩猎采集者的生活方式，这一时期的艺术在世界多个地区繁荣发展，并在随后的中石器时代变得更加普遍。在印度中部的宾贝特卡（Bhimbetka）洞穴中也可以看到这样的岩画。

除了生动描绘的场景，食物和用来加工食物的工具的遗存表明，早期南亚人的生计方式包括狩猎鸟类、羚羊、野山羊、绵羊、牛、蜥蜴等，以及钓鱼、采集贝类和各种植物性食物。随着温度的上升、地球北部冰原的退缩、世界范围内降雨量的增加，这些资源的种类和分布在大约公元前 1 万年后发生了一些变化，不过在之前 2 万年间建立的许多经济模式至今仍在延续。

在世界许多地区，动物和人类赖以为生的植物生长于不同的地区和一年中的不同时间。因此，狩猎采集者在季节性草地之间迁徙，以获取植物性食物和狩猎动物群。在一年中的某些时候，条件比较好的地区会吸引成群的觅食者聚集，不仅是为了获取丰富的季节性资源，也是为了进行社交活动。有证据表明，这种季节性的迁徙和聚集是当时南亚许多地区的生活模式。在西北，植物的丰富程度受极热的夏季气候和极冷的冬季气候及相伴的干旱的影响。很多人群可能选择在印度河平原的边缘度过冬天，在俾路支地区或古吉拉特邦的山上度过夏天，其活动取决于野生动物所需草场的分布情况，以及夏季和冬季的气温差异。尽管全球温度、环境和人类经济发生了很大变化，但这种模式在畜牧业发展之后仍然存在，并一直延续到今天，同样的环境决定了相似的生活模式。

在次大陆的其他地方如高地和低地之间、沿海和内陆之间，也会发生类似的季节性迁徙。海鱼和淡水鱼、贝类、水生植物和野禽集中的区域很重要，这些资源往往吸引人们前来定居。在一些热带地区，当地资源丰富，也不太有季节性极端温度，这促使了一些狩猎采集人群建立起永久或半永久的聚落。

南亚的许多狩猎采集群体会充分利用从沙漠到热带雨林、从海岸到山地高原各种环境中的资源。中印度岩画为考古学家发现的遗存提供了具有启迪性的补充，这些遗存通常只是小石器（细石器），它们单独使用或安装在骨头或木制的手柄上，以作为箭头、刀和收获工具等。这些岩画展示了人们使用工具的大量场景：男人挥动一把箭镞并用弓箭射出，或者用带有多根倒刺的长矛追逐猎物。有些场景描述的是有机质工具，但它们没有保存下来。女人们用网捕鱼，用木棒捕捉洞穴里的小生物，男人和女人们把野味或水果装在袋子里挂在头上带回家，还有人拿着袋子或篮子爬到树上采集蜂蜜或水果，或者全家人坐在帐篷里，胃部的"Ｘ光透视图"显示他们正在吃鱼。

一幅描述狩猎场景的在印度中部宾贝特卡发现的众多岩画之一。一万多年前，狩猎采集者开始绘制这些生动的日常生活场景（Namit Arora）

这些岩画还展示了其他方面的内容，这些通常是考古学所无法发现的。有跳舞的男子的场景，他们身着腰衣，腿、臂、头上往往佩有飘带，排列成行或跳着复杂的个人舞步，合唱或由乐师伴奏。由于这些洞穴的岩画一直延续到近代，确定其年代需要结合风格、技术等线索。

与世界大多数地区相比，南亚向农耕社会的转变并没有伴随着狩猎采集生活方式的结束。相反，狩猎采集者和农业社区之间形成共生关系，即使在今天，仍有一些部落群体的生计依靠蜂蜜等野生资源，他们通过与邻居贸易获取粮食或手工业产品。印度河时期，狩猎采集者和定居社区之间的互利关系似乎很重要。

南亚西北部的早期农民（公元前 7000—前 4300 年）

农业的出现

在末次冰期结束后的几千年里，农业在世界上许多地方出现。近东是最早采取农耕生活方式的地区之一。在末次冰期的最后 1000 年里，近东一些地区的狩猎采集者开始建立定居聚落，采集坚果和谷物等可储存的食物。究竟是什么促使这些群体种植谷物而不仅仅是采集，至今仍有很多争论。狩猎采集者并不缺乏耕作的知识，相反，他们非常熟悉他们赖以为生的植物和动物，他们经常通过种植、除草和火来清除竞争性植物，以积极促进特定植物的生长。农业实际上并不比狩猎采集容易，尽管从人类角度来看，农业增加了区域的生产力，但所需投入的精力也要高于狩猎采集，同时农业生产有相当大的风险会导致可利用的食物资源的减少。因此，必须要有一种令人信服的动机，促使社区从事农业。

一种可能的解释是，农业开始是为了养活不断增长的人口。为了限制婴儿的数量，游牧民族每隔 4 年生一次小孩。定居的社区不受这种方式的限制，所以他们往往有更多的后代，生小孩的间隔也更短（尽管定居生活通常会增加疾病的死亡率），这也因此加速了人口的增长。也有人提出了其他动因来解释这种向农业的转变：气候的波动可能刺激了社区通过种植农作物来弥补日益减少的自然食物来源，或者是可能需要有剩余食物来进行宴享以巩固社会纽带。

无论是什么原因，农业、食物储存和定居的结合加快了人口增长和财产积累。这要求人们必须发展良好的社群关系，以缓冲农业失败的危险，他们因此也能从其他地区获取各种商品，包括制造工具、装饰品的贝壳和石料。农业一旦发展起来，就会通过各种方式传播。在许多情况下，随着原有聚落规模的扩大，农民会在邻近的地区建立新的聚落。有时候狩猎采集群体通过贸易或掠夺，从他们的农民邻居那里获得作物和家畜。狩猎采集者可能会转向独立的农业生产，也可能在农业社群的影响下，或可能在农业聚落对土地等资源造成的压力下，进行一定程度上的农业生产。

印度–伊朗边境地区的早期农民

早在公元前 7000 年左右，农业社群就已存在于整个近东地区，包括伊朗高原西部和扎格罗斯山脉（Zagros Mountains）南部，在那里人们可以依靠降雨发展农业。农民们种植小麦、大麦、黑麦和各种豆类作物，有些人开始饲养绵羊、山羊、猪和牛。

梅赫尔格尔

大约在同一时期，在巴基斯坦干旱的卡奇平原上，也出现了一处从事农业和狩猎采集的梅赫尔格尔遗址。卡奇平原位于印度河平原以西，是低地冲积平原的延伸，呈三角形。这处遗址年代可追溯到公元前 7000 年左右。房址呈长方形，以泥砖砌筑而成，内部可分成 2~4 间，还有一些没有门的、分隔开的储存室。出土的遗物包括石刀、磨石、骨器和涂有沥青的篮子，以及少量未过烧的泥质雕像，但没有发现陶器。死者葬在房屋之间，随葬品包括石质工具和用贝壳、滑石、青金石、绿松石、方解石制作的装饰品，有时还有小山羊。其中一座墓葬出土了一颗天然铜珠，其可能是用冷锤法制作而成。许多滑石珠子似乎有加热过的迹象，颜色从黑色变成白色。在梅赫尔格尔第一期后段，墓葬通常被安置在房间内靠侧边挖出的坑内，并建一堵矮墙来围护。

梅赫尔格尔迄今为止仍然是古代印度–伊朗边境地区唯一的农业聚落。位于现代奎达附近的基利·古尔·穆罕默德遗址（Kili Ghul Mohammad）和位于戈玛尔河平原上的古姆拉遗址（Gumla），也是陶器时代以前的农业遗址，或可追溯到公元前 6000 年左右，但年代还不明确。与梅赫尔格尔第一期同时的聚落可能仍埋藏在河流冲积层或现在的村庄之下，或者已被自然力量破坏。因此，目前还不能说梅赫尔格尔是一处孤立的遗址，还是该地区一个大型农业聚落群的一部分。此外，虽然在公元前六千纪甚至前七千纪，里海（Caspian Sea）的南部和东部以及阿富汗北部都有农业聚落，但对于公元前七千纪，印度–伊朗边境地区和伊朗西部之间的情况，我们还一无所知。这使得我们很难在更宏观的背景下来理解梅赫尔格尔的农业证据。

经过考古队11年多的发掘，梅赫尔格尔成为南亚被研究最深入的村落遗址之一。遗址内出土的大量遗物在某种程度上弥补了它的孤立性。在最早定居的时候，村落先民捕杀瞪羚、印度羚、水牛、各种鹿、中亚野驴、野生绵羊、野牛等猎物，并采集枣子等植物。他们还饲养当地的山羊，种植大麦、二粒小麦（emmer）和单粒小麦（einkorn）。在夏季的几个月里，最低温度通常都在38℃以上，居民可能迁徙到如俾路支地区般较凉爽的高地。至少有一部分或许是全部的社群成员会迁徙，把山羊赶到俾路支的夏季草场（可能在奎达地区，卡奇平原现在的牧民夏天在这里放牧），同时这些成员还会追逐同样迁徙的野生动物。遗址内发现的夏季收获的枣子，说明有一些居民留在梅赫尔格尔度过了夏天的一部分。

农业起源

以梅赫尔格尔为代表的南亚西北部地区，与西亚农业中心之间的关系还不太清楚。关于是农业殖民者带来了小麦、大麦和山羊，还是土著的俾路支狩猎采集者通过远距离交流网获得这些东西并逐渐转向农业，抑或俾路支人从当地野生动植物中直接驯养和栽培出来的问题已经得到了深入的研究，并且也有了许多证据，但是还没有一个确定的答案。

总的来说，对梅赫尔格尔的动植物遗存的研究，以及对驯化的动植物的遗传研究表明，该遗址的首批驯化动物是从近东引进的，而不是本地驯化的。二粒小麦和单粒小麦的野生祖本在近东发现并得到驯化，在更远的东方则缺乏相关发现。因此，至少可以说明小麦是传播过来的。大麦是梅赫尔格尔第一期的主要作物，可能是在当地驯化：关于俾路支地区是否存在野生大麦仍存在争议（尽管在更北边的阿富汗可能有发现）。然而，最近的一些遗传学研究表明，近东的驯化植物，如小麦（二粒小麦和单粒小麦）、豌豆、鹰嘴豆，安纳托利亚（Anatolia）东南部的小扁豆以及约旦河谷的大麦只被驯化过一次。

　　野生山羊是俾路支地区本地动物群的一部分。虽然在梅赫尔格尔的山羊中有几只是野生的，但大多数似乎从最早开始就是驯化的。最近的遗传学研究表明，山羊在几个地方同时得到驯化，并在不同地方产生了不同的谱系。其中一个驯化中心在近东，可能在公元前 8000 年左右家养山羊就已经开始在这里传播，这个世系是迄今为止最普遍和分布最广的。另一个中心在更远的东方，在南亚或东亚的某个地方（这些地区的世系是有限的），通过该地区传播的时间不早于公元前二千纪，可能晚于公元前一千纪。这些数据可能支持两种相互矛盾的理论中的某一种：这些山羊是从近东引进的或在俾路支地区当地驯化。

　　一种可能的情况是，梅赫尔格尔人的祖先是来自西亚的定居者，他们通过伊朗北部逐渐向东迁徙。然而，著名的人类学家肯尼斯·肯尼迪（Kenneth Kennedy）研究了梅赫尔格尔墓葬的人骨和其他早期南亚人的骨骼，发现它们之间的差异并不比人们在一个族群中所能想象到的大。这表明，梅赫尔格尔人可能是南亚血统。最近的人类遗传研究显示，通过女性传播的线粒体 DNA（mitochondrial DNA）表明次大陆以外的其他地区很少或几乎没有对基因库做出贡献；南亚人与近东和欧洲人的 Y 染色体研究说明从西亚向欧洲和南亚的迁徙的人群主要由男性主导，这可能与农业的传播有关。

　　但也存在另一种可能性，即小麦，或许还有大麦和山羊，是通过从近东穿越伊朗高原的贸易到达这里的。有证据表明，在这片广阔的地区存在着从西部的扎格罗斯山脉到中亚西南部地区，再到俾路支地区的贸易网络。有来自遥远地区的商品出现在梅赫尔格尔，如土库曼斯坦（Turkmenia）和阿富汗北部的青金石和绿松石珠，以及南部 500 公里外阿拉伯海的贝壳。从事贸易的人单独运动的距离较短，交换通常发生在亲属之间，如交换结婚礼物。然而，大量短途贸易的累积可以把商品运送到很远的地方。因此，当时会存在一种将西亚的驯化动植物运送到梅赫尔格尔的途径。在这座最早的村落里，农业与狩猎采集并存，后来农业才逐渐成为主要的生计方式。

　　来自单一遗址的资料，无论工作做得多好，都不足以建立一个地区的发展模式。因此，印度–伊朗边境地区农业的起源问题仍然没有答案。通过贸易引入小麦，本地驯化山羊和大麦，似乎是对梅赫尔格尔出现这些驯化作物的原因来说可能性比较大的解释。然而，我们要关注该地区转向农业背后的动因。

农业的巩固

随后的过程更容易理解。在梅赫尔格尔第一期，牛和羊的重要性不断增加，到此期结束时（大约公元前 5500 年或前 5000 年），人们已经开始主要依靠驯养家牛、绵羊和山羊而不是狩猎来获取肉食。遗传学研究表明，世界上的家牛属于两种不同的血统：一种包括欧洲牛和非洲瘤牛（African zebu），另一种包括印度瘤牛（bos indicus）。后者很可能是南亚更新世的亚洲原牛（bos namadicus）的后代，这种亚洲原牛可能是梅赫尔格尔先民猎杀的对象。关于梅赫尔格尔遗址中的牛骨的研究表明，牛骨的尺寸在逐渐变小，这是许多驯化物种的特征。然而，仅靠体型的缩小并不能作为驯化的充分证据，因为许多未被驯化的物种在冰川期后也出现了这种现象。随着时间的推移，牛在梅赫尔格尔居民生计中的重要性日益凸显。

羊的本地驯化就不那么明确了。细胞遗传学研究表明，亚洲有不止一个绵羊驯化的中心，梅赫尔格尔的绵羊随着时间的推移体型也逐渐变小，这与该地区野生绵羊的驯化趋势是一致的。但研究似乎表明，所有现代绵羊都起源于一个野生祖先，即亚洲绵羊（ovis orientalis），这种动物在扎格罗斯山脉以东没有发现。而在俾路支地区的野生绵羊是东方盘羊（urial，ovis vignei）。因此，这里的家羊可能是通过贸易网从西亚获得的。

早期梅赫尔格尔的主要作物是六棱裸大麦（naked six-row barley），但六棱皮大麦和两棱皮大麦（hulled six-row and two-row barley）以及几种小麦也有少量种植。一种野生谷物粗羊面草（aegilops squarrosa）与栽培的二粒小麦杂交，可以培育出免脱粒的面包小麦（triticum aestivum vulgate）。粗羊面草可能是一种生长于梅赫尔格尔周边的杂草，普通小麦（t. aestivum）或许由此而驯化。不过植物研究表明，原始杂交最可能发生在里海西南地区。

在一座墓葬中出土了一件由铜珠组成的手链。其中一枚铜珠中发现了棉线的痕迹，年代可追溯至梅赫尔格尔第一期末，是目前已知世界上最早的棉纺织品遗存

西北部的农业社群

到公元前六千纪中期或前五千纪初，俾路支地区出现了一些新的农业聚落，包括基利·古尔、穆罕默德、安吉拉（Anjira）、西亚·达布（Siah Damb）和拉纳·昆代。安吉拉等遗址是牧民营地，而如梅赫尔格尔第二期等遗址发展为更大的农业聚落。梅赫尔格尔遗址的资料仍是这一时期最全面的，家畜变得更加重要了，野生动物的数量则减少了，绵羊比山羊更多。与此同时，发现的一些烧焦的棉花种子，表明此时要么已有了棉花种植，要么人们是用了野生棉花。一些种植的谷物品种暗示着已有小规模灌溉的出现。大量的粮仓表明了谷物种植在梅赫尔格尔的重要性，这也许暗示了社会复杂化。一些房间里发现了谷物的痕迹，其他的一个房间里发现了两把由 3 个以沥青黏接的小刀片制成的镰刀，原有的木柄已腐烂不存。围绕着早期堆积建造的坚固扶壁（buttressing wall）形成了一座平台，其上建有谷仓，而这类大型建筑必然需要社群的合作才能完成。

这一时期，聚落中出现了越来越多的手工业活动，尤其是出土了第一批本地制作的陶器。通过一些简单方法即可做成陶器：以芦苇为内芯从内外两面贴塑陶土，或以涂有沥青的篮子作为模具，或在旧的篮子内壁贴塑陶土并用火烧掉篮子，从而形成独特的篮纹陶器（basket-marked ware）。陶罐以夹杂谷壳（chaff-tempered）的泥片制成，有时还会涂上一层红衣：这种陶器在伊朗高原上的同时期遗址中也可见。后来出现了慢轮（slow wheel）制作的陶器。在梅赫尔格尔发现了一些与手工业活动相关的灶（fireplace）和硬黏土铺垫或砖砌的活动面。产品包括骨器、石器和燧石工具、陶罐和未烧制的泥像，以及贝壳、滑石和象牙制成的珠子等装饰品，可能还有皮革制品、纺织品和篮子。几件装有铜渣的坩埚见证了冶金的开始，虽然只出土了一小块铜铸块、一颗钢珠和一件铜环。梅赫尔格尔可能是手工业和贸易的一个区域中心，在那里许多社群进行季节性聚会、贸易和交流，如举办婚礼。

同时期的文化

在俾路支地区、沿海地区和地处内陆的塔尔沙漠卢尼河沿岸等地方，都发现过狩猎采集遗址点。在西北地区也发现了少量遗址，如位于马克兰到印度河三角洲之间沿海地带的塔罗山遗址（Tharro Hill），在那里的地表采集到的遗物表明了它是农业聚落，从遗物中可以观察到农民与狩猎采集者曾经进行过互动的现象。丰富的自然资源和相对较低的人口密度可能意味着不会有动力对生存方式进行重大改变。然而，在拉贾斯坦邦以狩猎采集为生计的伯格尔遗址（Bagor）中，发现了牛、羊、山羊和猪等的动物骨骼，这些动物可能是家畜（不过此观点也存在一些分歧）。聚落存在期间（到早期历史时期），绵羊和山羊加起来占了发现的动物的一半以上。如果它们确实是家畜（这似乎是很有可能的），那么它们最初可能是通过贸易或掠夺从邻近的俾路支地区的农业社群获得的。此后，伯格尔人可能一直饲养家畜，因为放牧与狩猎采集的生活方式很契合，季节性的迁徙是两者的重要特征。类似的证据来自古吉拉特邦北部的洛蒂施瓦遗址（Loteshwar），这是一个狩猎采集遗址，曾生活着驯化的绵羊和山羊以及野生动物，此遗址的年代最早可追溯到公元前 6000 年。

晚期聚落（公元前 4300—前 3200 年）

俾路支地区的铜石并用时代（Chalcolithic）村落

大约在公元前 4300 年（托格阶段，Togau phase），俾路支地区和邻近低地的遗址数量大为增加，而且往往面积也更大。新出现的遗址有佐布谷地（Zhob）的佩里亚诺·昆代、坎大哈（Kandahar）地区的蒙迪加克（Mundigak）、奎达谷地的法伊兹·穆罕默德（Faiz Mohammad）、萨拉万（Sarawan）地区的托格和班努盆地的谢里可汗塔拉凯（Sheri Khan Tarakai）。梅赫尔格尔遗址（梅赫尔格尔第三期）等原有的遗址在此期继续存在。

此时陶器发展迅速，且质量上乘，许多陶器都是轮制成形（shaped on a wheel），这样就可以进行一定程度的大规模生产，但也有一些陶器是手工制成。这些陶器通常绘有抽象或几何图案。分布广泛的托格陶器上装饰着程式化的羊、鸟等动物图案，在同时期的伊朗和土库曼斯坦也有类似的纹样。几何图案让人联想到后来的织物和地毯，表明当时纺织业也很繁荣，在谢里可汗塔拉凯遗址发现的纺轮也是一种证据。公元前四千纪早期梅赫尔格尔已经成为手工业生产中心，作坊内发现有大量的陶器、青金石、绿松石、贝壳、玛瑙制成的珠子，贝壳手镯，以及骨器和石器，包括由密致硅页岩（phtanite，一种包含少量氧化铁的硬绿燧石）制成的用于钻孔的钻头。遗址中有很厚的堆积，出土有圆形窑的遗迹、灰烬和废弃的陶片。在这一阶段的其他遗址也发现了大量手工业遗存。

高温窑炉的发展使俾路支地区先民获得了先进的烧制技术，这些技术也应用到了其他手工业活动。梅赫尔格尔的大多数珠子都是用形状不同但大小一致的滑石制成。珠子通过加热变成了白色，表面的微弱痕迹表明它们涂抹有一层铜釉（copper-based glaze），加热后变成了费昂斯（faience）[①]，生产此类器物需要把窑的温度控制在 1000℃左右。梅赫尔格尔和俾路支的先民也熔炼铜矿石来制造铜器，铜矿石可以从阿富汗获取。铜制品的发现很少，因为金属贵重，金属的工具或装饰品破碎后可以被熔化再利用。黄金制品也能被熔化再利用，比如管状金珠。

完善的农业经济中又新增了一种新的大麦品种燕麦（avena）和两种已被开发的面包小麦品种：密穗小麦（club wheat, *t. aestivum compactum*）和印度矮麦（shot wheat, *t. aestivum sphaerococcum*）[②]。后者将成为南亚最常见的小麦品种。

这一时期的墓葬只在梅赫尔格尔发掘过。此时期不再有任何丧葬建筑，但葬俗更加多样，包括单人葬、多人合葬和捡骨二次葬。随葬品很少，通常只有珠宝，主要出自成年女性墓。有趣的是，第三期墓地墓主的体质特征表明有一个新的人群的出现，此人群与整个伊朗高原和近东地区有密切的联系，尽管文化上跟较早时期有很强的延续性。

扩张

公元前四千纪见证了俾路支地区 [科奇贝格阶段（Kechi Beg phase）] 聚落密度的进一步大幅增长，以及该地区人口向印度河流域，特别是乔利斯坦 [哈克拉阶段

---

① 以石英为胎、表面有釉层的器物。——译者注
② 一种早熟的春小麦，种植于印度西北部。——译者注

（Hakra phase）]的扩张。

公元前四千纪后期，在伊朗高原远距离贸易路线的重要节点上，在可获取珍贵原料的地区，聚落蓬勃发展。由此形成了基于本地和外来材料，特别是青金石的贸易网络。从美索不达米亚到土库曼斯坦和印度河流域，西亚的大部分地区都融入了同一个互动圈，创新、创意及商品在其中自由流通。

俾路支地区

在俾路支地区，大约有 150 处属科奇贝格阶段的遗址，比前一时期所知的多很多，包括原有的聚落，如蒙迪加克、古姆拉、拉纳·昆代和梅赫尔格尔。还有新出现的遗址，如奎达山谷的达姆布·萨达特和俾路支南部的亚当·布提（Adam Buthi）。遗址分布范围向东延伸到沿海地区的松米亚尼湾（Sonmiani），在那里出现了一处沿海村落巴拉克特遗址，年代约在公元前 4000 年。

包括谢里可汗塔拉凯在内的一些村落现存面积为 15 万~20 万平方米，但大多数村落（如科奇贝格遗址）面积仍不到 5 万平方米。房屋通常是泥砖砌成，多为石头地基。与早些时候一样，这些村庄至少有一些居民可能从事高地和低地地区之间的季节性迁徙放牧。水牛是谢里可汗塔拉凯动物群的一种，尽管还不知道它们是畜养的还是狩猎而来的。巴拉克特的动物群中有狩猎的野生动物，令人惊讶的是，尽管遗址靠近大海，却很少利用海洋资源。梅赫尔格尔葡萄的发现暗示着已经开始利用这种本地水果，尽管是否栽培还不清楚。西北部的部分地区很可能已经出现简单的灌溉，在梅赫尔格尔发现了一条可能用于灌溉的沟（ditch）或河道（canal）。

手工业传统继续发展。陶器风格的差异表明了地域群体的存在，其独特性在很大程度上取决于这里山区的地形，但陶器之间也有很强的相似性，如经常使用的几何装饰。其他设计还包括了如鹤、羊，尤其是蛇一样的动物纹样。动物图案经常会被画成简单的之字形。大多数图案都用一种或几种颜色来描绘，但也有一些是用凸起的脊线或蛇来表现的。

在谢里可汗塔拉凯遗址，手工制品包括许多红陶雕像。大多数是非常程式化、圆柱形的人像，可分辨出面部和用贴花表示的胸部，臀部夸张，双腿张开，有站像也有坐像；此外还有瓶状的雕像。也发现少量彩绘公牛雕像。类似的人和公牛雕像在其他地方，如梅赫尔格尔，也有发现，但数量较少。

此时，燧石和重型石器的使用显著减少，反映出金属作为制造工具材料的重要性日益增加。细石器主要通过镶嵌形成镰刀的刃口。铜也用于制作装饰品，如珠子和针。越来越多的材料被用来制作珠子，包括玛瑙和碧玉。

乔利斯坦和旁遮普西部

虽然更早阶段已有零星发现，显示已出现从俾路支地区季节性迁徙到印度河邻近地区的人群，但在印度河平原上要到公元前 4000 年左右才出现第一处真正的聚落。这些新人群进入了以前只有狩猎采集者居住的地区。遗址主要集中在乔利斯坦地区的萨拉斯瓦蒂河谷。在这里，通过地面调查发现了大约 100 处哈克拉阶段的遗址，采集的陶片中有手制的磨光黑陶（black-slipped wares）、彩绘陶、泥片贴塑陶（mud applique wares）和篮纹陶。这些遗址显然是在空白地上建立起来的。由于未开展发掘工作，还无法确定遗址的性质，但基于密度和已发现遗物的性质，可知有些遗址是牧民的临时营地，可能在雨季该地区草地生长的时期使用，另外也发现了包含泥砖建筑的农业聚落。然而，在更远的东部，库纳尔遗址（Kunal）的发掘提供了更多信息。该遗址年代可追溯到哈克拉阶段，此时出现了一处人工营建的土墩。土墩上建有半地穴式的房屋，居住面下挖至原始地面，上层建筑为木骨泥墙（wattle and daub）。在德里萨瓦蒂河边的拉齐嘎里遗址（Rakhigarhi）或许也有哈克拉时期的遗存。

再往北，位于旁遮普的拉维河边或附近的贾利布尔（Jalilpur）和哈拉帕遗址中也有相关的发现。贾利布尔遗址的红陶网坠表明，捕鱼对当地居民来说是很重要的生计方式，但是驯养的绵羊、山羊和牛在其经济中也扮演着重要的角色。遗址内还发现了泥砖房屋，这些房屋的地面都是夯实的，不过因发掘面积太小，建筑布局不明。

哈拉帕在公元前 3300 年左右或者早至公元前 3500 年左右就开始有人居住。房屋是柱洞式的，屋顶以芦苇和黏土制成，坑壁抹泥的袋形坑（bell-shaped pit）用来储存小麦和大麦。其中一座房屋被废弃时遗留下了大部分物品，地面上放着许多陶器，还有其他家用物品，如珠子、红陶（terra-cotta）和贝壳手镯、纺轮、骨器、石器。手工业相关遗存，如残的玛瑙和碧玉钻头，表明珠子是在遗址内制作的。另外也发现了一些红陶制品和玛瑙、青金石、滑石和天河石等来自远方的材料。产品包括直径不到1厘米的可能用铜线穿孔的微型珠子（microbead）。有部分滑石被烧成白色或涂上蓝绿色的釉。

在哈拉帕发现的最有趣的遗物之一是一些刻符陶片，有的是烧前刻，也有的是烧后刻。其中一例发现一行3个刻符。有些符号与后来印度河时期文字相似，代表了印度河文字发展的早期阶段。也有雕刻的骨质钮印，在梅赫尔格尔中发现过形制类似的红陶钮印，印章上面带有几何图案。另一个令人兴奋的发现是在红陶珠上发现平纹布留下的痕迹。

发掘者将哈拉帕出土的陶器称为拉维陶器，这些陶器与乔利斯坦的哈克拉陶器非常相似。直到这一时期结束，人们才开始用慢轮制陶，之前制陶均为手制。在遗址内也发现了泥砖砌筑的陶窑。陶器包括炊器和碗，也有带基座的陶器，这种陶器后来成为印度河时期陶器中最独特的器型之一。许多陶器上都装饰了多种颜色的图案，包括几何图案和鸟，部分图案沿用至后来的科特·迪吉时期和成熟哈拉帕时期（Mature Harappan）。哈克拉和拉维陶器群中的不少陶器，与俾路支地区和卡奇平原早期或同时期的陶器风格近似。与俾路支地区不同，哈克拉阶段的遗址虽然发现有铜，但也出土了大量细石器。在这些遗址中还发现了石磨棒、石环、珠子和手镯，以及红陶雕像。哈拉帕出土的人像和公牛雕像与俾路支地区的相似。

科希斯坦（Kohistan）及古吉拉特邦

在这一时期，往西南更远的地区也出现了遗址的扩张。在靠近印度河下游平原的沿山地带，新出现了阿姆里、加兹·沙阿（Ghazi Shah）等建于印度河冲积层之上的遗址。这些遗址的位置通常靠近发源于基尔塔尔山脉的温泉和季节性河流。跟乔利斯坦和旁遮普地区一样，该地区也为家畜提供了绝佳的季节性牧场。

在更远的南方，帕德里（Padri）和索姆纳特（Somnath）最早的遗存可能属于此期。这些遗址的居民使用的陶器不同于科奇贝格和哈克拉陶器，它们似乎是本地文化的代表，源于之前的狩猎采集群体，与俾路支地区的文化无关。然而，这一地区很有可能是印度-伊朗边境地区牧民的季节性迁徙之处，从而产生了物质和思想的接触和交流。

早印度河（早哈拉帕）时期（公元前 3200—前 2600 年）

早印度河时期的发展

公元前四千纪晚期到公元前三千纪早期，农业社群扩展到整个印度河流域，并最终延伸到恒河-亚穆纳交汇地区，在以前只有牧民季节性活动的地区和新的地区都建立了永久性聚落。一些社群从高地迁徙至平原，而牧民仍按季节在各地区之间流动。这一事实必然反映了高地社群技术日益改进、知识日益增长，适应、开发印度河流域新环境的能力不断提高。这是一个持续的过程，牧民通过季节性迁徙放牧熟悉了新的区域，随后其亲属或社群的其他成员迁入并建立永久性的农业聚落。

在干旱的俾路支地区，只有生活在河谷底部才有可能发展旱作农业，而控制水对提高农业生产率至关重要。许多遗址的居民建造简单的水坝（bunds, gabarbands）来蓄水或分流春季从周边高地流下来的水。春季时高原上的积雪融化，给平时干涸的溪流带来季节性水源。气温升高、土地变干的时候这些水可用来灌溉。随着人口的增长，在干旱的高地地区对适宜耕种的有限土地的竞争也日益激烈，这促成了人群寻找新的地方建立聚落，此前灌溉技术的发展也推进了这一进程。牛是占主导地位的家畜，但也给耕地带来了压力，因为它们需要在适于耕种的土地上放养，而绵羊和山羊则不一样，它们可以在未开垦的灌木丛中获得足够的草。气候因素可能也增加了居民的经济压力，因为一些全球数据表明，公元前四千纪比以往更干旱，干旱程度在大约公元前 3200—前 3000 年达到顶峰。

印度河流域的居住条件优越，那里有可供农业发展的广阔的、水源丰富的肥沃土地，也可为家畜提供更广阔的牧场。野生动物、鱼类和植物可作为额外的食物来源，此地也有足够的木材和丰富的泥土用于建筑和提供燃料。不像幼发拉底河流域（the Euphrates Valley）等城市中心，印度河平原及周边地区有得天独厚的矿产资源，如信德地区罗赫里山的燧石，古吉拉特邦的玛瑙和玉髓，印度河上游的金砂、滑石和铜矿，可能还有附近拉贾斯坦邦的锡，以及印度-伊朗边境地区的石材和金属矿石。

但该地区也存在明显的缺陷。蚊子可能传播疟疾，其他的发热疾病（other fevers）也是平原生活的一个特征。丛林里有羚羊、野禽等猎物，但也有致命的肉食动物和危险的野生动物，如老虎、蛇和大象。印度河不稳定也是一个大问题，比如洪水频发，河流经常改道。现有的控制水的技术必须加以改进和发展，以处理过量的水。

虽然这一时期被一些学者称为前哈拉帕时期，但"早印度河时期"或"早哈拉帕时期"这两个可互换的术语更为常用，因为它们反映了这一时期与随后的印度河文明在文化上的连续性。

区域群体

早印度河时期遗址内的手工业产品种类更为丰富，区域多样性也有所增加，尤其是陶器风格。不同区域陶器的差异表明当时存在着多个区域群体，其中一些与俾路支地区有关联，这些关联反映了高原和低地之间的联系，而这种联系可能是由季节性迁徙的牧民来维持的。在大约公元前3200—前2600年期间，在大印度河地区似乎出现了3个主要的文化传统，并以重要的遗址命名：阿姆里-纳尔、科特·迪吉和索斯·西斯瓦尔传统（通常被称为阶段），分别分布于南部、中北部和东部。另一种达姆布·萨达特传统存在于俾路支地区中部。这几种不同文化传统出土的陶器等遗物差异明显，但也有相当多的相似之处。

正如有些学者指出的，这些区域性陶器群不一定代表不同的族群。从印度河流域及其邻近地区的宏观视野来看，到公元前三千纪初期，这些地区似乎已经出现多支具有不同来源的同时期文化。这些不同的族群中，有些是传统的狩猎采集群体，如中央邦（Madhya Pradesh）宾贝特卡的居民，他们与农业社群没有明显的联系；也有通过与农业社群接触交流后增加了畜牧业并改变了生活方式的狩猎采集群体，如伯格尔；也有其他定居下来的狩猎采集群体，比如阿拉瓦利山区的杰德普拉-加尼斯瓦文化（Jodhpura-Ganeshwar）。还有一些是狩猎采集群体的后代，他们定居下来，成为农民和牧民，在当地驯化动植物，如印度卡纳塔克邦（Karnataka）的南部新石器时代文化（Southern Neolithic Culture）、拉贾斯坦邦的阿哈-巴纳斯文化（Ahar-Banas Culture）和克什米尔的北部新石器时代文化（Northern Neolithic），已经从印度河地区和邻近高地的农业邻居那里获得了一些驯化物种。在大印度河地区，至少在公元前四千纪晚期开始，就有与西北部的牧民或定居人群保持密切联系的土著人群居住，古吉拉特邦的帕德里和索姆纳特遗址、旁遮普的贾利布尔遗址和萨拉斯瓦蒂平原的库纳尔遗址等。这些群体与来自印度-伊朗边境地区的新居民在不同程度上相互融合，早印度河时期的3种低地传统即是不同文化传统融合的反映。其他农业社区仍然继续生活在他们祖先居住的高地地区。

手工业

虽然早哈拉帕时期并不是一个伟大创新的时代，但此时期在技术上颇有进步之处，比如大量精美的陶器和小雕像展示了先民的活力和想象力，这些手工制品往往更加写实，涵盖了更广泛的主题，人物形象以更多样的姿势呈现。例如，哈拉帕出土的一件女性站像，端着碗，穿着裙子，其中裙子和首饰的细节都是画上去的。雕像的表现方式除了彩绘，还有雕刻和贴塑。在梅赫尔格尔第七期（Mehrgarh Ⅶ）和纳沙罗第一期（Nausharo Ⅰ）这两处相邻的遗址上发现了种类最多的雕像。许多雕像描绘的是女性，她们衣着暴露，但通常佩戴大量珠宝和头饰，或者有着各种各样的发型，她们通常被称为"母神"。在梅赫尔格尔也有一些男性形象，通常戴着头巾。瘤牛（humiled bulls）仍然是主要的动物雕像，但也新出现了其他种类的动物雕像，如哈拉帕遗址的公羊雕像，其上还发现便于安装车轮的洞。女神和牛在今天和历史时期的次大陆民间宗教中都很重要，它们很好地印证了文化的连续性，也很可能具有某种宗教意义。

虽然手制陶器仍然存在，但轮制陶器已经占主导地位。还有部分陶器为模制成型。陶罐在竖穴窑烧制，也可以露天烧制。在哈拉帕的 AB 墩里发现了两个烧制小雕像和红陶手镯的小窑。红陶手镯上有捏痕、雕刻或彩绘图案。窑工通过控制烧制条件来烧出红色（氧化气氛）陶器或灰色（还原气氛）陶器。也有越来越多由海贝制成的手镯。

此阶段，滑石不仅用于制作珠子等装饰品，还用于制作印章。给一些滑石上釉的做法进一步发展，推动了费昂斯的生产。这在后来的哈拉帕的科特·迪吉阶段堆积中得到证实，在那里开始用釉料（frit）制作微型珠子（把碾碎的二氧化硅和釉料制成糊状，做成珠子的形状并烧制）和各种大珠子。

随着许多铜质工具和装饰品被发现，铜制品可能变得越来越普遍。另外也有出土大量的小金器，包括坠饰、珠子和显然是缝缀在衣物上的哈拉帕的小金盘。其他常见的人工制品有石珠、贝壳、红陶手镯、石制工具。此外，在哈拉帕遗址活动面还留下螺旋状篮子（coiled basketry）的痕迹。

一些聚落存在某些特定的手工业活动，例如在采购原材料方面显示出专业化的迹象。在这一时期，梅赫尔格尔只大规模生产雕像。勒万（Lewan）是位于俾路支地区北部班努盆地的一处村落遗址，专门生产石器，如磨盘、斧和锤，传播范围很广。从更早阶段开始的某种程度的专业化（比如梅赫尔格尔）在这一时期变得更加明显。

这一期间的一些遗址，如戈玛尔谷地的雷赫曼·德里（Rehman Dheri）和加加尔（萨拉斯瓦蒂）河谷的卡利班甘遗址，发现了坚固的城墙，在河谷地区似乎已建造防洪堤。梅赫尔格尔中发现一座大型平台和相关的扶垛墙。房屋通常是泥砖砌成的，地基通常是石头。在一些地方还出现标准化的砖块尺寸，哈拉帕出土砖的高、宽、长的比例是 1：2：4，卡利班甘则是 1：2：3。

经济

早印度河时期遗址中生计方面的证据较少。根据发掘出土的动物骨骼可知，人们经常饲养牛、羊和山羊，尤其是牛（如在贾利布尔中占动物总数的 90% 左右），在印度河平原的遗址，如卡利班甘中还可见到水牛。也有鸟、鱼和各种鹿等渔猎获取的野生动物。雷赫曼·德里是少数几个发现了植物遗存的遗址之一：小麦是主要作物，不过后来大麦变得更重要。在萨拉斯瓦蒂河上游的卡利班甘遗址也种植过小麦和大麦。

除此之外，还发现了一块犁耕田：这块田是从两个方向进行犁耕的，大概是为了种植两种成熟时间不同的作物。现代印度北部还存在这种方式。犁很可能使用公牛牵引，从贾利布尔的红陶牛车模型和哈拉帕的车辙可知，牛也被用来拉车。基尔塔尔山脉的小型遗址庞格（Phang）似乎利用堤坝进行灌溉，其他高地地区可能也已经开始建造小型灌溉工程。为了方便种植庄稼，遗址通常选址在靠近泉水、山涧和山间溪流等水源之处。

墓葬

这一时期发现少量墓葬，在古吉拉特的纳格瓦达（Nagwada）遗址清理出两座墓葬，但可能类似于"衣冠冢"（cenotaph），墓坑里出土陶器但没有发现人骨。这也是后来一些哈拉帕时期墓地的特色。梅赫尔格尔遗址揭露了一处包含有19座墓葬的墓地，墓葬打破最后一阶段的居住面。这些墓葬由泥砖砌筑而成，呈小小的盒形，里面埋葬婴儿，除了3颗珠子，通常没有随葬品。这些墓葬与在纳尔遗址发现的相似，但是在这两处遗址都没有出土与墓葬相关的可用于测年的材料，所以也不排除年代会更晚的可能。在佩里亚诺·昆代遗址则发现了4座火葬墓，其中一座的葬具是布特陶器（Bhoot ware），另一处位于佐布谷地的莫卧儿·昆代（Moghul Ghundai）的墓葬中也发现火葬现象。

文字的前身

在达姆布·萨达特阶段的遗址中，发现了许多带有几何图案的印章，有阶梯形十字架或之字形，类似于一些中亚和伊朗同时期的沙赫里·索科塔等遗址出土的遗物。在哈拉帕的科特·迪吉时期地层也发现几枚带有几何图案的滑石纽印（button seal），图案不同于达姆布·萨达特。哈拉帕中发现的一件钮印特别精美，其上的图案是一个四角星和5个螺旋，其中一个螺旋在星星符号内部，其余4个位于印章的4个角上，残留的少量蓝绿色痕迹表明印章最初上过釉。雷赫曼·德里遗址出土了一件科特·迪吉早期的象牙雕刻吊坠，一面雕刻着一对与陶器纹饰相似的鹿，另一面有两只蝎子和一只青蛙。两面都有一个T形标志，鹿的一侧也有一个箭头和一个类似字母I的符号。

在早印度河时期的哈拉帕遗址，人们继续使用陶工标记，这些标记是在陶器烧制前刻的。早印度河时期堆积中出土一件模具碎片上有 3 个符号，可能代表了文字发展的更高阶段，似乎表示人的名字。通常这些符号与后来印度河时期的文字符号相似，甚至两种这样的符号以同样的顺序排列。雷赫曼·德里遗址此期或过渡时期（公元前2600—前2500 年）的陶罐上也有类似的符号或陶工标记。在哈拉帕遗址科特·迪吉时期的一座灶址中出土了一件方形印章的圆形印蜕，推测是被丢弃在那里的，上面有几个符号和两个像梯子一样的图案，表明已经开始将印章作为权力或组织的标志。哈拉帕还发现一件残印章，上面的图案明显是一头大象。这种印章和印蜕包含了后来成熟印度河时期印章的两个基本要素：铭文和图案（通常是动物的图案）。

本地符号和印章的使用似乎反映了社会组织的发展状况，也许随着社会组织不再完全依靠亲属关系，标示所有权的需要越来越强烈，同时也为了在一定程度上控制商品的流动。在哈拉帕遗址科特·迪吉阶段中出现的立方体石头砝码，与成熟哈拉帕时期发现有相同的重量标准，这同样也暗示了社会组织的发展。

阿姆里–纳尔

阿姆里–纳尔阶段的遗址分布于俾路支地区南部，包括马克兰地区、信德地区西南部和古吉拉特邦，但除了阿姆里和巴拉克特遗址做过发掘外，其他很少有大规模的发掘。在科奇贝格时期，俾路支地区南部的不同地区和印度河平原南部的边缘地区中，可以看到不同的传统。然而，在初步定居之后，也许是因为很少有地理障碍将一个地区与另一个地区分隔开，这些小群体之间的差别开始消失。如到公元前 2900 年左右，巴拉克特遗址出土的遗物与阿姆里遗址相似。阿姆里出土的陶器呈精美的红色或浅黄色，上面装饰着几何图案的条纹，其陶器种类分有大型罐和敞口碗；而纳尔陶器的特点是精致的直边碗和小罐，装饰有独特的排列整齐的几何图案和写实的动物图案。虽然阿姆里陶器在科希斯坦更多见，而纳尔陶器在俾路支地区更为常见，但在这个地区的遗址中都能发现这两种陶器共存。

阿姆里遗址中有带有室外灶的土砖房屋，也有包含多个隔间可能是谷仓的建筑物。在俾路支地区，房屋地基通常用石头建造，墙体以泥砖砌筑。在纳尔遗址有发现斜坡屋顶上被烧毁的椽木遗存（不过还不清楚属早印度河时期还是更晚的时期）。一些遗址可能已经修建了石墙，但也还不能确定这些石墙属于阿姆里–纳尔时期还是更晚。

阿姆里遗址集中出土了与石器作坊相关的大量燧石片和石核，由此可看出该区域可能是工匠居住区。纳尔遗址中也发现了年代还不确定的金属加工痕迹的证据。

在此期间，古吉拉特邦出现了一些新的遗址。这些遗址可能包括后来成为印度河时期重要城市的朵拉维拉，那里最早的地层中出土了可能属于阿姆里传统的陶器，尽管发掘者认为这些陶器更类似于帕德里遗址的陶器。在苏尔科塔达（Surkotada）和纳格瓦达发现可能属于这一时期的墓葬，后者出土了与阿姆里–纳尔有关的陶器。这一时期的其他遗址还有索姆纳特、洛蒂施瓦和帕德里。从帕德里和洛蒂施瓦的早期地层中出土了阿纳塔（Anarta）陶器等不同于阿姆里–纳尔的陶器，表明了土著传统的延续。在索姆纳特中发现了木骨泥墙一类的建筑，在不少遗址中也发现了铜器。

这些遗址许多位于或靠近海岸。此期沿海聚落普遍增加，比如马克兰。马克兰沿海遗址出土的遗物不属于阿姆里–纳尔传统，而属于达什特（Dasht）组合。

科特·迪吉

科特·迪吉阶段的遗址分布范围广泛，俾路支中北部和乔利斯坦的遗址分布比较集中，在旁遮普地区，北至斯瓦特（Swat），南抵信德省（包括位于印度河东岸的科特·迪吉遗址本身），西达丘卡尔，也较零散地分布有一些遗址。在集中分布着阿姆里–纳尔阶段遗址的科希斯坦中，也发现了少量科特·迪吉阶段的遗址，其中一些遗址共存有这两种传统的陶器。在乔利斯坦部分地区，调查显示这一时期遗址的数量似乎有所减少，但面积有所增加，这表明随着农业村庄取代牧民营地，聚落的延续性有所增强。乔利斯坦还没有发掘过任何一个遗址，所知信息有限。

在基尔塔尔山脉的科特勒斯·布提遗址（Kohtras Buthi）中，有两道石墙遗迹，它们建在遗址下方的山脊上，可能是用来防御的，以有效地保护遗址薄弱的侧面。一些科特·迪吉阶段的遗址规模相当大，如戈玛尔谷地的雷赫曼·德里遗址中发现的一道由泥板（clay slabs）建造的城墙，尽管只确认了其中一部分，可能完全围绕着面积 19 万平方米的遗址。该遗址的房屋也是用泥板建造的，泥板被从干涸的河床上切割下来，用作当地的建筑材料。房子既有圆形的，也有长方形的。早期阶段的房屋中发现人们用粮仓来储存谷物，晚期则改用陶罐来储藏。

科特·迪吉遗址面积比较小，仅约 2 万平方米。遗址内也发现了城墙的遗迹，最初可能围绕整个遗址，年代晚于聚落的最早使用阶段但也属于聚落的早期。在科特·迪吉晚期，城墙被废弃，聚落扩大，城墙遗存上也建了房屋。科特·迪吉上层的房屋有石头地基和泥砖墙体。科特·迪吉与罗赫里山毗邻，而罗赫里山自旧石器时代以来就一直是优质燧石的主要来源。

在旁遮普，从哈克拉时期的贾利布尔和拉维时期的哈拉帕开始就有了连续的定居聚落。更晚期的遗址中，哈拉帕遗址科特·迪吉阶段的年代被确定为公元前 2800—前 2600 年，这一时期的堆积主要分布于 AB 号墩（城堡区）和邻近的 E 号墩，并扩展至 ET 号墩，这表明遗址面积有了很大的扩张，表现为此期末段遗址面积增长至约 25 万平方米，此时两座大土墩周边建有坚固的泥砖城墙。聚落开始发展成为都城，房址和手工业作坊被正方向排列的主街道分隔成不同的区块。

科特·迪吉陶器是一种精致的红色或浅黄色陶器，带有黑色的彩绘装饰，与阿姆里陶器有一定的相似之处。但许多陶器的形制是不同的，另外科特·迪吉陶器的装饰也有一些独特的元素，如花卉图案、鱼鳞图案和"长角的神"（"horned deity"，带有巨大水牛角的头像，被认为与印度河时期的"原始湿婆"有关）。科特·迪吉陶器中有一种带有凹弦纹的大型多孔盛水器（布特陶器）。另一类韦特陶器（Wet ware）常见于科特·迪吉和俾路支地区，也有可能用来储存水。这种陶器的外表粗糙且带有布纹，这种布纹是通过使用厚的片状物刮削后再用湿布涂抹形成的。在哈拉帕的早期地层中发现的陶器显示了其从拉维到科特·迪吉风格的清晰的演变过程。

达姆布·萨达特

瓦济里斯坦（Waziristan，俾路支北部）地区科特·迪吉时期的遗存与其他地区有所不同。在邻近的俾路支中部地区，尤其是奎达谷地，这种差异大到足以成为一个单独的传统，即达姆布·萨达特传统。卡奇平原的梅赫尔格尔遗址（第六、七期）和纳沙罗遗址（第一期）等属于科特·迪吉阶段的大致范围内，但不典型，其面貌更接近达姆布·萨达特的传统。

达姆布·萨达特阶段的遗址（如蒙迪加克、达姆布·萨达特和法伊兹·穆罕默德）中出土的陶器与科特·迪吉阶段的陶器有许多相似之处，如都有韦特陶器，但其也有非常不同的特征，如其陶器上独特的几何图案和动植物图案。法伊兹·穆罕默德遗址的灰陶制作分为两个过程，首先将陶器放在氧化焰下烧制，然后在高温窑还原焰下再次烧制使之呈灰色。从技术上看，它类似于伊朗东部的埃米尔灰陶（Emir grey ware），不过陶器的装饰风格不同。法伊兹·穆罕默德灰陶与当地的奎达陶器有共同的图案，如动植物图案和几何图案（如之字形和阶梯式的方形图案）。西北部同时期的巴克特里亚（Bactria）和土库曼斯坦中出土的分隔式印章（compartmented seals）和雕像与达姆布·萨达特中出土的类似。

索斯·西斯瓦尔

早印度河时期，遗址的分布范围扩展到萨拉斯瓦蒂河以东，并一直延伸到东南部的恒河-亚穆纳交汇地区。德里萨瓦蒂河流域比较集中，包括索斯和西斯瓦尔这两处因陶器传统得以命名的遗址（被称为索斯，西斯瓦尔或索斯·西斯瓦尔）。在德里萨瓦蒂河流域还出现了一处小型聚落拉齐嘎里遗址，该遗址的房屋朝向一致，并建造了以烧砖砌筑的公共排水系统。卡利班甘遗址位于德里萨瓦蒂河和萨拉斯瓦蒂河交汇处的三角地带，面积约为 4.5 万平方米：一道几米宽的泥砖墙围绕着大致呈长方形的土墩，泥砖墙北面有一处防御性城门，土墩的一小部分已进行过发掘，显露出明显是沿着主方向修建的泥砖房。配有烤炉的庭院构成了房屋的中心，其中一座还修建有烧砖砌筑的排水沟。位于萨拉斯瓦蒂河边的巴纳瓦利遗址（Banawali）也有城墙围绕，目的可能是防洪，因为有证据表明，尽管遗址修建了附属墙以加固，城墙最终仍被水冲毁。

索斯·西斯瓦尔陶器包括精美的红色陶器和一些粗陶，这些陶器通常与乔利斯坦的科特·迪吉阶段陶器相似，花卉和动物图案很常见。索斯·西斯瓦尔陶器在该地区从早印度河时期开始出现，到成熟哈拉帕时期与印度河时期陶器共存，并被沿用到后城市时期。索斯·西斯瓦尔传统的年代序列不全，仅卡利班甘遗址有碳十四数据，且年代不一致。

邻居和贸易

在早印度河时期各地区内部有频繁的贸易往来，尤其明显的例子是在遥远的内陆地区，如哈拉帕、卡利班甘和巴纳瓦利遗址中发现了海贝。在哈拉帕遗址中，发现有用来自俾路支地区和信德地区的不同类型的燧石制作而成的工具和装饰品。哈拉帕等遗址的资源利用反映了许多方向上的贸易联系，包括宝石、海贝、铜矿石、石头、其他实用品和奢侈品。连接俾路支地区与伊朗高原和土库曼斯坦的贸易网络也延伸到了印度河地区。牧民在高地和低地牧场之间的季节性迁徙放牧，为山地和平原之间提供了定期的联系，并与平原本身出现的新迁徙模式相联系。

南边的邻居

一些属索斯·西斯瓦尔阶段的遗址，如库纳尔和卡利班甘，从南边的阿拉瓦利山区获取铜。此地区分布着杰德普拉–加尼斯瓦文化，该文化的先民开发野生资源，也开采铜矿，使用平模铸造斧、鱼钩、箭头等小件器物。他们制作各种各样的红陶，有些用慢轮制作，与早哈拉帕时期的陶器很相似。

在更西南的拉贾斯坦邦南部的巴纳斯河和贝拉奇河（Berach）流域，公元前三千纪之前该地区出现阿哈–巴纳斯文化，该文化的先民在公元前三千纪早期也参与了阿拉瓦利斯铜矿的开采，用于制造斧头等铜制品。虽然在阿哈遗址只发现了铜制品，但在其他遗址，如吉伦德（Gilund）发现有石器。人们种植各种农作物，包括小麦和大麦。这些谷物的存在暗示着此地先民与遥远的北方社区有某些联系，但是与杰德普拉–加尼斯瓦文化相比，阿哈–巴纳斯先民似乎没有和早哈拉帕先民进行过贸易。

西边的邻居

在伊朗西部和土库曼斯坦的定居农业村落已经存在了数千年，这一地区向梅赫尔格尔等遗址提供了少量的绿松石和青金石。虽然大部分伊朗高原和土库曼斯坦是山区或沙漠，可供发展农业的地方有限，但该地区木材、金属矿石、各种美石如绿泥石等资源丰富。

在公元前4000年左右，位于伊朗西南部的埃兰（Elam）与美索不达米亚的发展紧密相连，由此也获得文化上的进步，如在公元前2900年左右就出现记数和书写系统。对伊朗矿产需求的增长促进了贸易，而贸易又反过来促进了近东商品和思想的东渐。公元前四千纪晚期，埃兰开始把发展重心从美索不达米亚转向在东部伊朗高原重要节点发展起来的城镇，埃兰人不仅仅参与了贸易网络，还在许多城镇建立了贸易前哨，以便直接控制货物的流通。在特佩·西亚尔克（Tepe Sialk）、特佩·雅雅和塔尔·梅里安（Tal-i Malyan）等遗址中发现的若干带有原始埃兰文字和数字的印章和印蜕，也证实了埃兰人的存在，这些印章与农产品供应等行政事项有关。大约在公元前2800年，这些城镇放弃书写系统并恢复使用传统的未刻字的印章，反映出埃兰人的退出。

在随后的几个世纪里，伊朗城镇继续繁荣发展，并参与了连接美索不达米亚、埃兰、其他扎格罗斯文化区、土库曼斯坦、俾路支地区和印度河地区的贸易网络。当时流通的最独特的产品之一是所谓跨文化风格的石制器皿，这些器皿的生产地包括特佩·雅雅遗址，或许还有克尔曼地区（Kerman region），如吉罗夫特的其他遗址。

与俾路支地区接壤的锡斯坦（Seistan）地区是伊朗高原东部少数几个宜居地之一。在这里，赫尔曼德河和阿尔甘达卜河（Arghandab River）流过沼泽内陆三角洲，汇入巨大的哈蒙·赫尔曼德湖（Hamun-i Helmand）。在赫尔曼德盆地居住的农民依靠灌溉种植小麦、大麦、葡萄、瓜类和包括亚麻在内的其他农作物。他们还畜养牛、骆驼、绵羊和山羊，并狩猎本地的野生动物，捕捉鱼和水鸟。赫尔曼德盆地出土的陶器和雕像与土库曼斯坦东南部的铜石并用时代遗址出土的陶器和雕像等手工制品非常相似，暗示在公元前四千纪晚期来自土库曼斯坦东南部的定居者可能曾到达过赫尔曼德盆地，由于土库曼斯坦东南部灌溉农业相当发达，哈里路德三角洲（Hari Rud delta）居住了大量的人口。到公元前3200年左右，在哈蒙·赫尔曼德南部冲积平原的阶地上，沙赫里·索科塔（第一期）发展成一处小型城镇聚落，面积约15万平方米，聚落内发现一块写有原始埃兰文字的碑和一些印蜕，证实有埃兰人存在。

约公元前 2800 年埃兰人退出后，沙赫里·索科塔（第二期）遗址继续发展，变得越来越重要，成为繁荣的农业中心，周边分布有许多小村庄。它的繁荣在一定程度上依赖于它作为青金石中转站的角色。青金石作为原材料被带到这里，沙赫里·索科塔的工匠从这些原材料中剔除了无关的材料，只出口纯净的青金石。城外一处大型墓地里有各种形式的墓葬，其中有些为砖砌墓室，随葬有精美的珠宝、陶器、石质器皿和金属制品。沙赫里·索科塔的北部、东部和西南部分别有连接土库曼斯坦南部、俾路支地区和克尔曼地区的贸易路线。

北部新石器文化

在克什米尔，最早有农业和畜牧业证据的聚落出现在公元前 3000 年左右，主要集中分布于更新世冲积阶地（karezuas）。像古夫克拉尔（Gufkral）和布尔扎霍姆（Burzahom）等村落中的建筑为半地穴式建筑，即挖坑形成墙壁，墙壁上涂抹泥浆，可以通过台阶或梯子进出，这种半地穴式建筑可能有由中心柱支撑的圆锥形上层结构。这些村庄的居民狩猎各种野生动物，但也饲养狗、绵羊和山羊，种植小麦、大麦和各种豆类。虽然这些动物可能是当地的驯养动物，但农作物可能来自西方的邻居。这些定居点显示了新石器时代中期开始了从狩猎采集为主的经济向农业为主的经济的转变。北部新石器文化的先民制作了相当粗糙的灰色陶器，陶器的底部有垫子印痕，还有作为工具的骨器和磨制石器，包括翡翠环和独特的长方形和半月形的刀，类似于中国北方新石器时代收割用的石刀，他们也住在半地穴式房子里。布尔扎霍姆遗址的葬狗习俗也让人联想到了中国。然而，在体质上，相比于中国人或中亚人，克什米尔人与南亚人更接近，尽管他们可能操汉藏语。

类似的地穴式房屋在其他北部地区的遗址也很常见，比如斯瓦特地区的卡拉科–德雷（Kalako-deray）和洛班（Loebanr），以及旁遮普北部的萨莱·霍拉（Sarai Khola）、莱亚（Leiah），可能还有乌查利（Uchali）。斯瓦特人使用的骨器也让人联想到中国北方使用的同类工具。虽然每个地区都有一些不同的地方传统，如不同的陶器风格，但也有很多相似之处，这表明他们之间互相是有联系的。由于玉石来自中亚或东亚，在洛班遗址发现的玉珠彰显了远距离接触的存在。在布尔扎霍姆遗址出土的两件科特·迪吉风格的陶罐，其中一个装有玉髓和玛瑙珠，表明北方人也与早印度河先民有过接触，这种接触可能是在早印度河先民在山区寻找原材料时发生的。

过渡期（公元前 2600 至公元前 2500—前 2450 年）

在早印度河时期，印度河流域的大部分地区都出现了农业聚落，并出现了一些可能是城镇的遗址。公元前 2600 年左右开始，在短短一个世纪或一个半世纪的时间里，这些遗址及其居民生活的社会发生了彻底的变革，出现了复杂而高度组织化的社会，印度河文明由此勃然而兴。手工业专业化等方面的许多变化，更多地反映了专业化程度加强而不是种类的不同，但变化中也有重大的创新和转变，如文字和海上贸易的出现。虽然在公元前 2500 年左右一些地区的过渡已经完成，但在部分地区，如东部，要更晚才进入成熟哈拉帕时期。

超过五分之三的早印度河时期的遗址，如巴拉克特遗址，在过渡期被废弃。又如，在乔利斯坦，确定的 37 处遗址中只有 4 处仍在被使用。许多已被发掘的城镇都被大火摧毁，包括科特·迪吉、阿姆里、纳沙罗和古姆拉遗址，不过卡利班甘城镇废弃的原因可能是地震。当这些遗址被重新使用时，当地的和成熟哈拉帕的陶器风格都已经出现过一段时间，反映了源于其他地方的新传统的引入。在库纳尔发现的许多窖藏中，有一处是银器和金器的窖藏，包括两件银冠饰和一件银手镯，以及半宝石、铜和石头制作的工具。其中一些城镇在同一位置被新的聚落取代，有时是在很短的时间内，有时是在两代或三代人之后，但大多数较早的遗址被彻底废弃。与此同时，出现了大量新的遗址，仅乔利斯坦地区就有 130 多处。在信德地区出现了伟大的城市摩亨佐达罗（关于位于地下水位以下地层的年代，人们意见不一，只能通过小面积试掘来判断，推测可能属科特·迪吉时期）。其中，一个重要的例外是哈拉帕，它非但没有被废弃，反而从科特·迪吉时期持续发展到成熟哈拉帕时期（也被称为成熟印度河时期），在此期间印度河文明的特征逐渐显现。

许多新的遗址似乎是按照规划建造的，有宽阔的横平竖直的街道、砖砌的水井和排水沟，以及使用标准尺寸砖块建造的设施齐全的房屋。在较大的遗址中，烧制的砖和泥砖经常一道用于建筑。这些聚落通常都建有围墙，如在纳沙罗遗址周围就有一道厚重的泥砖墙，这处遗址似乎取代了此期已经被废弃的梅赫尔格尔，成为了卡奇平原的区域中心。卡利班甘遗址从一个单圈城墙的聚落变成了一个有高墩（城堡）的城镇，整个城镇被城墙分为两个区域，东边是地势更低的下城区，这种布局方式在其他印度河遗址中也有发现。在小型聚落库纳尔遗址，原来的地穴式房屋被长方形泥砖房屋所取代，有的还附有带黏土内衬（clay-lined）的粮仓，街道上也设置有垃圾坑和废水罐。摩亨佐达罗部分建在巨大的土和泥砖堆筑的平台上，以防御普遍存在的洪水。哈拉帕也建有平台，这反映出城镇有了相当大的发展。古吉拉特邦的朵拉维拉城址之前曾有过小型聚落，印度河时期修建了一道巨大的城墙，将一个新规划的聚落围合起来，该遗址的居住区后来扩展到了城墙以北的空地上。这3处聚落显示了在过渡期出现的区域中心和更复杂的聚落层级。甘瓦里瓦拉是另一处区域中心，坐落在萨拉斯瓦蒂河谷，在摩亨佐达罗和哈拉帕之间。可惜由于对该遗址没有进行发掘，我们只知道在成熟哈拉帕时期其面积达到80万平方米或更大，其他方面则一无所知。拉齐嘎里遗址，距离哈拉帕和甘瓦里瓦拉都很近，是第五处区域中心。该遗址中没有发现独立的过渡阶段，但索斯·西斯瓦尔阶段的遗址和后来成熟哈拉帕时期巨大的城址之间存在明显的对比。

与此同时，其他复杂性增长的标志也出现了。在这些城市和城镇中，手工业活动的范围和复杂程度大大增加，而且有专业化的迹象。特殊的手工业产品、外来的或珍贵的材料、精美而耗时的工艺的发展，以及被赋予意识形态方面特殊意义的器物的出现，反映了社会的日益分化。新的风格和新的手工业产品，包括金属容器出现了，青铜器也开始被广泛使用。与此同时，公元前2500年以后，各个地区不同风格的陶器等手工业产品被标准化的成熟哈拉帕产品所取代。不过有些地区受同化的影响比较小：索拉什特拉和北古吉拉特邦平原（索拉特·哈拉帕，Sorath Harappan）和俾路支南部（库利文化，Kulli Culture）的居民保持着自己的特点，与信德省和其他核心地区的典型成熟哈拉帕文化有显著的不同。其余的边界地区也不属于印度河文明。科特·迪吉阶段的风格在俾路支北部继续沿用（晚科特·迪吉阶段）。在那里，雷赫曼·德里遗址作为一个区域城市中心蓬勃发展，与平原的文化截然不同。蒙迪加克遗址成为赫尔曼德文化的一部分，而连接伊朗高原、土库曼斯坦与印度河平原的主要路线——俾路支中部路线已被废弃。

这一时期最重要的发展之一是文字系统的出现。带有简单图案的印章以及陶器上的标记在早印度河时期就已出现：两者可能都与行政或组织职能有关。然而，在过渡时期，这些简单的符号发展成被普遍认可的完整书写系统。这种文字在印章上使用，这时的印章同时刻有图案和文字，图案通常是有限的几种动物形象。这一发展的中间阶段可以在库纳尔遗址看到，在那里发现了6枚灰色石质方形印章。这些印章上刻着几何图案，且与典型的成熟哈拉帕印章相似，都是方形的，背后有一圆形凸饰。印章和文字的发展表明，当时已产生了对更复杂的管理和记录方面的需要。

解释过渡期

印度河文明的许多特征在早哈拉帕时期的一些城镇中就有所表现：横平竖直的街道、烧过的砖、坚固的城墙、熟练且部分专业化的手工业，以及表示所有权或用于行政目的的标识系统的初步使用。除了村庄和牧民营地，还有一些城镇可能为所在地区的村庄提供商品、服务和组织。但是它们的影响并没有扩展到很远的地方，陶器等手工业产品的地方风格表明了许多不同的群体和传统的存在。这些文化相互影响，并与印度和伊朗高原的邻近文化密切交流。在几代人的时间里，大多数聚落被破坏、废弃或大规模重建和扩建，重建和扩建的聚落中修建有宽阔的街道、砖砌的排水沟和水井，以及坚固的城墙，聚落的数量也大幅增加，其中大部分是新出现的。除了营地、村庄和城镇，还出现了城市。城市容纳了大量的手工业匠人，他们掌握着日益精湛的技术，并全职从事手工业活动。简单的印章和陶工的标记已经发展成一种书写系统，并广泛用于印章上。地区风格的手工业产品在很大程度上已被整个印度河流域统一和精美的产品所取代，反映了文化上的和可能也有政治上的统一。通过完整的贸易和交换网，这些地区与邻近文化的陆路交流在某些方面有所增加，一些地区与阿曼和海湾沿岸等地区的海外贸易也日益频繁，甚至取代了陆上贸易。

理解这些变化发生的过程和原因仍然很困难。一些学者认为许多遗址被火烧毁的证据反映了战争，但缺乏像武器等其他证据的支持。在墓葬中可能会找到暴力死亡的证据，但这些证据是有限的。

另一种解释是，这些老的建筑是被故意破坏的，在此基础上新的聚落得以按照特定的规则来建造，比如横平竖直的街道布局，以及对供水和卫生的重视反映出了一种新的意识形态得到广泛采用，这是构成印度河文明的统一性和相当一致性的特点的基础。在这种情况下，用火烧毁聚落与其说是敌对的行为，不如说是一种宗教上或思想上的净化。事实上，一些学者认为，印度河文明不是一个单一的国家，而是有着共同意识形态的较小的独立政治体的集合，这一假设颇有吸引力。

广泛的重建和聚落的重新选址是印度河流域的特点，许多其他的变化，如手工业专业化、社会等级的出现、文字的发明，从公元前 4000 年左右开始成为世界上各个地区文明出现的标志。这些特性反映了城市社会的发展，这一发展是基于农业剩余和流通必需品及奢侈品的贸易和内部分配网络，其中一些奢侈品是新兴贵族权力或城市中心及其神灵威望的象征。

导致印度河流域文化向一体化城市文明转变的背后因素，与该文明最初被发现时一样，仍然是争论和猜测的主题。

成熟印度河文明（公元前 2600 至公元前 1900—前 1800 年）

无论导致印度河文明出现的原因是什么，毫无疑问，在公元前 2500 年左右形成的社会在规模、组织和社会的复杂性、文化的统一性、意识形态或精神气质上都与早哈拉帕时期有显著的不同。

成熟哈拉帕文化（印度河文明）集中分布于印度河和萨拉斯瓦蒂河谷，并向南扩展到古吉拉特和马克兰，向西到达卡奇平原，北至喜马拉雅山山麓，东北到恒河–亚穆纳交汇地区。在印度河东部地区，整个印度河文明时期，索斯·西斯瓦尔阶段遗存仍在延续，与成熟哈拉帕遗存共存，表明这一地区没有被完全整合到印度河文明系统，或者说没有完全采纳印度河文明的意识形态，这一点与索拉什特拉和古吉拉特北部是一致的。在俾路支南部的内陆地区还分布着库利文化，包括伊迪斯·沙赫尔（Edith Shahr）和宁德瓦利（Nindowari）等遗址，该文化与印度河文明有关联，但并不完全是印度河文明的一部分，尽管在它的南部，在俾路支地区的马克兰沿海地区，分布着诸如苏特卡根多尔等印度河文明的城镇聚落。然而，高地地区的其余地区与印度河流域在政治上不再是一体。

印度河文明的城市

摩亨佐达罗可能是印度河文明的主要城市。它位于信德省中部，印度河和东奈拉河之间，东北部是旁遮普，南部和东部是萨拉斯瓦蒂河，西南部是古吉拉特邦，西部是卡奇平原，它处于控制着整个印度河流域交流网的有利位置。这也是迄今为止发现的最大的遗址，其已知面积比哈拉帕遗址多出一倍。包括有各种手工业种类的手工业作坊散布于城市各处或集中于郊区，房屋内有印度河先民制造的各种手工业产品，包括许多刻有铭文的印章。在其城堡区建筑群的中心有一处独特的建筑——大浴池，一个不透水的大型水池，这可能是以水为中心的宗教建筑。

哈拉帕也是一座大城市，有着与摩亨佐达罗相似的手工业种类和富裕程度。它位于旁遮普的印度河流域边缘，可控制喜马拉雅山脉的资源。其他被确认的主要城市也位于印度河流域的边缘：东部的拉齐嘎里，萨拉斯瓦蒂河流域中部的甘瓦里瓦拉，以及古吉拉特邦的朵拉维拉。其中对甘瓦里瓦拉仅做过地面调查，对拉齐嘎里也只做过有限的发掘，而在朵拉维拉则开展了广泛的调查和发掘，其考古资料显示，随着时间的推移，该城址的规模逐渐扩大，城堡区变得越来越复杂。在摩亨佐达罗，日常生活用水主要依靠大量水井，而朵拉维拉却发现有巨大的水库。许多其他的差异以及这些城市之间的相似性突显印度河文明的两个主要特征：印度河文明一方面存在强大和统一的文化模式，在每座城市和城镇，都生产有相同种类的人工制品、建造相同类型的房子，和同样由城墙的土墩划分城市功能区；另一方面，城市布局形成的方式和日常生活的其他基本方面也存在着巨大的多样性。

最引人注目的是在不同地区的印度河城市中发现的不同宗教建筑和可能的习俗，这也许反映了印度河先民的不同起源。虽然摩亨佐达罗的大浴池是独一无二的，但浴室却无处不在，这表明仪式性的沐浴和后来的南亚人一样，是印度河先民生活中的一部分。在摩亨佐达罗还发现了一座可能的神庙，里面似有一棵圣树。而在其他一些城市发现有火坛和动物祭祀场所，有时只发现于公共场所，但也发现过这种类型的家用神龛。有学者猜测，印度河文明是一个联邦和多元文化的国家，通过共同的意识形态，把具有不同文化的很可能属不同族群的社区整合在一起。

城镇和村落

除 5 座城市外，许多城镇在聚落布局上也有共同的特点，如它们被划分成独立的带城墙的土墩或区域、有高效的排水系统和高质量的房屋。这些城镇通常有大量的手工业作坊，生产各种各样具有印度河文明特色的精美的标准化产品，如陶器、燧石工具、通常比较简单的金属制品、人和动物的红陶雕像、刻有铭文的印章，以及各种用贝壳、宝石、金属和费昂斯等材料制成的个人装饰品。此外，这些地方一定也存在用易于腐烂的材料制成的精致产品，其中有些产品还留有痕迹，如木器和纺织品。

在朵拉维拉的城堡（城堡的上半部分）发现的一处石砌蓄水池，可能用于仪式性沐浴。底部的圆形石头可能是座位或帮助沐浴者进出，在一侧有一道供水的斜槽（Namit Arora）

还有一些规模较小的聚落，专门从事基于当地材料的特定手工业活动，如古吉拉特邦的纳格斯瓦尔遗址（Nageshwar）专门生产用当地海贝制作的产品，这些贝壳是在附近的喀奇湾水域捕捞的。

大多数印度河先民是农民或牧民。他们的聚落揭露得很少，但已发掘的少数遗址表明，即使是普通的农民也可能有机会获得高质量的手工业产品。农民定居在小村庄里，牧民在他们放牧牲畜的地方也有临时的季节性定居点。很可能，就像今天一样，牧民也充当了运输商品的角色。

虽然印度河文明时期的农业主要以大麦、小麦为基础，早期豆类也发挥了重要作用，但在印度河流域的一些地区，特别是古吉拉特邦和东部边缘地区，尤其是在约公元前 2000 年以后，也种植了其他农作物，主要是稻米和各种小米。

贸易和交换

印度河–萨拉斯瓦蒂河地区的一些交流是通过陆路进行的，短途旅行使用牛车，长途旅行则依靠牧民的牲畜，但是通过河道和海岸的水路来运输大宗货物更为简便。许多印度河先民可以从印度河文明控制的区域获得所需的原材料，如罗赫里山的燧石、吉拉特邦南部的玉髓和玛瑙、印度河上游的金砂、旁遮普和古吉拉特的木材、大部分地区均有分布的黏土，而纺织品的原料则来源于农民种植的棉花，也有可能使用牧民的绵羊、山羊提供的羊毛和皮革。先民也可以从邻近地区的居民处得到一些别的材料，如阿拉瓦利山区杰德普拉–加尼斯瓦文化的铜和可能的锡矿石，又如活跃于干旱地区到印度河–萨拉斯瓦蒂河南部的狩猎采集者的象牙、蜂蜜等森林产品，他们还可能从卡亚塔文化（Kayatha Culture）等邻近地区获得其他材料。

在公元前三千纪初，印度河先民参与了跨越伊朗高原的贸易网络。然而，随着印度河文明的出现，一个重大的变化出现了。人们建造了海船，印度河商人航行过海湾，直接与阿曼的居民建立联系，最终与巴林和美索不达米亚南部的城市进行贸易。虽然只有少量的关于船的证据，也没有发现过船的前身，但印度河商人到达过美索不达米亚，而美索不达米亚船只没有出过海湾的事实，暗示航海船只是印度河文明的发明创新。

印度河先民还在阿富汗建立了贸易前哨肖图盖遗址，由此垄断了美索不达米亚的青金石供应。这一地区和伊朗北部的许多遗址都出土了印度河文明的遗物。然而，虽然美索不达米亚的文献证明了美索不达米亚进口了一系列印度河的原材料，印度河的珠子在美索不达米亚的发掘中广为人知，但仍很难确定印度河人通过交换获得了什么。

西边的邻居

晚科特·迪吉文化

印度–伊朗边境地区以北戈玛尔谷地的雷赫曼·德里和古姆拉城镇遗址，以及班努盆地的塔拉齐·奇拉（Taraqai Qila）和勒万遗址，都不属于印度河文明。这里的遗存继承了科特·迪吉阶段，尽管发现有印度河文明的手工业品，如玩具车、珠子，和最重要的砝码，但没有发现成熟哈拉帕时期的陶器。因此，印度河文明和这些地区的居民之间一定发生了某种联系，这种联系可能是因贸易产生的。与此同样的情况也可能发生在塔西拉山谷（Taxila Valley）的萨莱·霍拉遗址中。

赫尔曼德文化

在哈拉帕文化过渡期，坎大哈谷地及其大型城镇蒙迪加克已经融入蓬勃发展的赫尔曼德盆地（锡斯坦）的文化中，并可能已经发展成一个国家社会。到公元前2400年左右，赫尔曼德文化的沙赫里·索科特城面积扩大到约150万平方米，包括一处占地21万平方米的独立墓地。蒙迪加克遗址面积增加到60万平方米左右，成为赫尔曼德文化的第二个中心，统治着东部地区。

手工业生产集中在沙赫里·索科特遗址西部和南部面积30万~40万平方米的手工业工匠居住区。可加工铜、雪花石膏、绿泥石、燧石和海贝等材料。陶器以快轮制成，通常素面无纹，是在作坊里大规模生产的，目前发现有50~100座窑址。金属制品也是大规模生产的，不同的是，其制作是在一或两个房间的小作坊里完成。高价值的进口材料，如绿松石，则在制作本地材料的各种作坊中生产。沙赫里·索科特遗址继续在国际贸易中发挥重要作用，其与北部的土库曼斯坦和南部的阿曼都有联系，但该地区早期与印度河流域之间的联系显然已经断绝。

两座城址泥砖砌筑的高墩上建造有纪念性建筑，即沙赫里·索科特东部居住区的建筑基址（the House of the Foundations）和中心区的大型围墙建筑，以及蒙迪加克的神庙和宫殿。这两处遗址普遍使用泥砖建筑，不过蒙迪加克神庙中发现有石灰石地基。居住建筑也是泥砖结构，许多大型房屋有 6~8 个房间。在沙赫里·索科特发现了不少分隔式印章（compartmented seal），其主要功能可能是通过盖章来"锁门"。

库利文化

与几乎没有证据表明和印度河流域有联系的赫尔曼德文化相反，俾路支南部的库利文化与哈拉帕文明之间有着紧密联系。库利文化的陶器与哈拉帕陶器有许多共见的器型，但也有形制独特的器物，如罐（canisters），库利文化的陶器也保持了早期传统的彩绘动物形装饰，如大眼睛的细长动物，特别是斑马，以及鱼、鸟和植物图案，如菩提树叶。库利人还制作了独特的人和动物雕像，尤其是彩绘公牛。库利文化中也发现有一些进口的印度河遗物，如模型车。在梅希（Mehi）遗址发现的印度河砝码和在宁德瓦利遗址发现的印度河印章，凸显了印度河文明和库利文化之间的密切联系。

在几处主要的库利文化遗址中发现有大型建筑。在宁德瓦利遗址发现一处由一系列阶梯状平台及位于顶部的大型纪念性平台组成的建筑，纪念性平台上发现有排水沟。伊迪斯·沙赫尔也有类似的建筑。其中一些较大的遗址建造了防御性城墙。与印度河遗址不同，该地区的建筑使用了石墙和石板地面，采用的是当地能找到的建筑材料，不过库利遗址本身使用的巨石是从 3 公里外运来的。奇怪的是，有些房间的门在角落里，而这种设计并不利于结构上的稳固。宁德瓦利和库利遗址发现有可能属粮仓的建筑。在宁德瓦利遗址的一个房间里发现了 173 个动物和 28 个人的雕像，暗示该处可能是神龛。

一般来说，库利文化遗址的选址是为了利用有限的耕地，这些土地的耕作借助了各种灌溉工程，如水坝和堤。枣和鱼对此文化来说相当重要，但畜牧可能是更主要的生计来源。库利文化遗址处于连接沿海与高地、卡奇平原和印度河平原的重要位置，有些地方离铜矿等矿石的产地也很近。库利人向哈拉帕人提供原材料，并在季节性迁徙放牧的时候为哈拉帕人运送货物。

库利文化是俾路支南部典型的内陆遗址，成熟哈拉帕文化则在沿海地区扩张，并建立了许多重要的遗址，特别是最靠西的印度河城镇苏特卡根多尔遗址，它有很厚带瞭望塔的城墙和防御性门道，这可能是一处控制或保护沿海交通的基地。这些遗址很可能是哈拉帕先民建立的与海湾贸易有关的前哨站。

南边的邻居

杰德普拉-加尼斯瓦文化

哈拉帕人从位于乔利斯坦南部的阿拉瓦利山克特里地区（Khetri region）中获取一些，或者说是占相当大比例的铜矿石。这个地区分布着以两个遗址命名的文化——杰德普拉-加尼斯瓦文化。杰德普拉-加尼斯瓦文化的居民主要是狩猎者、采集者和渔民，但他们也开采当地的铜矿石。阿拉瓦利山和邻近的多沙姆地区（Tosham region）蕴藏的其他金属矿石，如铅、锌、锡。锡可能也已经被开采，虽然目前没有这方面的证据。这个地区的铜矿开采和冶炼的证据可以追溯到公元前四千纪晚期，到早哈拉帕时期，杰德普拉-加尼斯瓦文化先民制造大量的小型铜制品，并与邻近的部落进行交易。与早哈拉帕时期一样，杰德普拉-加尼斯瓦文化中的红陶器显示出其受哈拉帕影响的迹象。

阿哈-巴纳斯文化

阿哈-巴纳斯文化继续分布在杰德普拉-加尼斯瓦文化的西南部，两种文化之间存在交流。阿哈遗址出土了 6 颗印度河珠子——1 颗青金石和 5 颗玛瑙，显示出其与哈拉帕人有限的，可能是间接的接触。阿哈-巴纳斯人是定居人群，有阿哈、巴拉塔尔（Balathal）和吉伦德等遗址。这些聚落由大量的长方形房屋组成，用石头、木骨泥墙和泥砖建成，屋顶是平坦的茅草或泥土覆盖的屋顶。在巴拉塔尔遗址，人们用当地的石块来建造房基。较大的房子被分成几个房间，通常有一个厨房、一个灶台和一个鞍形石磨盘。阿哈-巴纳斯人从事农业，种植小米、小麦、大麦和豆类，饲养牛等动物，并开发了当地的野生资源，如鹿、孔雀、鱼和蜗牛。牛对他们的重要性反映在了他们制作的牛雕像上。

卡亚塔文化

在公元前三千纪后期，在更靠南的中央邦、古吉拉特邦以东和纳尔玛达河以北出现了属于卡亚塔文化的农业聚落。其中最著名的是卡亚塔遗址。这里的人们用玉髓制作细石器和石片，也使用斧、手镯等铜制品，这些铜器要么是当地制造的，要么是从杰德普拉–加尼斯瓦文化获得的。他们制作各种风格的陶器，有素面陶，也有彩绘陶，这些有可能是受到了哈拉帕陶器的启发。玉髓、玛瑙和滑石珠的窖藏可能反映了卡亚塔先民与古吉拉特邦西部哈拉帕人有接触，这些窖藏也可能与当地玉髓和玛瑙资源的开发有关。约公元前 2100 年以后，出现了一些新的陶器风格，如与阿哈–巴纳斯文化有关的白彩黑红陶器。在卡亚塔文化中也发现有这一时期的红陶公牛像。

狩猎采集者

狩猎采集者已经在拉贾斯坦的伯格尔遗址生活了好几千年，他们也畜养绵羊、山羊和牛等家畜，并在约公元前 2800 年之后开始制作陶器，这些陶器与其邻居——阿哈–巴纳斯文化和卡亚塔文化的陶器有一些相似之处，但质量相对来说要差得多。这一时期的一座墓葬随葬两件铜镞、一件带棱的铜矛、一件铜锥和一件珠串（部分珠子用带状玛瑙和玉髓制作）。这些铜镞可能来自杰德普拉–加尼斯瓦文化，但也可能是通过与古吉拉特邦哈拉帕人的贸易跟珠子一同到达伯格尔的，哈拉帕人通过贸易获取猎物和象牙等商品。类似的证据来自兰格纳遗址（Langnaj），其位于古吉拉特邦北部的以狩猎采集为生的遗址，那里出土的一把铜刀和角贝珠（dentalium beads）表明他们与哈拉帕人有过接触。

南部新石器文化

最近在印度南部卡纳塔克邦的发现表明，在公元前三千纪早期，这一地区就已有定居的社区，他们居住在经过清理和平整的花岗岩山丘上，其中建造有圆形的木骨泥墙房屋。他们还在开阔地建造巨大的木栅栏（灰丘），用来圈养当地驯化的牛。也许是为了预防疾病，他们会定期放火烧掉围栏里的牛粪。大量红陶牛像的存在和该地区主要属新石器时代的岩画艺术中对牛的描绘，反映了牛的重要性。这些人开始种植当地作物，包括几种不同的小米和豆类，以及种植或采集块茎。随着时间的推移，块茎的重要性逐渐下降，被小米取代。他们制作质量较差的灰陶和石器，包括许多磨制石斧。一些遗址分布于重要的黄金产区，这表明当地的黄金可能已经得到开采。如果这一假设成立，很有可能该地区的黄金最终已传入印度河地区。

印度河国家的未解之谜

有关统治贵族的证据是大多数文明的显著特征：宫殿式建筑、大墓、独特的贵重物品，以及如纪念性文字和雕像的政治宣传。引人注目的是，这些在印度河文明中都不存在。这就导致这样的问题：印度河流域的国家是如何在政治上组织起来的，是否有统治者？如果有，为什么在考古学上显示不出来？印度河文明与其他古代文明的另一个显著对比是，印度河文明中明显没有任何冲突的证据。这些城市虽然有坚固的城墙围护，但这些城墙似乎是用来抵御洪水，以及控制人员和货物流动，而不是用来防御敌人的。它们可能也是为了给人留下深刻印象而设计的。这个（文明）没有发现武器，也没有在文明鼎盛时期被暴力破坏的迹象。在世界文明史上，像这样一个完全和平的国家似乎是反常的。

文字是文明的另一个特征。哈拉帕人使用带铭文的印章，还有一小部分其他遗物上也有他们的文字符号。铭文材料的缺乏和铭文的简练使得文字还不能得到破译：符号的含义和它们所传达的语言都还无从知晓。一般认为，在诸如棕榈叶等易腐烂的材料上会有更多的哈拉帕文献，其中包括哈拉帕政府管理国家的记录。然而，最近有人提出，这样的记录或许根本不存在，哈拉帕人的符号实际上并不是文字，这引发了关于印度河流域国家是如何运作的更有趣的问题。

后哈拉帕（晚哈拉帕）时期（公元前 1900—前 1800 年至公元前 1300 年）

印度河文明繁荣了 500~700 年，在公元前二千纪早期解体。这次崩溃的标志是，许多将印度河文明与其前身区分开来的特征消失了，比如书写、城市生活、某种中央控制、国际贸易、职业专门化和广泛分布的标准化手工业品。在后印度河时期，当地的材料被用来制作石器等，成熟印度河文明的文化统一性被一系列区域群体所取代，出土的遗存让人联想到各个地区在早印度河阶段的相关遗存。虽然印度河中心地带的人口大量减少，但古吉拉特邦的遗址数量却在增加，晚哈拉帕人的社区也在成熟哈拉帕人居住区之外建立起来，尤其是东部地区。这一时期的海上贸易只到达了古吉拉特邦，许多文化因素（如陶器形制及装饰特点和独特的印章）的广泛分布表明，在印度次大陆内部及其与北部、西部的区域群体之间有着相当多的区际交流和个人及团体间的互动。

城市衰落

在摩亨佐达罗的最后阶段显示出生活标准的严重下降，房子简陋，原来的居住区内开始出现陶窑，公共设施，如下水道失修，死者被扔进废弃的房屋和街道，而不是通过适当的仪式埋葬。重要的公共建筑，如大浴池，已废弃不用。有些石雕被故意打碎。类似的情况在许多城市和城镇都有发现，还有很多遗址则完全被废弃。中心区的聚落密度大幅下降，整个大印度河地区的大多数聚落都是村庄和营地，只有几个小型城镇，而古吉拉特邦和东部地区的聚落数量急剧增加。这似乎意味着，要么发生了从中心地区向外围的迁徙，要么存在有利于外围地区人口增长和中心地区人口崩溃的条件，要么两者兼而有之。

与此同时，城市生活和组织的许多特征也在衰落和消失。尽管偶尔会在陶器上出现涂鸦式的符号，但文字已不再使用。立方形砝码也少见或基本不见，表明此时已经不再需要度量控制。

城市衰败的一个原因可能是居民的健康状况不佳。有关摩亨佐达罗上层出土骨骼的研究表明，许多人曾遭受疾病的折磨，并常常死于疟疾等疾病。疟疾和霍乱很可能与印度河流域城市和城镇的生活联系在一起，因为那里的水井、蓄水池和排水沟里有大量污水。

经济发展

在公元前二千纪早期，美索不达米亚南部的许多城市被废弃了，主要原因是土壤盐碱化。权力中心转移到更北的巴比伦地区（Babylon region）[巴比伦尼亚北部（Northern Babylonia）]，商人们在海湾地区的活动大为减少，最终转而依靠伊朗高原的贸易路线以及安纳托利亚和地中海的原材料。然而，美索不达米亚贸易的急剧减少是否会严重影响印度河文明的经济还不得而知。文明衰落的其他因素可能包括萨拉斯瓦蒂河的逐渐干涸，这条河曾是哈拉帕人最密集的聚居地，公元前二千纪初期，乔利斯坦地区的人口减少了，东部地区的遗址则增加了。

与此同时，农业也有了重大的发展。成熟哈拉帕的农业建立在西亚驯化群的基础上，从印度河地区到西欧的广大地区都利用了这些驯化群，包括小麦、大麦、豆类、绵羊、山羊和牛。到了公元前三千纪晚期或公元前二千纪早期，印度河流域开始种植新的作物——水稻和几种小米。这些作物比小麦和大麦更适合在印度大部分地区种植，因此它们改变了一些原有耕作区的生产力，又可帮助开辟新的农业区。

西部的晚哈拉帕文化

丘卡尔

在公元前二千纪初期，信德省的一些遗址废弃了，包括巴拉克特、阿拉迪诺和摩亨佐达罗。在摩亨佐达罗最晚的地层中发现在原来废弃的建筑中修建有一些简陋的房屋。出土的遗物中有几件风格怪异的手工业品，包括一把伊朗或中亚风格的管銎斧，还有几把带有中脊和穿孔以固定在金属把手的匕首。类似的物品在昌胡达罗、阿姆里和丘卡尔遗址也有发现，包括管銎斧、带装饰性头像饰的铜针以及圆形或少量方形的分隔式印章。印章上有几何图案，其中有一枚印章类似于放射状的太阳或凯瑟琳之轮（Catherine wheel）。这些都表明，信德省与基尔塔尔山脉以西的伊朗和土库曼斯坦地区的文化之间有着重要的联系，无论是由于贸易还是移民的迁入。这些遗物与以丘卡尔遗址命名的陶器风格有关，丘卡尔陶器是一种带有彩绘图案的浅黄色陶器，与早印度河时期的阿姆里陶器相似。这些陶器可以被认为是从哈拉帕时期发展而来的，信德省和其他同时期遗址的许多手工业品也是如此，不过质量似乎一直在逐步下降。虽然这些遗址从成熟哈拉帕时期到丘卡尔文化的发展没有断层，但是人们生活水平已经明显下降，用原有建筑的砖块建造的房屋质量低劣，也没有遵循早期的街道布局。在摩亨佐达罗和昌胡达罗发现的大量珠宝和金属物品窖藏，显示出人们生活中带有普遍的不安全感。在昌胡达罗遗址发现的未完成的手工业品，可能是物主在危险面前匆忙放弃生产活动的反映。然而，在更远的西部地区俾路支和伊朗东部，并没有发现暴力破坏的迹象。

古吉拉特

在古吉拉特邦，向晚哈拉帕的过渡很早就开始了，大约在公元前 2100 年。该地区一直保持着一定程度的地方特色，如早哈拉帕和前哈拉帕时期风格的陶器，如帕拉巴斯陶器（Prabhas ware），和成熟哈拉帕时期的陶器同时使用。像洛塔尔这样的遗址曾完全融入古印度河世界，但索姆纳特等遗址的融入程度则没有那么深。到公元前三千纪结束时，即使是以前融入程度深的遗址，如洛塔尔，也开始脱离成熟哈拉帕的生活方式。从前，人们从信德省的罗赫里山获取优质的燧石，而现在则开始用当地的石头，如碧玉和玛瑙，来制作石器。成熟哈拉帕陶器的数量大为下降，取而代之的是本地传统的陶器，如帕拉巴斯陶器和新的陶器种类，特别是磨光红陶，公元前二千纪早期明亮的红陶在古吉拉特邦朗布尔等遗址占据了主导地位，后来传播到更远的德干（Deccan），反映了贸易或人口流动的情况。

其他典型的成熟哈拉帕遗物，如石质砝码、刻字印章，甚至珠子都消失了。铜则继续被使用，这也许反映了与古吉拉特东部的阿哈–巴纳斯文化、杰德普拉–加尼斯瓦文化和马尔瓦文化（Malwa Culture）这些铜石并用文化之间密切的贸易往来。值得注意的是，许多铜制品的类型不是印度河文明中原有的样式，而与拉贾斯坦邦和德干地区的铜石并用文化相似。

区域城市朵拉维拉衰落并被废弃了。而在大概 50 年后，它被重新使用，成为一个由简陋的房屋组成的小型聚落，并持续了约一个世纪，然后再次被废弃。在朗布尔等许多遗址中，已不见砖结构建筑，取而代之的是其他风格的建筑，如立柱式木骨泥墙建筑和用石头作地基的泥墙茅草房。浴室和排水系统也不再建造。洛塔尔的仓库已被废弃不用。然而，这与其说反映了衰落，不如说是一种重心的改变，即从印度河文明的城市生活转向了一种更乡村化的生活方式。罗迪遗址（Rojdi）是一处大型的农业村庄，该遗址第四期（约公元前1900—前1700年）在面积上出现了大规模的扩张（估计是三倍的规模），这个扩张显然是有计划而不是偶然的发展，遗址还建造有一道坚固的城墙及由扶墙加固的大门。

除了原有聚落的扩建，公元前二千纪前半段，古吉拉特的遗址数量也有了相当大的增加，这可能反映了有新作物的引进。成熟哈拉帕时期农业以小麦和大麦为主要作物，在古吉拉特邦，本地的小米也很重要，现在，珍珠粟（bajra）和蜀粟（jowar）变得越来越重要，这两种抗旱小米高产、免脱粒，且非常适合索拉什特拉的环境。一些地方也可能种植水稻，如朗布尔遗址。

贸易

在晚哈拉帕时期，由于海平面下降，哈拉帕人放弃了在马克兰的苏特卡根多尔等遗址点，这也影响了古吉拉特邦的洛塔尔和昆塔西（Kuntasi）等遗址。随着美索不达米亚从公元前2000年左右政治和经济动荡的出现，经过海湾的海上贸易模式发生了变化，导致贸易大幅收缩。古吉拉特不再是整个印度河地区进行海上贸易的入口。然而，这并不意味着海上贸易完全停止了。贝特·德瓦卡（Bet Dwarka），一个靠近索拉什特拉海岸的目前位于水下的遗址，可能是在公元前二千纪早期的一处服务于整个索拉什特拉或古吉拉特地区的港口遗址。

东部和南部的邻居

阿哈-巴纳斯文化

到公元前二千纪初，拉贾斯坦邦西部的阿哈-巴纳斯文化中已经发展出相当规模的社区，其中一些可能已经成为城镇。大量的铜渣表明阿哈遗址的居民从事大规模的手工业活动。巴拉塔尔遗址内部建造了一道由石块和泥砖砌成的城墙，城墙内被认为是聚落首领的住所。遗址的其他区域是一处由房屋和作坊组成的建筑群，其中包括一座窑，另一处可能是用于储存、食品加工及居住的建筑群。奥吉亚纳（Ojiyana）是最近发现的一个遗址，四周有一道坚固的城墙，墙内是东西走向的街道网。

磨光红陶和白彩黑红陶以及大量的瘤牛雕像，是阿哈–巴纳斯文化陶器的特征之一。磨光红陶显示了与古吉拉特邦西南部晚哈拉帕文化（如朗布尔遗址）的联系。这一时期阿哈–巴纳斯人种植的农作物包括大米、蜀黍和珍珠粟，跟古吉拉特一致。

目前正在进行发掘的吉伦德遗址揭露了一座大规模的被人行横道分隔成矩形隔间的建筑，里面有窖穴和泥箱。这座建筑似乎是用来储存的，可能是在这一城镇的首领控制下的社区设施。其中一个泥箱里发现一百多个泥印蜕，显示出一定程度的官僚控制和管理。这些印蜕与巴克特里亚–玛尔吉亚纳文化体（Bactria–Margiana Archaeological Complex，BMAC）印章的几何图案非常相似，为中亚文化的接触和人群的迁徙提供了令人吃惊的新证据。除此之外，还有一些印章与昌胡达罗遗址出土的丘卡尔式印章类似，或类似皮拉克（Pirak）、宁德瓦利遗址中出土的各种印章。丘卡尔风格的纽印在吉伦德遗址也有发现。这进一步证实了相当大范围内文化互动和交流的存在，也许还反映了从中亚到印度河中部一小群人的流动。

马尔瓦（Malzua 或 Malwa）文化和德干地区

公元前三千纪晚期，马尔瓦的纳夫达托利（Navdatoli）等农业聚落建立起来，先民种植小麦、鸭脚稗（ragi）和豆类，饲养牛、羊、山羊和猪，狩猎鹿等当地野生动物。马尔瓦文化还包括纳格达（Nagda）等之前属卡亚塔文化的遗址，以及更远的东部的伊兰遗址（Eran）。黑彩陶颇具特色，器型有带流壶和带流碗。石器和珠子非常普遍，也有铜质的工具和装饰品，包括类似于杰德普拉–加尼斯瓦文化的铜斧。长方形和圆形的房屋都配有较小的储藏用的建筑。纳格达和伊兰等遗址周围建有厚厚的泥砖墙。

在更靠南的马哈拉施特拉邦（Maharashtra），萨瓦尔达文化（Savalda）也可能于公元前三千纪末期出现。其中最有名的遗址是代玛巴德（Daimabad），这是一座农业村落，那里的居民种植小麦、大麦和豆类。另一处考特遗址（Kaothe）可能是季节性的牧民营地，发现了可能属这一时期的珍珠粟，表明这种作物也有种植。在代玛巴德遗址，萨瓦尔达文化遗存之后的堆积中有很浓厚的晚哈拉帕阶段因素，包括典型的哈拉帕红陶，据说还发现有两枚带有印度河文字的纽印及一座用标准印度河尺寸的泥砖砌筑的墓葬。可能属于这一时期的一处窖藏内发现有 4 具坚固的铸铜雕像——水牛、大象、犀牛和驾着战车的男性，由于这些发现于遗址之外，它们的出土背景无法确定，印度河文明中也没有相似的遗物。铜渣的发现表明当地有冶金业，这一手工业一直持续到下一阶段，这时晚哈拉帕因素已经消失。最后，大约在公元前 1800 年，代玛巴德遗址融入了马尔瓦文化，该文化最终继续向南延伸到索内加奥恩遗址（Sonegaon）。

南部新石器文化

公元前 3000 年左右，南部卡纳塔克邦和安得拉邦（Andhra Pradesh）的农民不仅养牛，还种植一系列当地农作物。从公元前 1800 年左右开始，他们也开始种植小麦、大麦、扁豆（hyacinth bean）、鸭脚稗和珍珠粟，以及棉花和亚麻，这表明他们与北方的马尔瓦文化有着贸易往来。沃特加尔遗址（Watgal）的马尔瓦式瓮棺葬证实了这种联系。从这一时期开始，南部新石器文化中出现了一些铜质工艺品，这说明制铜工艺很有可能也是从更遥远的北方引进的。少量金器的出土表明，这种重要的本地金属也已得到开发。

西北地区的发展

赫尔曼德文化

大约在公元前 2200 年，沙赫里·索科塔和蒙迪加克遗址开始衰落，面积都显著缩小。这两座城市都在这段时间遭到袭击，蒙迪加克暂时遗弃后被短暂地重新使用，最后彻底废弃。在沙赫里·索科塔，围绕庭院修建的一处大型泥砖结构的宫殿式建筑——被焚的建筑（the Burnt Building）毁于一场大火，在废墟中发现了一件铜矛和一具人骨。该遗址被占领者重新占据，并在公元前 1800 年左右废弃。与此同时，土库曼斯坦也出现了类似的衰退，青铜时代繁荣的城镇遗址，如阿尔丁·特佩（Altyn-depe）和纳玛兹加（Namazga）也大幅缩小，其所属的纳玛兹加文化的分布区也大大减小。

公元前 2200 年左右，锡斯坦和土库曼斯坦的衰落与全球气候变化同时发生。来自遥远的阿曼海底、美索不达米亚北部的雷兰遗址（Tell Leilan）、格陵兰冰盖的证据，似乎表明约公元前 2200 年从东地中海到亚洲许多地区遭遇了严重的干旱，持续约 300 年。其影响波及全球，南美频繁的厄尔尼诺现象影响了季风降雨，并给亚洲许多地区带来干旱。降雨量的减少对像锡斯坦这样的边缘地区影响极大，因为那里发展农业的条件很不稳定。印度河流域对季风降雨的依赖要小于对融雪河流的依赖，一开始是基本不受影响的，但从长远来看，印度河流域的部分地区可能也会受到影响。

巴克特里亚-玛尔吉亚纳文化体

然而在同一时期，大约从公元前 2200 年开始，一支新的文化巴克特里亚-玛尔吉亚纳文化体，或巴克特里亚-玛尔吉亚纳，在阿富汗北部发展起来。这可能是土库曼斯坦南部的纳玛兹加文化向东迁移的结果。新的遗址首先出现在玛尔吉亚纳的木尔加布三角洲（Murghab delta），并逐渐扩展到该地区的其他绿洲。遗址沿着小河分布，居民曾饲养家畜，用洪水和运河来灌溉作物。相关的遗存显示了高超的工艺水平，有精美的素面轮制陶器和丰富的金属制品，包括许多武器和石质印章及金银丝青铜印章（bronze filigree seals）。每一个区域都由防御性城址所控制，这些聚落呈长方形或者正方形，面积约 10000 平方米，有巨大的带塔的泥砖墙围护。这种文化扩展到西部和南部的邻近地区，占据了以前赫尔曼德文化和土库曼斯坦城市文化的分布区。在印度河贸易的前哨肖图盖遗址，在印度河时期最后阶段，当青金石的开采停止时，出现了巴克特里亚文化遗存，其随后也成了巴克特里亚-玛尔吉亚纳的一部分。到公元前 1700 年左右，独特的巴克特里亚-玛尔吉亚纳文化不再分布于其核心分布区阿姆河地区 [Amu-Darya（Oxus）]，而是出现在更远的西部和东部地区，包括俾路支地区和印度河地区。

俾路支地区和卡奇平原

印度-伊朗边境地区似乎在公元前二千纪早期到中期经历了相当大的混乱。拉纳·昆代和达巴克特等遗址被烧毁，其中达巴克特遗址显然被烧毁了 4 次。古姆拉遗址被摧毁和遗弃，后来在遗址的废墟中埋设了墓葬。俾路支地区的许多遗址显然在公元前 2000 年左右就被废弃了，而这一时期该地区发现的许多遗存都是以零散的遗物或墓葬的形式出现的，在风格上与巴克特里亚-玛尔吉亚纳及北部地区有一定联系。梅赫尔格尔（梅赫尔格尔南部墓地）附近的墓葬就符合这种模式，其中还出土了与阿富汗北部或土库曼斯坦南部相似的灰陶和金属制品。附近一个小村庄西布里遗址（Sibri）中也发现类似的遗物，包括巴克特里亚–玛尔吉亚纳风格的分隔式印章和扁平的小提琴形雕像。

这一时期最著名的遗址是皮拉克遗址。大约在公元前 1700 年，这里建立了一个大型聚落。出土的房子与印度河流域的房子大不相同，形状为长方形，通常有多个房间，为泥砖结构，成排的壁龛嵌在墙内。一个砖砌的平台支撑着火塘，地板上铺着芦苇席子。粮仓用来储存小麦、大麦、蜀黍和大米等谷物。

遗址中出土的遗物包括手工制作的陶器，上面装饰着彩绘条带几何图案，另有与巴克特里亚–玛尔吉亚纳一样的分隔式印章、大量铜或青铜制品和红陶雕像，如骆驼和马。后来遗址中也发现了骑马者的雕像、不少马和骆驼的骨骼。之前在土库曼斯坦和沙赫里·索科塔发现过家养的巴克特里亚骆驼。马在公元前 4000 年左右在欧亚大草原被驯化，但直到公元前 2000 年左右才传入印度–伊朗边境地区。皮拉克遗址的马和骆驼是印度次大陆上出现关于这两种家畜最早年代的可靠的明确证据。不过在皮拉克尽管出现了新的文化特征，但也有遗物显示出其文化与当地传统的连续性。

犍陀罗墓葬文化（Gandhara Grave Complex）

在斯瓦特山谷和最远的西北地区，有一条历史悠久的路线穿过山脉通往伊朗北部和中亚，在约公元前 2000 年之后，在嘎利盖（Ghaligai）、洛班（Loebanr）和卡拉科德雷（Kalakoderay）等遗址出现了新的独特的埋葬仪式，被命名为犍陀罗墓葬文化。丧葬仪式因其多样性和分布地区及年代的不同而得到辨识，其中包括火葬和完整或部分土葬。完整的土葬一般仰身曲肢，放置在带有石盖板的墓坑内，墓坑内或以块石砌筑，通常是单人葬或成对合葬。小孩有时埋在小型石板棺内。火化的人骨被放置在陶棺或瓮棺中，其上装饰压印或镂孔的人脸，有些则被直接放在墓坑内。随葬品有陶器、小提琴状的人形雕像和金属制品，尤其是饰有精美头像的别针。其中许多随葬品与来自伊朗北部、巴克特里亚–玛尔吉亚纳和高加索地区的器物极为相似，人们认为这反映了在公元前二千纪期间有大批移民迁入此地。一些墓葬里的马和陶器上的马的描绘也支持这一猜测。

不仅有这些外来因素的传入，也有本地传统的延续，如建筑以地穴式房屋为主，实行混合农业，不过在一些遗址也开始种植水稻、小麦和大麦，以及葡萄和豆类。与南部的塔西拉山谷和克什米尔的联系仍在继续，那里也开始种植水稻，并出现了一些铜制品。

北部和东部的晚哈拉帕文化

墓地 H 文化

哈拉帕遗址晚期出现了一些城市衰败的迹象，不过不如摩亨佐达罗明显。排水系统不再得到妥善维护，有些建筑修建时使用了之前的砖块，窖藏的贵重物品暗示着一定程度的社会动荡，在街道上也发现有动物骨骼，死者有时候被放置或隐藏在房屋内。但哈拉帕遗址仍然比较繁荣，许多建筑物使用新砖建造。与这一时期同时代的是墓地H。下层墓葬随葬包括有典型哈拉帕陶器和有所创新的陶器——比如新的陶器形制和装饰风格。上层墓葬出现了新的因素：通常装有被火化后的人体遗骸的瓮以及一种新风格的陶器，被命名为墓地 H 文化。对这些人骨的物理分析表明，它们不属于该城市的早期居民。墓地陶器似乎是一种混合的风格，新出现的陶器和哈拉帕陶器共存，它们通常只是简单装饰有一条彩绘条带纹。这个时期，装饰图案多样，其中孔雀、动物和菩提叶都是人们熟悉的，而其他的装饰，如星星、密布的环形纹、波浪线，以及长着长长的波浪卷发的人物形象，都是新出现的。在伊朗北部和阿富汗北部的巴克特里亚-玛尔吉亚纳分布区，也发现了相似的形状和设计。墓地 H 的陶器与晚哈拉帕时期（第五期，公元前 1900—前 1300 年）也有关系，在这个时期，城市的人口密度似乎增加，并造成了过度拥挤。墓地 H 文化的陶器广泛分布在旁遮普东部和更远的东部，向北最远可到达斯瓦特，哈拉帕位于该文化分布区的西部边缘。

在此期间，北部和东部哈拉帕文化分布区内，进口材料如海贝、绿松石和青金石的使用明显减少。与此同时，在这些地区以及更远的东部恒河-亚穆纳交汇地区，晚哈拉帕时期的村庄里，费昂斯作为制造珠宝的材料，其使用变得越来越普遍。哈拉帕的一座窖藏中发现了一颗约公元前 1700 年的棕色玻璃珠，这是南亚已知最早的玻璃样本。墓地 H 时期哈拉帕发现了一种新形式的窑，这是技术发展而不是衰退的另一个迹象。

索斯·西斯瓦尔/晚哈拉帕

在东部地区，晚哈拉帕时期的遗址尽管没有跨过恒河扩展到东岸，但已向东、向南逐渐扩展到恒河–亚穆纳交汇地区。其中既有一些早期已经存在的米塔塔尔（Mitathal）和罗帕尔（Ropar）等遗址（如米塔塔尔是在早哈拉帕时期出现的），也有新出现的遗址，如巴拉遗址（Bara）。这种扩张伴随着从西到东的聚落密度的减小而逐渐下降。造成这一东南向移民潮的主要原因之一是萨拉斯瓦蒂体系河流水量减少，另一个原因是水稻的重要性日益增加，与小麦和大麦不同，水稻非常适合在东部地区种植。据说，该地区在晚哈拉帕时期的遗址中发现的陶器，在形制、装饰和质地上都来源于不同的文化，包括成熟哈拉帕文化、索斯·西斯瓦尔文化、杰德普拉–加尼斯瓦文化、墓地 H 文化、丘卡尔文化的陶器，甚至还有伊朗的陶器。这些聚落中还出土有铜制品。房子一般是长方形的，用泥砖砌成。

赭色陶器/铜器窖藏

早期在拉贾斯坦邦和恒河–亚穆纳交汇地区的考古调查中经常发现脆弱的破碎严重的陶片，被称为赭色陶器（Orche-Colored Pottery，OCP），一种不为人知的文化由此得名。在恒河–亚穆纳交汇区还发现了许多独特的铜制品，如有须柄剑、拟人化的斧、曲柄带脊剑、带倒钩的装柄鱼叉，这些被称为铜器窖藏文化。直到 20 世纪后期，发掘工作才表明这两种文化是由交汇区的同一群人创造的，年代可以确定在公元前二千纪早中期。铜器窖藏的器物通常是高砷铜，砷有可能是有意加入形成合金的，但更有可能是作为一种杂质存在于铜矿石中。这与南亚的其他同时期和更早期的铜器物形成了对比，表明其来源不是阿拉瓦利山区。

赭色陶器是红陶，带有红衣，常常有彩绘。其来源是杰德普拉–加尼斯瓦文化的红陶，表明其制造者包括该地区的土著文化，此文化有制造铜制品的悠久传统。赭色陶器遗址可以分为两组。西部的赭色陶器在杰德普拉、西斯瓦尔、米塔塔尔和巴拉等遗址有发现，这些遗址之前被杰德普拉–加尼斯瓦文化晚期或晚哈拉帕时期人群占据，他们的陶器混合了来自杰德普拉–加尼斯瓦文化红陶、晚哈拉帕陶器和墓地 H 陶器、索斯·西斯瓦尔陶器的特征。这些传统继承自早哈拉帕时期。在这些聚落中有许多大量炼铜的证据。

在拉贾斯坦邦东部，大约从公元前 2000 年起，在北方邦西部的拉尔·奇拉（Lal Qila）、阿特兰吉赫拉（Atranjikhera）和塞帕伊（Saipai）等遗址中发现了一种不同风格的赭色陶器，还有一些铜制品。遗址房屋是矩形的木骨泥墙房屋，居民发展耕地农业，种植水稻、小麦和大麦，饲养牛、羊、山羊、猪和水牛。

有些遗址只出土赭色陶器，但阿姆比赫里（Ambikheri）和伯尔冈（Bargaon）等遗址出土的陶器则混合了赭色陶器和晚哈拉帕风格。一些学者没有认识到赭色陶器和晚哈拉帕陶器之间的显著区别，而是把赭色陶器看作是晚哈拉帕陶器的几个变种之一。这些聚落给人以混合的农业社区的印象，人工制品风格的选择反映了其多样化的来源，但在其他方面是相似的，它们之间得到了很好的融合。

哈拉帕的遗产

公元前二千纪早期，作为一个整体的哈拉帕文明解体后，许多城市的特性丧失了，如文字和复杂的水利系统。它的解体也标志着一个转折点，印度河流域不再是印度河文明的中心，取而代之的是恒河流域，在公元前一千纪里，一种新的以城市为基础的文化出现了。然而，尽管恒河城市发展出新的文字和许多全新的特征，那里和次大陆其他地方的许多方面都继承了印度河文明的经济、技术、文化、宗教和社会成就。

参考文献

AGRAWAL D P, 1982. The Technology of the Indus Civilization[M]//SHARMA R K. Indian Archaeology. New Perspectives. New Delhi: Agam Kala Prakashan: 83-112.

AJITHPRASAD P, 2002. The Pre-Harappan Cultures of Gujarat[J]//SETTAR S,

KORISETTAR R. Indian Archaeology in Retrospect. ll. Protohistory. Archaeology of the Harappan Civilization. Indian Council of Historical Research. New Delhi: Manohar: 129-157.

ALLCHIN B, 1995. The Potwar Project 1981 to 1993: A Concluding Report on the British Archaeological Mission to Pakistan's Investigations into Hominid and Early Human Cultures and Environments in the Northern Punjab, Pakistan[J]. South Asian Studies, 11: 149-156.

ALLCHIN B, ALLCHIN R, 1982. The Rise of Civilization in India and Pakistan[M]. Cambridge, UK: Cambridge University Press.

ALLCHIN F R, 1984. The Northern Limits of the Harappan Culture Zone[J]//LAL B B, GUPTA S P. Frontiers of the Indus Civilization. New Delhi: Books and Books: 51-54.

ALLCHIN F R, 1996. The Archaeology of Early Historic India[M]. Cambridge, UK: Cambridge University Press.

ALLCHIN R, ALLCHIN B, 1997. Origins of a Civilization[M]. New Delhi: Viking Penguin India.

ANON, 2006. Bactria-Margiana Archaeological Complex[EB/OL]. [2006-01-20]. Wikipedia. en.wikipedia.org/wild/BMAC.

ATHREYA S, 2003. Was Homo heidelbergensis in South Asia?[EB/OL]. [2007-02-23]. anthropology.tamu.edu/faculty/athreya/research.htm.

BADR A, MULLER K, SCHAFER P R, et al. On the Origin and Domestication History of Barley (*Hordeum vulgare*)[EB/OL]. [2005-10-02]. Molecular Biology and Evolution, 17(4): 499-510. mbe.oxfordjournals.org/cgi/content/abstract/17/4/499?Ijkey=Oeebb13bc0e0bb98daf 670030f112393f9de2317&keytype2=tf ipsecsha.

BARBER E J W, 1991. Prehistoric Textiles[M]. Princeton, NJ: Princeton University Press.

BARTELEMY DE SAIZIEU B, BOUQUILLON A, 1993. Steatite Working at Mehrgarh during the Neolithic and Chalcolithic Periods: Quantitative Distribution, Characterization of Material and Manufacturing Processes[J]//PARPOLA A, KOSKIKALLIO P. South Asian Archaeology 1993. Helsinki: Suomalainen Tiedeakatemia: 47-70.

BARTELEMY DE SAIZIEU B, BOUQILLON A. Steatite working at Mehrgarh during the Neolithic and Chalcolithic periods: quantitative distribution, characterization of material and manufacturing processes[C]//Annales Academiae Scientiarum Fennicae. Series B. 1993, 271:

47-59.

BELLWOOD P, 2004. First Farmers: The Origins of Agricultural Societies[M]. Oxford: Blackwell Publishing.

BELLWOOD P, RENFREW C, 2002. Examining the Farming/Language Dispersal Hypothesis[M]. Cambridge, UK: McDonald Institute for Archaeological Research.

BRADLEY D G, MACHUGH DAVID E, CUNNINGHAM P, LOFTUS R T, 1996. Mitochondrial Diversity and the Origins of African and European Cattle[EB/OL]. [2005-10-02]. Proceedings of the National Academy of Sciences, 93(10): 5131-5135. www.pnas.org/ cgi/content/abstract/93/10/5131?ijkey=95734386357c9a02987d9146d70095a46e8ddd66&ke ytype2=tf ipsecsha.

BROOKS R R R, WAKANKAR V S, 1976. Stone Age Painting in India[M]. New Haven, CT: Yale University Press.

CHAKRABARTI D K, 1999. India: An Archaeological History. Palaeolithic Beginnings to Early Historic Foundations[M]. New Delhi: Oxford University Press.

CHAKRABARTI D K, 2004. Prelude to the Indus Civilization[J]//CHAKRABARTI D K. Indus Civilization. Sites in India. New Discoveries. Mumbai: Marg Publications: 23-33.

CHATTOPADHYAYA U C, 2002. Researches in Archaeozoology of the Holocene Period (including the Harappan Tradition in India and Pakistan)[J]//SETTAR S, KORISETTAR R. Indian Archaeology in Retrospect. II. Protohistory. Archaeology of the Harappan Civilization. Indian Council of Historical Research. New Delhi: Manohar: 365-419.

COSTANTINI L, 1984. The Beginning of Agriculture in the Kachi Plain: the Evidence of Mehrgarh[J]//ALLCHIN B. South Asian Archaeology 1981. Cambridge, UK: Cambridge University Press: 29-33.

DALES G F, 1974. Excavations at Balakot, Pakistan, 1973[J]. Journal of Field Archaeology, 1(1–2): 3-22.

DALES G F, 1979. Excavations at Balakot[J]//TADDEI M. South Asian Archaeology 1977. Naples: Istituto Universitario Orientale, Seminario di Studi Asiatici: 241-274.

DALES G F, KENOYER J M, 1993. The Harappa Project 1986–9: New Investigations at an Ancient Indus City[J]//POSSEHL G L. Harappan Civilization, 2nd ed. New Delhi: Oxford University Press: 469-520.

DANI A H, THAPAR B K, 1996. The Indus Civilization[M]//DANI A H, MASSON V M. History of Civilizations of Central Asia. 1. The Dawn of Civilization: Earliest Times to 700 BC. Paris: UNESCO: 283-318.

FAGAN B, 2004. The Long Summer: How Climate Changed Civilization[M]. London: Granta Books.

FAIRSERVIS W A, 1982. Allahdino: An Excavation of a Small Harappan Site[J]//POSSEHL G L. Harappan Civilization: A Contemporary Perspective. New Delhi: Oxford&IBH Publishing Co: 106-112.

FAIRSERVIS W, 1984. Archaeology in Baluchistan and the Harappan Problem[J]//LAL B B, GUPTA S P. Frontiers of the Indus Civilization. New Delhi: Books and Books: 277-287.

FRANKE V U, 2000. The Archaeology of Southeastern Balochistan[EB/OL]. [2005-06-14]. www.harappa.com/baluch/index.html.

FULLER D, 2003. Lost Farmers and Languages in Asia: Some Comments to Diamond and Bellwood[EB/OL]. [2007-04-01]. Science, May 28. sciencemag.org/cgi/eletters/300/5619/59 7#689?ck=nck.

FULLER D, 2005. Archaeobotanical and Settlement Survey South Indian Neolithic[EB/OL]. [2005-10-02]. www.ucl.ac.uk/archaeology/staff/profiles/fuller/India.html.

GLOVER I C, HIGHAM C F W, 1996. New Evidence for Early Rice Cultivation in South, Southeast and East Asia[J]//HARRIS D R. The Origins and Spread of Agriculture and Pastoralism in Eurasia. Washington, DC: Smithsonian Institution: 413-441.

GRIGSON C, 1985. Bos indicus and Bos namadicus and the Problem of Autochthonous Domestication in India[J]//MISRA V N, BELLWOOD P. Recent Advances in Indo-Pacific Prehistory. New Delhi: Oxford&IBH Publishing Co: 425-428.

HABIB I, 2002. The Indus Civilization: A People's History of India[J]. 2. Aligarh. India: Tulika and Aligarh Historians Society.

HARRIS D R, 1998. The Spread of Neolithic Agriculture from the Levant to Western Central Asia[EB/OL]//DAMANIA A B, VALKOUN J, WILLCOX G, QUALSET C O. The Origins of Agriculture and Crop Domestication. [2007-04-01]. www.ipgri.cgiar.org/publications/ HTMLPublications/47/ch07.html.

HIENDLEDER S, MAINZ K, PLANTE Y, et al, 1998. Analysis of Mitochondrial DNA

Indicates That Domestic Sheep Are Derived from Two Different Ancestral Maternal Sources: No Evidence for Contributions from Urial and Argali Sheep[EB/OL]. The Journal of Heredity, 89(2): 113-120. [2005-10-02]. jhered.oxford-journals.org/cgi/content/abstract/89/2/113?ijkey=7f 97dbe464c27a9b4de7dd54d9d 22bf33d26b43c&keytype2=tf ipsecsha. The Journal of Heredity, 89(2): 113-120.

HIENDLEDER S, KAUPE B, WASSMUTH R, JANKE A, 2002. Molecular Analysis of Wild and Domestic Sheep Questions Current Nomenclature and Provides Evidence for Domestication from Two Different Subspecies[EB/OL]. Proceedings: Biological Sciences, 269(1494): 893-904. [2005-10-02]. www.journals.royalsoc.ac.uk/(eu1 muq45o11mi3455njupvjf)/app/home/contribution.asp?referrer=parent&backto=issue,4,1 5;journal,92,208;linkingpublicationresults,1: 102024,1. Proceedings: Biological Sciences, 269(1494): 893-904.

HOLE F, 2006. Neolithic Age in Iran. London: Circle of Ancient Iranian Studies[EB/OL]. [2007-04-01]. www.cais-soas.com/CAIS/Archaeology/PreHistory/neolithic Iran.html.

HOOJA R, KUMAR V, 1997. Aspects of the Early Copper Age in Rajasthan[J]//RAYMOND, ALLCHIN B. South Asian Archaeology 1995. New Delhi: Oxford&IBH Publishing Co.: 323-334.

JARRIGE J F, 1979. Excavations at Mehrgarh-Pakistan[J]//VAN LOHUIZEN DE LEEUW J E. South Asian Archaeology 1975. Leiden: E. J. Brill: 76-87.

JARRIGE J F, 1982. Excavations at Mehrgarh: Their Significance for Understanding the Background of the Harappan Civilization[J]//POSSEHL G L. Harappan Civilizanon: A Contemporary Perspective. New Delhi: Oxford&IBH Publishing Co.: 79-84.

JARRIGE J F, 1984a. Towns and Villages of Hill and Plain[J]//LAL B B, GUPTA S P. Frontiers of the Indus Civilization. New Delhi: Books and Books: 289-300.

JARRIGE J F, 1984b. Chronology of the Earlier Periods of the Greater Indus as Seen from Mehrgarh, Pakistan[J]//ALLCHIM B. South Asian Archaeology 1981. Cambridge, UK: Cambridge University Press: 21-29.

JARRIGE J F,1985. Continuity and Change in the North Kachi Plain (Baluchistan, Pakistan) at the Beginning of the Second Millennium BC[J]//SCHOTSMANS J, TADDEI M. South Asian Archaeology 1983. Naples: Istituto Universitario Orientale, Dipartimento di Studi Asiatici: 35-68.

JARRIGE J F, LECHEVALLIER M, 1979. Excavations at Mehrgarh, Baluchistan: Their Significance in the Prehistorical Context of the Indo-Pakistan Borderlands[M]//TADDEI M. South Asian Archaeology 1977. Naples: Istituto Universitario Orientale, Seminario di Studi Asiatici.Istituto universitario orientale: 463-535.

JARRIGE J F, MEADOW R H, 1980. The Antecedents of Civilization in the Indus Valley[J]. Scientific American, 243(2): 122-133.

JARRIGE J F, SANTONI M, 1979. Fouilles de Piralc[M]. Paris: Diffusion de Boccard.

JOSHI J P, 2004. Bhagwanpura: A Late Harappan Site in Haryana[J]//CAKRABARFI D K. Indus Civilization. Sites in India. New Discoveries. Mumbai: Marg Publications: 44-51.

Kennedy K A R, 1982. Skulls, Aryans and Flowing Drains: The Interface of Archaeology and Skeletal Biology in the Study of the Harappan Civilization[J]//POSSEHL G L. Harappan Civilization: A Contemporary Perspective. New Delhi: Oxford&IBH Publishing Co: 289-295.

KENNEDY K A R, 2000. God-Apes and Fossil Men. Palaeoanthropology of South Asia[M]. Ann Arbor: University of Michigan Press.

KENNEDY K A R, POSSEHL G, 1984. Studies in the Archaeology and Paleoanthropology of South Asia[J]. Oxford: Oxford University Press.

KENOYER J M,1998. Ancient Cities of the Indus Valley Civilization[M]. Karachi: Oxford University Press and American Institute of Pakistan Studies.

KENOYER J M, MEADOW R H, 1998. The Latest Discoveries: Harappa 1995–98[EB/OL]. [2005-06-14]. www.harappa.com/indus2/index.html.

KENOYER J M, MEADOW R H, 2001. Harappa 2000–2001[EB/OL]. [2005-06-14]. www. harappa.com/indus3/index.html.

KENOYER J M, MEADOW R H, 2005. Harappa 1995–2001[EB/OL]. [2005-06-14]. www. harappa.com/indus5/index2.htm1.

KHAN F, KNOX J R, THOMAS K D, 1988. Prehistoric and Protohistoric Settlements in Bannu District[J]. Pakistan Archaeology, 23: 99-148.

KHATRI J S, ACHARYA M, 1994–1995. Kunal: A New Indus-Saraswati Site[J]. Puratattva, 25: 84-86.

KHATRI J S, ACHARYA M, 2002. Kunal—The Earliest Pre-Harappan Settlement[J]//JOSHI

J P. Facets of Indian Civilization. Recent Perspectives. Essays in Honour of Professor B. B. Lal. New Delhi: Aryan Books International: 88-91.

LAHIRI N, SHARMA D P, 2004. Harappan Settlers of the Ganga-Yamuna Doab[J]// CHAKRABARTI D K. Indus Civilization. Sites in India. New Discoveries. Mumbai: Marg Publications: 52-56.

LAL B B, 1971. Perhaps the Earliest Ploughed Field So Far Excavated Anywhere in the World[J]. Puratattva, 4(1970–1971): 1-3.

LAL B B, 1984. Some Reflections on the Structural Remains at Kalibangan[J]//LAL B B, GUPTA S P. Frontiers of the Indus Civilization. New Delhi: Books and Books: 55-62.

LAWLER A, 2007. Climate Spurred Later Indus Decline[J]. Science, 316: 978-979.

LECHEVALLIER M, 1984. The Flint Industry of Mehrgarh[J]//ALLCHIN B. South Asian Archaeology 1981. Cambridge, UK: Cambridge University Press: 41-51.

LECHEVALLIER M, QUIVRON G, 1981. The Neolithic in Baluchistan: New Evidence from Mehrgarh[J]//HARTEL H. South Asian Archaeology 1979. Berlin: Deitrich Reimer Verlag: 71-92.

LECHEVALLIER M, QUIVRON G, 1985. Results of the Recent Excavations at the Neolithic Site of Mehrgarh, Pakistan[J]//SCHOTSMANS J, TADDEI M. South Asian Archaeology 1983. Naples: Istituto Universitario Orientale, Dipartimento di Studi Asiatici: 69-90.

LOFTUS R T, MACHUGH D E, SHARP P M, CUNNINGHAM P, 1994. Evidence for Two Independent Domestications of Cattle[EB/OL]. Proceedings of the National Academy of Sciences, 91: 2757-2761[2005-10-03]. www.pnas.org/cgi/content/abstract/91/7/2757?ijkey=7 c6ddea6cc44276f45a5cd256 62fc0f1f5dbf572&keytype2=tf_ipsecsha.

LOVELL N C, KENNETH A R K, 1989. Society and Disease in Prehistoric South Asia[J]// KENOYER J M. Old Problems and New Perspectives in the Archaeology of South Asia. Wisconsin Archaeological Reports. Vol. 2. Department of Anthropology. Madison: University of Wisconsin Press: 89-92.

LUIKART G, GIELLY L, EXCOFFLER L, et al, 2001. Multiple Maternal Origins and Weak Phylogeographic Structure in Domestic Goats[EB/OL]. Proceedings of the National Academy of Sciences of the United States of America, 98(10): 5927-5932[2005-10-02]. www.pnas.org/ cgi/content/full/98/10/5927.

LUKACS J R, 1989. Biological Affinities from Dental Morphology: The Evidence from Neolithic Mehrgarh[J]//KENOYER J M. Old Problems and New Perspectives in the Archaeology of South Asia. Wisconsin Archaeological Reports. Vol. 2. Department of Anthropology. Madison: University of Wisconsin Press: 75-88.

MACHUGH D E, BRADLEY D G, 2001. Livestock Genetic Origins: Goats Buck the Trend[EB/OL]. [2005-10-02]. www.pnas.org/cgi/content/extract/98/10/5382. Proceedings of the National Academy of Sciences of the United States of America, 98(10): 5382-5384.

MACKAY E J H, 1943. Chanhu-Daro Excavations: 1935–36[J]. New Haven, CT: American Oriental Society.

MARSHALL J, 1931. Mohenjo Daro and the Indus Civilization[M]. London: Arthur Probsthain.

MASSON V M, 1976. The Bronze Age in Khorasan and Transoxiana[J]//DANI A H, MASSON V M. History of Civilizations of Central Asia. 1. The Dawn of Civilization: Earliest Times to 700 BC. Paris: UNESCO: 225-246.

MATHPAL Y, 1985. The Hunter-Gatherer Way of Life Depicted in the Mesolithic Rock Paintings of Central India[C]//MISRA V N, BELLWOOD P. Recent Advances in Indo-Pacific Prehistory. New Delhi: Oxford&IBH Publishing Co: 177-183.

MEADOW R, 1981. Early Animal Domestication in South Asia: A First Report of the Faunal Remains from Mehrgarh, Pakistan[J]//HARTEL HERBERT. South Asian Archaeology 1979. Berlin: Deitrich Reimer Verlag: 143-179.

MEADOW R, 1982. From Hunting to Herding in Prehistoric Baluchistan[J]//PASTNER S, FLAM L. Anthropology in Pakistan. NY: Cornell University Press: 145-153.

MEADOW R, 1984. Notes on the Faunal Remains from Mehrgarh, with a Focus on Cattle (Bos)[J]//ALLCHIN B. South Asian Archaeology 1981. Cambridge, UK: Cambridge University Press: 34-40.

MEADOW R, 1989. Continuity and Change in the Agriculture of the Greater Indus Valley: The Palaeoethnobotanical and Zooarchaeological Evidence[J]//JONATHAN M. Old Problems and New Perspectives in the Archaeology of South Asia. Wisconsin Archaeological Reports. Vol. 2. Department of Anthropology. Madison: University of Wisconsin Press: 61-74.

MEADOW R, 1993. Animal Domestication in the Middle East: A Revised View from the

Eastern Margin[J]//POSSEHL G L. Harappan Civilization, 2nd ed. New Delhi: Oxford University Press: 295-315.

MEADOW R, 1996. The Origins and Spread of Agriculture and Pastoralism in Northwestern South Asia[J]//HARRIS D R. The Origins and Spread of Agriculture and Pastoralism in Eurasia. Washington, DC: Smithsonian Institution: 390-412.

MEADOW R H, KENOYER J M, 2003. Recent Discoveries and Highlights from Excavations at Harappa: 1998–2000[EB/OL]. [2005-06-14]. www.harappa.com/indus4/el.html.

MEADOWS J R S, LI K, KANTANEN J, TAPIO M, SIPOS W, PARDESHI V, GUPTA V, CALVO J H, WHAN V, NORRIS B, KIJAS J W, 2005. Mitochondrial Sequence Reveals High Levels of Gene Flow between Breeds of Domestic Sheep from Asia and Europe[EB/OL]. Journal of Heredity, 96(5): 494-501. [2005-06-14]. jhered.oxfordjournals.org/cgi/content/abstract/96/5/494.

MISRA V N, 1973. Bagor: A Late Mesolithic Settlement in North-west India[J]. World Archaeology, 5(1): 92-110.

MISRA V N, 1998. Balathal: A Chalcolithic Settlement in Mewar, Rajasthan, India: Results of First Three Seasons' Excavation[J]. South Asian Studies, 13: 251-275.

MOULHERAT C, TENGBERG M, HAQUET J F, et al, 2002. First Evidence of Cotton at Neolithic Mehrgarh, Pakistan: Analysis of Mineralized Fibres from a Copper Bead[J]. Journal of Archaeological Science, 29: 1393-1401.

NEUMAYER E, 1983. Prehistoric Indian Rock Paintings[M]. New Delhi: Oxford University Press.

OZKAN H, BRANDOLINI A, SCHAFER-PREGL R, SALAMINI F, 2002. AFLP Analysis of a Collection of Tetraploid Wheats Indicates the Origin of Emmer and Hard Wheat Domestication in Southeast Turkey[EB/OL]. Molecular Biology and Evolution, 19(10): 1797-180. [2005-10-03]. mbe.oxfordjournals.org/cgi/content/full/19/10/1797. Molecular Biology and Evolution, 19(10): 1797-1801.

PARIHAR V S, SONAWANE V H, 1991. Excavations at Loteshwar, District Mahesana[M]. Indian Archaeology—A Review, 1990–1: 12-16.

PARIHAR R, 2001. Promise of the Past[EB/OL]. India Today. [2006-01-31]. www.indiatoday.com/webexclusive/dispatch/20010702/ruben.html.

PEDROSA S, UZUN M, ARRANZ J J, et al, 2005. Evidence of Three Maternal Lineages in Near Eastern Sheep Supporting Multiple Domestication Events[EB/OL]. Proceedings: Biological Sciences, 272(1577): 2211-2217[2005-10-10]. www.journals. royalsoc.ac.uk/ (eulmuq45o11mi3455njupvjf)/app/home/contribution.asp?referrer=parent&backto=issue,14,1 5;searcharticlesresults,l,3. Proceedings: Biological Sciences, 272(1577): 2211-2217.

POSSEHL G L, 1993. The Date of Indus Urbanization: A Proposed Chronology for the Pre-urban and Urban Harappan Phases[J]//GAIL A J, MEVISSEN G J R. South Asian Archaeology 1991. Stuttgart: Franz Steiner Verlag: 231-250.

POSSEHL G L, 1999. Indus Age: The Beginnings[M]. New Delhi: Oxford University Press.

POSSEHL G L, 2002. The Indus Civilization. A Contemporary Perspective[M]. Walnut Creek, CA: AltaMira Press.

POSSEHL G L, 2003. Cache of Seal Impressions Discovered in Western India offers Surprising New Evidence for Cultural Complexity in Little-known Ahar-Banas Culture, circa 3000-1500 BC[EB/OL]. [2006-01-15]. www.museum.upenn.edu/new/research/possehl/ahar-banas.shtml.

POSSEHL G L, 2004. Rojdi: A Sorath Harappan Settlement in Saurashtra[J]// CHAKRABARTI D K. Indus Civilization. Sites in India. New Discoveries. Mumbai: Marg Publications: 80-88.

RATNAGAR S, 2000. The End of the Great Harappan Tradition. Heras Memorial Lectures 1998[M]. New Delhi: Manohar.

RATNAGAR S, 2001. Understanding Harappa. Civilization in the Greater Indus Valley[M]. New Delhi: Tulika.

RATNAGAR S, 2004. Trading Encounters. From the Euphrates to the Indus in the Bronze Age[M]. New Delhi: Oxford University Press.

SAMZUN A, SELLIER P, 1985. First Anthropological and Cultural Evidences for the Funerary Practices of the Chalcolithic Population of Mehrgarh, Pakistan[J]//SCHOTSMANS J, TADDEI M. South Asian Archaeology 1983. Naples: Istituto Universitario Orientale, Dipartimento di Studi Asiatici: 91-120.

SARIANIDI V,1996. Food-Producing and other Neolithic Communities in Khorasan and Transoxania: Eastern Iran, Soviet Central Asia and Afghanistan[J]//DANI A H,MASSON V M,

1993. History of Civilizations of Central Asia. 1. The Dawn of Civilization: Earliest Times to 700 BC. Paris: UNESCO: 109-126.

SHAFFER J G, 1978. Prehistoric Baluchistan[M]. New Delhi: B. R. Publishing Corporation.

SHARIF M, THAPAR B K, 1976. Food-producing Communities in Pakistan and Northern India[J]//DANI A H,MASSON V M. History of Civilizations of Central Asia. 1. The Dawn of Civilization: Earliest Times to 700 BC. Paris: UNESCO: 127-152.

SHINDE V, 1998. Pre-Harappan Padri Culture in Saurashtra: The Recent Discovery[J]. South Asian Studies, 14: 173-182.

STRINGER C, ANDREWS P, 2005. The Complete World of Human Evolution[M]. London: Thames and Hudson.

THAPAR B K, 1975. Kalibangan: A Harappan Metropolis beyond the Indus Valley[J]. Expedition, 17(2): 19-32//POSSEHL G L, 1979. Ancient Cities of the Indus. New Delhi: Vikas Publishing House: 196-202.

THOMAS P K, 1975. Role of Animals in the Food Economy of the Mesolithic Culture of Western and Central India[M]//CLASON A T. Archaeozoological Studies. Amsterdam: North-Holland/Elsevier: 322-328.

TOSI M, SHAHMIRZADI S M, JOYENDA M A, 1976. The Bronze Age in Iran and Afghanistan[J]//DANI A H, MASSON V M. History of Civilizations of Central Asia. 1. The Dawn of Civilization: Earliest Times to 700 BC. Paris: UNESCO: 191-224.

UERPMANN H P, 1996. Animal Domestication: Accident or Intention?[J]//HARRIS D R. The Origins and Spread of Agriculture and Pastoralism in Eurasia. Washington, DC: Smithsonian Institution: 227-237.

VIDALE M, 1995. Early Beadmakers of the Indus Tradition. The Manufacturing Sequence of Talc Beads at Mehrgarh in the Fifth Millennium BC[J]. East and West, 45: 45-80.

ZOHARY D, HOPF M, 2000. Domestication of Plants in the Old World. The Origin and Spread of Cultivated Plants in West Asia, Europe and the Nile Valley[M]. 3rd ed. Oxford: Oxford University Press.

第 4 章 经济

生计类型

印度河文明的经济是以包括以瘤牛为主的畜牧业以及谷物、豆类等为主的耕地农业为基础的。此外，对鱼类等野生资源的开发也是其经济的重要补充。在印度河流域的不同环境中，游牧和农业的相对重要性有一定差异：在印度河、萨拉斯瓦蒂河及其支流和其他小河的山谷和平原，混合农业有很好的收成；俾路支省等地区的农业发展也有雨水和当地水资源的支持，有时需要借助灌溉。在一年中的某些时候，动物被带到古吉拉特邦、旁遮普邦广阔的季节性牧场和俾路支省的高地。沿海的遗址则利用贝类等海洋资源，贝类不仅可提供食物，还能提供制作装饰品的重要资源——贝壳。

印度河流域农业的考古证据非常不完整。植物遗存通常保存很差，遗存的完整度取决于当地的条件、植物的种类和运气。谷物种植的证据通过碳化谷物、茎和谷物在陶器和砖块上的印痕等形式保留下来，豆类保存也比较好，而根、块茎和许多水果、蔬菜由于缺乏硬质的部分，很难留下能被考古学发现的痕迹，因此其栽培的证据也罕见。这一问题因考古发掘中复原标准的不同和鉴定的问题而更加复杂。动物骨骼通常比植物遗存保存更好，在遗址中更容易被发现，但其也存在鉴定方面的问题，如众所周知的绵羊和山羊的区分，除此之外，权威动物考古学家理查德·梅多（Richard Meadow，1996：404）还注意到了绵羊、山羊与印度羚、瞪羚，牛、水牛和蓝牛羚的骨骼颇为相似。出于环境差异等原因，几处披露有较多经济方面资料的少数遗址不能看作是整个印度河文明的代表。因此，关于哈拉帕农业整体情况的信息是非常零碎的，是根据非常有限的资料拼凑起来的，并通过与该地区传统农业实践的比较得到补充。

成熟哈拉帕时期的农业，如同印度–伊朗边境地区更早的文化一样，以小麦、大麦、豆类、绵羊、山羊和牛为基础，与西部的伊朗高原、中亚南部和西亚地区的文化有着相同的作物和家畜种类，其中的大部分最初是在西亚驯化的。亚洲的每个地区都有其他当地动植物，特别是南亚的瘤牛。除南亚的芝麻和棉花等少数例外，从安纳托利亚到印度中部都实行秋播和春收的方式。在南亚被称为春收作物（rabi cultivation）。然而，大约在公元前二千纪早期，新增加了需要春夏季播种和秋季收获的主要作物，也即秋收作物（kharif cultivation）。秋收作物的种植奠定了次大陆大部分地区的农业模式，尽管春收作物在西北部仍占主导地位，在许多地区春收和秋收作物都有种植。

耕地农业

农作物

春收作物

小麦和大麦是春收的主要谷物。哈拉帕人种植有不同类型的小麦：小型的二粒小麦和单粒小麦，以及 3 种面包小麦，其中印度矮麦是成熟哈拉帕文明时期最常见的品种。在有些地方大麦比小麦更重要，如位于阿姆河流域的印度河文明的前哨肖图盖遗址和俾路支地区的米里·卡拉特遗址（Miri Qalat）。哈拉帕人种植了 3~4 种大麦，包括裸大麦和脱壳大麦。这一系列作物品种使他们能够利用适合耕种不同作物的各种土地。在古吉拉特邦的罗迪遗址中广泛收集有植物遗存，其中很少发现大麦，在 A 期（公元前 2500—前 2200 年）之后大麦也没有得到种植，而在卡奇平原，面包小麦比大麦更重要。燕麦出现在了公元前 4000 年左右的梅赫尔格尔遗址中，另外在皮拉克和晚哈拉帕期的胡拉斯遗址（Hulas）中也有发现。燕麦在早期的考古环境中通常被认作是一种入侵小麦和大麦的杂草，而不是人们有意种植的，这与其在南亚植物遗存中的零星出现相吻合。

在冬季人们还种植有许多其他作物，主要包括小扁豆（lentil）、豌豆或红豌豆

（field pea）、鹰嘴豆（chickpea）和亚麻，它们可能最初在西亚驯化。在卡利班甘、昌胡达罗和哈拉帕等遗址中发现了豌豆，在卡利班甘发现了鹰嘴豆，在纳沙罗和罗迪遗址发现了扁豆，不过在罗迪遗址没有发现豌豆，直到在晚哈拉帕时期的胡拉斯遗址才发现有以上 3 种豆类作物。鹰嘴豆在皮拉克也有发现。小扁豆和豌豆在肖图盖遗址也有种植。另一种可能来自西方的豆类是草豌豆（grasspea）。虽然这种作物的遗存在哈拉帕时期的许多遗址和晚哈拉帕时期的胡拉斯遗址都能见到，但其可能不是为了食用，因为大量食用会导致中毒。草豌豆在近代被当作饥荒的食物，可能是作为动物饲料而被种植的。

小米

在公元前 3000 年左右，印度河文明或同时期南亚的文化培育了一些本地谷物。在成熟哈拉帕时期古吉拉特邦的罗迪、奥利约·廷博（Oriyo Timbo）和巴巴·科特遗址（Babar Kot）普遍存在细柄黍（little millet），在约公元前 3000 年的哈拉帕遗址也有相关发现，罗迪遗址还种植有褐顶小米（browntop millet）。在苏尔科塔达和罗迪遗址也种植少量的狗尾草属（setaria sp.），其中可能有公元前 3000 年左右在印度南部被驯化的倒刺狗尾草（s. verticillata）、狐尾粟（bristley foxtail millet），或者是"s. pumila"、黄狐尾粟（yellow foxtail millet），这些都属于本地品种。粟（setaria italica）在晚哈拉帕时期为人所知，有人认为可能是当地驯化的，但其更有可能是被引进的。粟是中国的一种主要作物，在公元前 7000 年左右开始种植，在公元前 6000 年左右伊朗东南部的特佩·嘎斯·特维拉遗址（Tepe Gaz Tavila）也开始出现。另一种本土小米薏苡（Job's tears）的种子在哈拉帕遗址和同时期阿哈–巴纳斯文化的巴拉塔尔遗址有发现，它们都以珠子的形式出现，这是这些种子的常见用途。

黍（broomcorn millet）可能是在中亚南部（以及中国）驯化的，并可能通过肖图盖遗址到达印度河文明，在那里黍是一种重要的作物。黍的野生祖本存在于南亚，所以它也有可能是本地驯化的。在罗迪遗址发现了几种黍类植物，其中可能包括黍。这种小米于公元前二千纪初在南亚首次出现在皮拉克遗址。

在公元前二千纪初，一些起源于非洲的作物被引进到古吉拉特，并被纳入当地哈拉帕人种植的农作物范围。其中包括 3 种小米：高粱（jowar，*sorghum bicolor*）、珍珠粟（bagra，*pennisetum typhoides*）和鸭脚稗（ragi，*eleusine coracana*）。约从公元前 2500 年开始，成熟哈拉帕早期，在罗迪遗址发现了大量的鸭脚稗，在哈拉帕遗址的砖块和陶片中也发现了疑似鸭脚稗植硅体，但鸭脚稗出现在这么早的年代是不太可能的。对南亚植物考古深有研究的植物考古学家多里安·富勒（Dorian Fuller，2001，personal communication）警告说，一些人声称的鸭脚稗可能是对狗尾草属、光头稗（sawa millet，*echinochloa colona*）或褐顶小米等南亚本土小米的误判。在罗迪遗址也发现有大量的本地杂草牛筋草（*eleucine indica*）。后来在哈拉帕遗址的墓地 H 地层和东部晚哈拉帕时期的胡拉斯遗址中出现了鸭脚稗，富勒本人在印度南部的哈勒尔遗址（Hallur）中发现了一粒鸭脚稗，这可以追溯到约公元前 1800 年以后。

珍珠粟可能于公元前三千纪末出现在索拉什特拉的巴巴·科特遗址，随后出现在朗布尔遗址，并约在公元前 1800 年后到达印度南部。在公元前二千纪初，高粱是罗迪遗址的主要作物，在皮拉克遗址和晚哈拉帕时期的胡拉斯遗址中也发现有高粱。这些高产的非洲小米在古吉拉特邦出现的时间恰逢该地区遗址大量增加和耕地农业扩展至保湿土壤地区之际。约在公元前 2000 年以后，其他的本地小米，如鸭姆草（*paspalum scrobiculatum*）和光头稗也成为农作物的一种。

虽然证据非常不确定，但有可能在公元前 3000 年左右，一些非洲作物已经种植于阿曼（古马根），而高粱等非洲小米也可能开始种植于也门。这些作物被认为是从东非横跨红海再通过阿拉伯西南部传播过来的，这些地区在后来有密切的联系。不幸的是，这两个地区公元前 3000 年左右的考古发现极少，非洲这些作物最早发现的时间远远晚于其在其他地区出现的时间，尽管有更早的证据表明它们曾被当作野生植物来利用。这些植物也有可能是也门本地植物群的一部分，并在也门得到栽培。从阿拉伯西南部开始，驯化植物可能通过当地的交换网络，通过阿拉伯南部沿海地区，一直到达阿曼。另一种可能是，海员把这些作物当作船上的食物，回家时把剩余品作为新奇的物种送出，并用于实验性栽培。如果这些商品是通过有组织的海上贸易商运输的，这些商人可能来自阿曼或印度河。

水稻

水稻原产于南亚和东亚的部分地区，包括印度河流域和恒河流域。其栽培历史比较复杂，可能涉及许多不同的驯化中心。最近的遗传学证据证实，大米至少栽培于两个不同的地区，比如以东亚的多年生野生稻为祖本驯化出的短粒型粳稻和可能在南亚的几个地区以一年生野生稻为祖本驯化的长粒型籼稻，后者也传播到东南亚和中国。

水稻种植始于公元前 3000 年左右的恒河中游地区，印度东部在稍晚些时候也开始种植。东南亚种植水稻的文化与印度东部、孟加拉国和边境地区的居民有着密切的文化上的联系，二者共有绳纹陶器和独特的有肩石斧等器物。

水稻在古吉拉特邦多有发现，在洛塔尔和朗布尔遗址，人们在哈拉帕陶器上发现烧焦的稻谷壳、稻谷与稻叶的痕迹。内奥米·米勒（Naomi Miller）对这些痕迹进行了研究，发现它们不太可能反映出水稻种植的情况。相反，这里的水稻壳很可能是牛食用的野生植物之一，谷壳于是出现在牛的粪便中，而牛的粪便被用作燃料和陶器的掺合料。在哈拉帕的陶器和砖块中也发现了稻壳和植硅体。早在早哈拉帕时期，哈里亚纳邦（Haryana）的巴鲁遗址（Balu）和库纳尔遗址就为人所知。在斯瓦特，水稻出现在约公元前 2000 年以前的嘎利盖遗址，在晚科特·迪吉时期的陶片中也发现了水稻的痕迹。这些可能是驯化或野生水稻。到了公元前二千纪早期，印度河流域东部已经种植水稻。水稻是晚哈拉帕时期胡拉斯遗址的栽培作物之一，在那里，野生稻和栽培的籼稻都有发现。

公元前 6000 年左右，粳稻便在中国的长江流域得到种植，其种植范围从长江流域扩展到中国其他地区和东南亚地区。栽培水稻从中国北方传到了中国东北地区和朝鲜。水稻可能是从中国传入的，公元前二千纪上半叶，水稻开始种植于克什米尔的古夫克拉尔遗址（Gufkral）。水稻（显然是粳稻）是卡奇平原皮拉克遗址的主要作物，此遗址处在一个需要灌溉的干旱地区。

其他作物

南亚有许多当地驯化的豆类，如绿豆（green gram，*vigna radiata*）和黑豆（black gram，*vigna mungo*）在许多成熟哈拉帕时期遗址和同时期拉贾斯坦邦巴拉塔尔遗址都有栽种。硬皮豆（horsegram，*macrotyloma uniflorum*）在成熟哈拉帕时期在印度南部驯化，同时在晚哈拉帕时期的胡拉斯遗址中出现。在公元前二千纪初期，印度南部又增加了两种源自非洲的豆类：扁豆（hyacinth bean，*lablab purpureus*）和豇豆（cowpea，*vigna unguiculata*），后者在胡拉斯遗址也有种植。相比于印度河流域中心地带，豆类在古吉拉特邦等周边地区起到了更重要的作用。

哈拉帕时期很少发现其他栽培植物。但有证据表明，芥属植物（*brassica*）褐色芥菜（印度油菜）和葫芦（*gourd*）已有广泛种植，而秋葵（okras）在邻近的阿哈−巴纳斯文化的巴拉塔尔已有栽培。枣（ber，*zizyphus jujuba*）是一种可食用的红色核果，最早出现在梅赫尔格尔遗址，但当时可能多以采集而非种植为主。在之后的时期枣可能也主要是采集来的。瓜类在邻近的锡斯坦地区的沙赫里·索科塔遗址有种植，哈拉帕人可能也有栽培瓜类。其他可能在当地种植或采集的水果还有刺山柑、芒果和甘蔗。邻近地区可能也出产水果、蔬菜和坚果，如黄瓜、开心果、杏仁和核桃，这些都是在更远的西部地区的遗址中发现的。胡拉斯遗址中还发现有核桃和菩提树（pipal tree，*ficus religiosa*）的果实。

枣是一种高热量的水果，四分之三都是糖，在梅赫尔格尔遗址早期就有出土。野生枣树生长在俾路支省，可能很早以前就开始人工种植。在纳沙罗和摩亨佐达罗遗址发现了许多枣核，这些枣核很可能被运到了印度河流域的一些没有种植枣树的地方。

公元前三千纪早期，卡奇平原以及邻近的俾路支省和锡斯坦都发现过葡萄。梅赫尔格尔和纳沙罗遗址以及后来的皮拉克遗址第一期中都发现了葡萄籽，阿富汗北部的肖图盖遗址也多有出土。

像大蒜、姜黄、生姜、孜然和桂皮这样的药草和香料也可能被种植或采集，但唯一的证据是俾路支省米里·卡拉特遗址出土的香菜（coriander）。

芝麻原产于南亚，可能是主要的油料作物，它在许多哈拉帕时期的遗址中都有发现，包括昌胡达罗、哈拉帕，以及同时期印度–伊朗边境地区的遗址，如米里·卡拉特遗址。公元前 2250—前 2200 年，芝麻在美索不达米亚出现，这大概是最初被哈拉帕商人带到那里的。蓖麻（castor）是另一种印度油籽，在晚哈拉帕时期胡拉斯遗址有种植。

纤维

油也可以从亚麻籽（linseed，*linum usitatissimum*）中获得，亚麻籽在米里·卡拉特和若干哈拉帕时期的遗址，如纳沙罗和罗迪中有发现。但也可能是为了得到亚麻纤维而种植亚麻的。同时期的伊朗高原先民利用亚麻纤维制作亚麻布，但在哈拉帕地区却没有发现亚麻制品。有证据表明，在摩亨佐达罗和哈拉帕可能有棉布，可能因为有棉纺织品的生产，使得哈拉帕人对亚麻不感兴趣。棉花可能在公元前 5000 年左右就已经在梅赫尔格尔遗址种植，尽管和亚麻一样，棉花也可能因为其种子富含油料而被种植。成熟哈拉帕时期，棉花生长在印度河流域和俾路支省。当地的槐蓝属（indigo）和姜黄（turmeric）等植物可能被用作染料，槐蓝属在罗迪遗址中有发现，摩亨佐达罗遗址出土的用茜草（madder）染红的布证实了茜草根的使用。

水和灌溉

灌溉工程

在俾路支省，冬季的稀疏降雨量无法满足在有限的适宜土壤上种植作物的需求。有时可从井和泉水中获得灌溉水，但其实在公元前三千纪初期甚至更早，该地区的居民已经开始堆筑小型堤坝，用于蓄积雨季后季节性溪流和小河里的水。例如在哈布河（Hab River）上游早期印度河时期的迪瓦纳遗址（Diwana），发现了一处用于蓄水的水坝，这些水可以根据需要被排放到农田里。在另一些情况下，水坝和沟渠将洪水引到带圩堤的田地里，使淤泥淤积，为农作物的生长提供了足够湿度的土壤。有一种水坝由一些修建于河床上的小型的墙组成，这样一些水就被引流到墙后的地里，沉积下肥沃的淤泥，由此形成小块田地。库利文化区（俾路支省南部）的遗址似乎总是与水坝有关，这个地区也有一些不稳定的夏季降雨。

在卡奇平原的边缘和信德省西部山麓地带，跟俾路支省一样，也修建了小型水坝，偶尔开小型沟渠，以储存和分配来自山间溪流和河流的季节性径流。这些溪河在 7 月和 8 月的流量最大，在 1 月和 2 月因为有限的冬季降雨也会形成小洪水，在作物生长季节提供了补充水源。有些溪河靠泉水补给，常年有少量的水流。

卡奇平原炎热干旱，那里的农业依赖有限的冬季降雨量、更大但并不稳定的季风降雨，以及博兰河、穆拉河和奈利河提供的水源。在这里，为了更好地利用水源，水坝和水渠是必要的，只有在这里的低地地区，才发现有灌溉渠道。

在阿富汗北部阿姆河和科克查河（Kokcha）交汇处的肖图盖遗址发现有水渠灌溉的证据，该遗址揭露出一条从科克查河引水的灌溉水渠。这可能表明印度河先民在这里居住时带来了水渠灌溉技术，然而邻近的土库曼斯坦南部分布着纳玛兹加文化，肖图盖人很可能从这里得到黍，该文化历史悠久的水渠灌溉经验也可能启发了肖图盖人应用这种技术。

水供应

不像印度–伊朗边境地区的山区和山麓丘陵，几乎没有证据表明在印度河流域的大部分地区曾使用了或需要修建大规模的灌溉工程。有地下水、河流、湖泊、小溪，尤其是洪水，就已足够了。

在信德省，印度河的洪水主要来自 7、8 月，在整个夏季为秋收作物提供了水源，而春收作物则依靠保留在溪流、河道、湖泊和季节性湖泊里的水源，辅以 1 月或 2 月从俾路支省山脉流下来的溪河。印度河平原有许多适合农业发展的地区。季节性湖泊和牛轭湖的边缘地区为年复一年的农业提供很好的条件，其中牛轭湖是由印度河蜿蜒的河道废弃后形成的。河流活跃的河漫滩也提供了极好的耕地，其肥力因每年洪水沉积的淤泥而得到恢复，最靠近河流的粗质沉积物营养最丰富。有着较厚沉积物的小块土地反映了洪水冲出来的河道的变迁：这些河道可提供极好的耕地，不需要犁田便可耕种。在信德省西部，在洪水期间牛轭湖会淹没一大片地区，洪水退去后留下肥沃的土壤，非常适合耕种，这块地区面积约 8000 公顷（约 800 万平方米）。虽然信德省印度河流域的生产力很高，但并不稳定。大约每 4 年就有 1 年会出现不正常的高水位或低水位，洪水漫延也并不均匀，这取决于洪水在什么地方冲破河岸，除此之外河道还经常变迁。这种高但不可预测的生产力促成了储存行为和相关设施的发展。

在旁遮普更靠北的地区，农业只能在山谷间的冲积土层中发展，这些冲积区每年都被 5 条河流淹没，而在它们之间是大片未经开垦的高地。该地区，尤其是西部地区，夏季有季风降雨，冬季有部分降雨。旁遮普东南地区处于古萨拉斯瓦蒂水系的东部，这里主要是农田，众多的季节性河道和夏季季风带来的降雨为其提供了大量水源。尽管如今众多的河流和小溪只在上游有季节性水流，到了更远的西部就干涸了，但在印度河时期，这条水系有水量更大，至少可以流到乔利斯坦德拉瓦堡地区，大的河道中常年有水。沿着萨拉斯瓦蒂河支流的密集聚落表明，萨拉斯瓦蒂河是哈拉帕地区遗址最密集的地区之一，晚哈拉帕时期萨拉斯瓦蒂河水系所携带水量逐渐减少，对周边地区造成了很大的影响。农业的发展依靠河流的洪水及其冲积物，由于这些河流的水源来自西瓦利克山脉，而不是喜马拉雅山脉，所以水量比印度河及其支流要少得多，相应地，洪水的猛烈程度也要低得多。在乔利斯坦，农业用水也可以从在河谷高水位处开挖浅井获得，夏季和冬季也有一定的降雨量。

与高地不同，印度河平原似乎并不需要复杂的灌溉系统，因为农业聚落局限分布于河边，简单的供水手段就已足够。在印度河流域的某些地区，特别是信德省，人们可能会挖掘一些小沟渠，以便把季节性湖泊或溪流里的水引入田里，并从沼泽地区排掉多余的水。灌溉和排水渠道的暂未发现，并不意味着其不存在。每年的冲积物填满了平原表面，包括人工渠道的坑洼之地，而洪水分布的不可预测性意味着田地的位置经常会改变。这些因素导致人们每年都需要开挖新的沟渠，而不是清理旧沟渠，这同时也使营建灌溉总渠的做法不可取。关于这些渠道的任何残迹现在都深埋在 4000 年的冲积层下。

古吉拉特邦的大多数哈拉帕农业聚落都位于索拉什特拉地区。在成熟哈拉帕时期，遗址都局限分布于河流和小溪边，特别是在纳尔洼地，在冬季的几个月里一直保留有洪水时期储存下来的水。只有在晚哈拉帕时期，农耕聚落才会蔓延到索拉什特拉邦其他的湿性黑棉土地区，那里的作物可以依靠夏季季风降雨。在此时期，该区域的遗址数量至少增加了4倍。喀奇位于索拉什特拉的北面，是印度河时期的一座岛屿。今天，含盐的地下水和稀少的降雨不利于农业的发展，但在印度河时代，当大量的河水流入兰恩地区时，地下水可能是淡水，也可以通过挖井实现灌溉。

水井和水库也为兰恩地区卡迪尔岛（Khadir）上的朵拉维拉人提供了水源。水井可以为农作物的生长提供充足的水，通过水井取水是一项费力的工作，需要相当多的畜力，在夏季容易发生洪水的地区，只需要开挖浅井就可到达水位线。阿拉迪诺遗址的一处石砌水井可能是用于灌溉的，它建在地势较高处，水可以从那里流入农田。印度河流域城镇的水井表明，哈拉帕人在挖井方面具有高超的水平。在中部地区、信德省、印度河-恒河交界地区，也许还有萨拉斯瓦蒂西部，洪水淹没了许多洼地（季节性湖泊），这些洼地在几个月的时间里可充当水库的作用，用来引水灌溉。许多洼地可以持续储水到12月，有些甚至可以到2月。印度河流域的人们可能使用提升装置，如桔槔（shadoof），从溪流和河道里获取灌溉用水。在摩亨佐达罗出土的一件印度河时期陶器碎片上，刻画了类似装置的图案，桔槔为简单的T形结构，包括一根竖杆和一根横杆，一边是桶，另一边是平衡锤。

农业

春收作物和秋收作物

印度-伊朗边境地区的早期农业包括一系列农作物——小麦、大麦、豌豆、扁豆、鹰嘴豆和亚麻，这些都是在11月或12月播种，来年4月或5月收获，属春收作物。春收作物需要较低的冬季温度，春季的温度足以使它们成熟。这些作物是由农业殖民者引入印度河流域的。棉花可能是个例外，其开发和种植有几千年历史。棉花现在是作为夏季作物（秋收作物）种植的，在6月播种，11月开始收获。尽管冬天的霜冻抑制了棉花生长，但不会将其冻死，棉花因此也可作为多年生灌木种植于活跃的河流平原的边缘，这应该也是哈拉帕时期的种植方式。枣是一种野生水果，自梅赫尔格尔早期以来一直被开发或种植，可以在冬季的任何时候（10月至来年2月）采摘。

据推测，最初大印度河地区的农业定居者调整了传统的春收作物栽培以适应印度河流域的条件，特别是这里有更丰富的水资源和更广阔的耕地。但过了一段时间后，他们也开始利用该地区的其他本地植物。栽培这些植物的尝试，可能反映了其中有相当数量的人是原来生活在本地的狩猎采集者的后代，他们对这些植物早已熟识。成熟哈拉帕时期，古吉拉特开始种植当地的细柄黍，这种作物能被当作春收作物来种植[就像今天泰米尔纳德邦（Tamilnadu）中的做法一样]，因此可能最初就已被纳入春收作物范畴。

细柄黍也可以在雨季早期（大约6月或7月）种植，10月收获。印度河流域的哈拉帕人应该已经意识到，许多其他本地作物的生长需要夏季的温度，成熟则需要秋季缩短的白天。这些作物可利用夏季洪水和季风降雨提供的水，后者在古吉拉特邦尤为重要。在成熟哈拉帕时期，也许是在其早期，一些本地作物已有种植；到约公元前2000年，这些本地植物包括狗尾草属、褐顶小米、绿豆和黑豆、芝麻，可能还有粟、黍和水稻。除了这些本地的秋收作物之外，还有一些外来作物，如来自非洲的高粱、珍珠粟、鸭脚稗、扁豆、豇豆，还有可能来自东部和北部的水稻、粟、黍。南印度培育的一些南亚的小米和秋收的豆类，也可能推动哈拉帕地区逐步采纳秋收作物。

高粱、鸭脚稗和珍珠粟的引进以及当地驯化或引进的水稻改变了次大陆的种植模式。与本地小米相比，这些作物作为主食在很长时间内发挥了重要作用。人们第一次有了小麦和大麦的真正替代品。罗迪遗址在不同时期流行不同种类的小米，在第一期（罗迪A期，公元前2500—前2200年）放弃了大麦种植，可能通过一段时间的实验，适合当地条件的农业模式逐渐取代了普遍采纳的西亚作物组合。这个转变对古吉拉特的影响比对印度河流域的影响要小。在哈拉帕3C期（约公元前2200—前1900年），由单纯的春收作物向以春收为主、辅以部分秋收作物的转变发生了。到晚哈拉帕时期，在一些先前定居的地区（如古吉拉特邦），各类当地作物与春收和秋收作物的混种得到了很好的发展，而在卡奇平原等地区和新开发的地区（如德干地区和恒河–亚穆纳交汇地区）仍延续了原有传统。气候变化可能在这种演变中起了作用，比如在公元前2200—前1900年期间，人们认为降雨量相比之前有所减少。

　　秋收作物的增加带来了许多好处。如其提供了一种减少印度河地区耕作风险的方法，因为该地区的产量一般都比较高，但由于干旱、过度的洪水或河流改道，作物歉收的风险一直存在。因此，在春季收成不好的情况下种植夏季作物可防止粮食短缺。大多数小米耐干旱，生长迅速，非常适合在较贫瘠的土壤和高温下种植，特别适合在古吉拉特生长，而水稻可以适应别的作物无法生存的潮湿地区。新作物增加了饮食的多样性。秋收作物使两熟制成为可能，一年内可以从土地上收获两种作物。除此之外，也有另一种不那么费力的选择，即实行轮种制，这种方式是在作物种植间歇期休耕。双季种植为提高农业生产力提供了巨大的潜力，一些学者认为这是成熟哈拉帕后期农业的基本特征。公元前二千纪初期卡奇平原人口的增长与谷物、豆类等春收作物以及稻谷、高粱等秋收作物的混合种植有关。

　　秋收作物应用到哈拉帕农业系统有很大的优势，并对其产生了深远的影响。西亚作物非常适合其最初生长的次大陆西北部地区，且今天仍然是该地区的主要作物，而秋收作物则更适合在南亚其他地区种植。小麦和大麦则被引入了印度次大陆的大部分地区，如约公元前 1800 年之前出现在南印度的新石器文化遗址中，但这些地区的当地作物和引进的秋收作物才是其主要作物。小米成为古吉拉特邦、德干和南部地区的主要作物，比如晚哈拉帕时期在古吉拉特邦北部平原和索拉什特拉以前未开垦的保水黑棉土上出现了许多新遗址，这里非常适合种植依靠夏季雨水生长的小米。

　　与小米不同，水稻在整个生长季节都需要大量的水。它可以被种植在自然水淹的地区，长期蓄水的带田埂的地里（湿稻种植），还可以被种植在夏季雨水充足的地区（旱稻种植）。夏季降雨与夏季季节性溪流、周围山区的河流为作物提供了主要的水源，这些溪流和河流通常通过简易的水坝蓄积起来。这两种水源使在卡奇平原上种植水稻成为可能，水稻因此成为后哈拉帕时期皮拉克遗址的主要作物。卡奇平原是大印度河流域唯一发现灌溉证据的地区。此外，卡奇平原与俾路支省有着密切的联系，早在早印度河时期俾路支省就建有用于蓄水的小型水坝。该地区的农民在灌溉方面很有经验，因此易于接纳水稻种植。在皮拉克遗址旁边修建有一条渠道，显示出该地区灌溉技术的延续。

水稻作为作物种植的证据在整个印度河地区是有限的，尽管哈拉帕遗址可能有水稻种植的痕迹。水稻可以种植在河谷和洪水之后洼地里形成的季节性湖泊边。曼查尔湖的边缘地区，像今天一样，为水稻种植提供了理想的条件。在恒河-亚穆纳交汇地区和东部地区，夏季季风降雨量充足，为种植水稻提供了充足的水源，该地区晚哈拉帕时期胡拉斯等遗址种植了水稻，这也推动了公元前 1000 年左右农业聚落向恒河流域的扩散。

农田地面处理和工具

印度河农业活动唯一直接的证据来自卡利班甘遗址（属早哈拉帕时期）和肖图盖的犁耕地。卡利班甘的田块面积约 140 平方米，采用的是用直角犁从两个方向犁地的方式，这种做法在该地区仍在使用。在现代，人们先朝一个方向犁出密密麻麻的条带田块并播种硬皮豆，再以直角犁在第一道犁沟中犁出更宽间距的条带并播种芥菜种子。这与卡利班甘的耕作方式一致，先犁出 30 厘米间距的犁沟，然后再犁出 1.9 米间距的犁沟。从出土亚麻籽的数量来看，肖图盖的小田块可能用于种植亚麻。

在巴纳瓦利发现的一件红陶犁模型，使我们能初步了解哈拉帕时期犁的形态。当时的犁有一个窄而尖的部分来破开地面，还有一根弯曲的轴用于牵拉。通过模型无法得出原模型的尺寸，因此，它可能较小，可以由一个人来操作，但更有可能从轴上连接牛轭，由两头牛来牵拉。

犁地可能主要在永久耕作区进行，如信德省的印度河和萨拉斯瓦蒂河洪泛区以外的部分。随着洪水从印度河泛滥平原和季节性湖泊（如曼查尔湖）边缘消退，新的淤泥沉积暴露出来，人们不需要提前做任何准备，可以直接播种。古吉拉特邦用于秋收作物种植的黑棉土也不需要犁地。在旱季，土地中形成的深深的裂缝充分翻松了土壤，地表吸收夏季雨水后膨胀，裂缝自动封闭，新的可耕种的地表便形成了，人们只需在播种前把地耙松即可。目前还没有发现印度耙，但印度河图符中的一条垂直线与一系列较短的直线组成的符号可能表示耙。

相比于挖掘棒和锄头等手工工具，使用犁可以完成更大面积的耕地，而且还可以使用畜力牵引犁，这减少了处理地表时人力的投入。勒德纳吉里（Ratnagari，2001）认为，相比于实现高生产率，印度河时期的农民更希望确保稳定性，即最小化风险，而不是最大化产量。但利用畜力能提高农业效率，从而获得更高的生产率，产生盈余，使社区的一些部门能够从事兼职或全职的非农业活动，如手工生产和贸易。如果种子是精心播种而不是撒播的话，产量会更高。卡利班甘犁出的纵横交错的犁沟需要人们小心地沿着犁沟播种，以保持田间生长的两种作物之间有明显分隔。这表明，早在印度河时代，人们就开始播种而不是撒播。美索不达米亚使用的带种子漏斗的犁，所用种子的数量比撒播时要少一半以上，且播种和收获的种子的比例可能高达 1∶15。

除了犁，人们对哈拉帕人使用的农业工具和耕作技术知之甚少。在卡利班甘遗址的一块陶片上发现的石膏晶体可能曾被用作肥料。收获工具可能是燧石刀或有燧石刃的镰刀。在卡奇平原的一些遗址中，早期的镰刀以燧石制成，可能是用沥青固定在木柄上。公元前 4000 年左右梅赫尔格尔遗址中发现的细石器仅此一种，并且沿用到后哈拉帕时期，皮拉克遗址中就有相关发现。富勒（Fuller，2001）表明，罗迪和哈拉帕遗址植物品种的变化可能反映了作物加工方式的变化，在哈拉帕时期有某种程度上的集中脱粒和簸扬，只储存加工好的谷物，而在晚哈拉帕时期是全谷物储存，只有在需要的时候才进行加工。这一观点得到了韦伯（Weber，2001）的支持。

家畜饲养

动物在印度河农业中发挥了重要作用。当时的家畜主要是牛，但也有绵羊、山羊等，它们的相对重要性与当地环境条件等因素有关。

饲养牲畜是防止作物歉收的有效手段。在丰年，当作物产量高时，牧草长势一般也较好，饲养的动物数量将会增加，如果牧草不足，多余的农产品可以作为饲料。在荒年牧草有限时，多的家畜可以用来吃或换取别的食物，如与牧民交易，或把家畜作为礼物送给其他地区的亲戚以获得相应的回礼，或许也可以通过交换家畜获得权威人士储存的粮食，尽管中心仓库的证据有限且可疑。

现在的小米既可以用作饲料，也可以为人所食用。哈拉帕时期家畜的饲料需求可能在很大程度上通过以下方法得到满足，如在耕地以外地区的自然植被上放牧，或把它们带到季节性牧场，但饲料作物也可能发挥了一些作用。来自古吉拉特邦洛塔尔遗址最新的哈拉帕时期的木炭证据表明，当地的环境在恶化，这可能意味着牧草的减少。此外，可能需要为用于耕田的牛提供饲料，尤其是在耕作季节。在美索不达米亚，多达十分之一的作物可以用来充当耕畜，不过如果像一些南亚的村庄一样，一组犁田的畜力可以为整个村庄服务的话这个实际数量可能会小点。

牛类

牛

牛是印度河流域农民的主要家畜，其骨骼在古吉拉特邦印度河时期遗址中比重占一半甚至四分之三，在其他遗址通常也占一半。这种模式一直延续到今天，南亚是现在世界上牲畜密度最高的地区 [每平方英里（约 2.6 平方公里）182 头]。人们饲养奶牛可能是为了产奶，饲养阉牛是为了拉犁、拉车、脱粒和引水，饲养公牛则是为了繁殖，一头公牛就足以为全村的奶牛配种。印度河时期遗址发现的骨骼表明，许多牛也被宰杀吃肉，它们带有屠宰且经常有火烧的痕迹。值得强调的是，从牛或牛身上获得的肉量比从绵羊或山羊身上获得的肉量要大得多，在动物骨骼中牛的数量占比约为 50%，这意味着肉食大部分来自牛。牛粪可能用作燃料，并掺杂在泥土中用于建造木骨泥墙。

瘤牛和欧洲普通牛（ *bos taurus* ）可能都有饲养，因为在印度河文明时期和更早、更晚的时期都曾出土过这两类牛的小雕像。区分这些物种的骨骼是困难的，不过卡洛琳娜·格里格森（Caroline Grigson，1984）研究了哈拉帕遗址出土的动物骨骼后，认为当时只存在瘤牛。据研究，公元前 3000 年左右南亚可能有许多不同品种的牛，包括较小和较大的品种。印章上描绘的短角牛可能是无峰公牛，也可能是印度野牛。

在印章上经常出现的独角兽也常常被认为是一种牛科动物，也许是通过某种在近东很常见的艺术表现手法将有两个角的牛科动物表现成只有一个角的无峰公牛。这也可能是一种虚构的复合动物，因为也发现有独角兽的雕像，而印章上的独角兽有与任何已知的牛科动物都不相符的个体特征，如非常长的角和突出的耳朵。又或者，它可能是对异域的（如近东）无峰公牛的模仿，如果是这种情况，则可为无峰公牛未被发现于印度河文明提供证据。

许多陶质双牛牵拉的车模型的发现生动地表现了用牛作牵引的做法。牛还可以用来拉犁，并可能帮助从井里打水灌溉。在纳沙罗遗址中发现有牛轭模型。牛还可用于打谷和运输。

虽然很可能有牛奶的出现，但从同时期的文化中还没有发现相关证据。在美索不达米亚，有挤牛奶的艺术表现和与牛奶、奶制品相关的文字记载；在欧洲，出土了用于挤奶和加工奶酪的容器，以及偶尔使用的吹入器（一种用于向动物阴道或直肠内吹气以刺激产奶的管子）。研究史前遗址中牛和山羊的年龄和性别结构可以反映人们饲养这些动物的目的（牛奶、肉类等），但据我所知，关于印度河家畜饲养的此类研究还没有开展。

野牛

另一种可能被哈拉帕人利用的牛是印度野牛。印度野牛现在栖息在印度半岛的丘陵地区，但史前时期可能也存在于古吉拉特邦、拉贾斯坦邦甚至印度河流域。印度河时期遗址的骨骼中还没有发现印度野牛，但是在不少印章中有短角的、带有印度野牛特征性肩脊的野牛形象。

水牛

水牛（*bubalus bubalis*）可能已经驯化，因为在很早的遗址，如雷赫曼·德里和梅赫尔格尔第一期中就发现有水牛骨骼，在阿哈−巴纳斯文化的阿哈遗址中也有出土。在成熟印度河时期的巴拉克特和朵拉维拉等遗址中，都发现了特征明显的家养水牛的骨骼。然而，野生水牛也可能是猎杀而来的。出现在印度河印章上的水牛的形象，可能是野生水牛。水牛奶比乳牛奶产量更高，含有更高的乳脂，所以很可能用于制作酥油。

与牛不同的是，驯化的水牛通常被饲养在村子里或附近，而不是带到其他地方进行季节性放牧或运货。它们需要每天接触水（河流水牛）或泥（沼泽水牛，巴拉克特遗址发现这类水牛）来保持皮肤湿润。

山羊

虽然牛是哈拉帕人主要的家畜，但农民也畜养山羊和绵羊。羊也是城市和城镇居民饲养的为数不多的牲畜之一。专业的牧民可能在某些地区饲养大量的绵羊和山羊。

与许多物种一样，随着驯化的深入，与野生祖先相比，绵羊的体型也在不断缩小。小型绵羊的饲养一直延续到印度河时代，在朵拉维拉、纳沙罗和西布里遗址都有发现，而在公元前2000年左右的卡奇平原遗址里也仍能发现。哈拉帕遗址出土了体型更大的家羊，这可能表明先民会进行选择性繁殖以得到更大体型的羊。哈拉帕遗址中绵羊的数量要远远多于山羊，这是许多社区的通常做法，因为山羊不太容易驾驭，不过绵羊群里通常会有少量的山羊，据说这样可以帮助绵羊安静下来，也可以帮助带领羊群前往牧场。但山羊有一个优势，即它们的食物范围更大，可以适应更具挑战性的地形。在朵拉维拉和纳沙罗这类地处相对干旱环境中的遗址，绵羊和山羊的比例更均等，原因可能在此。

饲养绵羊和山羊是为了获得羊肉，也可能是为了获得羊奶。通常认为养羊也是为了获得羊毛，但还没有直接的证据证明这一点。野生绵羊毛是一种短的底毛，用于过冬，春季脱落。为获得长羊毛而饲养的绵羊在公元前4000年左右出现在近东，并在公元前3000年左右传播到欧洲。这些羊也在春天脱毛，可以通过梳理获得羊毛或直接拔下，也可以在脱毛后收集。在美索不达米亚，从公元前四千纪晚期开始就有关于绵羊和羊毛纺织品的图像和文献证据。在欧洲，除了保存下来的非常罕见的纺织品外，还发现其他一些证据，如能从羊身上获取羊毛的梳子、用于纺羊毛的纺轮、羊的年龄和性别结构的变化（成年羊数量增加，其中通常包括阉割过的公羊可提供最优质和最丰富的羊毛）和羊的比例在饲养的家畜中的大幅增加等。据我所知，在印度河流域，这些方面都没有被积极探索过，所以这个问题仍然悬而未决。但也许有意义的是，梅赫尔格尔遗址的发掘者认为，在印度河文明之前，皮革是制作服装的主要材料，这表明在哈拉帕时期之前，羊毛和棉花都没有被用于制作纺织品。对巴拉克特动物骨骼的详细分析表明，大多数雄性绵羊在很小的时候就被宰杀了，这一模式表明饲养绵羊是为了获得肉食，而不是为了羊毛。朵拉维拉也有类似的情况，那里有相当比例的山羊在成熟之前或成熟之际被宰杀。尽管动物考古报告没有按照性别和年龄来划分，但很可能这些成年羊（总数的 40%）都是母羊。此外，印度河和美索不达米亚之间的贸易似乎总是不平衡的，印度河缺乏进口的物品，进口量与其出口量不匹配。如果哈拉帕人自己不生产羊毛，那么美索不达米亚规模化生产并广泛出口的羊毛纺织品很可能是哈拉帕人高度珍视的一种商品。另一个可能有意义的线索是在公元 2000 年左右的德干地区尼瓦萨遗址（Nevasa）中发现的用来串珠的线，是用棉花、丝绸和亚麻而不是羊毛制成。巴伯（Barber）是研究史前纺织品的专家，他把南亚置于公元前 3000 年左右羊毛用于纺织品的地区。

畜牧业

数千年来，高原和低地地区一直通过牧民的季节性迁徙联系在一起，他们赶着牛羊在夏季和冬季的牧场之间迁徙。牧民们也在印度河流域内部流动，在高地和季节性草地上放牧。关于印度河时期遗址分布的研究表明，有些地区中分布了大量的城镇和村庄遗址，其间被大片空地隔开，尽管进行了密集的考古调查，但很少或根本没有发现遗址。牧民或狩猎采集者在这片土地上迁徙和放牧动物的同时，提供了维系文明的重要纽带。旁遮普分水区的地势较高处有很好的牧场，为居住于河谷的先民提供了放牧场所。在史前和近代，冬季会有大量来自邻近北部高地的动物来到这片牧场，但在整个印度河时期，北部边界地区和印度河地区之间的联系似乎很少。因此，生活在高地上的晚科特·迪吉文化的居民很可能把牲畜带到山西边的其他牧场放牧。夏季，从 3月到 10 月，在俾路支省南部库利文化区的草场可能仍然被印度河牧民占据，虽然大多数家畜夏季可能活跃于信德省东部，尤其是喀奇塔帕卡地区和兰恩大沼泽、索拉什特拉以及萨拉斯瓦蒂河谷西部的季节性草场。在卡奇平原、信德省、旁遮普省和古吉拉特邦冬季可以放牧。山区的居民会在家附近度过夏天，冬季则前往季节性草场，而大印度河地区的居民冬季在家附近放牧，春夏季节则迁徙到别的草场，迁徙的距离通常很短。

牧民可能来自不同的部落，在其他地区常常是这样，次大陆在现在有时也是如此。

在这些牧民和他们到达地区的定居农民之间存在着一种共生关系，他们可互相提供农产品。农民提供谷物、蔬菜、水果，以及收割后的作物残茬，而牧民提供肉类、皮革、绵羊毛、山羊毛，以及用于施肥的粪便和奶酪、酸奶等奶制品。类似的情况可能在哈拉帕时代就存在了。

印度河先民的祖先是在印度–伊朗边境地区进行季节性迁徙放牧的人群，他们有供至少社区部分成员全年居住的定居地，也有供社区部分成员居住的临时营地，在临时营地居住的可能往往只有通过季节性迁徙放牧牲畜的年轻人。这种情况下，定居农民和牧民属于同一家族。今天，大部分的牛是定居农民饲养的，而专业的牧民主要是饲养绵羊。现代瘤牛已经适应了牧草质量和数量方面明显的季节性变化，它们现在主要以未开垦荒地上的灌丛植被为生。在好年景里，村庄周围地区的牧草和水足够喂养牲畜，只有在坏年景里（可能5~6年发生一次），迁徙以寻找牧草和水是必需的。

很可能在印度河时期，专业的牧民和农民都会把一年中的部分时间花在转场放牧上。在后一种情况下，这些家畜属于农民，可以直接利用，把它们带到牧场的人会季节性地回到其定居的村庄。专业的牧民与定居的农民通过已形成传统的或谈判好的复杂方式，用牛奶、粪便等动物产品来交换谷物、牧草，也许还有手工业品。在实际中，这种区别很可能是模糊的，因为许多牧民可能有固定的基地，老人和带着年幼孩子的妇女全年居住于此，并种植一些农作物。定居的农民可能与牧民达成了协议，当牲畜需要带到远离定居地的季节性牧场时，牧民负责管理农民的部分牲畜。在美索不达米亚，这一制度得到了很好的发展，并延续至今。牧民可以获得一定比例的羊毛和羊羔作为报酬。除了个人或家庭之间的私人安排，美索不达米亚的牧民也与神庙或世俗政权签订这样的合同。难以捉摸的印度河流域的统治者可能使用了类似的方法来饲养大量的牛羊，因为在城市附近的牧场上无法饲养这些牛羊。

牧民聚落因为使用时间短而很难被发现，不过这方面已经有了一些进展。在索拉什特拉的尼萨迪遗址（Nesadi），牧民们冬季居住在地面经夯打的圆形小房屋内，就像他们今天的后继者一样。每年的这个时候，这个地区都有大量茂盛的牧草，这不仅为当地居民的家畜提供了饲料，还吸引了像鹿这样的野生动物，它们也成为牧民猎杀的对象。夏天，这个营地被季风带来的季节性洪水淹没，牧民们不得不搬迁到地势较高处。

古吉拉特邦晚哈拉帕时期的奥里约·廷博遗址可能也是一处牧民营地。这个遗址可能是季节性使用的，其主要经济策略是放牧牛、绵羊和山羊，但也可能进行一定的耕种。除灶以外，遗址内没有发现任何建筑遗迹，因此很可能牧民每年都建造临时房屋。居住地的主要遗物有磨光红陶片、磨盘和磨石。对牛和羊骨的分析表明，这些动物是在炎热季节（3—7月）被宰杀的，这暗示了这处营地在一年里哪些时间是有人居住的。

其他家畜

哈拉帕人还饲养了许多其他家畜，其中可能不包括家猪。野猪在整个印度河流域和邻近的低地都很常见，是哈拉帕人大宗猎物之一。

狗

许多哈拉帕时期遗址中发现了狗（*cams familiaris*）的骨骼，还有许多狗的雕像。从这些发现中可分辨出几个不同的品种，包括一种像牛头犬的矮胖型犬和一种像阿富汗猎犬的瘦长型犬，另有一种尖耳犬和有直立尾巴的犬。在一些雕像的脖子上可以看到项圈，这是它们作为家畜的重要特征。还有一种拴在柱子上的看门狗。

野犬（dhole）或称红狗（*cuon alpinus*，吉卜林《丛林故事》中家喻户晓的"红狗"），可能是被捕获的（成为孤儿的幼犬？），也可能是被驯化的。野犬原产于整个印度次大陆以及亚洲其他地区。野犬的骨骼在罗迪遗址已有发现，一头野犬可能被当作礼物（在文本中被称为贡品）送给苏美尔乌尔第三王朝（the Sumerian Ur Ⅲ，公元前2028—前2004年）的最后一位国王伊比辛（Ibbi-Sin）。狼也可能被驯化：在苏尔科塔达和洛塔尔遗址中发现了狼的骨骼。

猫

哈拉帕人可能已经饲养家猫（*fells catus*）。许多猫科动物都是本地的，包括家猫的祖先野猫（*fells lybica*）和体型更大的鱼猫（*fells viverrina*）。在昌胡达罗遗址的一块泥砖里发现了鱼猫留下的爪印，那是猫在被狗追赶时跑过去留在未干的泥砖上的。虽然猫可能不是被刻意驯化的，但它们经常与人类共同生活在农业聚落中，在那里它们可以捕捉以储存谷物为食的啮齿动物。在罗迪遗址发现了疑似家猫的骨骼。

鸟类

鸡（*gallus gallus*）可能是在南亚驯化的，其祖先是野生印度红原鸡，原产于恒河流域和大印度河流域的部分地区。但最近的基因研究表明，所有现代的家鸡都是泰国驯化的鸡的后代。不过一些基因变异表明可能也有其他鸟类的贡献，因此印度鸡仍然有可能是在当地驯化的。在哈拉帕的许多地方都发现了鸡骨，包括摩亨佐达罗和哈拉帕城址、东部的罗帕尔和卡利班甘遗址，西部的洛塔尔、罗迪和苏尔科塔达遗址。

哈拉帕人还捕捉各种鸟类。现在巴基斯坦班努盆地的人会捕捉鹤作为宠物饲养，在塔拉齐·齐拉（Taraqai Qila）等遗址中的公元前 4000 年左右的陶片上发现了鹤的形象，法利可汗博士（Dr. Fandkha，1991）初步解释，那里发现的带孔石头可能是用于捕捉鸟类的流星锤的一个组成部分，这种做法可能在古代就有了。这是一个富有想象力但并非不可能的解释。

孔雀是哈拉帕遗址和墓地 H 陶器组合上常见的主题。这种漂亮的鸟原产于印度次大陆，生活在落叶林附近的水域。孔雀经常与人类共生，它们会被吸引到耕地和聚落的边缘，在那里寻找昆虫和种子等食物。人们只在罗迪遗址发现了孔雀骨骼，但它们很可能被更广泛地捕捉，人们可能是为了得到它们的肉和羽毛。像鹤一样，它们也可能被当作宠物饲养。在美索不达米亚文本中提到的海亚鸟（haia bird）可能是孔雀。如果是的话，它们可能是印度河商人带到苏美尔的各种动物之一，也许是作为外交礼物。文本上写道：

> **愿你的鸟儿都是孔雀！愿它们的声音为王宫增辉！**（苏美尔文献 2006，229~230 行）

哈拉帕遗址的一件红陶雕像描绘了一个人抱着一只鸭子的场景，鸭子上装饰着来自摩亨佐达罗的象牙游戏棋子。还有一个印度河的图符，描绘了一只位于圆圈（可能是池塘）内的鸭子。哈拉帕人饲养鸭子是有可能的，尽管他们捕捉野鸭的可能性更大。

野兔

野兔在印度河地区很常见，可能被当作儿童的宠物饲养，但它们也能提供肉。也发现过野兔的红陶雕像，这个雕像通常作为一小群符号之一出现在铜版上。它们也出现在哈拉帕的微缩模型中。

猫鼬

印度灰猫鼬（*herpestes edzuardsi*）是另一种在许多遗址均有发现的动物，如摩亨佐达罗、哈拉帕、朗布尔、苏尔科塔达和昆塔西遗址。哈拉帕人可能饲养猫鼬以防止蛇的入侵。在公元前二千纪早期的巴林（迪尔蒙）也发现猫鼬的骨骼，它们可能是从印度河传入的。

大象

大印度河地区的动物群包括印度象（*elephas maximus*）。象牙已被哈拉帕人广泛使用。在摩亨佐达罗，象牙比骨骼更常用来制作手工艺品。从古吉拉特邦的洛塔尔和苏尔科塔达遗址，到信德省的摩亨佐达罗和昌胡达罗遗址，再到东部的哈拉帕和卡利班甘遗址，印度河地区的很多遗址中都发现了大象骨骼。尽管大象被捕猎可能是人们为了获取肉食，但骨骼研究表明，驯服的大象可能曾被用于劳役，如用来拖运木材。大象被驯服的进一步证据来自印章上有背上蒙着布的大象形象，以及额头上绘有图案的大象头泥像。在现代南亚，人们在节日里也会给大象用类似的装饰。

骆驼

双峰骆驼是在中亚南部驯化的，最初的用途是提供肉食和皮毛。雕像显示，在公元前三千纪中期，双峰骆驼被用来拉车和运货。在摩亨佐达罗发现了后城市化时期被鉴定为驯化骆驼的骨骼。同样在哈拉帕、苏尔科塔达、卡内瓦尔（Kanewal）、卡利班甘和罗迪遗址发现的骆驼骨骼都出自遗址的上层，而且都不可能早于公元前 2000 年。卡利班甘遗址的骆驼形象也证实了哈拉帕人对这种动物很熟悉，这并不奇怪，因为印度河文明的殖民地——肖图盖遗址就地处骆驼之乡。肖图盖遗址还出土了一件相当简洁的红陶骆驼雕像。在印度河文明时期，骆驼可能在本地意义不大，关于骆驼的艺术表现可能源于伊朗东部或土库曼斯坦的商人，在那里骆驼被普遍使用。在后城市时期的皮拉克遗址第一期，出土了约公元前 1700 年以后的骆驼骨骼和雕像。双峰骆驼在南亚没有广泛使用，并在公元前二千纪结束之际从该地区消失。阿拉伯骆驼最终成为重要的图案表现形式和驮畜，但年代要晚至公元前一千纪中期之后很久。

出自哈拉帕时期遗址的骨骼大多被鉴定为单峰阿拉伯骆驼。这是有问题的，因为约公元前 1000 年以前驯化的阿拉伯骆驼在阿拉伯以外没有被发现，因此有人对此鉴定结果表示怀疑。在阿曼的乌姆安–纳尔（Umm an-Nar）、雷斯加那达（Ra's Ghanada）和阿布拉克遗址（Tell Abraq）出土了大量单峰阿拉伯骆驼（几乎可以肯定是野生的）的骨骼，它们是制作工具的原材料。由于哈拉帕人与阿曼半岛上的人们有着密切的贸易关系，从被猎杀甚至圈养的单峰骆驼中获取的肉和骨骼有可能通过贸易到达印度河流域。有一半哈拉帕骆驼的骨骼集中在古吉拉特邦的遗址也可支持这一说法。

马科动物（Equids）

关于早期南亚是否存在驯化马具有相当大的争议，因为这与印度雅利安人的争论有关。据说，在哈拉帕的许多地方都发现了家马的骨骼。但著名的动物考古学家理查德·梅多（Richard Meadow）详细研究这些马科动物的骨骼后，确认其中没有家马，在印度和巴基斯坦哈拉帕和前哈拉帕时期出土的所有马科动物骨骼可能都属于中亚野驴（equus hemionus，也被称为草原驴）。这种野生马科动物原产于南亚北部，马的祖先普氏野马（e. przewalskii）则原产于从乌克兰到蒙古的大草原地区。从形态上看，这两种动物很相似，通常很难区分它们的骨骼。

尽管有人声称年幼的中亚野驴可以被驯化，但它们显然难以被驯服。中亚野驴可以提供肉和制作皮革的皮，这可能是在印度河遗址发现其骨骼的原因。

约公元前 4000 年，马在欧亚大草原的欧洲边缘得到驯化，最初人们可能是用来获取肉食。早在公元前 3000 年左右，哈萨克斯坦中就有驯养马匹的坚实证据。草原和相邻区域的证据表明，马被用于运输，尤其是作为役畜，由此马从草原传播到南部、东欧和亚洲部分地区，特别是在公元前 2100 年左右发明了用于牵拉的马车之后。骑马术大概开始于同一时期，但在公元前 1000 年左右发明马鞍和复杂的缰绳之前，骑马并不是一种有效的交通方式。马从里海北部的草原文化，经由土库曼斯坦、巴克特里亚，也许还有锡斯坦传入南亚。印度次大陆上最早驯养马的确凿证据来自皮拉克遗址，大大晚于成熟哈拉帕时期。该遗址的马骨和马雕像出现于第一期（公元前 1700 年左右），在第二期也发现了马骑士的雕像。马出现在南亚许多公元前二千纪和公元前一千纪早期的遗址中，遍布从北部犍陀罗墓葬文化到南部印度巨石文化地区。斯瓦特山谷伯科特·昆代遗址（Birkot Ghundai）出土的公元前 2000 年左右的陶片上，准确无误地描绘了马的形象，相比之下，没有发现哈拉帕人对马进行过描绘 [关于伪造马形象描绘的讨论，见威策尔和法梅尔（Witzel and Farmer，2000）]。

水产资源

令人沮丧的是，在大印度河地区的史前遗址中，详细的动物考古报告极少，这使得水产资源开发的历史模糊不清。虽然离博兰河很近，但在典型遗址梅赫尔格尔中，鱼的骨骼却很稀少，而且其他新石器时代遗址和印度–伊朗边境地区铜石并用时代遗址报告的遗存中没有发现有开发河流资源的传统。前哈拉帕和早哈拉帕时期，沿海地区的巴拉克特遗址中没有发现鱼骨，这表明定居于此的俾路支牧民对当地的海洋资源没有兴趣。与此形成对比的是，在梅赫尔格尔这样的内陆遗址，人们通过贸易网络可以得到海贝，这表明从早期开始沿海遗址就已开发海洋资源。同样，在印度次大陆生活的狩猎采集部落也经常捕鱼，宾贝特卡和印度中部等地区的岩画生动地展示了这一点。在伯格尔遗址的动物遗骸中发现有鱼骨，在拉维河流域哈克拉时期的贾利布尔遗址也发现有红陶网坠，表明这些地方曾有过捕鱼活动。古吉拉特邦的前哈拉帕和早哈拉帕人很可能已经开发了海洋资源，虽然没有动物考古报告，但帕德里和索姆纳特等遗址的沿海位置和朵拉维拉岛的海岛地势都暗示了这一点，而且在帕德里遗址中也发现了鱼钩。

大印度河地区早期沿河和沿海分布的遗址很可能已经开发了船只和其他开发海洋和淡水资源所需的技术。早哈拉帕农业定居者可能逐渐从土著社区获得了开发海洋、河流和湖泊的技能、知识和技术，到哈拉帕时期，捕鱼成为生业经济的一部分。如巴拉克特遗址的哈拉帕时期居民，与之前避开海洋的做法不同，发展了严重依赖海洋鱼类和贝类的经济方式。

鱼和渔业

哈拉帕人的一个重要的食物来源是鱼，哈拉帕时期遗址中发现了大量的鱼骨，并已进行过鉴定研究。有些骨骼属于2米甚至更长的鱼，捕鱼很可能是人们获得蛋白质的重要来源。在巴拉克特遗址，鱼骨占动物骨骼的一半左右。对沿海的巴拉克特遗址和拉维河流域内地处遥远内陆的哈拉帕遗址的动物群骨骼的详细研究，提供了有关当时海洋和淡水资源开发情况的补充资料。

巴拉克特遗址开发了大范围的海洋鱼类，包括安魂鲨（requiem shark）、黄貂鱼（stingray）、狼鲱鱼（wolf herring）、海鲷（sea bream）、鲻鱼（mullet）和鼓鱼（drum），村民们主要集中捕捉少数几种鱼类，特别是海鲶鱼（marine catfish）、马鲛鱼（mackerel）和各种石鲈鱼（grunt），其中石鲈鱼占捕获鱼类的90%左右。捕捞的鱼的种类随着季节的变化而变化，冬天很少有鱼，但在夏天和秋天会有很多鱼游到岸边产卵，这时捕捞起来就会很容易。石鲈鱼在冬天产卵，在巴拉克特遗址所在的松米亚尼湾浅水处，设置固定网即可捕获。在阿拉迪诺遗址也发现了类似的海洋鱼类，还有淡水鲶鱼（freshwater catfish）。哈拉帕人可能使用了与该地区现代渔民类似的技术，在靠近海岸的地方和更远的海上捕鱼，他们使用固定的渔网捕捉鱼类，尤其是大型鱼类，小型鱼类则使用撒网的方式，海底也会设置渔网来捕捉螃蟹等甲壳类动物。现代渔民还采取拖钓的方式，船牵拉着一系列鱼饵和鱼钩在海域里来回航行。

在南部的喀奇地区，可能也有捕鱼活动。就像今天，当潮水上涨时，利用潮汐陷阱（tidal traps）困住鱼类，当潮水退去后进行捕捉。对沿海聚落中贝类的种类和状况的分析，证实当时居民还通过渔船在近海捕鱼。

哈拉帕遗址的遗存表明，淡水鱼的种类比海洋鱼类更少。在这里主要捕捞的鱼类有 4 种鲶鱼，另外各种类型的鲤鱼、黑鱼和带刺的鳗鱼也很重要。哈拉帕的遗存分布情况表明，有些家庭消费了大量的鱼，而另一些家庭消费得很少。在博兰谷地纳沙罗遗址，鲤鱼和鲶鱼也属于被捕捞的鱼类。

印度河主河道河岸太过脆弱，水流也急，不适合捕鱼，但在水流缓慢的回水和小河道中可以捕捞鲤鱼和鲶鱼等，特别是在水流更缓慢的冬季和春季。萨拉斯瓦蒂河则平静得多，沿岸许多遗址的居民很可能会在河中捕鱼。用于灌溉或排水的沟渠中也可能有鱼。俾路支省的河流和小溪里也有鱼类可供捕捞。今天，库利文化区的哈布河在旱季形成的池塘中，也有着丰富的鱼类资源。捕鱼也是印度河流域的牛轭湖，尤其是曼查尔湖以及季节性湖泊的主要活动，其中季节性湖泊中的鱼类资源可由每年的洪水补充。然而，在洪水泛滥期间是无法开展捕捞活动的。

渔网是主要的捕鱼工具，可在支流、牛轭湖和湖泊中使用。网的底部缀有类似大珠子的红陶网坠，但由于其用绳子绑住固定在渔网边缘的，因此呈现出独特的磨损状态。从哈拉帕之类的大城市到卡内瓦尔之类的小村庄的许多印度河遗址中都有发现此类网坠。哈拉帕遗址的一块陶片上刻画了捕鱼的场景：一个人站在一群鱼中间，手里拿着一张或几张网，沿着场景的底部有一张大概围绕着一片水域的大网，鱼则被困在大网之内。

在洪水过后的一段时间里，河水依然湍急，人们可以在主要河流沿岸的浅水区用鱼钩钓鱼。虽然简单的鱼钩在早期就已经开始被使用，但哈拉帕人可能发明了带刺鱼钩，这种鱼钩也有一个用于绑鱼线的圈状末端。在摩亨佐达罗、哈拉帕、帕德里和昌胡达罗遗址发现了铜鱼钩。索拉什特拉的帕德里遗址的一个体型异常的鱼钩表明，人们可以钓非常大的海鱼，可能还会使用大型船只。

巴拉克特遗址中鱼骨上的切割痕迹表明，这些鱼是用刀切割的，很可能是用铜刀，而不是石刀。被切掉的鱼头，可能是用来煮汤或炖着吃的。阿拉迪诺遗址几乎没有椎骨之外的鱼骨，说明这些鱼在被非本地渔民带到现场之前已经被宰杀了，相反，在巴拉克特遗址发现的完整鱼骨则表明人们在这里捕捉和处理鱼。

鱼的保存

除了食用新鲜的鱼，鱼也可以晒干或用盐腌制，以便以后或在其他地方食用。在马克兰海岸巴拉克特遗址以西的小遗址普拉哈格（Prahag）中既有哈拉帕陶器也有当地陶器，在这处遗址中发现了大规模鱼类加工的证据。鳐鱼（skate）、杰克鱼（jack）、石鲈鱼、海鲶鱼、鼓鱼和小鲨鱼似乎都有捕获，这些可能是在船上用鱼钩钓到的。这些鱼被切开，鱼头和鱼尾，以及鳐鱼和鲨鱼的部分脊柱被去除，并可能通过以腌制或晒干的方式保存。

人们也捕获海豚，这个地区的人们也吃绵羊、山羊和瞪羚，他们也许把鱼干用于出口。哈拉帕遗址的海鲶鱼和杰克鱼的鱼骨表明，即使是在距离海岸850多公里远的内陆地区，腌鱼也可以送达。同样，尽管距海120公里，且地形复杂，地处俾路支省的米里·卡拉特遗址仍然发现有丰富的鲨鱼、海鲶鱼、鼓鱼、海鲷和杰克鱼的鱼骨，说明处理好的海鱼的贸易相当繁荣。在现代俾路支，鱼干不仅为人类所食用，也被当作动物的饲料。可能只有部分鱼类可以达到这样的分布范围。石鲈鱼是巴拉克特遗址的主要鱼类，在现代经常用盐腌制保存。

索拉什特拉帕德里遗址的发掘者瓦萨·辛德（Vasant Shinde）认为，这处遗址是哈拉帕时期的一个制盐村落。在现代，制盐是当地的产业之一，该遗址南部的平地在涨潮时被淹没，但有高高的天然屏障阻挡低潮水，非常适合用来制盐。这使得海水可以储存并在小块土地上蒸发，这个过程需要一周多一点的时间。辛德认为，在帕德里发现的那些制作精良、质地坚硬的无孔陶罐是用来运盐的。如果是这样的话，保存鱼类和其他肉类可能是这一手工业的主要目的之一。

软体动物

沿海遗址大量捕捞贝类。这些贝壳被加工成各种各样的物品，尤其是手镯，这可能也是人们收集贝壳的主要原因，可食用的软体动物是额外收获的。例如，在信德省的奥特玛约·布提遗址（Othmanjo Buthi）发现的乌贼壳（乌贼的"骨头"）可以用来制作打磨木材的工具，也可以研磨成粉末掺杂到陶土中。一些遗址可能是以开发海洋软体动物来制造贝壳制品的专业聚落，如索拉什特拉北部海岸的纳格斯瓦尔遗址。

这些贝壳能通过各种方式获得。纳格斯瓦尔遗址位于淡水湖边，且有很便利的路径进入喀奇湾所庇护的广阔浅水海湾内，从那里可以获得大量的印度铅螺（turbinella pyrum）和刺螺（chicoreus ramosus）。虽然从沿岸浅水中可以采集到这些贝类，但纳格斯瓦尔的渔民看起来更喜欢乘坐筏或小船进入更深的水域采集。近海获取的穿贝海绵处理起来比较费劲，深水域区则可获取一些更容易处理的贝类。在更靠北的地方，马克兰和信德沿海地区的巴拉克特等遗址的贝类采集者从潮间带的水塘和低潮时的浅水处获得一些贝类，如双壳紫文蛤（bivalve meretrix casta）。要获得其他种类的软体动物必须坐船到浅海礁石群附近的水中去采集。渔民可能会遇到海鳗、葡萄牙僧帽水母（Portuguese man-of-wars）等危险的水母、有毒的海蛇和鱼类。捕鱼和潜水寻找贝壳的活动可能主要在雨季前后（4—6月，10月至来年1月）进行。除了印度铅螺和刺螺，这些地区还出产瘤平顶蜘蛛螺（lambis truncata sebae）和四角细带螺（fasciolaria trapezium），这些均被用于生产手工业品，并在整个印度河流域流通，也有一些流通没那么广的品种，如蛤壳（tivela damaoides），巴拉克特遗址中有这类贝壳制成的手镯，本地人或者马克兰沿海地区的人均有佩戴，但没有传得更远。此外，在巴拉克特遗址，生活在红树林沼泽和半咸水中的泥海螺属（terebralia palustris）软体动物被大量采集，它们可能是一种主要的贝类食物，并不用于制作贝壳制品。

野生资源

印度河流域及其邻近地区的农业社区，除了从耕地农业和畜牧业中获得的食物外，还继续开发了一些野生资源，这种做法似乎在成熟哈拉帕时期有所增加。

动物

某种程度上来说，狩猎是农业的副产品，捕杀鸟类和食草动物是为了保护庄稼，捕杀食肉动物则是为了保护家畜，但猎物也可以成为食物中的重要组成部分。许多类型的猎物，如印度瞪羚和瞪羚、中亚野驴、野生绵羊（东方盘羊）、野生山羊（波斯野山羊、捻角山羊、北山羊）、印度羚等羚羊生活在丘陵地区，它们会到平原上的灌木丛和草地觅食，而水源丰沛地区的河岸和湖边是蓝牛羚、野猪、水牛、野牛、大象、印度白斑鹿、沼泽鹿等动物的乐园。在河流和湖泊中可以捕获许多种类的海龟、鳄鱼、海豚以及软体动物、鱼类。水边也有野禽，特别是在曼查尔湖和古吉拉特邦。还有些鸟类也能提供美味的肉食，如鹧鸪、野鸡、原鸡、松鸡和孔雀。甚至蜥蜴也可以抓来吃。

有些动物可能是被村民和城市居民猎杀的，但狩猎采集者也会带来猎物。尽管公元前 4000 年左右的农业定居者可能已经整合或取代了该地区原先的狩猎采集者，但狩猎采集群体在其他地方仍有保留。如印度河流域先民从未占据过古吉拉特邦北部的平原，这可能是因为那里的狩猎采集群体十分庞大。哈拉帕人与古吉拉特邦、拉贾斯坦邦和阿拉瓦利山等地区的狩猎采集群体进行贸易，从而获得了野生产品，包括那些狩猎采集群体在季节性迁徙中在偏远地区得到的产品。在一些现代印度社区，狩猎采集者被雇佣来保护作物和对付肉食性野生动物，他们在印度河时期也可能扮演这样的角色。在不同遗址表现出的动物群差异的背后，可能反映了不同的生活方式，例如，在古吉拉特邦的朗布尔和苏尔科塔达遗址发现的野生动物骨骼很少，但在同一地区的洛塔尔、朵拉维拉、卡内瓦尔和罗迪遗址却很常见。罗迪遗址的动物骨骼提供了一幅特别完整的画面，其居民消费的野生动物包括四角羚羊（chausingha）、豚鹿（hog deer）、印度白斑鹿、沼泽鹿、水鹿（sambar）、蓝牛羚、印度羚和印度瞪羚。卡内瓦尔遗址出土了类似的动物，朵拉维拉不仅有瞪羚、鹿、印度羚，还有中亚野驴和野兔。卡奇平原纳沙罗遗址的猎物包括印度瞪羚、野猪和中亚野驴，而在哈拉帕和摩亨佐达罗遗址，也有豚鹿、印度白斑鹿等鹿类。哈拉帕和巴拉克特遗址也有蓝牛羚。巴拉克特遗址还出土了瞪羚。鸟骨、海龟和陆龟（tortoise）在大多数哈拉帕遗址都很常见。

从野生动物身上也可以获得其他有价值的产品。捕杀某些猎物的目的可能是获得毛皮，用来制作衣服或者被子和地毯，如沙漠狐狸、豹、老虎和亚洲狮。在许多遗址发现了狼骨，在古吉拉特邦的几个遗址发现了豺骨，阿姆里遗址中发现了黑熊骨。鳄鱼皮也可能受到珍视。犀牛因其角和皮而被猎杀，大量遗址中均出土犀牛骨，如哈拉帕、纳沙罗、卡利班甘、洛塔尔、苏尔科塔达和卡内瓦尔遗址。捕杀大象是为了获取象牙，尽管可能也有一定数量的家养大象。野猪的长牙可作为象牙的替代品，鬃毛可用来制作精细的刷子，如用于陶器彩绘。豪猪的刺可以用来做穿刺工具，如针和锥。鹿角是制造工具和把手的优质原料，哈拉帕和摩亨佐达罗遗址利用克什米尔牡鹿（stag）和水鹿的鹿角，在摩亨佐达罗中也发现有印度白斑鹿和豚鹿的鹿角。

可食用的植物

野生植物也很重要，除了为家畜提供牧草外，有些植物，如藜属植物（*chenopodium*），无疑也可采集作为人类的食物。大约是人们在熟悉当地的植物群后，一些夏季生长的植物得以栽培，从而创新性地引进了秋收作物。通过这种方式，水稻、部分小米和豆类以及一些蔬菜很可能首先被纳入食谱，随后成为农作物的一部分。采集的对象有枣、杏仁、开心果等。有人认为，野生植物是在种植的作物无法满足社区的全部需要时才采集的，原因可能是收成不好，也可能是该地区人口增加。在罗迪遗址，大约四分之一的植物性食物是野生的，哈拉帕遗址也利用了十多种野生植物。野生和驯化植物之间的平衡很可能是区域性的。

木材

喜马拉雅山、俾路支和古吉拉特邦山区的森林，以及印度河流域水源充足的低地丛林，均可提供建筑材料和燃料，这些也是许多自用和出口的木材的来源。有用的物种包括分布广泛的印度黄檀、刺槐和红柳。印度黄檀在摩亨佐达罗遗址被用作屋顶梁，而刺槐在洛塔尔和朗布尔遗址有发现，被用来制造工具、家具和建造房屋，红柳的主要用途是作为燃料被使用，虽然它也可以被用来制造许多物件和建筑构件，这在朗布尔遗址可得到证实。在平原上和印度半岛上生长有红木（rosewood），哈拉帕遗址发现的一具棺材是用红木制作的，此外它还可以用来制作家具、工具和车轮。在东部的森林里也有婆罗双树。山上海拔较高处生长的树木有雪杉（deodar）和松树（pine），在哈拉帕和摩亨佐达罗遗址均有出土，它们被用于建筑等用途。这两种树，包括印度黄檀，都是带香气的木材。榆树（elm）也生长在高海拔地区，在哈拉帕遗址中被用来建造房子。另一种山地树种桦树（birch）没有得到证实，更晚时期被用作燃料，其树皮是一种重要的书写材料。柚木（teak）应用广泛，因为可以防水而特别适合造船。柚木生长在古吉拉特邦的高地，在该地区较低处，詹森草（sorghum halepensis）可以长出长达 5 米的坚韧管状茎，适合制造小型船只。黑檀木可以在西高止山的森林中找到，但在哈拉帕时期遗址却没有发现，尽管它可能在美索不达米亚文献中被认为是从印度河进口的（sulum meluhhi，梅卢哈的黑檀木，也可能是红木）。红树可能也有提及（kusabku meluhhie，梅卢哈的海上木头，或识别为柚木），这类树在西海岸有生长，可能用于造船和作为燃料被使用。本地果树包括枣树、杏树和开心果树。在哈拉帕，有一种用木制的被放在磨台上的臼，这是用枣木做的。在马克兰和哈拉帕遗址也能找到竹子。椰枣树生长在马克兰沿海地区和信德省，除了果实，它们还提供了木材，树叶可以用来制作篮子、垫子和屋顶，纤维可以用来做绳子和线。

参考文献

ALLCHIN B, 1984. The Harappan Environment[J]//LAL B B, GUPTA S P. Frontiers of the Indus Civilization. New Delhi: Books and Books: 445-454.

ALLCHIN B, ALLCHIN R, 1982. The Rise of Civilization in India and Pakistan[M]. Cambridge, UK: Cambridge University Press.

ANON, 2006a. Sorghum[EB/OL]. [2006-02-01]. Wikipedia. en.wikipedia.org/wild/sorghum.

ANON, 2006b. Pearl Millet[EB/OL]. [2006-02-01]. Wikipedia. en. wikipedia.org/wild/Pearl millet.

ANON, 2006c. Proso Millet[EB/OL]. [2006-02-01]. Wikipedia. en.wikipedia.org/wild/Proso-millet.

ANON, 2006d. Foxtail Millet[EB/OL]. [2006-02-01]. Wikipedia. en.wikipedia.org/wild/Foxtail_millet.

ANON, 2006e. Finger Millet[EB/OL]. [2006-02-01]. Wikipedia. en.wikipedia.org/wild/

Finger millet.

ANON, 2006f. Job's Tears[EB/OL]. [2006-02-01]. Wikipedia. en.wikipedia.org/wild/Job%27s-Tears.

ANTHONY D, 1998. Current Thoughts on the Domestication of the Horse in Asia[J]. South Asian Studies, 13: 315-318.

BARBER E J W, 1991. Prehistoric Textiles[M]. NJ: Princeton University Press.

BELCHER W R, 1993. Riverine and Marine Fish Resource Utilization of the Indus Valley Tradition[C]. Journal of Pakistan Archaeologists Forum, 2(I-II): 241-279.

BELCHER W R, 1994. Riverine Fisheries and Habitat Exploitation of the Indus Valley Tradition: An Example from Harappa, Pakistan[C]//PARPOLA A, KOSKIKALLIO P. South Asian Archaeology 1993. Helsinki: Suomalainen Tiedeakatemia: 71-80.

BELCHER W R, 1997. Marine and Riverine Resource Use during the Indus Valley Tradition: A Preliminary Comparison of Fish Remains from Balakot and Harappa[J]//RAYMOND, ALLCHIN B. South Asian Archaeology 1995. New Delhi: Oxford&IBH Publishing Co: 173-185.

BELCHER W R, 2005. A Baluchi Fishing Village[EB/OL]. [2000-04-24]. www.harappa.com/fisher/index.html. Accessed June 14, 2005.

BELLWOOD P, 2004. First Farmers. The Origins of Agricultural Societies[M]. Oxford: Blackwell Publishing.

BESENVAL R, DESSE J, 1995. Around or Lengthwise? Fish Cutting-up Areas on the Baluchi Coast (Pakistani Makran)[J]. The Archaeological Review, 4(1/2): 133-149.

BHAN K K, 1989. Late Harappan Settlements of Western India, with Special Reference to Gujarat[M]//KENOYER J M. Old Problems and New Perspectives in the Archaeology of South Asia. Wisconsin Archaeological Reports. Vol. 2. Department of Anthropology. Madison: University of Wisconsin Press: 219-242.

BHAN K K, 2004. In the Sand Dunes of North Gujarat[J]//CHAKARABARTI D K. Indus Civilization. Sites in India. New Discoveries. Mumbai: Marg Publications: 96-105.

BOKONYI S, 1998. Horse Remains from the Prehistoric Site of Surkotada, Kutch, Late 3rd Millennium BC[J]. South Asian Studies, 13: 297-307.

BOSE A B, 1975. Pastoral Nomadism in India: Nature Problems and Prospects[J]//LESHNIK L S, SONTHEIMER G D. Nomads and Pastoralists in South Asia. Wiesbaden: Otto Harrassowitz: 1-15.

CHAKRABARTI D K, 1999. India: An Archaeological History. Palaeolithic Beginnings to Early Historic Foundations[M]. New Delhi: Oxford University Press.

CHAKRABARTI D K, 2004. Introduction[M]//CHAKRABARTI D K. Indus Civilization. Sites in India. New Discoveries. Mumbai: Marg Publications: 6-22.

CHATTOPADHYAYA U C, 2002. Researches in Archaeozoology of the Holocene Period (Including the Harappan Tradition in India and Pakistan)[J]//SETTAR S, KORISETTAR R. Indian Archaeology in Retrospect. II. Protohistory. Archaeology of the Harappan Civilization. Indian Council of Historical Research. New Delhi: Manohar: 365-419.

DALES G F, 1982. Adaptation and Exploitation at Harappan Coastal Settlements[J]// PASTNER S, FLAM L. Anthropology in Pakistan. Ithaca, NY: Cornell University Press: 154-165.

SINHA D S, SHINDE V, 2005. Gujarat between 2000 and 1400 BCE[J]. South Asian Studies, 21: 121-135.

EDENS C, 2002. Before Sheba[M]//SIMPSON S J. Queen of Sheba. Treasures from Ancient Yemen. London: British Museum Press: 80-87.

ELECTRONIC CORPUS OF SUMERIAN LITERATURE (ECSL), 2006. Enki and the World Order[EB/OL]. [2006-05-21]. csl.orinst.ox.ac.uk/cgibin/etcsl.cgi? text=t.1.1.3&charenc=j#.

FAIRSERVIS W A, 2002. Views of the Harappans—The Transitional Years[M]//JOSHI J P. Facets of Indian Civilization. Recent Perspectives. Essays in Honour of Professor B.B. Lal. New Delhi: Aryan Books International: 167-173.

FRANCFORT H P,1984.The Harappan Settlement at Shortugai[M]//LAL B B, GUPTA S P. Frontiers of the Indus Civilization.New Delhi: Books and Books: 301-310.

FRANKE V U, 2000. The Archaeology of Southeastern Balochistan[EB/OL]. [2005-06-14]. www.harappa.com/baluch/index.html.

FULLER D, 2001. Harappan Seeds and Agriculture: Some Considerations[J]. Antiquity, 75(288): 410-414.

FULLER D, 2003. Lost Farmers and Languages in Asia: Some Comments to Diamond and Bellwood[EB/OL]. [2007-04-02]. Science, May 8. www.sciencemag.org/cgi/eletters/300/5619/597# 689?ck=nck.

FULLER D, KORISETTAR R, VENKATASUBBAIAH P C, 2001. Southern Neolithic Cultivation Systems: A Reconstruction Based on Archaeobotanical Evidence[J]. South Asian Studies, 17: 171-187.

FULLER D, KORISETTAR R, VENKATASUBBAIAH P C, et al, 2004. Early Plant Domestications in Southern India Some Preliminary Archaeobotanical Results[EB/OL]. [2006-01-02]. Vegetation History Archaeobotany, 13(2): 115-129. May 25. www.ucl.ac.uk/archaeology/staff/profiles/fuller/pdfs/vha.pdf.

FUMIHITO A, MIYAKE T, SUMI S, et al, 1994. One Subspecies of the Red Junglefowl (*callus gallus gallus*) Suffices as the Matriarchic Ancestor of All Domestic Breeds[EB/OL]. [2005-10-02]. Proceedings of the National Academy of Sciences, 91: 12505-12509. www.pnas.org/cgi/content/abstract/91/26/12505?maxtoshow=&HITS=10&hits=10&RESULTFORMAT=&searchid=1128268038916_1885&stored_search=&FIRSTINDEX=20&minscore=5000&journalcode=pnas.

GLOVER I C, HIGHAM C F W, 1996. New Evidence for Early Rice Cultivation in South, Southeast and East Asia[J]//HARRIS D R. The Origins and Spread of Agriculture and Pastoralism in Eurasia. Washington, DC: Smithsonian Institution: 413-441.

GRIGSON C, 1984. Some Thoughts on Unicorns and Other Cattle Depicted at Mohenjo-daro and Harappa[J]//ALLCHIN B. South Asian Archaeology 1981. Cambridge, UK: Cambridge University Press: 166-169.

HEGDE K T, BHAN K K, SONAWANE V H, KRISHNAN K, SHAH D R, 1992. Excavations at Nageshzvar, Gujurat. A Harappan Shellworking Site on the Gulf of Kutch[J]. Baroda: Department of Archaeology and Ancient History M. S. University of Baroda.

HESSE B, 2000. Animal Husbandry and Human Diet in the Ancient Near East[J]//SASSON J M. Civilizations of the Ancient Near East. Peabody MA: Hendrickson Publishers (Reprint of 1995 edition. New York: Scribner's.): 203-222.

JARRIGE J F, 1997. From Nausharo to Pirak: Continuity and Change in the Kachi/Bolan Region from the 3rd to the 2nd Millennium BC[J]//RAYMOND, ALLCHIN B. South Asian Archaeology 1995. New Delhi: Oxford&IBH Publishing Co: 11-35.

KENOYER J M, 1984. Shell Industries at Moenjodaro, Pakistan[J]//JANSEN M, URBAN G. Reports on Fieldwork Carried Out at Mohenjo-daro, Pakistan 1982–83 by the IsMEO-Aachen University Mission: Interim Reports I. Aachen and Rome: RWTH and IsMEO: 99-115.

KENOYER J M, 1998. Ancient Cities of the Indus Valley Civilization[M]. Karachi: Oxford University Press and American Institute of Pakistan Studies.

KHAN F, 1991. The Antiquity of Crane-Catching in the Bannu Basin[J]. South Asian Studies, 7: 97-99.

KILLICK R, MOON J, 2005. The Early Dilmun Settlement at Saar[M]. Ludlow: Archaeology International.

KIPLING R, 2005. The Second Jungle Book[M]. London: Dodo Press.

KOHLER-ROLLEFSON I, 1996. The One-humped Camel in Asia: Origin, Utilization and Mechanisms of Dispersal[J]//HARRIS D R. The Origins and Spread of Agriculture and Pastoralism in Eurasia. Washington, DC: Smithsonian Institution: 282-294.

LAL B B, 1971. Perhaps the Earliest Ploughed Field So Far Excavated Anywhere in the World[J]. Puratattva, 4(1970–1971): 1-3.

LESHNIK L, 1973. Land Use and Ecological Factors in Prehistoric North-West India[J]// HAMMOND N. South Asian Archaeology. Cambridge, UK: Cambridge University Press: 67-84.

MEADOW R H, 1979. Prehistoric Subsistence at Balakot: Initial Consideration of the Faunal Remains[J]//TADDEI M. South Asian Archaeology 1977. Naples: Istituto Universitario Orientale, Seminario di Studi Asiatici: 275-315.

MEADOW R H, 1984. A Camel Skeleton from Mohenjo-Daro[J]//LAL B B, GUPTA S P. Frontiers of the Indus Civilization. New Delhi: Books and Books: 133-39.

MEADOW R H, 1988. The Faunal Remains from Jalilpur 1971[J]. Pakistan Archaeology, 23: 204-220.

MEADOW R H, 1989. Continuity and Change in the Agriculture of the Greater Indus Valley: The Palaeoethnobotanical and Zooarchaeological Evidence[J]//KENOYER J M. Old Problems and New Perspectives in the Archaeology of South Asia. Wisconsin Archaeological Reports. Vol. 2. Department of Anthropology. Madison: University of Wisconsin Press: 61-74.

MEADOW R H, 1991. Harappa Excavations 1986–1990[J]. Madison, WI: Prehistory Press.

MEADOW R H, 1993. Animal Domestication in the Middle East: A Revised View from the Eastern Margin[J]//POSSEHL G L. Harappan Civilization, 2nd ed. New Delhi: Oxford University Press: 295-315.

MEADOW R H, 1996. The Origins and Spread of Agriculture and Pastoralism in Northwestern South Asia[J]//HARRIS D R. The Origins and Spread of Agriculture and Pastoralism in Eurasia, Washington, DC: Smithsonian Institution: 390-412.

MEADOW R H, PATEL A, 1998. A Comment on 'Horse Remains from Surkotada' by Sandor Bokonyi[J]. South Asian Studies, 13: 308-315.

MEHTA D P, POSSEHL G L, 1993. Excavation at Rojdi, District Rajkot[M]. Indian Archaeology—A Review 1992, 3: 31-32.

MEHTA R N, 1984. Valabhi—A Station of Harappan Cattle-Breeders[J]//LAL B B, GUPTA S P. Frontiers of the Indus Civilization. New Delhi: Books and Books: 227-230.

MILLER N, 1984. The Use of Dung as Fuel: An Ethnographic Example and an Archaeological Application[J]. Paleorient, 10(2): 71-79.

MILLER N, SMART T L, 1984. Intentional Burning of Dung as Fuel: A Mechanism for the Incorporation of Charred Seeds into the Archaeological Record[J]. Journal of Ethnobiology, 4(1): 15.

MISRA V N, 1998. Balathal: A Chalcolithic Settlement in Mewar, Rajasthan, India: Results of First Three Seasons' Excavation[J]. South Asian Studies, 13: 251-275.

MOMIN K N, 1984. Village Harappans in Kheda District of Gujurat[J]//LAL B B, GUPTA S P. Frontiers of the Indus Civilization. New Delhi: Books and Books: 230-234.

PATEL A, 1997. The Pastoral Economy of Dholavira: A First Look at Animals and Urban Life in Third Millennium Kutch[J]//RAYMOND, ALLCHIN B. South Asian Archaeology 1995. New Delhi: Oxford&IBH Publishing Co: 101-113.

POSSEHL G L, 1979. Pastoral Nomadism in the Indus Civilization[J]//TADDEI M. South Asian Archaeology 1977. Naples: Istituto Universitario Orientale, Seminario di Studi Asiatici: 537-551.

POSSEHL G L, 1980. The Indus Civilization in Saurashtra[M]. New Delhi: B. R. Publishing

Corporation.

POSSEHL G L, 1986. Kulli: An Exploration of Ancient Civiliation in South Asia[M]. Durham, NC: Carolina Academic Press.

POSSEHL G L, 1992. The Harappan Cultural Mosaic: Ecology Revisited[J]//JARRIGE C. South Asian Archaeology 1989. Madison, WI: Prehistory Press: 237-241.

POSSEHL G L, 1994. Govindbhai-no Vadi[J]//ALLCHIN B. Living Traditions. Studies in the Ethnoarchaeology of South Asia. New Delhi: Oxford &IBH Publishing Co.: 193-204.

POSSEHL G L, 1999. Indus Age: The Beginnings[M]. New Delhi: Oxford University Press.

POSSEHL G L, 2002. The Indus Civilization. A Contemporary Perspective[M]. Walnut Creek, CA: A1taMira Press.

RATNAGAR S,1992. A Bronze Age Frontier: Problems of Interpretation[C]. 53rd Session Thematic Symposium. Frontiers in Indian History. Indian History Congress. Symposia Papers: 2. New Delhi: Indian History Congress.

SHEREEN R, 2000. The End of the Great Harappan Tradition. Heras Memorial Lectures 1998[M]. New Delhi: Manohar.

RATNAGAR S, 2001. Understanding Harappa. Civilization in the Greater Indus Valley[M]. New Delhi: Tulika.

RAY H P, 2003. The Archaeology of Seafaring in Ancient South Asia[M]. Cambridge, UK: Cambridge University Press.

RISSMAN P C, CHITALWALA Y M, 1990. Harappan Civilization and Oriyo Timbo[M]. New Delhi: Oxford&IBH Publishing Co., and American Institute of Indian Studies.

SCHWARTZBERG J E, 1992. A Historical Atlas of South Asia, 2nd impression, with additional material[M]. New York and Oxford: Oxford University Press.

SHERRATT A, 1997. Economy and Society in Prehistoric Europe. Changing Perspectives[M]. NJ: Princeton University Press.

SHINDE V, 1991. Excavation at Padri, District Bhavnagar[M]. Indian Archaeology—A Review, 1990–1: 8-10.

SHINDE V, 1992a. Padri and the Indus Civilization[J]. South Asian Studies, 8: 55-66.

SHINDE V, 1992b. Excavation at Padri, District Bhavnagar[M]. Indian Archaeology—A Review, 1991, 2: 21-22.

SHINDE V, 1998. Pre-Harappan Padri Culture in Saurashtra: The Recent Discovery[J]. South Asian Studies, 14: 173-182.

SHINDE V, 2004. Saurashtra and the Harappan Sites of Padri and Kuntasi[J]// CHAKRABARTI D K. Indus Civilization. Sites in India. New Discoveries. Mumbai: Marg Publications: 64-70.

SOPHER D, 1975. Indian Pastoral Castes and Livestock Ecologies. A Geographical Analysis[J]//LESHNIK L S, SONTHEIMER G D. Nomads and Pastoralists in South Asia. Wiesbaden: Otto Harrassowitz: 183-208.

TOSI M, SHAHMIRZADI S M, JOYENDA M A, 1976. The Bronze Age in Iran and Afghanistan[J]//DANI A H, MASSON V M. History of Civilizations of Central Asia. 1. The Dawn of Civilization: Earliest Times to 700 BC. Paris: UNESCO: 191-224.

WEBER S A, 1991. Plants and Harappan Subsistence. An Example of Stability and Change from Rojdi[M]. New Delhi: Oxford&IBH Publishing Co., and American Institute of Indian Studies.

WEBER S A, 2001. Seeds of Urbanism Revisited[EB/OL]. [2006-02-25]. www.ucl.ac.uk/ archaeology/staff/profiles/fuller/pdfs/AntiquityWeber %20debate.pdf.

WHYTE R O, 1975. The Nature and Utilization of Grazing Resources in India[J]// LESHNIK S, SONTHEIMER G D. Nomads and Pastoralists in South Asia. Wiesbaden: Otto Harrassowitz: 220-234.

WILKINSON T J, 2002. Agriculture and the Countryside[J]//SIMPSON S J. Queen of Sheba. Treasures from Ancient Yemen.London: British Museum Press: 102-109

WITZEL M, FARMER S, 2000. Horseplay in Harappa[EB/OL]. [2007-04-02]. Frontline, October 13. www.safarmer.com/frontline/horseplay.pdf.

ZOHARY D, HOPF M, 2000. Domestication of Plants in the Old World. The Origin and Spread of Cultivated Plants in West Asia, Europe and the Nile Valley[M]. 3rd ed. Oxford: Oxford University Press.

第 5 章　资源、贸易和交换

印度河文明除了拥有满足高产农业发展的优越条件，还有丰富的矿产等自然资源。在大印度河地区，罗赫里山有石灰石和优质燧石，古吉拉特邦出产有玛瑙和玉髓，博兰河谷则出产沥青，陶土和建筑用土分布广泛，沿河和邻近山地的森林可提供用作建筑或燃料的木材和灌木，印度河上游蕴藏有黄金。农业和畜牧业是印度河经济的主要支柱，但有些聚落是为了方便管理贝壳或木材等重要经济资源而建立的。

为获取分布于整个哈拉帕文化的海贝和罗赫里山燧石等原材料，社会组织由此建立起来。高质量的手工业产品，如精美的陶器，也同样广泛分布，原料和手工业产品不仅传到了摩亨佐达罗、哈拉帕和朵拉维拉等城市，甚至出现在小型遗址里。一些聚落，如喜马拉雅山麓的曼达遗址（Manda），其存在的目的似乎是获取木材等资源，在古吉拉特邦的洛塔尔等遗址，制造、采办和分配发挥了重要作用，远远超出了城市及其腹地居民的需求。标准化度量衡系统暗示当时存在着内部交换和贸易控制的完整网络，甚至综合的权力机构。标准设计的许多印章反映了某种分配规则，表明也有商人扮演了政府官员的角色。人们发现了一些带有这种印记的印蜕，有时还保留了它们所依附的包裹材料的痕迹，在某些情况下，这些材料可能跟仓库一类的建筑相关。

河流提供了主要的运输通道，特别是运输木材等大宗货物。短途陆路运输则使用牛车。牧民的季节性迁徙使牧民在内部的贸易网络中发挥了重要的作用，而流动的狩猎采集者，或可加强与印度河流域以外地区的联系。

邻近地区可以为印度河流域提供其他自然资源，如来自拉贾斯坦邦的石材、宝石和铜矿，以及来自附近高地的木材。有些资源必须从较远的地区获得，如伊朗高原、土库曼斯坦、阿曼、美索不达米亚，可能还有印度南部。阿富汗北部哈拉帕文化城镇遗址肖图盖的建立，美索不达米亚南部印度河商人的存在，以及印度河遗物在海湾地区遗址中的突出地位，都表明了人们对这种贸易的重视以及哈拉帕人在长距离贸易中发挥的积极作用。但令人惊讶的是，在印度河文明遗址中几乎没有发现对外贸易的证据。

内部贸易和交换

综合的政治组织

印度河文明最令早期研究人员震惊的特征之一是其明显的统一性。在整个印度河流域的遗址中发现的遗物似乎完全一致，没有地区或年代上的变化。后来我们对印度河遗物有了更深入的了解，并通过对哈拉帕等几处遗址的分析建立了文化发展序列，从而消除了这种完全不变的印象。时间的变化和区域的差异都是存在的。尽管如此，在整个印度河流域发现的遗物仍然具有相当程度的一致性，反映了此文明是一个有着非常发达的内部分配网的一体化政治组织。

在很大程度上，印度河流域先民在食物上是自给自足的（较大的城市和城镇需要从腹地获取食物来养活庞大的人口，其中包括大量的非务农居民）。食物是在印度河流域的不同地区之间交换的，虽然绝大多数都没有留下任何痕迹，但摩亨佐达罗的枣核和哈拉帕遗址的海鱼骨骼提供了确凿的证据。

不同地区的原材料也被运往印度河流域的其他地方。在更早的时期，各地区的居民各自开采本地燧石资源，而哈拉帕时期，罗赫里山的优质燧石作为原料或成品开始被集中开采并分配到印度河流域的各个地区，如巴拉克特遗址的大多数石器是成品。

贝壳是用于制造手镯的主要材料，在马克兰地区和古吉拉特邦海岸有大量分布。有些是在当地加工，作为坯料或成品贸易，有些则以原材料的方式运送到主要遗址，在那里进行清洁和加工。通常，个体作坊集中于生产特定类型的贝壳制品，或者处理特定种类的贝壳。同样，在玛瑙、玉髓等宝石的产地附近和远离这些产地的主要遗址也都有相关作坊。

日常使用的陶器可能在各个遗址（当然也包括城市和城镇）分别制作。印度河文明的高度组织性是显而易见的，即使这些简单的日常用品也是由专业陶工在陶器作坊内制作，而不是在家里。尽管哈拉帕地区的陶器有许多共同的特点，但本地的陶器种类更多，并保留着地方风格。相比之下，一些特殊的陶器似乎是在一个或几个中心生产，并进行广泛的贸易，如在哈拉帕遗址生产的黑色花叶纹储藏罐（black slipped storage vessel）（可能只在那里生产）也用于对外贸易。个体作坊通常集中生产特定的陶器种类。

手工业生产和产品的分配可能反映了几个层次的组织。在个体社区一级，许多日常用品在当地生产，可能通过相互交换商品或服务的方式在个人和家庭之间分配。贯穿其中的是基于亲缘关系的交换模式，在这个地区已经运行了数千年（与世界上许多其他地区的前城市时代一样）。通过这种方式，一个社区的个体和家庭相互提供产品，这些产品要么是自己生产的，要么是从其他生产者那里获得的。这些产品通过诸如婚姻一类的形式流通。这种以血缘关系为基础的交换形成了一种考古学上可观察到的模式，交换的商品的数量随着与产地距离增加而逐步减少。虽然这一体系对巩固亲属关系来说很重要，但其不能解释印度河手工业产品分布的广泛性。因此，必然存在着第三层组织，通过某种机制来确保手工制品能得到可靠而有效的供应和分配，这似乎暗示存在着某种形式的官僚体制和对生产和分配的集中控制。古吉拉特的洛塔尔、格拉·朵拉（Gola Dhoro）和信德地区的昌胡达罗等城镇生产了大量的远远超出了当地需求的手工业品，如贝壳手镯、各种材料的珠子、滑石印章、金属制品，并广泛分布于各地。摩亨佐达罗和哈拉帕等城市可能生产种类多样的手工业品，而一些小型遗址则专门制作单一的品种，如纳格斯瓦尔遗址的贝壳生产。

度量衡

能证明内部贸易网组织性的另一项证据是标准化的度量衡系统，这种度量衡系统应用于整个印度河流域。砝码以燧石一类的石头制成，一般呈立方体，但是也有发现好的碧玉或玛瑙制作的半球形的砝码，以及少量的穿孔锥形砝码和类似国际象棋棋子的圆头锥形砝码。在哈拉帕和昌胡达罗遗址中有出土。所有规模的遗址都有发现小型方体砝码，最小的重量单位是 0.871 克，从 1 倍到 64 倍不等，而主要城市和城镇则有更重的砝码，达 10.865 千克（12800 个单位）。

遗址中发现的 4 根分别由贝壳、象牙、陶和铜制成的木棒上刻有计量单位，这表明当时也有测量长度的方法。

美索不达米亚在公元前 23 世纪使用了标准化度量衡系统。新兴的阿卡德帝国将已有的不同的系统进行了统一。一段时间的政治混乱破坏了官方标准的使用，因此乌尔第三王朝需要建立更进一步的度量衡系统。相比之下，印度河流域的度量衡从一开始就表现出明显的标准化，这再次暗示了印度河流域存在统一的国家和中央集权。

美索不达米亚的砝码经常用于行政工作。现存的大量苏美尔行政文本和收取或发出的货物的重量、税收支付、服务支付以及官方贸易有关。苏美尔人把银子（偶尔使用谷物）的重量当作计算其他商品价值的标准，作为不同商品之间交换的媒介和直接支付的手段——以上功能在很久以后才被硬币替代。在涉及对外贸易的文本中，出行的官方商人被发予称过重量的商品以用于交换，在返回时，他们运送商品的重量和价值也会被记录下来。印度河砝码系统也参与了这样的贸易交换，与印度河先民进行过贸易的外地出土有印度河砝码，即是明证，这些地方包括美索不达米亚、苏萨、迪尔蒙（巴林）和马根（阿曼）。在主要的转口港迪尔蒙，美索不达米亚的砝码和印度河的砝码同时被使用，这大概是用于两个体系之间价值换算的。

印度河的砝码很可能像美索不达米亚的砝码一样，被权威人士用来管理货物的发放和接收，并用来测算在税收中收到的或在官方支付中发出的货物数量。基诺耶（Kenoyer，1998：99）注意到，印度河城市的城门附近经常发现成组的砝码，这表明官员使用砝码来管理流入城市的货物并收取费用。无论它们的确切用途如何，整个印度河地区标准化的度量衡制度本身就意味着官方的控制和对商品流动的管理。

印章

印度河聚落最具特色的发现之一是方形印章。印章通常由滑石（皂石）制成，经火烧而变硬，每枚印章上通常刻有简短的铭文和一幅图案，图案通常是一只动物，但也有场景。印章上的图案设计便于有关的运货人和仓库工人等当事人识别，而文字则可能只有少量有文化的人才能理解。这些印章的背面有一个半圆形的穿孔凸起，这样人们可以用绳子系或者绑在腰带或腕带上。

印章可能有很多用途。在贸易和货物流动方面上有两种使用方式。首先，它们可以简单地作为个人身份或凭证的标志。在这种情况下，它们可能作为由官方颁发的徽章，供官方公务出行的商人和需要彰显权威或证明信用的其他人使用。在历史上，带有公章的记号被用作控制道路交通的通行证。如果印度河流域不是一个统一的国家，而是一系列较小的国家，那么这些印章也可能简单地被在这些小国之间进行贸易和资源采办的人用作标识。也有人会通过使用个人印章来建立自己在私人交易中的身份。

其次，印章可以通过在软介质中（如黏在货物上的黏土或蜡）按压制造印痕。这种印蜕可以用来确定包装好的货物是属于国家或特定个人的财产，或来自某一特定地方。完整的黏土印蜕也说明密封的包裹在到达预期的收货人手中之前没被打开或篡改。这还可能用于密封通往房间或储藏室的门，这种做法在赫尔曼德城市沙赫里·索科塔可见，在美索不达米亚的文献中也有记载，但在哈拉帕文化中尚未见到这类用途。在美索不达米亚，文字书写在泥板上，各种各样的文件上均有盖章，这些印蜕作为一种见证，被用来辨认参与协议或交易的个人或官员，或作为协议或交易准确性的证明。如果哈拉帕人也使用了类似的印蜕，那肯定是用易腐烂的材料制成的，因为没有发现任何印蜕留下的痕迹。

从保存下来的印蜕背面的图案来看，这些印蜕是附着在用来包扎成捆货物的绳子或粗麻布上的。这些印蜕很可能是用来控制和记录货物及其分配、批准货物发行的。在哈拉帕文化以外的地方也发现了一些印蜕，其中一件可能来自苏美尔的温马城址（Umma），它曾被印在绳结上，这条绳子用来将一块布固定在罐口上。在洛塔尔的印蜕也发现有用在陶罐子上的情况。

遗址中发现的印度河印章比印蜕多很多，这可能表明它们主要是作为标记使用的。印蜕以未经烘烤的黏土制成，当密封的包装打开时就会有破损，然后被当作垃圾处理，其中大多数可能化归尘土。大部分黏土印蜕出自洛塔尔遗址，它们因一场仓库大火而幸存。印蜕也可能是蜡质的，如果是蜡质的，它们在很久之前就分解了；如果使用于蜡上，印章的磨损会更小，使得很多印章看起来似乎很少被使用。

大印度河地区的资源

印度河流域的主要资源是其农业财富，因为适合种植庄稼和饲养牲畜的土地丰富且分布广泛。其他食物，如鱼等水产资源、野禽、野兽和野生植物也很丰富，并在人们生活中起到了重要作用。除了食物，印度河先民还需要工具、住所、衣物和一些具有社会意义，也许还有政治或宗教意义的商品。

印度河地区的山脉和丘陵，包括古吉拉特邦的高地、喜马拉雅山脉和俾路支省的山脉，以及部分河谷地区都分布着茂密的森林。供家庭和手工业生产使用的用作燃料的小树和灌木随处可见，含有丰富纤维的牛粪，可作为补充燃料。木材和普遍分布的黏土也被广泛用于建筑中，这些黏土要么用来涂抹，要么被模压成砖。其中一些是在晒干后使用的，另一些则经烧制后使用。黏土也被用来制作陶器和红陶。

其他原材料都本地化了。在印度河中游罗赫里-苏库尔地区出露有大量的优质燧石，为整个印度河流域提供了燧石原料。燧石被开采出来，就地加工成石核或坯料，然后分发到印度河聚落并制成工具。在某些情况下，燧石在罗赫里遗址加工成石叶。其他种类的石头被用来制作数量有限的雕像。石灰石也可从罗赫里山获得，但也可能来自古吉拉特邦。信德省也能得到明矾、石膏和建筑石材，与信德省接壤的基尔塔尔山脉和古吉拉特邦则分布有玄武岩。在古吉拉特邦和俾路支省的马里-布格迪山地发现有雪花石膏。在印度河上游、马克兰地区和古吉拉特，人们可以找到主要用于制造印章、个人装饰品等小物件的滑石。

装饰品，尤其是手镯和珠串，在印度河服饰中非常重要。许多手镯由在古吉拉特邦和马克兰沿岸捕捞或采集的贝壳制成。从更早时期开始，繁荣的交换网络便将贝壳带到了内陆地区，在印度河时期流通的贝壳数量要大很多。珠子由各种各样的材料制成，大多数是玛瑙、玉髓、碧玉和缟玛瑙等宝石，这些宝石可以从喀奇和索拉什特拉以及古吉拉特邦南部的河流中获得，特别是纳尔玛达河上的拉吉皮普拉（Rajpipla）矿。其他地区也出产宝石，包括旁遮普萨特莱杰河的紫水晶。金属也有使用，这些黄金可能在大印度河地区获得，印度河上游和杰赫勒姆地区可以淘到金沙，索拉什特拉的阿莱克山地（Alech Hills）也出产黄金。其他一些已知的金属矿藏在哈拉帕时期可能没有开采，如古吉拉特北部有少量的铜和锡，旁遮普邦部分地区有少量的铜和银。

大象生活在印度河流域大部分地区，特别是古吉拉特邦和旁遮普东部，它们提供了丰富的象牙，这些象牙经常被用来制造工具或雕像、装饰品、骰子等一类的小物件。这里也能找到犀牛角。家养动物和野生动物的骨骼和角（如鹿角）随处可见。动物皮可能被制成皮革，用于不同地方，可能包括制作衣服和船帆。纺织物也由当地生长的纤维制成，能确定的有棉花，也可能有亚麻。

用于烹饪和保存鱼类等食物的盐，可能是通过在沿海盐田蒸发海水制成。在索拉什特拉邦的帕德里遗址发现可能用于制盐的遗迹。岩盐也可以从多个地区获得，如信德省东南部。

锡比（Sibi）附近的卡奇平原和旁遮普的米安瓦利地区出产沥青，当时可能已被开采利用，因为摩亨佐达罗大浴池的建造过程中使用了大量的沥青。从数千年前的梅赫尔格尔遗址中发现的人们用沥青制成的防水篮筐中看出，卡奇平原的沥青早已为人所知。

人们知道，牡蛎产于信德省和古吉拉特邦海岸，尽管这个品种的牡蛎只出产小而劣质的珍珠。美索不达米亚人提到的来自印度河地区的"鱼眼"（通常认为是珍珠），表明哈拉帕人可能利用了本地的珍珠，但"鱼眼"也可能是指带条纹的玛瑙珠子。

分配机制

印度河流域紧密结合的特性意味着当时存在由陆地、河流等内陆路线和沿海路线组成的高效贸易网。

陆地交通

当地的交通方式是步行或使用牛车。红陶模型为人们提供了木制手推车的清晰画面，车上有实心的木制轮子，手推车被广泛地用于短距离的陆路运输。这些手推车和印度河流域现代农民使用的几乎一模一样。有些车只是在车轴上安装坚实的木平板，有些车则安装开放的框架。在某些情况下，平板上可能有永久性的侧架，但许多只是在平板上开一些孔，以便在需要固定货物时插上木桩形成侧架。这种类型的车使用公牛牵拉，这能通过遗址中发现的红陶模型得到证实。另一种风格的马车，有短的底盘、屋顶和高的侧面，可能是供人们旅行的交通工具。车厢前面的小平台是司机的座位。

长途陆路运输一般使用驮畜，但一些贵重小件商品可以由人步行携带。在现代南亚，牧民在提供定居社区之间的联系和在季节性迁徙时运送货物方面起着重要的作用。季节性迁徙是哈拉帕时期畜牧经济的重要组成部分，很可能在印度河流域各处迁徙时，家畜作为一种载体，将商品从原产地带到消费地，参与了各地牧民群体间复杂的贸易网，将产品从一个地方送到另一个地方。虽然现代游牧民族没有骆驼和马，但牛可以运输重物，甚至羊也可以作为驮畜。许多货物可能是在私人交易范围内运输，但牧民也可能被权威人士委托来运输官方货物。

今天的许多路线可能在过去就已存在，因为不少的限制因素可能是一直存在的。因此，从山区到印度河流域的路线是已有通道的延续，过河处合适的渡口可能已经被使用了数千年。在干旱地区，路线要经过水源充足之处。地形的其他特征也同样决定了某些路线的走向。大印度河地区的河流改道，或携带的水量上的变化，也影响了沿岸和过河的路线。火山活动不仅会改变山区景观，而且也会影响其他地区，如古吉拉特邦。森林砍伐开辟了曾经无法穿越的地区的路线。海平面的变化和冲积堆积改变了海岸线。如现在旱季的陆路路线要穿过喀奇的牧场，但在印度河时期，必须乘船才能到达喀奇。因此，虽然关于现代路线的资料有助于重建过去的路线，但必须结合与印度河时期地形和生态状况相关的资料来谨慎使用。

水路运输

陆路运输很重要，特别是短距离运输和低地、高地之间的运输，但依靠河流的水路在长途运输，特别是重货或大件货物的运输方面更便利。大多数主要的聚落都由水路连接，这些水路网至少在一年中的部分时间内可以通航。印度河越过盐岭进入旁遮普平原后便可通航。沿海的海上交通将把古吉拉特邦和马克兰海岸的社区连接起来。

渔民的需要和需水运沟通地区（如古吉拉特邦的岛屿和曼查尔湖沿岸）的开发，刺激了船只的发展。在雨季，当曼查尔湖周边的大片土地被洪水淹没时，现在居住在该地区的居民就会放弃在湖边的家转而住在船屋上，或者一年四季都住在船屋上，这种生活方式可能在印度河时代就已经存在。现在信德省印度河沿岸的部分社区也以船屋为基础。除了在夏季洪水最汹涌的时期，吃水浅的船可以在印度河上航行，现代印度河的西奈拉河等支流，一年中大部分时间都可通航。自哈拉帕时期以来，印度河及其支流已经发生了变化，但没有理由认为它的通航能力比现在的差。萨拉斯瓦蒂河系统一定也提供了便利的水路交通。

一件泥板和一件摩亨佐达罗石印章上的两幅图像，描绘了甲板上带有船舱的平底船，类似于现代的印度河船屋，有高的船尾、船头和一对浆。虽然这些图像过于简略而不能被确定，但它们显示了船只似乎是以绳子捆扎的芦苇建成的。使用的材料可能是巴鲁草（baru grass），这种植物生长在古吉拉特邦，现在还被用来建造船只。小屋似乎有 4 个芦苇束构成的外立柱，其间则是一处由 4 根细杆支撑的平顶建筑。这种船在河道和海上均可航行，且适宜在浅水水域航行，在没有码头的情况下也可以完成装卸，但其使用寿命一般只有几个月。哈拉帕人可能会用从卡奇平原和印度河上游获得的沥青涂抹船只以延长其使用寿命，但是在有记录的时代，传统的南亚造船业中并不使用沥青。

出自摩亨佐达罗的一件陶片上的简略刻符，也可能描绘了同一类型的船只，或者是带桅杆（也许还有卷起的帆）的帆船，绘于一端的线条可能是舵浆。出自洛塔尔的陶模型表现了一艘有桅杆、帆和舵浆的船，似有龙骨，以及平底、高船头和较低的船尾。这样的船可在沿海和海湾航行，吃水浅是其优点。虽然这个模型上看不出建造这些船只的材料，但可能使用了造船的首选木材——生长在古吉拉特邦（哈拉帕时期海船的建造地）的柚木，以及一种常常用来制作船只龙骨的木材桐棉（thespesia populnea）。哈拉帕人很可能用这些木材建造船只，同时也将木材出口到美索不达米亚并用于造船。柚木船只的寿命长达几十年，甚至可达 80 年。虽然没有证据显示造船的方法，但它们可能是用木板连接而成，就像许多现代的南亚船只一样。用这种方法建造的船只可以得到迅速修复。虽然只有木板船（plankbuilt vessel）才适合运载货物，但还有发现用空心原木制成的船只，哈拉帕人也可能使用这种船在沿海或河流进行航行或捕鱼。

在哈拉帕时期，海上捕鱼的增多和海洋软体动物的采集推进了海船的发展。根据阿卡德文献，海船在公元前 24 世纪或更早就已存在。在南亚西海岸，需要使用近海船只才能有效开发海洋资源。在全球范围内，拥有这类资源的地区往往会发展出有关海船和出海探险的技能和知识，而资源丰富的靠近陆地的地区则一般不会。古吉拉特邦的地形，加上可能是一个全年性岛屿的喀奇，许多永久小溪、季节性河流及大量天然锚地，有利于早期船只的发展。早在公元前 3000 年左右，该地区就出现了以狩猎采集为生的部落，这表明至少在这一时期就有供近海使用的船只，哈拉帕时期对海洋资源开发的巨大发展意味着相应的造船、船只设计和航海技术的发展。

其中一幅摩亨佐达罗的图像显示了甲板上的两只鸟。鸟类可能用来导航，现在的人们把鸟从海船上放出，其飞行可以指示陆地的方向。许多其他的自然线索，如鱼类和沿海陆生动物的种类，以及陆地和岩石的形状，也可以用来帮助航行。例如，在经典文献《厄立特里亚海航行记》（The periplus of the Erythraean Sea）中，人们通过海水颜色的变化和大量海蛇的存在，确定了进入印度河河口的路径。除了恒星和太阳的位置外，云的形状、洋流、波浪模式和风向可以提供关于位置和行进方向的信息。

南亚的贸易和交换

虽然大印度河地区资源丰富多样，但此地区也缺乏一些重要的原材料，尤其是铜。金属工具在哈拉帕手工业中发挥了重要作用，如石雕和木器制作，在某些用途上比传统石制工具更受欢迎。哈拉帕人需要的一些原材料可以从邻近地区获得。在邻近的狩猎采集、渔捞或农耕文化的聚落中发现有哈拉帕人的遗物，揭示了他们贸易联系的程度。

狩猎采集者

可能早在公元前6000年左右，拉贾斯坦邦的伯格尔和古吉拉特邦的洛蒂斯瓦等聚落的狩猎采集者通过贸易或掠夺获得了绵羊、山羊等家畜，这是农业人群和狩猎采集者之间早期联系的证据。牧民和后来的农民扩展到印度河平原、古吉拉特邦和印度河-恒河交界地区，使农民和狩猎采集者有了更密切的接触，这促进了许多地区的文化融合。如在公元前四千纪末，索拉什特拉的狩猎采集部落开始制作与当时俾路支省的科奇贝格陶器截然不同的陶器，他们采纳了制陶技术，发展了自身的风格，这一现象在世界其他地方也同时发生，例如欧洲的狩猎采集者和农民也开始有密切接触。后来，这个地区出现了几种不同风格的哈拉帕陶器（信德和索拉特），但其居民已不再采取狩猎采集的生活方式。然而，在毗邻的古吉拉特邦平原北部等地区，农业聚落没有建立起来，狩猎采集者继续其原有的生活方式，他们经常随着季节的变化而迁徙，以开发不同地区的资源。

在世界上的大多数地方，由于土地竞争和狩猎采集所依赖的部分环境的破坏，农业发展最终导致了狩猎采集这种生活方式的终结。但印度次大陆的情况并非如此，那里的狩猎采集群体一直延续到了今天。他们没有被同化，而是调整了自给自足的生活方式，逐渐与定居社区形成相互依存的关系。狩猎采集者采取移动的生活方式，可以利用不适宜发展农业的区域，如从丛林和沙漠中获得蜂蜜、蜡、象牙、树脂、野蚕丝、用于制作绳子的植物纤维等可用的物产，这对定居群体来说很难甚至不可能做到。玛瑙等制作珠子的宝石也可能由狩猎采集者提供。他们还可以充当运输中介，把一个定居地区的商品运送到另一个定居地区，作为交换，他们既可以得到粮食等食品，也可以得到铜刀等超出他们技术能力的产品。在印度河文明时期，这种关系还处于萌芽阶段，但已成为一种既定模式。

例如，古吉拉特邦北部的兰格纳遗址是一处延续时间较长的狩猎采集营地。那里出土的动物骨骼表明，在印度河文明时期，除了从狩猎的野生动物身上获取肉食，家养动物也提供了肉食补充。类似地，哈拉帕文化的滑石、角贝珠、铜刀和陶器也与采集者的石器组合共出。

在更靠东的伯格尔，以狩猎采集和放牧为生的人群约在公元前 2800 年后开始制作陶器。他们从邻近地区的居民那里获得陶器成品和制陶技术，有可能从西北阿拉瓦利斯地区获得铜制品，从大印度河地区以外的地方获得条纹玛瑙、玉髓制成的珠子和哈拉帕式铜箭头。他们的陶器大致模仿了西南部的阿哈–巴纳斯文化和卡亚塔文化。

狩猎采集者融入哈拉帕社会的程度可能因地而异。在索拉什特拉等地区，可能有人专职从事狩猎采集，他们可能与季节性迁徙的牧民或收集和加工海贝的人群一样，被视为哈拉帕社会的成员。这样的采集者在考古学上很难与其他哈拉帕人区别开来。相比之下，在古吉拉特邦北部平原等地区，狩猎采集者在文化上是截然不同的，他们是与哈拉帕人进行贸易往来的许多群体中的一员。

南边的邻居

拉贾斯坦和德干

哈拉帕人和与其相邻的许多文化有着良好的贸易关系。特别重要的是他们与阿拉瓦利斯人（杰德普拉–加尼斯瓦文化）的贸易，阿拉瓦利斯人以渔猎采集为生。阿拉瓦利山的克特里地区是次大陆铜资源最丰富的地区之一。铜矿石通常与砷伴生，当砷铜矿石被熔炼时，会产生一种比纯铜更硬的合金。这些山地还出产了用于制作大多数印度河印章的滑石。其他矿物还有绿松石、方钠石（类似青金石）、锌、金、银和铅，尽管没有证据表明这些矿物在印度河时期已经得到开采。锡矿床在克特里地区已有发现，特别是在哈里亚纳邦的图萨姆山（Tusham Hills），位于克特里地区的东北端，南距哈拉帕文明的东部地区不远。虽然哈拉帕有许多金属制品是用青铜（锡铜合金）制成的，但大多数用的是铜或砷铜合金。后哈拉帕时期该地区是遗址分布密集区，但此时未使用锡，在公元前 1000 年左右锡也是进口的。所有这些数据都表明，这个地方的锡矿在古代并不为人所知。

哈拉帕人大量使用铜。许多普通的工具都用铜制成，分布也很广泛，这表明哈拉帕人拥有大量的铜，而美索不达米亚人则相反。这些铜中有多少来自阿拉瓦利斯尚不清楚。许多因素使得确定任何文化中金属矿石的来源都较难，如矿体中微量元素浓度的变化，熔化旧物件再利用的做法也可能混合具有不同来源的金属。光谱分析显示，在许多哈拉帕时期遗址，包括摩亨佐达罗和哈拉帕遗址，金属制品中含有镍和砷。不过阿拉瓦利斯铜矿和阿曼铜矿都有这类金属矿产。哈拉帕人也在阿曼进行贸易。哈拉帕人很可能使用了多种来源的铜，其中阿拉瓦利斯或许是最重要的。

早在早印度河时期，印度河流域的农民和阿拉瓦利斯人就建立了贸易关系，阿拉瓦利斯人从公元前四千纪晚期就开始开采该地区的铜。杰德普拉–加尼斯瓦文化先民似乎在那时就已开采和熔炼铜矿石，并与前来贸易的哈拉帕人交换熔炼的铜。作为回报，阿拉瓦利斯人获得了成品和其他印度河产品，可能包括由他们提供的铜矿制作而成的产品，因为哈拉帕人的铜箭头在库尔哈德卡·约哈德遗址 [Kulhadeka–Johad（克特里矿区加尼斯瓦遗址附近）] 和杰德普拉遗址都有发现。贸易网络可能沿着河流延伸，特别是通过加尼斯瓦遗址以北约 250 公里处、坎塔里河（Kantali River）沿岸的卡利班甘，它在古代是德里萨瓦蒂河的支流。早印度河时期铜制品数量相对较少，卡利班甘出土的数量却异常多（50 件），其中包括杰德普拉–加尼斯瓦文化的典型铜箭头。因此，卡利班甘可能从早印度河时期就开始与阿拉瓦利斯地区进行铜矿和铜器的贸易。在成熟哈拉帕时期，卡利班甘遗址已出土 1200 件铜制品，铜可能是通过卡利班甘带到哈拉帕遗址的。拉齐嘎里、米塔塔尔和加尼斯瓦西北部的巴纳瓦利遗址可能也参与了这一时期铜的进口。另一条路线可能是向西从阿拉瓦利斯经科特·迪吉遗址，再到达摩亨佐达罗遗址。

考虑到印度河文明使用的阿拉瓦利铜的数量，贸易肯定是大规模和有组织的。但在该地区没有做足够的工作来说明这种贸易的运作方式，以及杰德普拉–加尼斯瓦先民的采矿和冶炼活动。

阿拉瓦利斯西南的阿哈–巴纳斯文化与哈拉帕人的联系相对较少。贸易网络把小麦和大麦引进了这个地区，人们将其与当地作物一起种植。阿哈遗址出土了 6 颗哈拉帕文化的珠子，虽然这可能是阿哈-巴纳斯和哈拉帕人有直接交流的证据，但更可能是通过与哈拉帕人贸易的狩猎采集者那里或其他文化中间接获得的。

远在南方的卡亚塔文化很可能与其西部的古吉拉特邦的哈拉帕人有贸易联系。该地区有锡和金，但尚不清楚是否已被开采。该地区也出产哈拉帕人珍视的玛瑙和玉髓，哈拉帕人可能是直接来到这里开采宝石，也可能是通过与卡亚塔文化的贸易来获取的。卡亚塔文化先民则从哈拉帕人那里得到使用这些材料制成的珠子。

印度南部

哈拉帕人是否向南迁徙还不得而知。南印度有世界上最大的黄金矿脉，以及紫水晶、绿宝石和天河石等宝石和半宝石。来自印度南部卡纳塔克邦的黄金天然含有银，印度河文明中银金制品的发现表明哈拉帕人可能进口和加工了来自印度南部的黄金。南印度新石器文化的黄金和德干紫水晶可能已经被开发并用于贸易，最终通过贸易网络到达印度河地区，但没有证据表明这个地区和印度河之间有直接联系。但一些数据表明印度西北部和南部之间已有某种形式的交流，如在公元前三千纪后期南印度出现了绵羊和山羊，在胡提金矿（Hutti gold reef）[已知这处金矿在早期就已得到开发，因为在新石器时代的遗址，如皮克利哈尔（Piklihal）、马斯基（Maski）和科德卡尔（Kodekal）都发现了金器] 附近的马斯基遗址采集了一件美索不达米亚的圆筒形印章，在皮克利哈尔发现了哈拉帕的青铜凿，最近在泰米尔纳德邦的玛依拉杜苏莱遗址（Mayiladuthurai）发现了一把刻有 4 个印度河符号的石斧。狩猎采集者可能参与了这一贸易网。哈拉帕人直接前往卡纳塔克邦开采黄金和矿产也是有可能的，但可能性不大。

北部和西部的邻居

印度河流域北部和西部的山区、印度-伊朗边境地区和喜马拉雅山区拥有丰富的哈拉帕人所需的资源，尤其是木材和比如金属矿石等矿物。印度-伊朗边境地区在早哈拉帕时期和之前已经在文化上融入了印度河流域，但是随着印度河文明的文化统一，这些地区也发生了重大的变化。许多早期的遗址都被废弃了。北部边境地区的科特·迪吉文化发展成独立的晚科特·迪吉文化，并继续与哈拉帕人进行贸易。哈拉帕的珠子、红陶饼和红陶玩具车等遗物可能已经通过随意的个体交换获得，如通过与冬季从这个地区迁徙到平原的牧民之间的交换获得，但印度河文明砝码在晚科特·迪吉文化古姆拉遗址的发现表明这种贸易是有组织的。在佩里亚诺·昆代、拉纳·昆代和苏尔·扬加尔（Sur Jangal）等遗址中发现了哈拉帕文化陶器，这些陶器往往集中在遗址的一小部分区域。在该地区的重要遗址雷赫曼·德里城镇中发现了很少的成熟哈拉帕遗物，但在北部邻近的小型遗址希沙姆·德里（Hisham Dheri）却很常见，这也许表明希沙姆·德里遗址可能是哈拉帕商人的休憩点或贸易据点。

该地区的一种重要资源是产自盐岭的盐，这里有一处晚科特·迪吉文化遗址马萨科尔（Musakhel）。盐岭地区也有铜矿和石膏。在更北的斯瓦特地区出产雪花石膏，这里分布有晚科特·迪吉的重要遗址萨莱·霍拉。在更靠南的地方，即西部的布格迪山区也出产有雪花石膏。

在晚科特·迪吉文化以东的克什米尔地区，分布有古夫克拉尔和布尔扎霍姆等属北部新石器文化的聚落。这些遗址与北部边境地区和印度河平原的遗址从公元前三千纪初期以来一直都有联系。印度河贸易产品的存在，例如在布尔扎霍姆遗址出土的900颗玛瑙和玉髓珠的窖藏，反映了喜马拉雅山脉木材的重要性，这些木材被广泛地利用。哈拉帕人也可能从这一地区获得矿物，包括金、银、铅、铜、滑石、玛瑙和天河石，也可能从中国的和田得到玉（由克什米尔人获取和使用）。

库利文化

与北部边境地区不同的是，南部俾路支地区作为库利文化的发源地，与印度河文明保持着紧密的联系。对于库利一类的遗物和聚落是代表一种独立的文化，还是属于印度河文明的高地亚文化，学者们观点不一。在几处库利文化聚落中发现的印度河的印章和砝码，证实了印度河文明和库利地区之间密切的经济和文化联系。

库利文化先民可能是本地区阿姆里–纳尔阶段农牧民的后代，可能同时发展畜牧和复杂的灌溉农业。他们的聚落通常坐落于峭壁上，面积较大且带有围墙，其内通常有一处建有纪念性台基的高地，可能用于某种宗教用途。库利文化中比较独特的遗物包括许多牛和女性的雕像，以及陶器中的某些形制和装饰图案，如直腹罐和动物形象。但库利文化的许多陶器与哈拉帕文化的相似，且哈拉帕特有的模型车等工艺品在库利遗址中也有发现。另外，在邻近地区的哈拉帕文化遗址，如纳沙罗和罗胡约达罗（Lohumjo-daro）也出土了少量库利文化遗物，在摩亨佐达罗还出土了两件与梅希遗址类似的滑石盒。

在宁德瓦利遗址出土了几只带独角兽图案的哈拉帕印章，在梅希和金纳鲁遗址（Kinneru）发现了砝码，这表明哈拉帕贸易网中也包括了库利文化区。南部俾路支省，特别是萨拉万地区是矿产地，出产大量铜矿（拉斯贝拉东部）、玛瑙、滑石（马克兰和佐布地区）、碧玉、玉髓（哈布河谷），以及燧石[可能开采于哈拉帕时期的巴卡尔·布提遗址（Bakkar Buthi）]。就像今天一样，枣等水果可能也来自这一地区。

库利地区横跨在连接马克兰海岸的哈拉帕聚落与卡奇平原和信德省的陆路通道上，在夏季的几个月里海上交通非常困难甚至难以进行，此时陆上交通就具有了特别重要的意义。哈布河谷的一些城镇似乎与控制信德省和库利地区之间的通道有关。由于牧业在库利文化经济中发挥了重要作用，冬季从山上下来的转场牧民和牧羊人很可能起到了为哈拉帕人运货的作用。

至少从约公元前 7000 年开始，卡奇平原就受益于其地理位置，它位于一条主要的路线上，这条路线通过博兰山口进入俾路支省内部，然后穿过奎达和坎大哈河谷，到达锡斯坦乃至更远的地区，并穿过科加山口（Khojak Pass）到达阿富汗和中亚。伴随哈拉帕文明出现而来的政治变化似乎导致奎达山谷以外道路的封闭。俾路支省西北部的重要城镇蒙迪加克成为赫尔曼德文化的一部分，不再与印度河地区进行贸易往来。奎达山谷中少量的哈拉帕遗物表明，哈拉帕文化与这一地区（早先属于达姆布·萨达特文化）的人群之间联系有限。通过博兰山口的交通现在几乎都要经过南部俾路支省和奎达山谷，这条路线的使用可从卡奇平原纳沙罗遗址中出土的库利文化遗物得到证明。从库利地区出发的另一条路线经过穆拉河谷到达帕萨尼·达姆布平原（Pathani Damb），这里可能分布着一处成熟哈拉帕时期规模相当大的城镇。

采办中心

印度河文明的标志之一是在哈拉帕文化主要分布区之外建立了据点，目的是控制关键地区的生产。这些遗址包括北部的曼达、罗帕尔和科特拉·尼杭可汗，它们均位于喜马拉雅山麓的杰纳布河和萨特莱杰河沿岸，所在河道都可通航。这些聚落很好地控制了来自喜马拉雅山麓的松树、黑檀、印度黄檀和婆罗双树，以及来自更高山区的雪杉等木材的开采和供应。这些货物被顺流而下运到哈拉帕文化的其他地区，也出口到海外。萨特莱杰河上游可能也有金砂。北部的另一处哈拉帕文化遗址位于米安瓦利附近，与盐岭以南的晚科特·迪吉文化相邻，可能与盐的开采有关。在大印度河地区的另一端，古吉拉特邦南部的梅赫甘（Mehgam）前哨站则与宝石开采有关。最遥远和令人惊讶的前哨遗址是在阿富汗的肖图盖，这在后面会讨论到。

印度河索拉什特拉地区的洛塔尔城镇位于土壤肥沃的印度河流域和人烟稀少的古吉拉特邦北部平原的交界处，该平原是狩猎采集人群的乐园，离大海不远。洛塔尔城镇很大一部分区域用来制造各种各样的印度河产品，如珠子和铜、贝壳、象牙制品。生产数量与该城镇有限的常住人口及其腹地居民的需求极不相称。因此，它大部分产品肯定是为其他地方使用而生产的。其中一部分似乎是为了与古吉拉特邦北部和印度河以南沙漠地区的狩猎采集者进行贸易往来，也有一部分可能是出口到海外的。

横跨伊朗高原的陆路贸易

资源

从公元前 7000 年左右梅赫尔格尔遗址第一期开始，长距离贸易网就为村民提供了获取其他地区产品的途径，比如来自马克兰海岸的贝壳、来自中亚克孜库勒姆地区（Kyzyl Kum）的绿松石，以及可能来自阿富汗巴达赫尚地区的青金石。到公元前 5000 年左右，青金石和绿松石也传入了伊朗高原西端的苏西安纳地区（Susiana）和美索不达米亚，表明贸易网已经延伸至此。在公元前 4000 年左右贸易变得更加发达，在伊朗高原，特别是在贸易路线的节点上出现了一些贸易城镇，或集中采办原材料，或致力于加工本地或进口原料，大多数从过境贸易中获益。两条主要的东西横贯伊朗高原的路线出现了，一条（后来成为著名的丝绸之路的一部分）在内陆沙漠以北，穿过扎格罗斯山脉，经过迪亚拉河谷（Diyala Valley），到达亚述（Assyria）和巴比伦尼亚；另一条位于沙漠的南边，经过安善（Anshan）到达埃兰，最终进入美索不达米亚南部。这一贸易涉及的关键原料包括科尔曼的绿泥石、伊朗西部阿纳拉克（Anarak）等地区高含砷量的铜、阿富汗和里海南部的锡、伊朗的银、伊朗南部的滑石、中亚的绿松石和伊朗西部的金。俾路支省西部的查盖山脉出产铜、雪花石膏、滑石、闪长岩和霰石等矿产资源，同样被印度–伊朗边境地区和锡斯坦地区的先民利用。来自巴达赫尚地区或查盖山脉的青金石在整个贸易网络中都有发现，少量的青金石流入了俾路支省、埃兰和海湾地区，而相当数量的青金石进口到美索不达米亚南部并被用来装饰许多珍贵的物品。

早期贸易网络

埃兰是位于伊朗西南部由苏西安纳和安善组成的一个国家，在公元前三千纪早期的贸易中发挥了重要作用，许多伊朗城镇都建有贸易站，包括在锡斯坦的沙赫里·索科塔遗址。约在公元前 2800 年，埃兰不再在伊朗东部发挥主导作用，公元前 2300 年左右其被并入美索不达米亚南部帝国，不过贸易城镇和贸易网络仍在蓬勃发展。这些城镇的产品流通广泛，例如，主要在公元前三千纪中期特佩·雅雅遗址制造的绿泥石碗在美索不达米亚、埃兰、伊朗高原和海湾地区的城市和城镇中都有发现，摩亨佐达罗最早的地层中也发现一件碎片，纳沙罗、朵拉维拉和马克兰地区的苏特卡根多尔附近也发现了相关碎片。

印度–伊朗边境地区河流冲积平原附近的城镇和早印度河时期的聚落是这一贸易网络的积极参与者。贸易路线通过边境地区的主要山谷，将印度河流域与巴基斯坦、阿富汗连接起来，再越过这些山谷到达伊朗高原和中亚。

在公元前三千纪后期，贸易格局发生了重大变化。作为伊朗高原及周边地区原材料的主要消费者，美索不达米亚将大部分兴趣转向了海湾地区，印度河流域与锡斯坦之间的交流也中断了。这产生的主要后果是哈拉帕人无法再从查盖山脉中获得重要和多种多样的矿物资源了。伊朗高原内的贸易仍在继续，最远可达苏萨西部，但已不再是美索不达米亚和印度次大陆之间的国际路线。

伊朗高原的遗址中很少见到哈拉帕文化遗物，所发现的少数物品可能是通过与马根和埃兰等第三方的贸易获得，如特佩·希萨尔（Tepe Hissar）、沙阿·特佩（Shah Tepe）、贾拉拉巴德（Jalalabad）、凯勒·尼萨尔（Kalleh Nisar）和特佩·雅雅等遗址中发现的蚀刻玛瑙珠。还在特佩·雅雅遗址发现有一块带有哈拉帕印蜕的陶片，在苏萨发现了哈拉帕文化的蚀刻玛瑙和长筒状玉髓珠，一件带有哈拉帕牛槽图案和一些印度河符号的圆筒印章，以及一件带有公牛和 6 个哈拉帕符号的圆形印章。

青金石贸易

青金石是一种非常美丽的蓝色石头，是通过这些贸易网络获得的主要材料之一。它是古代世界中最珍贵的原材料之一，经常与黄金等珍贵材料一起使用，创造出非凡的装饰品和艺术品。

在很长一段时间里，人们认为，从埃及到印度大片土地上的居民使用的青金石的唯一来源是阿富汗巴达赫尚地区的萨里·桑（Sar-i Sangh）等矿山。但最近在锡斯坦南部西俾路支省的查盖山脉发现了一处外观和化学成分相似的矿床。对于这是否也可以称为青金石，人们意见不一。对已出土的青金石的科学分析做得很少，古代青金石制品的材料来源通常是未知的。一个例外是离查盖山脉不远的沙赫里·索科塔遗址，分析表明，这里的青金石制品有 3 个来源，即查盖山脉、巴达赫尚和更遥远的帕米尔高原（Pamirs），其中不到三分之一来自查盖。沙赫里·索科塔遗址在青金石贸易中扮演了重要的角色，这里的居民将天然青金石原料的表皮和杂质去除，并将去掉杂质后的原料或珠子类的成品出口到外地。奇怪的是，沙赫里·索科塔先民不仅仅开采附近查盖山脉的青金石，而且还开发了更远处的资源。查盖山脉的青金石矿可能发现于公元前 3000 年左右，其开发是对巴达赫尚地区长期存在的青金石贸易的补充。沙赫里·索科塔遗址位于通往阿富汗和土库曼斯坦的主要路线上，与土库曼斯坦东南的居民有着非常密切的文化联系，这些居民开发了巴达赫尚的青金石资源，沙赫里·索科塔先民则从他们那里获得了大量的绿松石。

印度–伊朗边境地区和印度河流域的先民通过贸易获得青金石，他们可能是从沿着卡奇平原穿过博兰山口到奎达和蒙迪加克的路线进行贸易的。在奎达和蒙迪加克，这条贸易路线加入了通往土库曼斯坦南部和阿富汗的主要贸易路线。至少从公元前 7000 年开始，这条路线就把印度–伊朗边境地区与阿富汗、土库曼斯坦和里海南部的农业社区联系在了一起，这也是把绿松石从克孜勒库姆地区传到南亚的路线。在公元前三千纪和公元前二千纪，沿这一路线进行贸易的赫尔曼德和土库曼斯坦南部的文化之间可能存在经常性的交流，媒介或许是骆驼商队。

在印度河文明时期，印度河和锡斯坦之间的交通似乎被切断了，在奎达以外的博兰路线也停止了使用。是哪种文化引起的这一变化还不清楚。印度河流域的人们无法再获得查盖山脉的资源，绿松石和青金石也不再经由博兰山口传入。

相反，哈拉帕人通过更北的路线与阿富汗和中亚进行贸易。这条路线始于旁遮普，沿着戈玛尔河穿过晚科特·迪吉文化分布区，或者沿印度河向北经过斯瓦特地区，然后由喀布尔河经过开伯尔山口（Khyber Pass）进入阿富汗北部，那里有铜、银和铅等资源。哈拉帕人非常重视北方的资源，他们不仅向该地区派遣商人，还在科克查河（Kokcha River）和阿姆河（Amu Darya River）交汇处建立了肖图盖遗址，以加强当地资源的开发。除了青金石，还包括锡和金等资源。此外，也可以从邻近土库曼斯坦南部科佩特·达格（Kopet Dagh）地区的纳玛兹加文化中获得绿松石和翡翠。与后者的贸易可以从出土的哈拉帕文化遗物中得到证实，如蚀刻玛瑙珠、象牙棒和骰子，以及在纳玛兹加主要城镇之一阿尔丁·特佩（Altyn-depe）中出土的两件哈拉帕印章。在阿富汗北部被盗掘的墓葬中也发现了许多哈拉帕玛瑙珠，在达什里-3（dashli-3）的阿姆河文明宫殿中也发现了一颗蚀刻玛瑙珠和一件公牛雕像。在哈拉帕遗址发现有几件纳玛兹加文化的遗物，包括青铜动物头别针。纳玛兹加文化通过厄尔布尔山脉（Elburz mountains）以南的贸易路线与特佩·希萨尔和沙阿·特佩遗址相连，这两个地方都出土有印度河玛瑙珠。

在该地区发现有 7 处青铜时代（可能属哈拉帕文化）的遗址，其中只有对肖图盖遗址做过发掘。这是一处典型的印度河聚落，尽管距离印度河地区达 625 英里（约

1000公里）远。出土的部分手工艺品是典型的哈拉帕文化遗物，如陶饼、车模型和雕像，以及典型的哈拉帕陶器，用犬齿螺制成的手镯。这里还发现了一只带有犀牛图案的印章。房屋是哈拉帕文化常有的样式，其中使用了标准大小的砖块。聚落内的居民从事农业、发展灌溉，并开展冶炼、加工铜器和制造珠子等手工业活动，玉髓和青金石是主要的材料。

肖图盖遗址的地理位置具有战略意义，它可以控制该地区矿产资源的开采。金属矿石，尤其是锡，可能是哈拉帕人特别感兴趣的。青金石虽然受到近东文化的高度重视，但哈拉帕人却不那么看重，他们更偏向于使用其他材料，这从哈拉帕文化中相对较少的青金石的发现中可以看出。但哈拉帕人似乎更看重其出口的潜力，他们垄断了海湾和美索不达米亚地区的青金石供应。

与海湾地区的贸易

海湾（阿拉伯/波斯）地区一带的文化有着悠久的交流史，主要是通过海路，年代可以追溯到公元前5000年左右，当时美索不达米亚的欧贝德（Ubaid）陶器向南传到了遥远的阿曼。沿海的渔业社区可能经常与邻近地区和海湾口对面的渔民接触，阿曼地区阿拉伯海沿岸的渔民也可能与沿海的其他渔民建立起了联系。

公元前三千纪中期，从西亚到印度河的广大区域内贸易格局发生了根本性的变化。尽管美索不达米亚和哈拉帕人与相邻地区的贸易和伊朗高原内各文化之间的贸易仍在继续，但他们实际已经不再参与伊朗高原的贸易网络，取而代之的是水路贸易。虽然也有暴风雨和海盗一类的风险，但这通常是一种更容易、更有效的运输方式，尤其是运送笨重的货物时。印度河文明和美索不达米亚之间建立起经过海湾的直接的海上联系，美索不达米亚是近东地区原材料的主要消费者，这使得哈拉帕人可以与美索不达米亚进行直接贸易，并更好地掌控贸易活动，而不需要像陆地交通一样通过中介来提高出口的回报和控制进口供应的能力。海上贸易也使哈拉帕人得以接触到海湾地区各文化的资源和市场。沿马克兰海岸建立的哈拉帕文化新聚落反映了海上贸易的发展。

马克兰沿海的哈拉帕人

马克兰地区干旱且地形上不适宜居住，捕鱼是人们主要的生计。沿海岸的陆上旅行很困难，而海上交通则比较方便。曲折的马克兰海岸提供了许多适合船只停泊的避风港，有些港湾与季节性河流相连接，雨季时可通航至内陆，其他时候，干涸的河床为行走提供了便利。公元前 7000 年左右，这里的贝壳就已被交易到内陆的梅赫尔格尔遗址，这一时期，当地的居民必然已在开发马克兰海岸的资源。早哈拉帕时期，该区域就已经分布有不少遗址。

哈拉帕人在马克兰地区建立了几个城镇聚落，其存在无疑与海外贸易有关。苏特卡根多尔遗址是一处有着坚固的石墙和城门的小型城镇。在其东面 100 英里（约 160 公里）处的索特卡·考遗址（Sotka Koh），似乎也有一处围墙围护的区域。这些城镇修建城墙很可能是为了保护商品，城墙所在的区域是直接暴露在外族面前的。这些城镇聚落都位于季节性河流的河口 [如达什特河边的苏特卡根多尔遗址，沙迪·考尔河边（Shadi Kaur）的索特卡·考遗址]，便于与内陆地区沟通。但在更靠东的地方，毕尔·沙阿·杰利欧地区（Pir Shah Jurio）一处未发掘的遗址，位于距离哈布河口 3 英里（约 4.8 公里）的内陆。苏特卡根多尔遗址位于内陆 35 英里（约 56 公里）处，瓜达尔湾（Gwadar bay）附近，瓜达尔湾自古以来就是主要的锚地。索特卡·考遗址位于内陆，距离现代的渔村及重要港口帕斯尼（Pasni）9 英里（约 14 公里）处。但在哈拉帕时代，当海平面更高时，它们可能在海上或海边。苏特卡根多尔有被当作当地港口的传统。这处聚落有坚固的石墙，底部有 24 英尺（约 7.3 米）厚，东西两侧有堡垒或塔楼，西南角开有窄门，内部是一座建有泥砖房屋的城堡，北部和东部是没有城墙围护的下城，据说在遗址的一侧有一处码头。未经发掘的索特卡·考遗址在规模上与苏特卡根多尔相似，仍有一部分城墙保存下来，并与一处没有城墙围护的聚落相连。在凯里亚·科特（Khairia Kot）也有一个类似的遗址，位于拉斯贝拉西侧、松米亚尼湾南侧，距离海岸 25 英里（约 40 公里），可能也是港口聚落。相比之下，在松米亚尼湾以东的巴拉克特遗址则是一个渔业聚落，这个聚落显然与贸易无关 [在那里只发现了一件进口的物品，与阿曼的乌姆–安–纳尔（Umm–an–Nar）遗址所出类似]。尽管可能处在哈拉帕时代海岸的附近，位于马利尔河（Malir）流域的阿拉迪诺遗址也不是港口，但其可能是商业中心，商品被储存在那里进行分配或运输。

阿曼和海湾的商品向马克兰的苏特卡根多尔和索特卡·考遗址的运输，似乎能在一年当中的任何时候进行，因为商品运输可以在海湾的庇护下进行航行。在这些遗址中，商品或许通过了海关，可能被分成更小的包裹，由人工或驮畜（牛或羊）通过陆路运送。

在马克兰海岸建立哈拉帕贸易城镇可能改变了当地的交流方式。这一点在米里·卡拉特遗址可得到证明，它在较早时期（第二、三期）曾与伊朗高原和俾路支省北部有联系。在第三期发现原始埃兰文化的陶器，但在第四期出现了哈拉帕文化遗物以及大量来自海岸的鱼（相距 3 天路程），表明在成熟哈拉帕时期，米里·卡拉特遗址已经成为哈拉帕文化的势力范围。

古吉拉特

虽然今天南亚的海岸从拉斯贝拉向东南延伸，但在哈拉帕时期，印度河流入现在的喀奇兰恩大沼泽，其三角洲也还没有发育。与此同时，海平面更高，导致哈拉帕时期的海岸从卡拉奇周围向东延伸，然后转向南到达现在的卢尼河河口。喀奇兰恩大沼泽是一片开阔的水域，可能至少有 4 米深，喀奇则是一座岛屿。索拉什特拉邦与大陆的连接部位要比今天狭窄得多，这片土地可能在一年中有一部分或全部时间是没于水下的。坎贝湾（the Gulf of khambat）比今天更宽，向内陆延伸得更远。

因此，在哈拉帕时期，古吉拉特邦拥有广阔的海岸线。古吉拉特邦的许多沿海聚落，如帕布玛斯遗址（Pabumath）可供渔船和可能在此进行海上贸易的船只停泊。与近代一样，昆塔西等港口遗址通常位于河口或稍靠内陆地区。最著名的是萨巴尔马蒂河（Sabarmati）附近的洛塔尔遗址。在公元前 3000 年左右，一条现已干涸的河道从遗址的西侧流过，汇入坎贝湾，自哈拉帕时期以来，萨巴尔马蒂和相关海岸的入海口已因严重的泥沙淤积而成陆，今天洛塔尔遗址离海有 12 英里（约 19 公里）远。

洛塔尔城镇尽管面积不大，但是一个主要的手工业中心，有两处制作珠子的作坊、一处制铜作坊，还有制作贝壳和象牙的作坊和窑。一些作坊加工本地材料，并将产品销售到印度河流域的其他地区或可能用于海外贸易。如前所述，洛塔尔是一个门户式的聚落，通过它，来自邻近的狩猎采集和农业人群的商品和材料被引入哈拉帕内部贸易网络，以换取哈拉帕文化的成品。

在洛塔尔遗址东侧发现有一处大型水池，发掘者 S. R. 拉奥（S. R. Rao）认为这是一座码头，可供长 20 米、宽 6 米的船只卸货。水池长约 22 米、宽 37 米、深 4.0~4.5 米，厚厚的护壁用烧成的砖砌成，厚达 4 块砖。水池的侧面是垂直的，没有台阶通向塘底。涨潮时，一条水道通过宽阔的缺口进入水池北部，使之与河口相通。在水池的南部，还有另一条水道，拉奥认为这是出口或溢洪道，沟槽的发现表明这条水道最初装有水闸。在水池东南端也有一处宽而浅的缺口，可能是另外一处溢洪道，但也有可能是由于后期砖被挪用而形成的，因为其边缘呈不规则的形状。拉奥解释说，这个缺口是后期水进入水池的入口，但这一解释是有问题的。沿水池一侧的柱洞说明曾经可能有系泊柱。

洛塔尔港湾（basin）的景观，通常被称为码头。里面无疑是有水的，不过可能是海水，因为在里面发现了海洋贝壳；一个进水道将其与流经聚落的河流连接起来，还有一个带有闸门的出水道。对于这一遗迹还缺乏肯定的解释，其功能还有待探讨（Namit Arora）

有学者对这一解释提出了强烈的反对意见。例如，进港航道两次转弯 90°，非常不合理，码头与城镇有河道相隔，似乎也造成了不必要的困难。一些学者认为，水池可能是储存饮用水或灌溉水的水库，但也有学者对这一解释提出了合理的反对意见，即水池会被一条流入其中的城市下水道污染，当地水供应完全可以满足农业发展所需，没有储存的必要。在水池里发现有海贝，表明水池中的水是海水。因此，水池的用途仍然是一个谜。现在的一些实践表明码头可能是不必要的，船只可以在海滩上停泊，也可以在涨潮漫过泥滩时形成的浅水中停泊，海水退潮后人们可在泥滩上卸货。在内陆港口卸货的船只可以用河边基本的系泊设施，或者最多使用简单的码头，如昆塔西港就有一处斜坡状码头。大型船只可以停泊在近海，货物则用小船运到岸上。

当了解到有关船只搁浅修复的问题时，我想到了水池一个可能的功能（Ray，2003）：洛塔尔水池可能是干船坞。它位于城镇的对面，远离河流，因此可以免受潮汐的冲击，它有入口和出口水闸，可以控制进出水池的水流。船只可能在有水的情况下进入水池，然后把水抽干，对船只进行修理，最后放水使船重新漂浮。这是一个初步的假设，目前我还没有机会去验证其可行性。

毫无疑问，即使没有码头，洛塔尔也能从事贸易。在码头附近的城镇城堡区发现了一座巨大的仓库。它由一个平台和一个棋盘格状建筑组成，原先包含 64 座方形泥砖建筑（现在还剩下 12 座），各个单体建筑由狭窄的过道隔开，屋顶可能最初是用易腐烂的材料做的。这座建筑在某个时候被大火烧毁，因此只保留了一些结构。在这座建筑里发现了大约 70 个烧过的黏土标签，上面有布料、绳子（包括绳结）或垫子的印记，证明它们最初是绑在包裹上的。这些标签的正面印有印章，其中有 12 枚使用相同的印章，大多数是独角兽的图案，暗示官方控制着储存在那里的材料。在洛塔尔发现的印章没有一个在这些印蜕上使用过，这意味着在带到洛塔尔之前包裹已经密封。同一印章的 12 个印蜕，要么代表同一来源的大批量货物，要么代表一段时间内定期送来的同一来源的货物。

遗址内发现一座很坚固的房屋，拉奥认为这可能是属于商人的。房屋里面有 2 枚印章、8 个金吊坠和一些施衣陶（reserved slip ware）碎片。

　　昆塔西（Bibi-no-Timbo）是位于索拉什特拉邦另一端的，与洛塔尔相比较小的遗址，也被认为是一个港口。其所在的地区不适宜发展农业且淡水资源有限，表明其选址由其他因素决定。在哈拉帕时期，它坐落于潮汐河边，涨潮时人们可以从海上到达此处。在发掘之前，遗址表面就发现了锚固石，在地层内也出土有锚固石。其中一座长方形的石头平台被确定为码头。码头旁边是一座手工业建筑，包括烧铜的熔炉和烧制珠子和陶器的窑。除了可能用于储藏的房间外，有些房间还设有黏土箱（clay bin）。遗址内有坚固的石头防御墙，牢固的城门和俯瞰河流的瞭望塔。遗址内发掘了许多带庭院的大房子，说明城墙外可能还有其他房屋。昆塔西也发现了哈拉帕砝码，暗示着商业活动的存在。在这个手工业建筑的储藏区内发现了带有几何图案的未刻字印章。这个不同寻常的印章与哈拉帕早期地层中发现的印章很相似。遗址内发现的数量巨大的青金石珠可能反映了其在海外贸易中的作用，因为哈拉帕人不常用青金石产品，他们主要是将这些产品出口至美索不达米亚。也有人认为昆塔西遗址是为获得当地狩猎采集者的原材料而设的贸易中心。因此昆塔西在许多方面与洛塔尔相似，尽管规模较小。发掘者达瓦利卡尔（Dhavalikar）将昆塔西开始作为港口和手工业中心的时间追溯到公元前 2200 年—前 2000 年。一条陆路可能通过朗布尔将昆塔西和洛塔尔连接起来。

在洛塔尔的码头内或周边发现了许多这种中央穿孔的圆形石头，通常认为其是锚。这种可能性是存在的，尽管在哈拉帕城中发现的类似石头是用于建筑的（Namit Arora）

古吉拉特邦的许多遗址都有明显的防御特色，这在一定程度上可能反映了石头在当地建筑中的使用。但也可能跟马克兰沿海情况一样，反映了这里地处哈拉帕文化与外部世界的交界地带，需要保障安全和防御外敌入侵。据报道，在索拉什特拉希兰河（Hiran River）河口的沿海聚落帕拉巴斯·帕坦（Prabhas Patan）发现了一座石头仓库。迪萨尔普尔（Desalpur）是喀奇的一处小遗址，发现有一道石头和碎石砌筑的墙，可能是一处港口。苏尔科塔达也位于喀奇，相对于帕布玛斯遗址的内陆，是一处建在土台上的小遗址，由厚厚的卵石铺面的泥墙和泥砖墙围护，有堡垒和精巧的城门。迪萨尔普尔和苏尔科塔达似乎都缺乏城镇的大部分特征，更可能起到据点的作用。

喀奇的许多其他遗址也具有防御特色。最令人印象深刻的是卡迪尔岛（如今属喀奇兰恩）的朵拉维拉城址。它从只有坚固砖石墙的小城镇发展成占地至少60万平方米的城市，是手工业生产中心，涉及金属加工和珠子、陶器和贝壳工艺品的制作。由于当地贫乏的水资源无法满足居民的用水需求，人们在基岩中开凿了巨大的蓄水池。该区域水资源和农业发展条件不具备任何优势，表明其选址有别的原因，可能与贸易、内部交流和手工业有关，因为其位置有利于控制海外贸易，也有利于控制古吉拉特邦和其余哈拉帕文化分布区之间的交流，以及宝石、珠子、贝壳及贝壳制品、象牙及象牙制品等古吉拉特邦产品向内部贸易网的输送。

航海条件

沿海的哈拉帕人在海湾和阿拉伯海的航海活动中起了重要作用。从苏特卡根多尔遗址向西，南亚海岸受益于海湾对航行的庇护。但在这一地区以东和以南，船只要经受阿拉伯海危险的洋流和风暴，以及强烈的季风影响。在冬季，10—11月和3—4月之间，温和的东北季风从印度吹向阿拉伯半岛，并最终吹向东非。如果哈拉帕人有利用这些季风的知识和技能，他们可能在冬天直接航行在古吉拉特邦和阿曼海岸之间。出土了印章和象牙梳等哈拉帕文化遗物的雷斯·阿尔哈德遗址（Ra's al-Hadd），现在是利用季风航行的船只的天然停泊点。夏末和冬季，海洋条件给阿拉伯沿海带来丰富的鱼类资源，是主要的捕鱼季节。这也是一年中横跨阿曼湾的交流达到高峰的时候，渔民和商人航行于印度河地区、阿拉伯地区和海湾地区，特别是阿曼半岛之间。

相比之下，夏季，也就是 5—9 月之间，猛烈的西南季风使海上航行变得危险，因此，在每年的这个时候，从海湾出发到古吉拉特邦的船只没有容易航行的路线。夏季的航海活动很可能局限在海湾比较平静的海域，以及印度河三角洲和古吉拉特邦的小溪和死水水域。

马根和哈拉帕

阿曼东部海岸的雷斯·阿尔朱纳伊斯（Ra's al-Junayz）和雷斯·阿尔哈德等遗址，只在冬季（9 月至来年 3 月）才有人占据，被当作捕鱼和贝壳制作的基地，为我们确认航海的季节性模式（至少在阿曼）提供了依据。这些遗址的季节性居民带来了铜制工具、陶器和来自内地的植物性食物。在阿曼和阿拉伯联合酋长国（United Arab Emirates，简称阿联酋）的沿海遗址出土过石网坠、贝壳或铜制成的鱼钩和贝壳鱼饵。

从马克兰海岸到海湾西部的阿曼（美索不达米亚人称之为马根）的航线距离短且便于航行，乘船 30~40 小时即可到达，这些地区之间的联系可能在公元前三千纪早期就已建立，阿曼海岸以捕鱼为生的聚落在公元前 5000 年左右开始出现。马根和马克兰在公元前三千纪早期时 [马根的希利时期（Hili period）] 可能属于同一文化交流圈，其中思想和各个地区的少量遗物相互交流和交换。冬季在这一区域活动的渔民是创造和发展这一文化联系的重要媒介。后来，在库利遗址发现了一些外来遗物，在马根地区的乌姆安–纳尔墓地中也发现了库利文化遗物，从而证实了更晚些时期它们之间的贸易。

到公元前 2500 年左右（马根的乌姆安–纳尔时期），印度河地区和古吉拉特邦的居民也参与了这一文化交流圈，他们既是渔民也是商人，在马克兰地区建立聚落，以便控制阿曼湾的交通要道。在这些居民的影响下，贸易商品的数量和种类都增加了，同时也刺激了马根地区本地手工业的发展。虽然用于制造手镯等的贝壳可以从马克兰和古吉拉特海岸处获得，哈拉帕人也可能从阿曼东部和北部海岸得到一些刺螺和四角细带螺，阿曼人也可能为哈拉帕人提供龟肉、龟壳和皮革；但马根对哈拉帕人的主要吸引力是其丰富的铜矿。

阿曼东海岸的雷斯·阿尔朱纳伊斯是参与印度河地区贸易的聚落，出土了大型盛储器、陶罐、带有哈拉帕图符的铜印章、少量珠子、象牙梳，以及哈拉帕式的铜扁斧等哈拉帕文化遗物。

遗址内发现大量的沥青，储存在一些房子的特定房间里，年代可追溯到公元前三千纪后半段。沥青有几种形式。分析表明，矩形或平凸块状固体沥青可能来自美索不达米亚，那里有主要的矿床，特别是幼发拉底河中部的希特地区（Hit）。这些沥青块是作为造船和维修的基本原料进口的。此外，还发现来自美索不达米亚涂有沥青的陶器碎片，这是遗址内发现的唯一的美索不达米亚陶器，可作为沥青液体进口的证据。沥青也以片状或小三面体（small three-sided pieces）的形式存在，都带有垫子和芦苇束的印痕。沥青板另一边的光滑表面发现了藤壶（barnacle）和藤壶的印痕。对这些片状遗物的成分分析表明，它们是沥青与动物脂肪或鱼油（以提高可塑性）、石膏（以提高硬度和耐水性）以及芦苇、棕榈叶碎片等掺合料组成的混合物。这种混合物用来填塞芦苇船和覆盖芦苇垫。简易芦苇船的使用寿命只有几个月，而使用沥青填缝防水后可大大增加其使用寿命。沥青也可能用在木板船上。此外，填缝保护可以使船体不受藤壶的伤害，如果涂上 2~5 厘米厚的沥青，藤壶可以更容易地从沥青表皮上清除。沥青涂层被定期清理，然后加热、清洗和重新涂抹，雷斯·阿尔朱纳伊斯遗址即出土了被清理和储藏起来的沥青碎片，而且有些沥青碎片内发现藤壶壳碎片，显然是早先回收再利用时形成的。此外，美索不达米亚乌尔第三王朝时期的文本也提到了这种做法。早前在马斯喀特（Muscat）附近的阿曼海岸遗址 RH-5（库隆，Qurum）发现了一件用来加热沥青的伊朗陶罐。在马根西岸的雷斯·阿尔朱纳伊斯中也发现了沥青块、从船上回收的沥青块和涂有沥青的陶罐。

阿曼半岛的大部分地区是沙漠或山脉，山脉中富含铜和石材，特别是闪长岩、橄榄辉长岩和绿泥石。除了沿海捕鱼，该地区的居民还在内陆的绿洲和溪谷从事放牧和农业生产。大多数内陆遗址存在的目的是开采铜矿，共发现有 100 多座铜矿。铜矿石在矿区附近被熔炼，然后在邻近的聚落被提炼成铜块。这些内陆遗址与从事贸易和手工业（特别是铜冶炼和加工）的沿海聚落联系在一起。有趣的是，尽管马根地区有大量的铜，且铜矿开采有明显的重要性，在此地区的遗址中铜器并不普遍，流通的主要是

171

制作技术简单的小型铜器，如鱼钩、凿、斧、矛、箭镞，以及小件的装饰品，如环和针。这可能意味着开采和冶炼铜的主要目的之一是出口，以换取有价值的哈拉帕、美索不达米亚和迪尔蒙的物品和材料。一些铜或青铜器可能是从印度河进口的。

这些内陆遗址中最著名的是位于萨马德谷地（Wadi Samad）的马伊萨尔1遗址（Maysar 1），它和马根内陆的大多数遗址一样，由一处村落和一处堡垒组成，堡垒可能作为仓库，在遇到威胁时也作为避难所，同时此处也是当地酋长的居住区。聚落居民利用灌溉耕种周围的土地，并从事一些手工业活动，包括制作绿泥石容器，这些容器被交易到海湾和美索不达米亚等地区。无数的熔炉、坩埚、碎石、铜渣和许多小型圆面包状的铜块都证明了从附近矿山采铜的重要性。在马伊萨尔1遗址出土的一些陶器在形状和装饰上与哈拉帕文化陶器相似。装饰哈拉帕式动物形象的三棱形印章是对哈拉帕印章的一种模仿，说明了当地与哈拉帕商人之间的联系。

哈拉帕商人可能已渗透到内陆，也可能局限于沿海聚落，但其影响是巨大的。在沿海或附近的遗址中出土了相当多的哈拉帕文化陶器，例如，在阿西玛遗址（Asimah）出土的陶器中有三分之一是哈拉帕文化陶器，其中大部分是大型盛储器，有时会带有哈拉帕文化的标志或符号。印度河珠子随葬于乌姆安–纳尔和希利遗址的部分墓葬中。沿海和内陆的许多当地商品都显示出哈拉帕文化的影响。在马根发现的受哈拉帕文化影响的遗物还有扁平铜斧和主要使用哈拉帕技术制作的本地金属器和印章。其中一件出土于阿布拉克遗址的铜斧与摩亨佐达罗的同类器接近，摩亨佐达罗铜斧的光滑外表是通过将铸好的器物浸入熔融的铜液中制成的。雷斯·阿尔朱纳伊斯遗址出土了一件不同寻常的梨形印章，上面刻着一个人，与一个印度河符号类似。公元前2300年左右的阿布拉克遗址和公元前二千纪早期的西玛尔遗址（Shimal）都发现了哈拉帕文化的砝码。其中两枚是用普通的条纹燧石制成的，第三件来自阿布拉克遗址，用碧玉制成，这种材料很少被使用，但都可能是生产于印度河流域。发现于马根的哈拉帕砝码意味着哈拉帕人需要计算在那里进行交换的商品的数量。

现在的阿曼半岛向南亚出口枣、鱼干、珍珠和珍珠母，这些可能也是哈拉帕时代阿曼半岛出口的产品。然而，铜可能是哈拉帕人在此处寻找的主要商品。在洛塔尔发现了含镍量高的铜制品，有学者认为制作它们的原料来自马根地区含镍和砷的铜矿，但来自拉贾斯坦邦阿拉瓦利斯地区的铜也含有镍和砷，它们同样被哈拉帕人利用。沿海的雷斯·阿尔朱纳伊斯、雷斯·阿尔哈德和雷斯·加那达（Ra's Ghanada），以及一些内陆地区，如阿西玛，出土了数以百计的哈拉帕大型黑皮陶罐的碎片。这些可能表明马根人通过出口铜矿得到了谷物等食物，以及小件装饰品，如玛瑙、青金石珠和象牙梳。在乌姆安-纳尔遗址里被用来加入铜中形成合金的锡，也可能来自哈拉帕人或通过哈拉帕人获得。对4座墓葬出土青铜器的成分分析表明，它们是用进口青铜而不是当地铜和进口的锡制成，因此这也可能是哈拉帕人带来的。在南亚驯化的瘤牛在公元前3000年左右传入阿曼，这也可能是在铜贸易的背景下传入的。

马根和哈拉帕也参与了延伸至非洲的贸易路线。雷斯·阿尔朱纳伊斯位于索特卡·考遗址以南45海里（约83公里），地处阿曼最东端，这是从巴基斯坦到阿拉伯半岛的船只的重要地标，船只将沿着阿拉伯南部海岸经过也门，穿过红海到达吉布提和埃塞俄比亚。熏香可能是沿着这条路线向东传播的，这是后来阿拉伯半岛西南部的主要商品，在公元前三千纪后期古埃及人有大量进口。也正是通过这条路线，非洲的农作物，尤其是高粱、鸭脚稗和珍珠粟传入印度次大陆。在美索不达米亚城市埃什努那（Eshnunna）公元前三千纪晚期的墓葬中发现了来自非洲桑吉巴岛（Zanzibar）的柯巴脂（copal resin），证实了非洲和经由海湾的贸易网的存在。

海湾东部

公元前24世纪甚至更早，哈拉帕人也曾穿过海湾到达美索不达米亚。向北走的最直接和最容易的方式是沿着海湾的东岸航行。这是一片不适宜居住的土地。伊朗南部的山脉与海岸平行并靠海，只留下一条狭长的海岸地带，伊朗高原内部只有几条通道可以到达，提供的资源很少，不足以满足人类居住。在有好锚地的地点有时可形成聚落，如西拉夫遗址（Siraf），虽然数量不多。其中一个类似的地方是布什尔（Bushehr），在那里，沙普尔河（Shapur River）横穿山脉，形成了一条通过设拉子（Shiraz）连接安善和海岸的路线，但在公元前3000年左右，这条通道可能很少使用。位于伊朗高原西南部的重要国家埃兰，通过可通航的卡仑河（Karun）进入海湾的最南端，但其主要发展的是陆路贸易网络。大约在公元前2300年，埃兰被阿卡德的萨尔贡（Sargon）征服，直到公元前 2004 年左右埃兰人洗劫乌尔城之前，埃兰一直属于美索不达米亚南部的势力范围。在埃兰人的首都苏萨发现了许多哈拉帕文化的印章、珠子、象牙镶嵌和砝码，在苏萨和洛塔尔也发现了相似的游戏板。

在安善以东、伊朗南部内陆，有各种各样的小政权，特别是克尔曼的赫达德（Shahdad）和特佩·雅雅遗址，哈利勒路德盆地（Halil Rud Basin）的吉罗夫特，伊朗俾路支省的班布尔（Bampur）等城镇遗址，以及锡斯坦的赫尔曼德文化。它们主要分布于东西向横穿伊朗高原的路线上，但有一条路线通往现代米纳布（Minab）和阿巴斯港（Bandar Abbas）附近的海岸，并通过海路与对面的阿曼北端相联系。这些城镇和马根之间的贸易发生在公元前三千纪早期，但来自伊朗高原的人似乎并没有航行到更远的地方。在成熟哈拉帕时期，哈拉帕人控制了马克兰沿海地区，伊朗与马根的贸易变得微不足道。

海湾西部

海湾的西岸主要是沙漠，但在胡富夫（Hofuf）等绿洲和适合捕鱼的沿海地区，聚落却很兴旺。西海岸外的岛屿也适宜居住。在公元前三千纪早期，塔鲁特岛（Tarut）上有一支繁荣的文化，到公元前三千纪中期，之前有过遗址但已废弃的巴林岛再次被占据，农业、畜牧业、狩猎尤其是渔业迅速发展，经济一派繁荣。巴林的卡拉特·阿尔巴林（Qala'at al-Bahrain）海岸上建立了一座城镇，那里有很好的天然港口。岛上的主要农产品是枣子，在近东地区颇为闻名。周围的水域不仅有鱼，还有牡蛎。从牡蛎中可以得到"鱼眼"（珍珠）和珍珠母。幸运的是，岛上有大量的淡水资源，在近海处也有淡水涌出，也有很好的天然港口，包括位于卡拉特·阿尔巴林的一处港口。因此，它是航行在海湾上的海员们的天然停靠港，可以给他们补充淡水储备。这使得该岛最终发展成为主要的贸易中心，来自美索不达米亚、印度河等地区的货物可以在这里进行交换。

马根和迪尔蒙（美索不达米亚语，指阿拉伯东部沿海地区和巴林）之间也存在贸易关系，比如在巴林发现了来自乌姆安-纳尔的陶器。

波斯湾印章

在公元前三千纪后期，迪尔蒙人开始制作圆形（波斯湾）印章，图案简单，主要表现的是动物或人的脚，印章还有一个中心带有凹槽的凸起。这类印章一直使用到公元前二千纪初期。法拉卡岛（Failaka）、巴比伦、吉尔苏（Girsu）、苏萨和印度河地区的摩亨佐达罗、昌胡达罗，尤其是巴林和乌尔还发现了不少类似的带有哈拉帕图案（特别是短角公牛）的圆形印章，偶尔也刻有哈拉帕文字。这些印章中有些可以辨认出哈拉帕成组符号，但有些铭文中也包含了一些在印度河地区未知的符号或符号组合，这说明当时也使用了非哈拉帕人的名字或单词。这些可能是密切从事哈拉帕贸易的迪尔蒙人的财产。大多数波斯湾印章上没有铭文，也没有使用其他文字。经典的波斯湾印章和那些有哈拉帕图案、铭文的印章的相对年代不详，但有可能是哈拉帕人向迪尔蒙人传递了使用印章的观念。

虽然对美索不达米亚文字的熟悉度可能促进了读写能力的发展，但迪尔蒙没有发现过文字记录。克劳福德（Crawford，1998）注意到，迪尔蒙的圆形印章适合与油墨一起用于羊皮纸之类的材料上。但除非哈拉帕式的海湾印章之外，没有其他印章带有铭文，因此读写能力不太可能在当地生活中扮演重要角色。

海湾的美索不达米亚商人

海湾的顶端是美索不达米亚。其南部为苏美尔地区，在公元前三千纪早期，沿着幼发拉底河支流的城邦繁荣发展。那时波斯湾向北延伸得比现在远得多，乌尔城就坐落于海边。该地区的河流可以通航，为苏美尔北部的阿卡德城市提供了与海湾之间的通道。公元前 2334—前 2316 年，苏美尔和阿卡德的众多城邦被阿卡德的萨尔贡统一。这个帝国在公元前 2200 年左右分裂，但在乌尔第三王朝（公元前 2112—前 2004 年）又重新统一。苏美尔在公元前四千纪后期发明了文字，到公元前 2500 年左右，其创造了大量的经济记录、法律文件、政治声明、书信和文学作品，因此，美索不达米亚参与海湾贸易的大量信息得以保存。

在公元前 5000 年左右（欧贝德时期），从巴林、沙特阿拉伯到卡塔尔、阿联酋，欧贝德文化典型陶器在海湾地区闻名遐迩。可能反映了苏美尔人与这些地区之间的活跃的贸易往来，但更有可能反映了海湾不同地区的人们之间的接触，可能是在捕鱼探险的过程中完成这种陶器的交换和传播。在阿拉伯东部遗址出土的动物骨骼中鱼类占主导地位。公元前 4000 年左右（乌鲁克时期，Uruk period），苏美尔人将注意力转向北方，与美索不达米亚北部的城市和安纳托利亚进行贸易。但海湾地区的渔业社区与其邻居的交流可能还在继续着。

马根

在公元前三千纪早期，陶器的发现表明苏美尔人与阿联酋沿海马根的聚落建立了贸易关系，如乌姆安–纳尔遗址的居民通过内部的交流获得铜和闪长岩。苏美尔人也可能在这个时期进入内陆地区。在公元前 3000 年左右，他们继续与马根进行贸易，以羊毛、纺织品和衣服、油、兽皮、大麦和沥青来换取铜、木材、红赭石、海龟、闪长岩和橄榄辉长岩。大约在公元前 2500 年，坐落在马根西海岸外一座岛上的乌姆安–纳尔遗址是主要的贸易港。克劳福德（Crawford，1998：126）认为乌姆安–纳尔墓地中妇女和儿童墓葬数量较少，可能反映了该聚落是没有家庭的商人和水手的专职中心。聚落中发现了一座由 7 个狭窄房间组成的建筑，可能是仓库，用来存放待贸易的货物和贸易中获得的商品。美索不达米亚的遗物只在沿海的遗址中发现，而哈拉帕文化的遗物则在整个马根都有出土，这表明美索不达米亚商人的活动范围仅限于沿海地区。

有文本表明，阿卡德国王对这些贸易并不完全满意，也许向其提供的物资数量不够。古巴比伦（公元前二千纪早期）时期复制的阿卡德铭文记载了玛尼什吐苏 [Manishtushu（公元前 2269—前 2255 年）] 的一次远征，在那次远征中，他击败了一个由 32 个"城市"组成的联盟，并从他们的山上开采黑色石头，这个被入侵的地区可能是马根，不过也有可能是伊朗的一部分。他的继任者纳拉姆辛 [Naram–Sin（公元前 2254—前 2218 年）] 的铭文记载了他战胜了马根的事件。在纳拉姆辛奉献给寺庙的物品中有一件绿泥石容器，可能是来自马根的战利品。纳拉姆辛在取得胜利后也在那里开采闪长岩。

阿卡德的萨尔贡声称从马根来的船只在其首都阿加德（Agade）航行。出土于苏美尔城市乌尔商业区的公元前 21 世纪的文件中，可能记载了来自马根的船只，但"马根船"可能意味着用于航行至马根的苏美尔船只，或与马根使用的相同类型的船只。温马和吉尔苏的乌尔第三王朝时期的档案也提到了来自马根等地的外国人，但马根的水手似乎不太可能是海上贸易的主要参与者。

迪尔蒙

到公元前四千纪末期，美索不达米亚人开始与他们称之为迪尔蒙的地方进行贸易。这个名字在不同时期可能指代海湾的不同地区。在公元前三千纪早期，可能指代塔鲁特岛和相邻的阿拉伯东部地区。在公元前三千纪后期，它似乎也指代巴林岛，在公元前二千纪早期，巴林岛已经成为主要的中心。在这个时候，迪尔蒙人也在美索不达米亚南部海岸的法拉卡岛上建立了重要的前哨遗址。

公元前三千纪早期，塔鲁特与美索不达米亚、马根、伊朗各地以及俾路支都有贸易往来。当时塔鲁特是绿泥石容器的产地，被称为跨文化风格（Intercultural Style）。特佩·雅雅遗址也是主要的生产中心，该遗址非常靠近大型绿泥石矿床，其北部的吉罗夫特可能也是一个中心。这类容器在海湾、美索不达米亚和伊朗高原广泛流通。公元前 25—前 24 世纪，迪尔蒙被认为是木材和铜的中间供应商。虽然在随后也有关于迪尔蒙的记载，但在公元前三千纪后期，它作为转口港的作用似乎下降了，美索不达米亚人通过其西部沿海中心，如乌姆安–纳尔直接与马根沟通，并与来到苏美尔的哈拉帕人打交道。只是在乌尔第三王朝沦陷之后，迪尔蒙才再次成为一个主要的转口港。

由于该地区的农业用地有限，进口粮食对当地来说非常重要。大量从美索不达米亚运来的谷物被记录在案，如曾有记录表明一艘船装载了 187500 英制加仑（约 714000 升）的谷物。美索不达米亚还为迪尔蒙提供了其他食品以及羊毛和银。迪尔蒙的珍珠和珍珠母连同巴林种植的优质枣子一起出口到美索不达米亚。

印度河和美索不达米亚

苏美尔人和阿卡德商人在海湾地区很活跃，但没有证据表明他们曾经到达过比马根西海岸更南的地方。而在印度河文明的早期，哈拉帕文化的遗物就开始出现在美索不达米亚，如乌尔王陵的部分墓葬中发现玛瑙珠，年代在公元前 2600—前 2450 年之间。苏美尔人最初可能通过伊朗高原或与马根人的贸易间接接触到这些新奇事物，哈拉帕人与马根已经有了经常性的接触。公元前 24 世纪晚期开始，哈拉帕人穿过海湾航行到美索不达米亚南部的港口，因为在这个时候，阿卡德的萨尔贡曾吹嘘从迪尔蒙、马根和梅卢哈来的船只停靠在他的首都阿加德的码头。

现在普遍认为梅卢哈是美索不达米亚人对印度河文明的称呼，梅卢哈是 3 个外国地名中最遥远的 1 个，从梅卢哈进口的商品在苏美尔和阿卡德人的文本中都有提及，如木材、玛瑙、象牙，与哈拉帕文化的资源相匹配。据说，梅卢哈人拥有大型船只，牢固、适航的船只是进行远距离贸易的先决条件。因此，在萨尔贡时期甚至之前，印度河流域先民已在海湾航行，并在美索不达米亚的港口停靠。

约公元前 2193 年阿卡德王朝崩溃后，出现了一段政治解体的时期，在此期间，美索不达米亚各城邦重新获得了独立。其中拉迦什城邦（Lagash）是最重要的城邦之一，其伟大的统治者古地亚 [Gudea（公元前 2141—前 2122 年)]，为了在其首都吉尔苏建造一座伟大的神庙，利用了已有的贸易网获取异域的材料，如木材和"来自梅卢哈的半透明玉髓"。美索不达米亚南部约在公元前 2112 年由乌尔纳姆（Ur-Nammu）再次统一并建立了乌尔第三王朝，成为第二个美索不达米亚帝国。虽然乌尔第三王朝时期的文献并没有提及来自梅卢哈的船只的到来，但大量的证据表明当时印度河的商人确实存在于苏美尔。

苏美尔和阿卡德（巴比伦尼亚）的哈拉帕人

哈拉帕人与巴比伦尼亚的贸易似乎是在阿卡德时代大规模建立起来的。这一时期的一件美索不达米亚圆筒印章上写着它的主人是"苏伊利苏（Su-i-li-su），梅卢哈翻译者"。另一件年代可能相同的文本，记录了一个叫路孙兹达（Lu-Sunzida）的梅卢哈人，付给阿玛尔路库（Amar-Luku）的儿子乌鲁尔（Urur）十舍客勒银子作为打断牙齿的赔偿。哈拉帕商人很可能在这个时候就居住在美索不达米亚，但是从考古上证实相当困难。公元前 19 世纪安纳托利亚卡内什（Kanesh）也有类似的情况，发现于商人房屋内的楔形文字中记录了该地区有大型亚述商业区，并详细描述了其贸易等活动，但在建筑和手工业品等方面与其邻居安纳托利亚人无法区分。偶尔发现的骰子等小物件，经常是磨损或破损的，可能是印度河商人的私人财产，出土的哈拉帕印章可能也是如此。埃什努那的阿卡德时期地层中出土了哈拉帕文化遗物，包括一件带有哈拉帕动物（大象、犀牛和长吻鳄）图案的圆筒印章、玉髓珠和陶器。波塞尔（Possehl，1997）指出埃什努那发现的属于这一时期的厕所，或许与哈拉帕式的排水系统有关，暗示了哈拉帕文化对其的影响，也可能是有哈拉帕人居住于该城市。

乌尔第三王朝时期，不少文献中留下了梅卢哈人或梅卢哈人后裔有关经济方面的记录。哈拉帕商人在苏美尔存在的证据出自一些主要城市，包括拉迦什城邦的拉迦什和吉尔苏，以及乌尔、基什、埃什努那和温马。在公元前 21 世纪的拉迦什遗址上，有一个梅卢哈村落，据推测是一处贸易殖民地，管理着苏美尔地区的印度河贸易网。除了外国居民，这个村庄似乎没有什么特别之处，人们种植大麦并以通常的方式纳税，3 个来自这个村庄的人被认出有苏美尔名字。

许多发现反映印度商人参与了当地贸易活动。一件可能出土于温马的黏土印蜕上有牛和食槽的图案和 6 个哈拉帕刻符。印蜕粘连在绳结上，而绳子将一块布绑在陶罐的颈部。这座城市与梅卢哈、迪尔蒙和马根有直接的贸易联系。温马的一篇文本记录了来自梅卢哈的一艘船的代理人收到了定量的油，而同时的另一篇文本则记录了向梅卢哈人预付的银子（实际上用作货币）。从阿卡德时期开始，在苏美尔人的城市中发现了大约 45 件与哈拉帕人有联系的印章，大多数属乌尔第三王朝时期。包括标准的方形哈拉帕印章和印着印度河动物图案的圆筒印章，以及来自乌尔、苏萨和埃什努那的哈拉帕文字。乌尔的一枚不同寻常的印章上刻着没有食槽的公牛图案和一个楔形文字，还有带着非常规文字排列的印度河式方形印章，大概是为了呈现非印度河的名字或头衔。在基什发现两枚印章，都有牛和食槽的图案和哈拉帕文字。这些印章和印蜕表明哈拉帕商人参与了运往印度河的货物的包装工作。在乌尔第三王朝时期发现了一件与昌胡达罗遗址大致相似的重 13.5 克的黄玉髓砝码，则表明哈拉帕商人在贸易中按重量来确定价值。

美索不达米亚进口的印度河商品

苏美尔人和阿卡德人从梅卢哈进口商品的种类可以从美索不达米亚文献中找到一些线索，包括各种木材、石头、金属、象牙和动物。其中一些显然源于印度河地区，另有部分产品不是印度河地区出产，而是由哈拉帕人进口并交易到美索不达米亚的。此外，文本提到了一些美索不达米亚人从迪尔蒙进口的商品，很大一部分显然不是在那里生产，而是来自印度河流域。

玉髓

玉髓（红色石头）在美索不达米亚文献中经常被提及，通常认为是从迪尔蒙（其实并不出产玉髓）进口的，不过古蒂亚的铭文中说它来自梅卢哈。虽然在伊朗的部分地区也发现了玉髓，但玉髓的主要来源肯定是哈拉帕文化，其先民大量开采和加工玉髓。他们最独特的玉髓制品包括超长的珠子和饰有各种所谓蚀刻（实际上是漂白）的图案，如眼睛的珠子。在美索不达米亚的遗址，如基什、乌尔、尼普尔、埃什努那，甚至北部的阿舒尔（Assur），都发现了相同的玛瑙珠。有时苏美尔人会在这些珠子上刻上楔形文字，比如阿卡德王朝的国王舒尔吉（Shulgi），就把两颗珠子作为与苏萨战争的战利品献给了宁伽尔女神（goddess Ningal）。苏美尔人还进口未加工的玛瑙，供自己的工匠制作。例如，在吉尔苏有一处制作玛瑙的作坊，与印度河进口品相比，其产品又小又粗糙。

青金石

进口到美索不达米亚的最珍贵的材料之一是青金石，它被认为是装饰神庙的合适材料，在乌鲁克时期就已被美索不达米亚人熟知。它被用来装饰珍贵的物品，包括乌尔的王族墓地中用于随葬的七弦琴和游戏板，也被广泛用于制作珠子和针头一类的小物件。

"恩美尔卡和阿拉塔之王"（Enmerkar and the Lord of Aratta）的故事中，乌鲁克国王恩美尔卡与阿拉塔 [可能是位于伊朗哈利勒鲁德盆地（Halil-Rud Basin）的吉罗夫特文明] 之王谈判，希望获得青金石，从文本中可以很清楚地看出，在公元前三千纪的前两个世纪青金石是通过陆路交换的。但在后来的文献中，青金石据说来自梅卢哈。约公元前2500年以后，青金石的分布情况显示其贸易活动发生了彻底的变化。哈拉帕人似乎通过贸易基地肖图盖遗址垄断了青金石的供应。印度河先民偶尔也会用青金石制作珠子，但他们更喜欢玛瑙等坚硬的本地石头，而哈拉帕人的青金石大部分都交易到了美索不达米亚。这可能对伊朗东部的城市沙赫里·索科塔造成了严重影响，该城市建立了一个大规模的基于青金石加工和供应的手工业生产供应链。在公元前三千纪的最后两个世纪，沙赫里·索科塔停止了珠子制造和青金石加工等活动，并在约公元前2200年走向衰落。

植物和植物产品

语言学证据表明，芝麻油是印度河出口到美索不达米亚的商品之一。它在苏美尔语中被称为"ilu/ili"，在阿卡德语中被称为"ellu/ulu"，这些术语与早期德拉威语中对芝麻的称呼"el"或"ellu"惊人地相似。然而，产油的是一种不相关的植物，约公元前2250年，这种植物被种植在美索不达米亚，它可能是从印度河传入，或者从非洲本土通过黎凡特（Levant）传入的。

各种木材是美索不达米亚南部的重要进口对象，因为那里严重缺乏用于建设的木材。苏美尔人用来制造船只、战车和家具的"高地梅苏木"（highland mesu wood）可能就是印度黄檀，它生长在印度河流域的旁遮普，也生长在俾路支省。另一种用于建筑和家具被称为库萨布库海木（kusabku-sea wood）的木材，可能是红树，但红树生长在印度河三角洲、巴基斯坦马克兰海岸的盐水水域，不适合用来制作苏美尔文本中提到的嵌青金石宝座这样精美的产品。但原产于古吉拉特的柚木由于其防水性能，被广泛用于造船，也是海木的另一种可能。柚木是一种非常好的木材，非常适合用来制作装饰性家具。

许多其他种类的梅卢哈木材也有提及。其中有一种被称为梅卢哈的黑木（sulum meluhhi），可能是原产于西高止山脉的黑檀木。在印度河流域的遗址中还没有发现黑檀的踪迹，但由于木材通常不能被保存下来，现存的少数木材不能代表哈拉帕人使用的全部木材。另外，黑木也可能是红木，众所周知红木来自哈拉帕。美索不达米亚人也声称进口梅卢哈枣椰树作为木材。这令人费解，因为枣椰树生长在美索不达米亚南部，这个名字可能指代另一种与枣椰树相似的树。

在苏美尔文本"恩基和世界秩序"（Enki and the World Order）中提到了芦苇，表明类似芦苇的东西是印度河地区的一个值得注意的产品。有几种可能性。据说美索不达米亚人从马根进口芦苇并用于制作容器、箭袋和家具，所以马根芦苇很可能是竹子。哈拉帕人从马克兰进口竹子用于建造房屋、船桨和桅杆，在洛塔尔竹子被用作包装材料，所以高地芦苇可能也是竹子。另一种可能是指甘蔗，在旁遮普有野生甘蔗。哈拉帕人使用的雪杉、柽柳、松树、榆树和刺槐等木材，似乎都不属于苏美尔人的进口范围。

金属

在美索不达米亚文本中，马根和梅卢哈都被认为是铜的来源地。苏美尔人在公元前三千纪直接从阿曼获得了一些铜，但在晚期，梅卢哈和迪尔蒙也充当了贸易中介，大约在公元前二千纪以后，苏美尔人与阿曼没有直接联系。令人好奇的是，哈拉帕人前往马根获取铜矿，大概是为了弥补当地（阿拉瓦利，也许还有俾路支地区）铜矿供应的短缺，同时也更进一步与需要马根铜矿的苏美尔地区进行交易。哈拉帕人可能直接与内地的铜矿开采者进行贸易，他们可能以足够优惠的价格获得铜，并将其卖给苏美尔人，从而获利。苏美尔人只能通过沿海聚落间接获得马根铜矿。

锡在古代是一种稀有的商品，但苏美尔人和梅卢哈人都能找得到。它的来源还不确定。古蒂亚的一处铭文中提到，苏美尔的锡有一部分来自梅卢哈。哈拉帕人可能从阿拉瓦利斯获得锡，但更有可能的是锡来自阿富汗，在那里，锡和黄金一起出现在印度河前哨站肖图盖附近。

梅卢哈在美索不达米亚文献中被认为是金砂的来源，金砂作为一种商品，可从印度河的各个部分和邻近地区获得。金砂可能是哈拉帕人在印度河上游淘出来的，就像今天一样。向美索不达米亚出口的金砂表明，印度河先民可以获得大量金砂。在印度河流域的城镇中发现的许多黄金首饰可以证明这一点。

动物及动物产品

印度人大量使用了印度象的象牙。奇怪的是，尽管美索不达米亚人使用象牙，他们现存的文献中只是将梅卢哈作为象牙鸟雕像的来源。

许多印度动物被作为礼物或异域商品带到美索不达米亚，如在一些阿卡德圆筒印章上有着生动描绘并在少量文献中有提及的水牛。在其中一篇关于阿卡德首都阿加德的文本中提到了水牛这种外来生物，以展现阿加德的世界性。女神伊南娜（Inanna）确保"猴子、大象、水牛、异域动物，以及纯种狗、狮子、野山羊和长毛绵羊等动物的安全，使它们在公共广场上自在玩耍"（《阿加德的诅咒》，21~24 行）。

将体型庞大、凶猛的水牛运送到美索不达米亚可以佐证哈拉帕人拥有大型船只的猜测。乌尔第三王朝的一篇文献描述了一只来自梅卢哈的红狗，可能是豺（ *cuon alpinus* ），被作为贡品从马拉什（Marhasi，伊朗西南部内陆地区）送给国王伊比辛。

动物雕像也是哈拉帕人带到美索不达米亚的一种商品。有文献记载，其中包括象牙质的鸟和玉髓质的猴，还发现了黄金等材料制作的猴子。

美索不达米亚与印度河地区的贸易

印度河流域的苏美尔人？

有大量的考古和文献证据表明，哈拉帕商人曾出现在苏美尔和阿卡德。苏美尔人是否也去印度河进行贸易？一些学者认为，有证据表明存在这种情况。例如，有人认为在哈拉帕的一些葬礼中使用的木棺和芦苇裹尸布反映了苏美尔人的丧葬习俗，因此，这些可能是苏美尔商人的葬礼。但这同样可能反映的是生活在或到达过美索不达米亚的哈拉帕人带回印度河的习俗。

在哈拉帕和摩亨佐达罗发现了一些美索不达米亚的用黑色石头制成的小型桶状砝码，在洛塔尔和朵拉维拉也各发现了一件，其中朵拉维拉那件是用石灰岩制成的，因此可能是当地制造而不是来自美索不达米亚的。桶状砝码出土背景多样，经常与哈拉帕的立方体砝码共出。拉特纳嘎（Ratnagar，2004：312）认为，这可能反映了美索不达米亚商人曾存在于印度河城市的现象。但它们也可能是哈拉帕商人在包装出口货物时使用的。而且这种砝码仅在美索不达米亚乌尔第三王朝末期[公元前 2037—前 2029年舒辛（Shu-Sin）在位时]才开始使用，很可能是从迪尔蒙传播过来的，在迪尔蒙同时采用美索不达米亚和哈拉帕重量系统。

文字记录是美索不达米亚经济体系的一个组成部分。如果苏美尔商人曾存在过，他们不太可能不在他们所居住的哈拉帕城市留下楔形文字记录，可能还会发现圆筒印章和印蜕。然而尽管在哈拉帕文化遗址发现了一些圆筒印章，它们在风格和使用上都与标准的美索不达米亚印章不同，它们更有可能属于在美索不达米亚使用过这些印章的哈拉帕商人，而不属于在印度河流域活动的美索不达米亚商人。

无论是以上证据还是其他的证据（比如共同的艺术主题）都不能令人信服地表明苏美尔人曾来到过印度河流域，很可能他们并没有来过。

美索不达米亚的出口商品

目前还不清楚印度河文明从美索不达米亚进口了什么商品。美索不达米亚文献记录了一些他们出口到其他国家的货物，包括本地剩余的农产品，如大麦、小麦、枣、皮革和羊毛、鱼干，以及用当地材料制成的产品，如精美的羊毛织物、香膏和油。也有从其他地区进口的货物和材料，如从安纳托利亚或埃兰进口的银，这些材料进口的数量比美索不达米亚人所需要的数量要多。最后，用进口材料在美索不达米亚制作的商品也被拿来进行了交易。这些出口产品，如纺织品和食品，由于早就被消费掉或已腐烂，没有留下任何考古痕迹。所以，尽管美索不达米亚出口这些商品是众所周知的，但没有办法确定印度河先民是否采购过。

考古证据、文献资料以及对当地资源和需求的了解使重建美索不达米亚和海湾人民之间的贸易模式成为可能。通过交换原材料和贸易商品，海湾地区的文化得到了重要的日常用品，比如油、谷物和纺织品，这些商品他们自己无法生产，或者当地供应不足。还有来自美索不达米亚和其他地区的奢侈品，比如精美的陶器。这些文化有许多需求在当地无法得到满足，所以不难理解为什么他们要与美索不达米亚进行贸易。

但是印度河文明与西方的贸易需求却很难推测。没有任何苏美尔语的文本提到为梅卢哈准备的商品。美索不达米亚所能提供的商品，印度河先民几乎都可以在本地得到，或自身可大量生产。在印度河遗址发现的美索不达米亚物品非常少，比如一些装饰品等小物件，主要是为了满足人们的好奇心而并非在贸易网中具有经济意义。印度河先民不需要美索不达米亚的谷物等食物，他们的手工业与苏美尔和阿卡德一样先进。然而，来自美索不达米亚的一些商品可能被认为优于当地印度河生产的同类产品，因此被认为有进口的价值，就像在公元前 19 世纪，安纳托利人珍视高质量的巴比伦纺织品，尽管他们自己也生产纺织品。例如，在印度河–美索不达米亚贸易的背景下，来自苏美尔或迪尔蒙的枣可能比来自俾路支省的枣更受青睐。

同样地，大部分贸易中的外来原材料哈拉帕人都能在本地找到，贝壳在自己的海岸随处可见，古吉拉特邦或德干邦有用于制作装饰品的宝石，阿拉瓦利斯有铜等等。在某些情况下，当地的铜供应可能跟不上需求，因此需要从阿曼和阿拉瓦利斯进口铜。不过，印度河地区或其邻近地区可能也缺乏一些珍稀原材料。

银

其中银可能是这些原材料之一，尽管比美索不达米亚更接近印度河的银矿可能已经被开发了。阿杰梅尔（Ajmer）附近的拉贾斯坦邦可能是一处银的来源地，不过与摩亨佐达罗和哈拉帕遗址相比，卡利班甘遗址（相对靠近银的产地）缺乏银制品，表明哈拉帕人并没有开发这一产地。另一个来源是阿富汗北部的庞吉夏河谷（Panjshir），那里后来有开采银的活动。这个河谷可能是连接肖图盖和印度河流域的线路之一。印度河贵族大量使用银质的珠子和手镯等装饰品。在主要城市，特别是在摩亨佐达罗发现了银质容器，在哈拉帕也发现了银器，但在其他不太重要的遗址却很少发现。

哈拉帕人也使用铅，主要用于铜合金或作为助熔剂，但偶尔也用于制作器皿或装饰品等。铅矿石通常含有少量的银，拉贾斯坦邦和阿富汗的矿石即是如此。摩亨佐达罗的银中含有微量的铅，这表明哈拉帕的银是从铅银复合矿中提取出来的。

美索不达米亚人从埃兰和安纳托利亚进口银，并经常把它作为交换的媒介，通过将其制成环形或线圈形，以切割出所需的数量用于交易。文献清楚地表明，美索不达米亚人获得了相当数量的银用于与海湾地区的贸易，因此，美索不达米亚很可能是哈拉帕文化银器的直接来源。在早印度河时期之前，印度次大陆没有出土过银，在印度河地区衰落之后，白银也不再被使用。在乌尔发现的哈拉帕砝码表明哈拉帕人对通过出口获得的一些商品进行称重。砝码重 13.5 克，这表明被称重的材料是小批量交易的高价商品，银符合这一特征。

纺织品

哈拉帕人用棉花和皮革制作衣服等纺织品，他们养了少量的绵羊和山羊，山羊毛可以用来做纤维。但正如我在前一章中所论述的，哈拉帕文化的羊可能不产羊毛（除了短的、季节性脱落的底毛，这是野生羊的特征）。即使印度河的羊产羊毛，考虑到饲养的羊的数量很少，每年的产量也不高。相反，苏美尔每年畜养成千上万只羊，并大规模生产羊毛和羊毛纺织品。例如，在拉迦什的乌尔第三王朝时期的"纺织作坊"雇佣了6000 人。这些纺织品中有许多是为出口生产的，苏美尔纺织品以质量优良而享有国际声誉。因此，美索不达米亚羊毛纺织品很可能是哈拉帕人所需的货物之一。

苏美尔-哈拉帕贸易关系的性质

历史和民族志显示了多种贸易、交换和获取商品的模式。如在涉及亲属或社会群体的活动中赠送礼物，这可能不需要相等的回报。有时商品和材料是通过武力或以武力相威胁的方式获得的，而提供者可能得到很少或没有任何回报。货物可以用来交换非物质的奖励，比如地位的提高或者对敌人的防御。然而，更多情况下交易是在互惠的基础上进行的，每一方都可以从交易中获利，尽管在外人看来，交换的商品在价值上可能很不平等，如用玻璃珠交换黄金。

苏美尔文明和哈拉帕文明在组织和经济复杂性上具有可比性。此外，看起来是哈拉帕人而不是苏美尔人主动寻求二者之间的贸易的，尽管苏美尔和阿卡德很需要从事贸易以获得商品（如金属）来满足日常所需，或为了提高威望，如装饰神庙和增强王室地位。哈拉帕人向巴比伦出口木材在这方面意义重大。小体量的珍贵的青金石、黑曜石等商品便于长距离携带，而相对低价值、大体量的木材等物品的贸易，可能只有在具有高度发达的贸易网、贸易活动大致平等并有着可观的利润的情况下才会发生。人们会认为，贸易对哪个社会更重要，哪个社会就会投入更多的劳动力来运输如此大体量的物品。后来，当美索不达米亚人从黎凡特和其他地方获得木材时，他们进行探险，并自己砍伐和运输木材。《吉尔伽美什和胡瓦瓦》的史诗故事表明，这也是早期正常的采办方式。然而在后来的公元前三千纪里，苏美尔人满足于依赖哈拉帕人带给他们的物资。这意味着哈拉帕人有很强的交易动机，作为交易者，他们至少和美索不达米亚人一样有组织和有成就，如果不是更多的话。

青金石的交易似乎支持了这种解释。哈拉帕人花费了相当大的努力来获得这种原料，甚至建立了一个特别的采办中心，但这几乎完全是为了与美索不达米亚的贸易而建，因为他们自己很少使用。

考虑到这些因素，再加上苏美尔内哈拉帕居民的存在，我们确信哈拉帕人是为了自己的利益与美索不达米亚南部进行贸易的。通过这种贸易，他们获得了对他们来说很重要的商品，尽管我们缺乏这些进口商品的证据。这与人们常说的哈拉帕人从贸易中得到的利益比苏美尔人少得多的观点相矛盾。哈拉帕显然是一个非常重视海上贸易的商业社会。

本地和国际贸易的后续发展

成熟哈拉帕晚期

在成熟哈拉帕时期的最晚期，印度河地区发生了一些变化，但大多数遗址年代序列的精度不够，无法分辨较小时间尺度下的变化。哈拉帕遗址是个例外。在这里，随着城市人口的增长，出现了住房拥挤和随之而来的市政人员减少的问题。在古吉拉特邦，朵拉维拉的人口普遍减少，特别是城堡区缺乏维护，尽管印章的存在表明商业活动仍在继续。更普遍地说，夏季作物的引进开始影响农业制度的变化，这种变化具有持久的意义。

在这个时候，西部世界发生了重大的变化。乌尔第三王朝崩溃后（结束于公元前2004年埃兰人洗劫乌尔时），美索不达米亚南部分裂成许多独立的城邦，其中伊辛在公元前20世纪最为突出。苏美尔商人通常是个人私营，但在乌尔第三王朝末期之前，他们的大部分商品都是由国家（宫殿或神庙）资助运输的，尽管商人也会自己携带少量的商品。但现在的商人大多是自筹资金或依靠私人投入，他们既没有长途贸易所需的资金，也没有应对重大灾害所需的后备资源。因此，美索不达米亚的贸易探险和他们所乘坐的船只规模缩小了。文献清楚地表明，这些船只只航行到迪尔蒙，从乌尔出发航行3天，回航5~7天。不过有了更多的关于这一时期美索不达米亚船只的资料，这表明美索不达米亚和迪尔蒙之间的贸易大部分是由美索不达米亚商人掌控。到这个时期，迪尔蒙人也定居在法拉卡岛，离美索不达米亚更近。法拉卡和美索不达米亚的关系很密切，岛上出土了大量的早迪尔蒙时期印章。这些印章大约从公元前2000年开始就已被使用（早迪尔蒙时期，也被称为城市 II 时期）。

由于这些变化，迪尔蒙成为中介，为美索不达米亚提供来自海湾和梅卢哈的物品和原材料，从中获益并变得富有。埃兰也与迪尔蒙进行贸易，尽管相关贸易记录较少。据说，这一时期美索不达米亚的铜并非来自马根，而是来自迪尔蒙。阿曼的瓦迪·苏格（Wadi Suq）陶器在巴林的发现证明了马根和迪尔蒙之间存在着直接的联系。乌尔神庙档案中的许多文献记载了从迪尔蒙成功探险归来的个体商人的供品，他们用纺织品和银换取铜、象牙、青金石、宝石珠子和珍珠，而只有珍珠是迪尔蒙出产的。贸易的规模仍然很大，例如，一篇文本提到了13000迪尔蒙米纳斯（Dilmum minas）的铜。此外，很明显，当时只有少量的小块象牙，这可能反映了迪尔蒙和马根（主要的铜来源）以及迪尔蒙和印度河（最有可能的象牙来源）之间贸易额的差异。

如今，迪尔蒙已发展成一个国家，其首都位于巴林的海滨城市卡拉特·阿尔巴林。卡拉特的面积已扩大到约40万平方米，中心区域分布有大量仓库，许多房屋都出土有印章和砝码。城墙内城门边的一座建筑中发现了许多印章和法码，该建筑可能是关口，尽管这个说法有争议。这座城市的西南方向有一处建于公元前 2050 年左右的繁荣的村落——萨尔（Saar），该遗址位于内陆，但可能通过海湾与东海岸的图布里海湾（Tubli）相连。在遗址内的部分房子里发现了印章和少量砝码，砝码有两种重量体系，分属美索不达米亚和印度河。这表明在迪尔蒙地区存在两种体系之间的商品重量和价值的换算。在美索不达米亚的文献中，印度河的重量系统被称为迪尔蒙标准，说明苏美尔人失去了与哈拉帕人的直接联系。这一重量系统也曾在叙利亚重要城市埃布拉（Ebla）使用。幼发拉底河中游的马里城邦（Mari）的文献表明，马里与迪尔蒙也有贸易往来。

根据约公元前 2000 年的史诗《恩基和宁胡尔萨格》（Enki and Ninhursaga）中的记载，来自图克里什（Tukrish，伊朗西北部）、梅卢哈、马哈什（Marhashi，位于埃兰以西和安善以北）、马根、西兰岛（Sealand，美索不达米亚最南端）、扎拉姆格（Zalamgar，"帐篷之地"）、埃兰和乌尔的商人都曾到达过迪尔蒙。值得注意的是，图克里什被认为是青金石的供应者，这意味着哈拉帕对巴达赫尚青金石贸易的垄断有所放松，或许还意味着伊朗对源自查盖山脉的青金石的贸易开始复苏。巴林的一些物品，如哈马德城镇（Hamad）的印章和巴巴尔神庙（Barbar）里的铜器，显示出其与土库曼斯坦和阿富汗的联系，这可能反映了巴克特里亚–玛尔吉安纳文化在国际上日益重要的地位，特别在它扩张至锡斯坦之后。通过对在巴林发现的沥青的分析，找到了迪尔蒙国际贸易的进一步证据，虽然在卡拉特·阿尔巴林遗址发现的沥青碎片仅来自美索不达米亚，但岛上其他遗址出土的沥青则主要产自伊朗。

在公元前二千纪早期，巴林和马根[瓦迪苏格时期（Wadi Suq period）]之间的贸易增加了，因为迪尔蒙商人在向北的铜贸易方面已经取代了美索不达米亚人。早期迪尔蒙陶器出现在沿海地区的遗址中，例如阿布拉克遗址的陶器和萨尔遗址的一些陶器是用同样的黏土制成的。位于内陆布莱米（Buraimi）地区的玛兹亚德遗址（Mazyad）中发现了早期迪尔蒙印章。迪尔蒙的扩张正好与马根的文化变迁相吻合，在那里，塔式房屋被遗弃，永久性聚落的数量和分布范围都有所减少，尽管仍有不少遗址继续繁荣。如西海岸的乌姆安–纳尔遗址被废弃了，但阿布拉克遗址继续蓬勃发展。虽然美索不达米亚与马根的直接贸易已经停止，但与迪尔蒙的贸易仍然给西海岸（如阿布拉克遗址）带来了数量有限的美索不达米亚商品。南部和东部海岸的聚落继续与哈拉帕人进行贸易，西海岸和内陆的聚落也可能如此。如北部西玛尔遗址的一座墓葬中随葬了一件哈拉帕陶壶和一枚燧石砝码。当时马根采用了一些南亚的技术。公元前 2000 年左右，美索不达米亚的影响消失后，哈拉帕人与马根的贸易往来可能有所增加。

在《恩基和宁胡尔萨格》史诗中，梅卢哈既是商品的供应者，也是马根木材的运输者，这表明它的船比马根或迪尔蒙的大。尽管哈拉帕人与美索不达米亚之间的直接贸易已经停止，但美索不达米亚人还是可以通过迪尔蒙贸易中心获得印度河商品。从哈拉帕人的角度看，直接进入美索不达米亚市场的损失，可能已被哈拉帕船只为获得商品不得不减少行驶的航程距离所弥补了。由于乌尔第三王朝的终结所带来的混乱余波，日益繁荣的早期迪尔蒙文化可能是比苏美尔更令人满意的贸易伙伴，在美索不达米亚南部政治秩序重新建立之前，以迪尔蒙为中介的贸易新模式已经成为常态。

早期迪尔蒙印章

一种新型的海湾印章的出现成为公元前二千纪早期的标志。这些早期迪尔蒙印章仍然是圆形的，但在背面有 2~3 条平行线和 4 个圆点装饰着背面的较低的凸起，在正面也装饰有新的图案，包括两个男人用吸管从一个可能装满啤酒的罐子里喝东西，二三只瞪羚，还有一些包括排列成轮状的动物头等图画主题。该印章曾与早期波斯湾印章共存过一段时间，但在约公元前 1800 年后就不再被使用。在法拉卡岛和巴林的卡拉特和萨尔遗址发现了很多早期迪尔蒙印章。其中发现的两份经济文件（其中一份来自苏萨）上盖有迪尔蒙印章，显示了印章的商业功能。

在印度河贸易城镇洛塔尔地表采集到的一枚早期迪尔蒙印章或许表明迪尔蒙商人曾到过印度河地区，或至少到过古吉拉特邦。大约三分之一的波斯湾印章上都有印度河铭文，但早期迪尔蒙印章上没有发现铭文。

后哈拉帕时期

印度河地区

公元前二千纪初期，印度河流域出现了新的变化。公元前 1900 年左右，许多城市开始衰落。印度河流域的文化（可能还有政治）统一性开始瓦解，组织大规模贸易和分配网的能力也随之瓦解。在印度河流域北部和东部的遗址中，青金石、绿松石甚至海贝等进口商品的数量变得稀少。在成熟哈拉帕时期用多种不同的材料制成珠子，到了这一阶段，珠子制作使用的材料种类大为减少，有用红陶制成的，也有用铜制成的，但主要用的是本地的材料。广泛分布的罗赫里燧石被当地开发的石材所取代，如古吉拉特邦，石刀用当地玛瑙、玉髓和碧玉制成。在古吉拉特邦仍然使用另一种形式的砝码——半球体砝码，但立方形砝码已不再普遍使用。马克兰地区与贸易有关的城镇被废弃，库利文化遗址也被废弃。古吉拉特邦是印度河与海外世界沟通的门户，该地区人口大幅增长，但各个村庄和小城镇自给自足的程度也大幅提高。洛塔尔是哈拉帕时期的一个主要贸易中心，后来变成了一个由泥土棚屋和废弃码头组成的村落。

古吉拉特邦的居民可能继续与海湾地区的文化进行贸易，但规模较小，组织性也差，但是他们与阿曼半岛的贸易关系可能还在继续。晚哈拉帕时期的古吉拉特邦似乎从阿曼或更有可能从阿拉瓦利山获得稳定的铜供应，阿拉瓦利山的铜矿可以通过文化交往和贸易联系得到，这种联系在拉贾斯坦邦和德干的各文化间发展。晚哈拉帕人群在随后的时期定居于此。在晚哈拉帕时期，磨光红陶的存在表明古吉拉特邦的晚哈拉帕人和阿哈–巴纳斯文化之间有联系。到公元前 1800 年左右，小麦、大麦、鸭脚稗、珍珠粟、绵羊和山羊被引入印度南部，反映了次大陆西部社区之间日益增长的交流。

约公元前 2000 年发生的海平面变化有可能导致马克兰地区的海岸线后退，致使重要城镇苏特卡根多尔和索特卡·考失去了在海上贸易中的关键作用。约在公元前 1800 年之后的某个时期，尽管仍然可以通过遗址附近的河流入海，但随着海水的退去，古吉拉特邦昆塔西港的重要性降低了。与此同时，该遗址的手工业活动也在减少，公元前 1700 年左右遗址最终被废弃。在索拉什特拉西北角的贝特·德瓦尔卡（Bet Dwarka）建立了一个新的港口，这个地方在现在和可能在公元前 3000 年左右都没于水面以下，但在公元前二千纪初期由于海平面下降而露出水面。在那里发现的早期迪尔蒙印章反映了其与迪尔蒙的持续联系。

除了海平面下降的影响，喀奇和索拉什特拉的海岸线可能受到印度河等河流淤泥沉积的影响，这使得兰恩地区从开阔的水域转变为盐沼，促使坎贝湾南移。不断变化的海岸线可能是洛塔尔放弃海外贸易的一部分原因。

朵拉维拉城显然被废弃了几十年，但在公元前1850年左右以一种简单的形式被重新占据，城堡和中城的部分区域被一堵质量比以前低得多的墙围护。显然，它的主要作用之一，即作为与印度河其余地区本地产品流通和联系的通道作用已不复存在，也不再从事海外贸易。也许它的废弃与海平面变化和小兰恩沉积物的增加有关，使它所处的卡迪尔岛不再是海路容易到达的地方。这与索拉什特拉的情况形成了对比，那里的人口和聚落数量有了显著的增长，而罗迪等遗址的日益繁荣，似乎很大程度上建立在农业发展的基础上。

美索不达米亚和海湾

与此同时，过去海湾贸易网的另一端也发生了进一步的重大变化。公元前18世纪中期，伟大的巴比伦国王汉谟拉比（Hammurabi）建立了一个新的帝国。但与之前美索不达米亚南部的国家不同，这里以巴比伦为中心，其关注点在北方。巴比伦人在安纳托利亚、伊朗东南部、塞浦路斯岛（Island of Cyprus）等地区寻找铜矿，而木材则来自黎凡特，其他材料也有新的来源。美索不达米亚忘记了印度河，虽然没有忘记它的产品，在公元前1000年左右，"梅卢哈"一词指的是埃塞俄比亚，美索不达米亚从埃塞俄比亚进口了许多曾经从哈拉帕人那里获得的商品，如象牙。

美索不达米亚南部城市的重要性及其海运贸易都衰退了。几个世纪灌溉造成的土地盐碱化也阻碍了农业的发展。一个朦胧的王国——西兰岛，在汉谟拉比王国的南部、海湾的北端发展起来。人们对它几乎一无所知，但除了断断续续的海外贸易外，它不太可能拥有足够的资源。在同一时期，可能主要由于美索不达米亚的情况，繁荣的巴林衰落了，主要的巴巴尔神庙被遗弃，简陋的房子在遗址内随意建设，缺乏规划，而法拉卡则被更紧密地融入美索不达米亚文化区。迪尔蒙的海外贸易没有停止，至少埃兰还在继续与迪尔蒙进行贸易。例如，国王库特尔·那胡特（Kutir-Nahhunte I）统治时期的一篇文本记录了迪尔蒙人向苏萨交付了 17.5 米纳斯的银子。到公元前 1700 年左右，一些聚落被遗弃。直到公元前 15 世纪，加喜特王朝才恢复了对海湾贸易的兴趣，征服了迪尔蒙，这时印度河地区的情况已经发生了很大的变化。

贸易模式的改变

在公元前三千纪的最后几个世纪里，阿富汗北部出现了巴克特里亚–玛尔吉安纳文化综合体。在随后的几个世纪，它向西部和南部扩展，占据了肖图盖及周边区域，终结了印度河地区的青金石贸易。它还扩展到锡斯坦，进入了印度河流域。独特的巴克特里亚–玛尔吉安纳文化综合体遗物，如装饰有几何纹、花鸟纹的印章等，反映了巴克特里亚–玛尔吉安纳风格开始出现在正在衰落中的印度河城市，其影响还越过印度河地区到达德干的村落和小城镇。在阿哈–巴纳斯文化的吉伦德遗址也发现巴克特里亚–玛尔吉安纳风格的装饰纹样。俾路支省和卡奇平原在风格上与巴克特里亚–玛尔吉安纳文化的相似性尤为明显，此外，在公元前 1700 年之后的皮拉克还有骆驼和马的雕像。这定然反映了伊朗高原和南亚通过俾路支省的通道恢复了联系，其交通主要是利用驮畜和役畜。

因此，公元前二千纪海上贸易没有完全停止，而印度次大陆北部与其西部邻国、伊朗高原和中亚南部之间的早期贸易网已经得到恢复。与此同时，虽然哈拉帕人与印度河地区的紧密整合消失了，但次大陆各社区之间的联系仍在持续发展。

参考文献

AGRAWAL D P, 1984. Metal technology of the Harappans[J]//LAL B B, GUPTA S P. Frontiers of the Indus Civilization. New Delhi: Books and Books: 163-167.

AGRAWALA R C,1984. Aravalli, the Major Source of Copper for the Indus and Indus-related Cultures[J]//LAL B B, GUPTA S P. Frontiers of the Indus Civilization. New Delhi: Books and Books: 157-162.

AGRAWALA R C, KUMAR V, 1982. Ganeshwar-Jodhpura Culture: New Traits in Indian Archaeology[J]//POSSEHL G L. Harappan Civilization: A Contemporary Perspective. New Delhi: Oxford&IBH Publishing Co: 125-134.

ALLCHIN F R, 1984. The Northern Limits of the Harappan Culture Zone[J]//LAL B B, GUPTA S P. Frontiers of the Indus Civilization. New Delhi: Books and Books: 51-54.

ASTHANA S, 1979. Indus-Mesopotamian Trade: Nature of Trade and Structural Analysis of Operative System[J]//AGRAWAL D R, CHAKRABARTI D K. Essays in Indian Protohistory. New Delhi: B. R. Publishing Corporation: 31-47.

ASTHANA S, 1982. Harappan Trade in Metals and Minerals: A Regonal Approach[J]//POSSEHL G L. Harappan Civilization: A Contemporary Perspective. New Delhi: Oxford&IBH Publishing Co: 271-285.

ASTHANA S, 1984. The Place of Shahdad in Indus-Iranian Trade[J]//LAL B B, GUPTA S P. Frontiers of the Indus Civilization, New Delhi: Books and Books: 353-361.

ASTOUR M C, 2000. Overland Trade Routes in Ancient Western Asia[J]//SASSON J M. Civilizations of the Ancient Near East. Peabody: Hendrickson Publishers: 1401-1420.

BASS G F, 2000. Sea and River Craft in the Ancient Near East[J]//MASSON J M. Civilizations of the Ancient Near East. Peabody, MA: Hendrickson Publishers (Reprint of 1995 edition. New York: Scribner's): 1421-1431.

BEECH M, 2003. The Development of Fishing in the U.A.E.: A Zooarchaeological Perspective[EB/OL]//POTTS D, NABOODAH H A, HELLYER P. Archaeology of the United Arab Emirates. Proceedings of the First International Conference on the Archaeology of the U.A.E: 290-308. [2007-04-04]. www.kenzay-training.com/uae/download/archeology/007eniro.pdf.

BELCHER W R, 1997. Ancient Harappa in 3D[EB/OL]. [2005-06-14]. www.harappa.com/3D/index.html.

BESENVAL R,1994. The 1992–1993 Field Seasons at Miri Qalat: New Contri butions to the Chronology of Protohistoric Settlement in Pakistani Makran[C]//PARPOLA A, KOSKIKALLIO P. South Asian Archaeology 1993. Helsinki: Suomalainen Tiedeakatemia: 81-91.

BHAN K, 1994. Cultural Development of the Prehistoric Period in North Gujarat with

Reference to Western India[J]. South Asian Studies, 10: 71-90.

BHAN K, SONAWANE V S, AJITHPRASAD P, PRATAPCHANDRAN S. cola Dhoro[EB/OL]. [2005-07-05]. www.harappa.com/goladhoro/index.html.

BOUCHARLAT R, 2000. Archaeology and Artifacts of the Arabian Peninsula[J]//SASSON J M. Civilizations of the Ancient Near East. Peabody, MA: Hendrickson Publishers: 1335-1354.

BUCHANAN B, 1967. A Dated Seal Impression Connecting Babylonia and Ancient India[J]. Archaeology, 20(2): 104-107//POSSEHL G L, 1979. Ancient Cities of the Indus. New Delhi: Vikas Publishing House: 145-147.

CASANOVA M, 1992. The Sources of the Lapis-lazuli Found in Iran[J]//JARRIGE C. South Asian Archaeology 1989. Madison, WI: Prehistory Press: 49-56.

CHAKRABARTI D K, 1997. The Archaeology of Ancient Indian Cities[M]. New Delhi: Oxford University Press.

CHAKRABARTI D K, 2004a. Prelude to the Indus Civilization[M]//CHAKRABARTI D K. Indus Civilization. Sites in India. New Discoveries. Mumbai: Marg Publications: 23-43.

CHAKRABARTI D K, 2004b. Internal and External Trade of the Indus Civilization[J]//CHAKRABARTI D K. Indus Civilization. Sites in India. New Discoveries. Mumbai: Marg Publications: 29-33.

CHITALWALA Y M, 1982. Harappan Settlements in the Kutch-Saurashtra Region: Patterns of Distribution and Routes of Communication[J]//POSSEHL G L. Harappan Civilization: A Contemporary Perspective. New Delhi: Oxford &IBH Publishing Co.: 197-202.

CHITALWALA Y M, 2004. The Spread of the Harappan Civilization in Kutch and Saurashtra[J]//POSSEHL G L. Indus Civilization. Sites in India. New Discoveries. New Delhi: Oxford &IBH Publishing Co.: 197-202.

CLEUZIOU S, 2003. Early Bronze Age Trade in the Gulf and the Arabian Sea: The Society behind the Boats[EB/OL]//POTTS D, NABOODAH H A, HELLYER P. Archaeology of the United Arab Emirates. Proceedings of the First International Conference on the Archaeology of the U.A.E. London: Trident Press: 134-149. [2007-04-04]. www.kenzay-training.com/uae/download/archeology/003bronze.pdf.

CLEUZIOU S, TOSI M, 1994. Black Boats of Magan: Some Thoughts on Bronze Age Water Transport in Oman and beyond from the Impressed Bitumen Slabs of Ra's al-Junayz[C]// PARPOLA A, KOSKIKALLIO P. South Asian Archaeology 1993. Helsinki: Suomalainen Tiedeakatemia: 744-761.

CRAWFORD H, 1998. Dilmun and Its Gulf Neighbours[M]. Cambridge University Press.

DALES G F, 1968. Of Dice and Men[J]. Journal of the American Oriental Society, 88(1): 14-23//POSSEHL G L, 1979. Ancient Cities of the Indus. New Delhi: Vikas Publishing House: 138-144.

DALES G F, 1982. Adaptation and Exploitation at Harappan Coastal Settlements[J]// PASTNER S, FLAM L. Anthropology in Pakistan. Ithaca: Cornell University Press: 154-165.

DE CARDI B, 1984. Some Third and Fourth Millennium Sites in Sarawan and Jhalawan, Baluchistan, in Relation to the Mehrgarh Sequence[J]//ALLCHIN B, 1984. South Asian Archaeology. Cambridge, UK: Cambridge University Press: 61-68.

DESHPANDE S S, SHINDE V, 2005. Gujarat between 2000 and 1400 BCE[J]. South Asian Studies, 21: 121-135.

DHAVALIKAR M K, 1993. Harappans in Saurashtra: The Mercantile Enterprise as Seen from Recent Excavation of Kuntasi[J]//POSSEHL G L. Harappan Civilization, 2nd ed. New Delhi: Oxford University Press: 555-568.

DHAVALIKAR M K, 1996. Kuntasi, a Harappan Emporium on West Coast[M]. Pune: Deccan College Post-Graduate and Research Institute.

DHAVALIKAR M K, 1997. Meluhha—The Land of Copper[J]. South Asian Studies, 13: 275-279.

DURING C E, 1984. Sumerian Trading Communities Residing in Harappan Society[J]//LAL B B,GUPTA S P. Frontiers of the Indus Civilization. New Delhi: Books and Books: 363-370.

EDENS C, 1993. Indus-Arabian Interaction during the Bronze Age: A Review of Evidence[J]//POSSEHL G L. Harappan Civilization, 2nd ed. New Delhi: Oxford University Press: 335-363.

ELECTRONIC TEXT CORPUS OF SUMERIAN LITERATURE, 2002a. The Building of Ningirsu's Temple[EB/OL]. Cylinder A. [2002-01-30]. www-etcsl.orient. ox.ac.uk/section2/

tr217.htm.

ELECTRONIC TEXT CORPUS OF SUMERIAN LITERATURE, 2002b. The Cursing of Agade[EB/OL]. Cylinder A. [2002-01-30]. www-etcsl.orient.ox.ac.uk/.

ELECTRONIC TEXT CORPUS OF SUMERIAN LITERATURE, 2002c. Enki and the World Order[EB/OL]. Cylinder A. [2002-01-30]. www-etcsl.orient.ox.ac.uk/.

ELECTRONIC TEXT CORPUS OF SUMERIAN LITERATURE, 2002d. Enmerkar and the Lord of Aratta[EB/OL]. Cylinder A. [2002-01-30]. www-etcsl.orient.ox.ac.uk/.

ELECTRONIC TEXT CORPUS OF SUMERIAN LITERATURE, 2002e. Enki and Ninhursaga[EB/OL]. Cylinder A. [2002-01-30]. www-etcsl.orient.ox.ac.uk/.

ELECTRONIC TEXT CORPUS OF SUMERIAN LITERATURE, 2002f. Gilgamesh and Huwawa[EB/OL]. Cylinder A. [2002-01-30]. www-etcsl.orient.ox.ac.uk/.

FAIRSERVIS W, 1982. Allahdino: An Excavation of a Small Harappan Site[J]//POSSEHL G L. Harappan Civilization: A Contemporary Perspective. New Delhi: Oxford&IBH Publishing Co.: 106-112.

FAIRERVIS W, 1984. Archaeology in Baluchistan and the Harappan Problem[J]//LAL B B, GUPTA S P. Frontiers of the Indus Civilization. New Delhi: Books and Books: 277-287.

FENTRESS M, 1982. From Jhelum to Yamuna: City and Settlement in the Second and Third Millennium BC[M]//POSSEHL G L. Harappan Civilization: A Contemporary Perspective. New Delhi: Oxford&IBH Publishing Co.: 245-260.

FOSTER B, 1977. Commercial Activity in Sargonic Mesopotamia[J]//HAWKINS J D. Trade in the Ancient Near East. Papers Presented to the XXIll Rencontre Assyriologique Internationale. London: British School of Archaeology in Iraq: 31-43.

FOX R, 1969. Professional Primitives: Hunters and Gatherers of Nuclear South Asia[J]. Man in India, 49: 139-160.

FRANCFORT H P, 1984a. The Harappan Settlement at Shortugai[J]//LAL B B, GUPTA S P. Frontiers of the Indus Civilization. New Delhi: Books and Books: 301-310.

FRANCFORT H P,1984b. The Early Periods of Shortughai (Harappan) and the Western Bactrian Culture of Dashly[J]//ALLCHIN B. South Asian Archaeology 1981. UK: Cambridge University Press: 170-175.

FRANKE V U, 2000. The Archaeology of Southeastern Balochistan[EB/OL]. [2005-06-14]. www.harappa.com/baluch/index.html.

GUHA S, 1994. Recognizing Harappari: A Critical Review of the Position of Hunter-gatherers within Harappan Society[J]. South Asian Studies, 10: 91-97.

GUPTA S P, 1984. Internal Trade of the Harappans[J]//LAL B B, GUPTA S P. Frontiers of the Indus Civilization. New Delhi: Books and Books: 417-424.

HABIB I, 2002. The Indus Civilization: A People's History of India[J]. 2. Aligarh: Tulika and Aligarh Historians Society.

HESSE B, 2000. Animal Husbandry and Human Diet in the Ancient Near East[J]//SASSON J M. Civilizations of the Ancient Near East. Peabody, MA: Hendrickson Publishers (Reprint of 1995 edition. New York: Scribner's.): 203-222.

HOOJA R, KUMAR V, 1997. Aspects of the Early Copper Age in Rajasthan[J]//RAYMOND, ALLCHIN B. South Asian Archaeology 1995. New Delhi: Oxford&IBH Publishing Co.: 323-334.

INIZAN M L, 1993. At the Dawn of Trade, Carnelian from India to Mesopotamia in the Third Millennium: The Example of Tello[J]//GAIL A J, MEVISSEN G J R. South Asian Archaeology 1991. Stuttgart: Franz Steiner Verlag: 121-134.

JARRIGE J F, 1985. Continuity and Change in the North Kachi Plain (Baluchistan, Pakistan) at the Beginning of the Second Millennium BC[J]//SCHOTSMANS J, TADDEI M. South Asian Archaeology 1983. Naples: Istituto Universitario Orientale, Dipartimento di Studi Asiatici: 35-68.

JARRIGE J F, 1986. Excavations at Mehrgarh-Nausharo[J]. Pakistan Archaeology, 10–22: 63-131.

JOSHI J P, BALA M, 1982. Manda: A Harappan Site in Jammu and Kashmir[J]//POSSEHL G L. Harappan Civilization: A Contemporary Perspective. New Delhi: Oxford&IBH Publishing Co.: 183-195.

KENOYER J M, 1998. Ancient Cities of the Indus Valley Civilization[M]. Karachi: Oxford University Press and American Institute of Pakistan Studies.

KILLICK R, MOON J, 2005. The Early Dilmun Settlement at Saar[M]. Ludlow: Archaeology

International.

KNOX R, 1994. A New Indus Valley Cylinder Seal[C]//PARPOLA A, KOSKIKALLIO P. South Asian Archaeology 1993. Helsink: Suomalainen Tiedeakatemia: 375-378.

KOCHHA N, KOCHHAR R, CHAKRABARTI D K,1999. A New Source of Primary Tin Ore in the Indus Civilization[J]. South Asian Studies, 15: 115-118.

KRAMER S N, 1977. Commerce and Trade: Gleanings from Sumerian Literature[J]// HAWKINS J D. Trade in the Ancient Near East. Papers presented to the XXlll Rencontre Assyriologique Internationale. London: British School of Archaeology in Iraq: 59-66.

LAHIRI N, 1999. The Archaeology of Indian Trade Routes up to c. 200 BC[J]. Resource Use, Resource Access and Lines of Communication. New Delhi: Oxford University Press.

LAMBERG-KARLOVSKY C C, 1972. Trade Mechanisms in Indus-Mesopotamian Inter-relations[J]. Journal of the American Oriental Society, 92(2): 222-230//POSSEHL G L. Ancient Cities of the Indus. New Delhi: Oxford University Press: 130-137.

LESHNIK L, 1968. The Harappan 'Port' at Lothal: Another View[J]. American Anthropologist, 70(5): 911-922//POSSEHL G L. Ancient Cities of the Indus. New Delhi: Oxford University Press: 203-211.

MAHADEVAN I, 2006. A Note on the Muruku Sign of the Indus Script in Light of the Mayiladuthurai Stone Axe Discovery[EB/OL]. [2006-05-16]. www.harappa.com/arrow/stone celt Indus_ signs.html.

MAINKAR V B, 1984. Metrology in the Indus Civilization[J]//LAL B B, GUPTA S P. Frontiers of the Indus Civilization. New Delhi: Books and Books: 141-151.

MCINTOSH J, 2005. Ancient Mesopotamia: New Perspectives[M]. Santa Barbara, CA: ABC-OLIO.

MULCHANDANI A, 1998. A Walk through Lothal[EB/OL]. [2006-01-14]. www.harappa. com/lothal/index.html.

OPPENHEIM A L, 1954. The Seafaring Merchants of Ur[J]. Journal of the American Oriental Society, 74: 6-17//POSSEHL G L, 1979. Ancient Cities of the Indus. New Delhi: Vikas Publishing House: 155-163.

PARPOLA A, 1994. Deciphering the Indus Script[M]. Cambridge, UK: Cambridge University

Press.

POSSEHL G L, 1979a. Lothal: A Gateway Settlement of the Harappan Civilization[M]// POSSEHL G L. Ancient Cities of the Indus. New Delhi: Vikas Publishing House: 212-218.

POSSEHL G L, 1979b. Pastoral Nomadism in the Indus Civilization[J]//TADDEI M T. South Asian Archaeology 1977. Naples: Istitute Universitario Orientale, Seminario di Studi Asiatici: 537-551.

POSSEHL G L, 1986. Kulli: An Exploration of Ancient Civilization in South Asia[M]. Durham, NC: Carolina Academic Press.

POSSEHL G L, 1997. Seafaring Merchants of Meluhha[J]//ALLCHIN R,ALLCHIN B. South Asian Archaeology 1995. New Delhi: Oxford&IBH Publishing Co.: 87-99.

POSSEHL G L, 1999. Indus Age: The Beginnings[M]. New Delhi: Oxford University Press.

POSSEHL G L, 2003. Cache of Seal Impressions Discovered in Western India Offers Surprising New Evidence for Cultural Complexity in Little-known Ahar-Banas Culture, circa 3000–1500 BC[EB/OL]. [2006-01-15]. www.museum.upenn.edu/new/research/possehl/ahar-banas.shtml.

POSTGATE J N, 1992. Early Mesopotamia. Society and Economy at the Dawn of History[J]. London: Routledge.

POTTS D T, 1993.Tell Abraq and the Harappan Tradition in Southeastern Arabia[J]// POSSEHL G L. Harappan Civilization, 2nd ed. New Delhi: Oxford University Press: 323: 333.

POTTS D T, 1997. Mesopotamian Civilization. The Material Foundations[M]. London: Athlone Press.

POTTS D T, 2000. Distant Shores: Ancient Near Eastern Trade with South Asia and Northeastern Africa[J]//SASSON J M. Civilizations of the Ancient Near East. Peabody MA: Hendrickson Publishers (Reprint of 1995 edition. New York: Scribner's.): 1451-1463.

POTTS T, 1994. Mesopotamia and the East. An Archaeological and Historical Study of Foreign Relations ca. 3400–2000 BC[M]. Oxford Univ. Oxford University Committee for Archaeology Monograph 37. Oxford: Oxford University Committee for Archaeology.

RAO S R, 1963. A 'Persian Gulf'Seal from Lothal[J]. Antiquity, 1963, 37(146): 96-99//

POSSEHL G L, 1979. Ancient Cities of the Indus. New Delhi: Vikas Publishing House.

RAO S R, 1968. Contacts between Lothal and Susa[J]. Proceedings of the Twenty-sixth International Congress of Orientalists. II, 25–37//POSSEHL G L. 1979. Ancient Cities of the Indus. New Delhi: Vikas Publishing House: 174-175.

RAO S R, 1973. Lothal and the Indus Civilization[M]. Bombay: Asia Publishing House.

RAO S R, 1979 and 1985. Lothal: A Harappan Town (1955–62)[J]. 2 vols. Memoirs of the Archaeological Survey of India. SI 78. New Delhi: Archaeological Survey of India.

RATNAGAR S, 1982. The Location of Harappa[J]//POSSEHL G L. Harappan Civilization: A Contemporary Perspective. New Delhi: Oxford &IBH Publishing Co.: 261-264.

RATNAGAR S, 1992. A Bronze Age Frontier. Problems of Interpretation[C]. 53rd Session Thematic Symposium "Frontiers in Indian History". Indian History Congress. Symposia Papers: 2. New Delhi: Indian History Congress.

RATNAGAR S, 2001. Understanding Harappa. Civilization in the Greater Indus Valley[M]. New Delhi: Tulika.

RATNAGAR S, 2004. Trading Encounters. From the Euphrates to the Indus in the Bronze Age[M]. New Delhi: Oxford University Press.

RAY H P, 2003. The Archaeology of Seafaring in Ancient South Asia[M]. Cambridge, UK: Cambridge University Press.

ROAF M, 1990. Cultural Atlas of Mesopotamia and the Ancient Near East[M]. New York: Facts on File.

SANTONI M, 1984. Sibri and the South Cemetery of Mehrgarh: Third Millennium Connections between the Northern Kachi Plain (Pakistan) and Central Asia[J]//ALLCHIN B. South Asian Archaeology 1981. Cambridge, UK: Cambridge University Press: 52-60.

SHAFFER J G, 1978. Prehistoric Baluchistan[M]. New Delhi: B. R. Publishing Corporation.

SHAFFER J G,1982. Harappan Commerce: An Alternative Perspective[J]//PASTNER S,FLAM L. Anthropology in Pakistan. NY: Cornell University Press: 166-210.

SHINDE V, 1992. Padri and the Indus Civilization[J]. South Asian Studies, 8: 55-66.

SHINDE V, 2004. Saurashtra and the Harappan Sites of Padri and Kuntasi[J]//

CHAKARABARTI D K. Indus Civilization. Sites in India. New Discoveries. Mumbai: Marg Publications: 64-70.

SNELL D C, 2000. Methods of Exchange and Coinage in Ancient Western Asia[J]//SASSON J M. Civilizations of the Ancient Near East. Peabody, MA: Hendrickson Publishers (Reprint of 1995 edition. New York: Scribner's.): 1487-1497.

SRIVASTAVA K M, 2002. An Inscribed Indus Seal from Bahrain[J]//JOSHI J P. Recent Perspectives. Essays in Honour of Professor B. B. Lal. New Delhi: Aryan Books International: 92-102.

THAPAR B K, 1975. Kalibangan: A Harappan Metropolis beyond the Indus Valley[J]. Expedition, 17(2): 19-32//POSSEHL G L, 1979. Ancient Cities of the Indus. New Delhi: Vikas Publishing House.: 196-202.

TOSI M, 1993. The Harappan Civilization beyond the Indian Subcontinent[J]//POSSEHL G L. Harappan Civilization, 2nd ed. New Delhi: Oxford University Press: 365-377.

TOSI M, SHAHMIRZADI S M, JOYENDA M A, 1976. The Bronze Age in Iran and Afghanistan[J]//DANI A H, MASSON V M. History of Civilizations of Central Asia. 1. The Dawn of Civilization: Earliest Times to 700 BC. Paris: UNESCO.: 191-224.

VOSMER T, 2003. The Naval Architecture of Early Bronze Age Reed-built Boats of the Arabian Sea[C]//POTTS D, NABOODAH H A, HELLYER P. Archaeology of the United Arab Emirates. Proceedings of the First International Conference on the Archaeology of the U.A.E. London: Trident: 150-157[EB/OL]. London: Trident Press. [2007-04-04]. www. kenzay-training.com/uae/download/archeology/003 bronze.pdf.

WEEKS L, 2003. Prehistoric Metallurgy in the U.A.E.: Bronze Age-Iron AgeTransitions[EB/OL]//POTTS D, NABOODAH H A, HELLYER P. Archaeology of the United Arab Emirates. Proceedings of the First International Conference on the Archaeology of the U.A.E. London: Trident Press: 116-121[2007-04-04]. www.kenzay-training.com/uae/download/archeology/003 bronze.pdf.

WEISGERBER G, 1984. Makan and Meluhha—Third Millennium BC Copper Production in Oman and the Evidence of Contact with the Indus Valley[J]//ALLCHIN B. South Asian Archaeology 1981. Cambridge, UK: Cambridge University Press.

WILKINSON T J, 2002. Indian Ocean: Cradle of Globalization. Scholar Voices[EB/OL].

[2002-10-02]. www.aced.edu/sac/history/keller/Indian0/Wilkin.html.

YOFFEE N, 1982. Explaining Trade in Ancient Western Asia[J]. Malibu, CA: Undena.

YOFFEE N, 2000. The Economy of Ancient Western Asia[J]//SASSON J M. Civilizations of the Ancient Near East. Peabody MA: Hendrickson Publishers (Reprint of 1995 edition. New York: Scribner's.): 1387-1399.

第 6 章　聚落

聚落与聚落模式

现在对哈拉帕时期的聚落与聚落模式已经有了很多了解，但仍有很多方面需要进一步深入认识。摩亨佐达罗和哈拉帕这两座大城市在 20 世纪初就经历了大规模的发掘，不过马歇尔对地层学理解粗浅，惠勒也未能及时公布其研究结果，限制了人们对所发现成果的认识。尽管对这两座城市最近进行的考古工作在很大程度上改变了这种情况，但从两座城市遗址都无法了解到城市生活的全貌，尤其是哈拉帕因城墙砖体被盗挖而遭到严重破坏，部分遗存埋藏在现代建筑之下难以发掘，而摩亨佐达罗一部分的高墩被后来的佛塔覆盖，且城市底部的堆积位于地下水位之下。除了经过发掘的城市中心区域外，这两座城市尚有广阔的郊区几乎完全没有进行过发掘。对其他重要的遗址，如对拉齐嘎里只进行了有限的调查。许多遗址重要发掘成果尽管已发表，但发表的这些成果远远还未完善。最近，朵拉维拉城披露了一些重要的新信息，但只是对其居住区的一小部分进行了调查。而阿拉迪诺等一些小遗址已被更充分地发掘，最近几年还发掘了一些与农业和专门手工业相关的遗址。然而，相关的调查工作一直非常零散，研究最深入的地区是古吉拉特邦。相比之下，尽管调查证明巴哈瓦尔普尔地区存在密集的遗址点，但几乎没有一处遗址经过正式发掘。尤其令人遗憾的是没有对值得关注的甘瓦里瓦拉城做过发掘工作。

遗址调查工作

目前许多关于遗址点分布、密度和大小的已知证据来自地表调查。在合适的地区，地表调查的数据可以为了解聚落分布与密度提供很好的指示。对干涸的萨拉斯瓦蒂河区域进行的考古调查显示，支流附近的遗址基本上没有被后期的聚落活动所覆盖或扰动。而在其他地区，后来的定居、农业等人类活动可能摧毁或掩盖了哈拉帕时期的遗址点。有些地区不适合调查，特别是信德省，那里深厚的冲积层覆盖了遗址，除非像摩亨佐达罗那样，在冲积层之上可见巨大的土墩。河流的变化也经常侵蚀或破坏聚落点。对印度河流域进行的考古调查工作并不均衡，虽然在萨拉斯瓦蒂河上游沿岸、旁遮普邦和古吉拉特邦进行了密集的调查，但对其他地区的调查工作远没有那么全面。因此，从调查中得到的对于遗址的认识还很不完整。

地表调查中采集到的遗物主要是陶片，但也有一些手工业活动产生的碎片，如窑炉残片、铜渣或燧石碎屑，这些遗物为了解每个遗址点内发生的各种人类活动提供了一些线索。在一些遗址中，土墩的废墟尚有部分被保存下来，对其地表的调查可以揭示一些建筑遗迹的线索。然而，单是调查所能提供的关于聚落的信息是有限的。调查中发现的遗址一般按其规模和获得的遗物可以进行分类，如营地、定居村庄、城镇和城市。考古发掘工作表明，一个遗址点的规模并不能充分反映其复杂性。

一般认为规模小的遗址是村庄或牧民的营地，但一些经过发掘的小遗址被证明是专门的手工业、贸易或行政中心，而一些较大的聚落反而是村庄而不是城镇。例如，繁荣的农业村庄罗迪遗址面积为7.5万平方米，而重要的手工业和贸易城镇洛塔尔面积则不到5万平方米。其他因素也都可以影响到遗址的地表面积。那些在长时间内有居民定居的，特别是在很短的距离内反复重新占据的遗址，相对于永久性定居的遗址，物质遗存的散布面积可能会更大。比如长期有居民定居的遗址梅赫尔格尔遗址即经历了多次迁移。遗址中包含生活废弃堆积的粪肥可能会散布到遗址周边的田地上，给人留下聚落分布范围很大的错误印象，而后期对建筑材料的再利用也会产生类似的问题。一些游牧人群在城镇以外的区域进行了长达几个世纪的季节性定居，也可能导致该城镇遗物的分布范围比稳定定居遗址内遗物的分布范围大得多。

聚落模式

哈拉帕地区

人口密度最大的地区似乎是位于萨拉斯瓦蒂河谷下游的乔利斯坦。这里已经发掘的遗址面积从不足 2 万平方米到超过 100 万平方米不等。这表明该地区存在着密集的农业聚落群，包括许多城镇、卫星手工业村和至少一个城市——甘瓦里瓦拉。但在对一些典型遗址进行发掘验证之前，这一认识还只是假设性的。

在更远的东部，对萨特莱杰河、萨拉斯瓦蒂河和德里萨瓦蒂河上游河谷的调查也显示了该地区具有相当密集的聚落，尽管没有乔利斯坦那么集中，遗址规模也大小不一。一些较大的遗址（面积大部分在 10 万~30 万平方米）已经经过一定程度的发掘，包括米塔塔尔遗址和东部面积较大的拉齐嘎里遗址（面积 80 万平方米），位于该地区中心的巴纳瓦利遗址，以及在德里萨瓦蒂河和萨拉斯瓦蒂河交汇处的卡利班甘遗址。

相比之下，虽然在旁遮普地区开展了广泛的田野调查工作，但发现的遗址数量很少。这可能反映了在这一普遍干旱的地区，畜牧业非常重要，而农业耕作只能局限在河（如杰纳布河、杰赫勒姆河、拉维河、比亚斯河和印度河）岸边有限的区域。这个地区唯一的中心聚落似乎是哈拉帕遗址。在这些地区以外的东北部，只有几个地处边远的遗址，如位于西瓦利克山的罗帕尔遗址，其目的是开发喜马拉雅山的木材。

旁遮普西部的高地在早哈拉帕时期与印度河地区存在密切的联系，但其没有成为成熟哈拉帕的一部分。虽然政治上相互独立，但北部高地可能是友邦，哈拉帕的商人可以通过它到达中亚南部和哈拉帕的哨所肖图盖遗址。这个地区的一些牧民也可能在冬天把他们的动物带到了印度河地区。

俾路支地区南部的情况有所不同，那里的库利文化人与哈拉帕人有着密切的关系。俾路支地区南面是马克兰海岸，那里的居民以海洋资源为生。哈拉帕人定居于此，通过海湾开展海上贸易活动。在防御性遗址苏特卡根多尔和索特卡·考已进行过考古发掘工作。其他沿海贸易站点在该区域也多有分布，通常坐落在河口处，可提供穿越山区的路线。还有巴拉克特和普拉哈格等一些城镇和村庄，与渔业和贝壳业有关。

俾路支地区的山麓地带也存在哈拉帕文化的遗址，那里季节性的河流为农业发展提供了水源，并提供了通往高原地区的通道，如位于基尔塔尔山脚附近的加兹沙阿遗址。这里的牧民每年都穿越边境地区从夏季高地牧场迁徙到冬季低地牧场。一些边境遗址，如位于基尔塔尔山脚的帕萨尼·达姆布遗址，面积达 100 万平方米，控制了穆拉山口，其性质可能是牧民运输货物的关卡与储存中心。

信德省被这些地区包围，从生态角度来看，该地区应该是农业聚落分布较密集的地区，但那里的冲积层太厚，只有大型遗址才容易被发现。不过也还是发现并发掘了一些较小的遗址，如阿拉迪诺遗址，其面积只有 1.4 万平方米，规模与其明显的重要性和严密的组织结构形成鲜明对比。同时也存在中等规模的遗址，如位于印度河流域的昌胡达罗和位于卡奇平原交界处面积 25 万平方米的朱德约达罗（Judeirjo–daro）遗址，还有大型聚落如面积约 250 万平方米的摩亨佐达罗遗址。印度河作为重要的交通通道也影响了该地区的聚落分布。

古吉拉特邦位于信德省南部，处于哈拉帕文化分布区的最南端，在哈拉帕时期它可能位于印度河三角洲。北部的喀奇在当时是一座岛屿，而南部的索拉什特拉则隔纳尔洼地与大陆相望。该地区的大部分农业遗址都位于索拉什特拉，遗址数量相对较少，当时在这一地区，畜牧业比农业更重要（这种情况在公元前二千纪早期发生了显著变化，由于种植秋收作物，农业聚落扩大到依赖降雨的地区）。在索拉什特拉和古吉拉特北部的季节性草原上发现了牧民营地，那里是狩猎采集者的主要活动区。这是唯一发掘过农业聚落的地区，如尼萨迪、罗迪和卡内瓦尔等遗址。在古吉拉特沿海和岛屿上分布着与陆上或海洋贸易以及手工业（如贝壳加工和串珠制作）有关的遗址。该地区的中心城市朵拉维拉的面积至少有 60 万平方米。洛塔尔、苏尔科塔、昆塔西和格拉·朵拉等城镇面积只有几万平方米，但是内部结构很复杂。一些专业性遗址的存在表明了海上贸易路线和海洋资源开发的重要性，例如加工贝壳的纳格斯瓦尔遗址和盐业遗址帕德里。

聚落的位置

地区因素决定了哈拉帕文化聚落的密度。农业聚落主要集中在萨拉斯瓦蒂河流域、信德省（据推测）以及旁遮普和古吉拉特有限的农耕适宜区。牧民和狩猎采集者的营地则填补了其间的空白地带。

其他因素也影响了印度河文明的遗址分布。从世界范围看，靠近水源是遗址选址的一个重要因素。哈拉帕文明的大多数遗址都位于靠近河流和地下水的地区，同时哈拉帕人也是优秀的水利工程建造者。在当地地表水供应不足时，他们会通过打井（如摩亨佐达罗）和修建水库（如朵拉维拉）来获取水资源。哈拉帕人需要应对洪水的问题，每年洪水的位置和大小都不一样。在一些地区，洪水是聚落的潜在威胁，他们通过建筑高墩和墙体等来保护聚落。

交通和原材料也是世界范围内选择聚落位置的重要因素，对哈拉帕人来说似乎尤为重要。城市和城镇均位于战略要地，以便促进和控制印度河地区内部及其与外部世界的联系，如位于马克兰的一些遗址是为了管理通过海湾地区进行的贸易。许多乡村和城镇的重点在于大规模获取和加工原材料，如纳格斯瓦尔和巴拉克特的贝壳加工，或洛塔尔的宝石串珠制作。在哈拉帕文化边缘区以及外围也分布着许多这样的聚落，如位于喜马拉雅山麓的曼达是为了获取木材资源，而在更遥远的肖图盖遗址，其选址是为了获得青金石和金属资源。

城市、城镇和村庄

规划有序的聚落

哈拉帕文化的城市，无论大小，从面积 250 万平方米的摩亨佐达罗到面积 1.4 万平方米的苏尔科塔达，通常都有一些共同的特点，如使用统一比例的砖（1：2：4）；相同的用砖尺寸（如房屋用砖为 7 厘米 × 14 厘米 × 28 厘米，城墙用砖为 10 厘米 × 20 厘米 × 40 厘米）；有丰富的水资源和良好的公共卫生条件；多种多样的手工业作坊；

设备齐全的房屋；纵横交错的街道；烧砖的使用，尤其是在浴室、排水管和水井上。一般有城墙环绕聚落或城墙是聚落的一部分，这些城墙有些是独立的，有些则成为高台墩的护墙；通常还有被称为城堡的有城墙围护的独立区域，一般都建在高土墩上，其中分布着许多公共建筑。越来越多的证据表明，这些聚落还存在没有围墙的郊区。

这些特征在不同遗址或者地区常常以不同的方式表现出来。如石材很少用于建筑，但古吉拉特邦则经常使用石材；摩亨佐达罗和昌胡达罗广泛使用烧砖来建造房屋，这在其他遗址中很少见。城堡有时是独立的高墩，有时是聚落城墙内的一小块区域，几乎每个遗址城堡区的结构都不一样。对水资源的利用也有明显的不同，如在摩亨佐达罗发现 700 口水井，而靠近河流的哈拉帕中只有几口，朵拉维拉中有规模巨大的水库。遗址的规划设计程度各不相同，在卡利班甘等遗址，主要街道规划为南北向，形成网格状布局；而巴纳瓦利等遗址则没有那么有序的规划；还有一些甚至没有基本的朝向。印度河城市和城镇还存在一些负面的特征，比较明显的是缺乏或不存在实质性的行政和宗教建筑以及容易识别的贵族房屋，大规模储藏设施的发现也极少。尽管在有些遗址的外围发现了一些墓葬，墓葬资料仍相当缺乏，表明这可能只是考古发现的偶然性造成的。考虑到只对少部分遗址进行过考古发掘的这一现状，以上负面特征可能也是源于考古的偶然性。

城市

有学者认为哈拉帕文化是由许多"政治中心"组成的（Possehl，1982：19），每个区域由一个城市控制。对其中的 3 个，摩亨佐达罗（信德省）、哈拉帕（旁遮普）和朵拉维拉（古吉拉特邦）已经做过比较全面的考古工作；另外两座中，甘瓦里瓦拉（乔利斯坦）没有经过任何发掘，而拉齐嘎里（东部）的考古工作刚刚开始。也发现一些同等规模的遗址，如卡奇平原占地 100 万平方米的帕萨尼·达姆布遗址。在位于萨拉斯瓦蒂河的一条支流奈瓦尔斯河的旧河床上发现了 3 处面积较大的遗址，彼此之间相距 30 公里之内，即面积 144 万平方米的格尼可兰 I 号遗址（Gurnikalan I）、面积 100 万平方米的哈桑布尔 II 号遗址（Hasanpur II）和面积 225 万平方米的拉克米尔瓦拉遗址（Lakhmirwala）。在这几处遗址地表采集到索斯·西斯瓦尔文化和成熟哈拉帕时期的遗物，其中两个遗址存在更晚时期的遗存。3 座城市距离如此接近很不寻常，不过它们可能是被先后使用的聚落。索斯·西斯瓦尔遗存很难单独断代，因为它从早哈拉帕时期一直持续使用到后哈拉帕时期。在萨拉斯瓦蒂河流域、信德省等地区也发现了地表遗物分布广泛的遗址。但由于没有经过系统发掘，难以确定这些遗址的性质。

虽然证据有限，但这些城市很可能是各自区域的行政、宗教、经济和社会中心，而且其中很大一部分居民参与了非生产性的活动。摩亨佐达罗处于中心的位置，其规模和独特性，尤其是大浴池的存在，表明这座城市可能是哈拉帕文化的首都，但目前还无法证实。此外哈拉帕也可能享有与之同样重要的地位。这两座城市中都发现了一些具有行政属性的带有独特刻画符号的遗物，这些刻画符号在其他遗址尚未被发现。

摩亨佐达罗

摩亨佐达罗是最有名同时也是研究最彻底的印度河城市。但其历史还不是完全清楚的。高水位限制了对城市底层的发掘，但摩亨佐达罗很可能是过渡时期或成熟哈拉帕早期新出现的城址。勘探显示，在现地表下至少 7~15 米均存在人类活动的证据，但没有证据表明在城市建设之前有人类居住的痕迹。相反，詹森（Jansen，2002）提到，位于古印度河地区西部的城市每年都有遭遇洪水的风险，因此需要建造一座台墩以使城市位于洪水水位之上，否则先民无法在此区域生活，这是一项庞大的工程。大部分暴露的建筑属于成熟哈拉帕晚期，而之后的丘卡尔时期遗存并没有覆盖整个城市。质量低劣的房屋，被扔进废弃建筑物和街道的人类遗骸以及出现在曾经作为公共和住宅建筑中的窑址和手工业废料，都证明这一时期市政标准已大大下降。

摩亨佐达罗地处印度河地区的中心位置，坐落在北部的哈拉帕和南部的朵拉维拉两座城市之间，位于南北向的沟通喜马拉雅山与海洋的印度河畔。从摩亨佐达罗开始的交通通道将俾路支南部高地区域与印度河低地区域紧密相连，而它的东边是富饶的萨拉斯瓦蒂河流域。摩亨佐达罗处于控制整个印度河地区的绝佳位置，它可能是为某种目的而专门建设的。城内的手工业作坊中，印度河先民从事全面的手工业活动，并生产一些该城市特有的物品。印章、铜片和炻镯等许多带刻符的遗物，表明城市内存在完善的官僚机构。它独特地突显了该遗址的重要性，并暗示了它在服务整个印度河地区的重要作用。

就像今天我们所知道的，这座城市包含一处西部的高墩城堡区和一处东部的低地下城区，中间被可能是主要通道的深洼地分开。城堡由 6 米厚的泥砖城墙及其内的巨大泥沙台墩组成。台墩经多次扩建，最终高达 7 米，规模达 200 米 × 400 米。城堡的每一处建筑又建在单独的台基上，如大浴池（一个可能在地区范围内具有重要意义的宗教设施）、粮仓和柱廊大厅。此外，在城堡区也有浴室和住宅建筑。

对下城区的考古显示，该区域的住宅区也建造在人为堆筑的土墩上，其中部分挡土墙已被确认。有南北走向的两三条主要街道和一些次要街道，另有许多东西向的小巷，由此把整个城市分成许多住宅区，每个住宅区都建有两层甚至三层的房子。大多数房子都由庭院和多个房间组成，但也有一些小房子只有两三个房间。在一些房屋中发现了手工业作坊，同时在外围区也发现了集中的手工业活动区域。部分建筑可能不只是普通的房屋，比如部分房屋可能是神庙或驿站。城中大约有 700 口井，都在城市最初设计时挖成，似乎都不是后来增加的。随着街道和房屋平面的升高，井口也用砖砌高。整个城市铺设有完善的排水网络，并发现多处污水坑。

这些高墩就已覆盖了相当大的一片区域，而最近的调查显示，这座城市还有广阔的郊区，特别是下城区的南部和东部，当然还有北部，只不过现在已被冲积物覆盖。在几次抢救性发掘中发现了烧砖砌筑的建筑，包括一口井，同时还发现了一处大面积的手工业区。在现代印度河河床东侧 2 公里也发现了烧砖建筑。这座城市的面积可能超过 250 万平方米，城市内可能居住了多达 10 万人。

哈拉帕

哈拉帕位于印度河地区的北部，其选址位置方便控制穿越山区的通道和进行金属、木材等资源的开采，这些资源开发后被带到印度河地区。和摩亨佐达罗一样，对哈拉帕高墩的发掘也揭示了大量的手工业活动，发现了一些宏伟的公共和私人建筑，以及大量种类丰富的带有刻画符号的遗物，其中一些为该城市所独有。但与摩亨佐达罗不同的是，该遗址历史悠久，且与许多早哈拉帕时期的遗址不同，它在过渡时期没有因为新的计划而重建，而是有组织地继续发展。

哈拉帕的聚落最早建立于公元前 4000 年左右，而到公元前三千纪初已成一座重要的新兴城镇，占地面积超过 25 万平方米，多种手工业繁荣发展，为成熟哈拉帕时期的到来埋下了伏笔。该遗址由两部分组成（AB 墩和 E 墩）。在 E 墩发掘的街道是南北向的。早印度河时期向成熟哈拉帕时期的转变可能就是从这里开始，并扩散到其他地区的。

如今城市由一系列高墩及其所围绕的一中心洼地组成，这处洼地可能是成熟哈拉帕时期的水库。西边最高的高墩（AB 墩，城堡）的烧砖在公元 19 世纪被大量掠夺，对其结构目前已知之甚少。遗址的其他区域也因烧砖遭到掠夺，只能依据砖墙的墙基、墙根、盗砖时挖掘的沟和部分被盗挖者遗漏的墙体来了解当时的建筑。

AB 墩有牢固的城墙围护。在 19 世纪 50 年代，在遗址中的砖块被掠夺去铺设铁路路基之前，坎宁安曾考察过这处遗址，他观察到城堡区的每一面都有一段通向高墩顶部的台阶。AB 墩的东部和低洼区的南部分布着 E 墩及其东扩的 EF 墩。E 墩在成熟哈拉帕时期之初就建有城墙。在公元前 25 世纪，E 墩的市政标准下降了，街道上出现了坑洼和垃圾堆积，房屋也倒塌了。后来城区开始恢复，EF 墩在过渡时期建造了围墙，并与 E 墩的围墙相连。两处围墙连接处设立了可供马车和行人通行的宽阔城门，城门向北是一条沿着 E 墩的围墙向北延伸的主街道。

新房子建在坚实的泥砖台基上。约公元前 2250 年城墙曾被修复，并在 E 墩的东南角修建有一座巨大的堡垒。在 3C 期之末（约公元前 2000—前 1900 年），城门处修建了一条券顶暗渠，暗渠的开口穿过城门，极有可能会影响行人的通行，这条暗渠取代了先前从城门旁边的墙体下穿过但已堵塞的排水沟。

在这些高墩上揭示出房屋和手工业作坊等遗迹现象。在高墩的南部有两片墓地，一片（R-37）属成熟哈拉帕时期，另一片（墓地 H）属晚哈拉帕时期。南面还有一座小型高墩，其上有房屋和洗浴平台。

现代哈拉帕镇位于遗址东北部，覆盖了之前的哈拉帕时期建筑，也阻碍了相关考古工作的开展。对这一地区的观察表明，该区域在哈拉帕时期并没有修建城墙。F 墩位于 AB 墩北部和河流之间，其中发掘了许多哈拉帕时期房屋建筑，包括所谓的粮仓和建筑内部的一些台基，该墩上似乎也进行了手工业活动。这一地区也建有巨大的约 14 米厚的围墙，部分沿高墩的北侧和西侧延伸。跟摩亨佐达罗一样，对砖块和人工制品的调查和偶然发现表明在成熟哈拉帕时期，哈拉帕城址的城墙外一大片区域也有人类活动，使城市面积达到约 150 万平方米，人口约达 6 万。

上层堆积记录了其向后哈拉帕时期的缓慢过渡，之前的城市布局已不再遵循，街道和之前的开阔地带修建有拥挤的房屋。

朵拉维拉

在印度河文明的另一端，喀奇卡迪尔岛上的朵拉维拉城面积约为 60 万平方米（包括郊区面积大约 100 万平方米），其人口大大超过了今天这座岛屿上的人口，这可能是

巨型水库是朵拉维拉城最引人注目的遗迹。可以沿着台阶往下取水（Namit Arora）

因为建立了大型水库。这座城市很好地控制了南部地区和哈拉帕文明之间的交通、当地原材料的采集和海外物资的运输。

约公元前 3000 年，这一地区开始存在人类活动。在早印度河文明时期，一座由石头和泥土城墙围护的小型城镇发展起来。在成熟哈拉帕初期，之前的遗址上修建有一座由两部分组成的城堡区，紧接着其北部的房屋被拆除，铺成一处大型平地，可能用于举行公共活动。更远处是一处带有围墙的居住区（中城区），其内修建有主街道，以陶罐和集水坑替代排水沟。围绕整个城址的外城墙的内侧至少修建了 16 个大型蓄水池。这座城市的几何形布局特别引人注目，它是由许多长方形组成的，每个长方形又可以分割为小的长方形或正方形，发掘者（Bisht，1999）指出这些长方形的比例具有一定的规律性。

约公元前 2200 年的一场大地震后，朵拉维拉城又进行了重建并向东扩展形成下城区（lower town），城墙也扩展到新的居民区。据报道，城墙外的郊区也存在人类活动，还发现了一处墓地。房屋朝向城墙，其地基以石头铺砌，墙体则是泥砖砌成。居住区内分布有许多手工业作坊。不同寻常的是，朵拉维拉的房屋内似乎没有浴室。

约公元前 2000 年之后，这座城市衰落并最终被废弃。随后，城市的一小部分被重新占据，这批人用之前房屋的石块来建造房屋。水库不再被使用，而是成为垃圾场。经过一段时间的再次废弃后，该遗址又被住圆形棚屋的人群占据了一段时间。

甘瓦里瓦拉

甘瓦里瓦拉坐落于肥沃的萨拉斯瓦蒂河谷，地处巴哈瓦尔普尔，占地 80 万平方米，分为城堡区和下城区。根据规模，它被确定为一座城市，但还需要通过考古发掘来验证。

拉齐嘎里

拉齐嘎里位于德里萨瓦蒂河北岸，尽管在此地进行过考古发掘，但只公布了简短的报道。该遗址占地至少 80 万平方米，也许超过 100 万平方米，今天还存在 5 座土墩，可惜遗址很大程度上被两个现代村庄占压。该遗址开始出现于约公元前四千纪末，在早哈拉帕时期它发展成为一座手工业发达的城镇。在成熟哈拉帕时期遗址大大扩展，有几处有围墙围护的居住区，也规划有主街道。遗址西北部的土墩 2 是高墩（城堡区），其东南角有一处以烧砖包面、泥砖为芯的城墙，说明城堡区是独立的。在城堡区发现了一个台基，其上有火祭坛、包含牛骨架的坑和一口井。在城市内部还发现了公共和家用的排水沟和过滤罐（放置在地面的陶罐，液体废物可以排出，而固体废物则留在罐内）、一处仓库和一个宝石手工业作坊，在城外北部发现有一处墓地。

城镇

哈拉帕时期城镇的布局跟城市一样，有独立的公共和居住区域以及主街道，但其作用更有限，服务的区域更小。城镇一般都很小，面积为 4 万 ~16 万平方米。有些城镇有诸如居住、手工业、宗教和行政等功能，并服务于其所在的当地社区，但有一些城镇似乎专注于对外和内部贸易。这些城镇是货物和材料的入境或过境点，位于资源丰富和交通便捷的关键地点。在马克兰、古吉拉特邦，或许还有俾路支边缘区等与外域交界处，都发现了带坚固城墙的城镇。有些城镇大规模地加工当地原材料，其中在洛塔尔和昆塔西，发现有大型仓储设施。通常城镇内还有附属的、无城墙的郊区居住区，大概是手工业者和服务人员的居住地，而负责管理这些设施的人则居住于城堡区或有城墙的城镇。这些遗址的主要作用是从邻近地区或海外获取并加工原材料和商品，并将其分配到印度河流域的其他地区，或将其作为贸易商品分配出去。这类城镇包括洛塔尔、昆塔西、肖图盖、苏特卡根多尔、格拉·朵拉和苏尔科塔达。索特卡·考、迪萨尔普尔、帕塔尼·达姆布等很少或根本没有被发掘过的遗址也可能起到类似的作用。

昌胡达罗（信德）

昌胡达罗距离现在印度河有 10 英里（约 15 公里），但哈拉帕时期印度河从城墙边蜿蜒流过，该城镇位于摩亨佐达罗和喀奇湾之间，交通便利。遗址目前有 3 座土墩，但最初它是一个面积约 5 万平方米的单独土墩。这个城镇建筑于泥砖台基之上。通过有限的发掘揭示出一条有排水沟的街道、一些砖砌的水井、带浴室的房屋和一处生产珠饰的手工业作坊。城镇上还有其他的手工业活动的遗迹。昌胡达罗符合哈拉帕标准：街道为南北向，房屋通常带有庭院，并有排水沟。但是，这里没有发现城堡区。

纳沙罗（卡拉奇平原）

纳沙罗的定居始于早哈拉帕时期的北部土丘。该区域后来被大火烧毁，其南部建立有新的遗址。成熟哈拉帕时期，附近的城镇梅赫尔格尔也被废弃，这两座遗址中两处早期居住区都被一层平整的土层覆盖，其上建立起重新规划的遗址。对这一地区进行的详细调查显示，哈拉帕房屋被南北街道和东西街道分割成网格状，房子一般都很小，有一个院子，包含两三个房间，其中一个通常是浴室。沿着北部土墩的南部边缘，显露出一座带有台阶的大型砖砌台基的一部分，但是后期的破坏使我们无法了解最初建于其上的房屋建筑，台基南面是一处制陶作坊。

卡利班甘

早哈拉帕时期，在格格尔河谷（萨拉斯瓦蒂河）畔出现了一座巨大的呈平行四边形的卡利班甘城址。随后可能因地震而被废弃，不过在成熟哈拉帕时期，一座新的遗址被重新建立起来。在西边早期遗址的废墟上建造有城堡区，东边则新建有独立的带城墙的下城区。其中利用了一部分早期的城墙，如之前的东城墙成了新的下城区西城墙的一部分，其余的城墙则成为城堡区城墙的一部分。下城区的街道和城堡区的建筑都是南北向的。这座城镇因需要利用之前的城墙，而呈现出平行四边形的形状，与成熟哈拉帕时期主流的主街道规划并不匹配。

城堡区被一道东西走向的城墙一分为二。北半部揭露出一条建有房屋的街道，可能是贵族住宅。从这里有一座城门与城堡区南半部连通，其内发现了许多带台阶的独立台基，其中一座台基上发现了7座火祭坛。一座雄伟的带有塔楼的南大门，提供了从平原通向城堡南半部的入口，这可能是公共入口。下城区有四五条南北向的主街道，至少有3条东西向的街道，不过这些街道经常错列。与许多遗址不同，卡利班甘没有常规的排水系统。街角的挡板（fender posts）表明，车辆经常进出城镇。房屋的庭院通常有较宽的入口，可供车辆进入。一些庭院内有用泥砖砌成的长方形水槽，可能用来为动物储存食物或水。

在遗址的东部，发现一处有单独城墙结构的土墩，其上有火祭坛。遗址的西南方向发现一片墓地。城堡区以南可能还有郊区。

巴纳瓦利

巴纳瓦利建于早哈拉帕时期，它位于萨拉斯瓦蒂河上游一条支流上，是一座带有城墙的城镇。高耸的城堡（卫城）有单独的带堡垒的椭圆形城墙，与城镇的其余部分相隔开，堡垒与围绕城镇的城墙内侧相连。一道铺着烧砖的宽坡道把城堡区和下城区连接起来，同时在东南角还有另一个入口。城堡区建在早期遗址的废墟上，并增筑了泥砖台基。在下城区和卫城都发现了沿街道网络分布的房屋，卫城的街道有时用砖块铺砌。房屋的房间数量及其内发现的物品表明这座城镇的居民很富裕。城堡区和下城区的房子似乎没有什么区别。晚哈拉帕时期的居民占据了遗址的一部分，他们用夯土建造房屋，并在许多地方（包括在早期的城墙里）挖坑。

巴拉克特

巴拉克特的遗址位于马克兰东部，原为海岸，其居民以海洋捕鱼和贝类采集及贝壳工具的制作为主业。遗址被一分为二，其中西边是一座地势更高的城堡。城堡区的主要街道东西向，两侧是泥砖的大房子，有些房屋有薄的抹泥地面，以及烧砖排水道。厨房间有灶台和存储罐。其中一座房屋内有一间浴室，里面有红陶浴缸、凹陷的储水罐和壁炉。城堡土墩的南部边缘被严重破坏，但仍揭露出一幢大型建筑的一部分，其中一个房间的地面铺着装饰交叉圆圈图案的黏土地板。另一个房间，也许是同一建筑群的一部分，有着精致的石灰地面，其中央凹陷，可能放置有一根圆形木柱。旁边的房间发现有凹陷的大型陶罐，似乎是储藏室。在稍后的阶段，稍往北一点的房间里的地面铺了砖，中间放置有一个陶盆。城堡区还有一座带有大庭院的建筑，建筑的墙内保留有壁柱。城堡区内还发现贝壳作坊区。城堡很可能最初是有城墙的。土墩东部（下城区）的建筑破坏严重，但也有证据表明，这一地区也存在有非住宅性质的建筑。在遗址外发现了烧制陶器和陶俑的窑，表明郊区也有人类活动和手工业存在。

苏特卡根多尔（马克兰）

港口城镇苏特卡根多尔是最西端的哈拉帕文化遗址，其南北被自然山脊包围，东西两面则建有城墙，城墙以石板砌筑，石块间填有泥浆。在西南角发现的一座城门，门两侧各有一处瞭望塔。靠着西墙建造有一个泥砖和石头砌筑的大型台基，在遗址的北部和东部发现有以石头为地基的泥砖房屋。在城墙外还发现了郊区聚落的痕迹。

肖图盖

尽管距印度河很远，但肖图盖也属于典型的哈拉帕文化遗址，具有前哨性质。遗址中使用的泥砖比例通常为哈拉帕 1 ∶ 2 ∶ 4 的标准。在已经发掘的房屋内发现有内部隔墙，有一个房间铺了地砖。遗址内人们冶炼当地的铜，并用当地的青金石制成珠子，输送至印度河流域，与之相反的是，当地人使用和出口的珠子则由进口的玉髓制成。

阿拉迪诺（信德）

这处小小的遗址（面积 1.4 万平方米）颇不寻常，关于其功能有不同的解释。有学者认为其是附属于农村精英庄园的住宅，或是地方行政中心；也有学者认为是仓库和中转库房。它位于河流之间的狭长地带，附近有很好的冲积地。

土墩周边没有发现围墙，其中心是位于顶部的庭院，四周是由通道隔开的小建筑。在一处建筑中发现了一口石井和一个饰有交叉圆圈的红陶浴缸；在另一处建筑里发现一排水井；在第三处建筑里发现石头的浴室。最大的建筑围绕着一个内部庭院而建，其中有放置着储物罐的房间。另一处建筑也用来存放大型陶罐。那里还有一座带有窑的建筑，显然是用来烧制陶器的。这些建筑中至少有一些可能有第二层。在其中一间房间里藏着一个装有金银制品等贵重物品的陶罐，这表明至少有一位居民是较为富裕的，但出于某种原因突然放弃了这里。

洛塔尔

索拉什特拉的洛塔尔城镇是一处主要的贸易和手工业中心。城墙围合的区域近圆角正方形，其东侧是码头和相关的遗迹。毗邻的东南角是建在高土墩上的卫城（城堡）。城内的其余部分是下城区，规划有序的街道上铺着泥砖，房屋呈网格状分布，其中不少为手工业作坊，特别是在北部和西南部。城堡区也有房屋，其街道也是正方向的（cardinally orientated）。城堡的一个街区内发现一排12个沐浴平台，这些平台与后面的一个大排水沟相连，可能是洛塔尔居民使用的公共设施，也可能是一排小房子的一部分。城堡区内发现很多水井和一个仓库。遗址最上层的堆积属晚哈拉帕时期，泥砖房屋被木骨泥墙房屋取代。据发掘者拉奥说，该遗址经历了多次洪水，先民试图通过在独立台基上建造房屋等建筑物来解决这个问题。在遗址西部、城镇和河流之间发现一片墓地。遗址南部散落着陶片和砖块，表明该区域是无城墙围护的郊区。

洛塔尔的露天砖砌平台是仓库的基础，上层建筑可能是轻型木质结构。该建筑被火烧毁，固定在货物上的黏土印蜕被火烧烤并保存下来（Namit Arora）

苏尔科塔达（喀奇）

苏尔科塔达遗址面积有 1.4 万平方米，是一座小型城镇，大致呈长方形。一道墙将城镇分为两个相等的部分，东部为居住区，西部是建在 1 米厚的夯土台基之上的城堡区。发掘出的两个区域都是单层的，结构类似，只不过城堡区的房子面积要大一些。城镇里也发现有排水沟。城墙外为墓地，西南部则是石器作坊区；东南部一处破坏严重的土墩可能是郊区，但由于发现的哈拉帕时期遗存很少，还不能完全支持这一解释。

昆塔西（比比-诺-廷博）

靠近索拉什特拉北部海岸的昆塔西港由两部分组成，有城墙环绕的面积 2 万平方米的聚落区和无城墙环绕的郊区。沿西侧城墙是一处石砌台基，毗邻台基的区域分布着大型手工业作坊区和一些储存设施。其中部是一座多间式的房屋，包括一个私人厨房间。发掘者认为它是手工业作坊区负责人的住宅。其他房屋位于城墙内的北部和西部，主要是大型矩形建筑，有的可细分为多个部分，通常带有走廊。房屋带有石砌地基，以哈拉帕标准的泥砖砌筑墙体，但这里所用的泥砖往往异常的大（38 厘米×19 厘米×9.5 厘米）。西南角是作为厨房的独立房间。这些建筑围绕着一处开放空间，该空间可能是用于公开集会或分选货物。从居住区北墙的小门可通往郊区。昆塔西没有按照主方向布局，它似乎是为商品的生产、储存和运输而规划的城镇。昆塔西遗址在晚哈拉帕时期衰落，只有少数工匠居住于此，住在简陋的带茅草屋顶的泥房子里。

格拉·朵拉（巴干达，Bagasra）

格拉·朵拉位于喀奇湾的入海口，面积不到 2 万平方米。城镇北部面积约 0.25 万平方米，有巨大的城墙围护。遗址南部的其余区域未发现城墙。遗址南部发现了一个屠宰鱼和动物的区域，遗址南北部均为泥砖房。格拉·朵拉城镇是贝壳手镯、宝石珠、铜器和费昂斯等的专业生产地。珠子作坊主要分布在没有城墙环绕的区域，城墙内则分布有费昂斯和贝壳制品作坊。同时，这些作坊也用于储存碧玉和贝壳，以便加工和分配。大型黑陶储存罐的发现表明该遗址参与了海外贸易，因为这种陶罐被用来运输货物到马根。

手工业村庄

哈拉帕手工业具有高度的组织性和完整性，这突出表现在当时存在着一些专门大规模获取和加工特定材料（特别是用来制作珠子的宝石以及制作手镯的贝壳）的村庄。

帕德里（喀拉拉-诺-朵拉）

帕德里是索拉什特拉南部海岸的一处没有围墙的村庄，被认为是专门通过蒸发海水生产盐的场所。这一遗址最早出现于早哈拉帕时期，房屋为长方形的木骨泥墙房屋。随后遗址中又建造了多间式房屋以及手工业作坊。成熟哈拉帕时期的房屋通常用泥土和一些泥砖建造，地面涂抹石灰和动物粪便，并有烹饪的灶台和储藏设施。这些设施要么在房子里，要么在房子前后的院子里。

纳格斯瓦尔

纳格斯瓦尔遗址位于喀奇湾南部海岸的一个淡水湖边，耕地很少，遗址内的居民专门从事海贝的采集和加工。土墩的各个区域都有加工贝壳的废料，每个区域都与不同的活动有关。生产印度铅螺的过程会产生难闻的气味，其加工区域离遗址有一定距离。村里也生产陶器。房子为长方形，以石块砌筑而成，地面为夯土，其中一座房子的地面为砂岩铺砌而成。遗址位于面向淡水湖方向的缓斜坡上，使用的泥土来自湖床。

纳格瓦达

纳格瓦达位于古吉拉特邦北部海岸，其居民从事珠子制作和贝壳加工。加工的贝壳是预处理过的。使用泥砖和石块建造房子，其中泥砖采取了非哈拉帕标准的尺寸和比例（32 厘米×16 厘米×3 厘米），这些不是通常的 1 : 2 : 4 比例。

村庄

哈拉帕文化虽然以城市和城镇著名，但大部分人口无疑是农民和牧民，以及渔民和狩猎采集者，他们住在村庄、小村落（hamlet）和季节性营地（seasonal camps）中。这种类型的遗址已有少量发现，不过绝大部分集中在古吉拉特。从出土遗物可知，大部分经过发掘的此类遗址均可追溯到公元前二千纪早期。在一些遗址中，唯一的居住痕迹是位于灰土堆内的人工制品和生活垃圾，对应着临时性的或者简陋的棚屋。在索拉什特拉的奥利约廷博遗址中还发现有灶和储藏坑。这些可能是季节性营地，特别是在古吉拉特邦北部的沙丘上，在季风过后的几个月里都会有可供利用的草地和水坑。

有些房子为棚屋，柱洞呈圆形分布，房屋框架由柱网支撑，墙壁为木骨泥墙（藤条、芦苇等），并掺入了牛粪。有时会用一根中心柱来支撑屋顶。居住面一般用泥铺垫并硬化。在现代古吉拉特邦，类似房屋的预期寿命约为 50 年。内部一般都有灶。有些村庄的规模和许多城镇一样大，甚至更大。如古吉拉特邦南部的卡内瓦尔，面积为 6 万平方米，其经济基础可能是农业、畜牧业和狩猎采集的混合。遗址内发现几座圆形的列柱式木骨泥墙棚屋，用大型陶罐储藏物品。在索拉什特拉的瓦加德遗址（Vagad）和古吉拉特北部的哲卡达 [Zekda（Jekhada）] 等牧民村庄中也发掘出类似的房子。在哲卡达的部分房子内发现附属的走廊，少数房子中有放置陶罐的长方形平台。哲卡达遗址中发现多层较薄的文化层，表明这是一个经过多次使用的季节性营地。索拉什特拉的尼萨迪遗址是另一处像这样的牧民村庄，面积 4 万平方米。在冬季当地牧草充足的时候有先民居住于此，而在雨季被洪水淹没时则被荒废。

这些村落遗址中也发现了一些外来的或有较高价值的人工制品，如青金石珠和彩陶，说明这些遗址也融入了哈拉帕文化的贸易网络。例如，卡内瓦尔的居民拥有精美的陶器和铜饰品，以及珠子、小雕像和炊器等日常用品。

罗迪

索拉什特拉的罗迪遗址是典型的村落。村庄外围有一道石墙，其年代或可追溯到大约在遗址形成初期，即约公元前 2500 年，当时村庄的面积为 2.5 万平方米。在晚哈拉帕时期，村庄向南北两侧扩展，面积扩大成原来的 3 倍。在遗址北部建造了一处大型建筑，并修建有一道环绕整个遗址的规模更大的城墙，城墙上有堡垒和城门。遗址中揭露的大部分建筑都属于这一时期（公元前 1900—前 1700 年），但也发现了一些早期建筑的遗留，包括多层地面、灶台、一些石块墙壁残块和一些浅的碗状泥坑。晚哈拉帕时期的房子有石砌地基，墙体很可能是泥墙，没有使用泥砖。在主土墩揭露了一些包括 1~3 个房间的房屋，通常毗邻一处庭院或开放区域。有些房子是牲畜棚或圆形粮仓，还有铺砌成的打谷场。村庄的布局缺乏规划，房屋等随意建筑于合适的场所。在向南的延伸部分，揭露了一座带附属长庭院的三角形建筑，部分屋顶使用木梁支撑。像主土墩上的建筑一样，这为先民及其家畜提供了单独的住所。在该建筑下发现有更早阶段的垃圾坑。从村庄中发现的铜工具和一些金银器，凸显了该遗址曾经的繁荣。

城市的特征

城墙和台基

主要的印度河文明遗址通常都有由烧砖、泥砖、石块构筑的大型城墙，甚至在农业村庄，如罗迪遗址，也发现了围墙。其中，朵拉维拉的城墙有 18 米宽，至少 9 米高。有些城墙常常被用作泥砖台基的护墙，但有些又是独立的围墙，或者兼有两种

朵拉维拉城堡的东北角显示出哈拉帕时期建筑的宏大规模（Namit Arora）

功能。围绕哈拉帕 E 墩西北侧的城墙是土墩的护墙，但南面带城门的城墙部分则是独立的墙体。城墙通常有堡垒，有时有塔楼，通常还有多处宏伟的城门。

设置城门的主要目的不是防御，而主要是作为入口或通道，尽管坚固的木门可以使城门关闭。城门的一些精心设计，如增加楼梯或坡道，主要目的似乎是加深人们进城时的印象和增强（城门的）庄严感，而不是为了增强防御能力和抵御敌人进城。城门两侧通常会有门房，可能是供守门人居住，他们负责监控进出城的人。正如基诺耶（Kenoyer，1998）所言，他们可能也负责对进出城门的商品征收关税。哈拉帕遗址 E 墩南面的大型城门，虽然高大雄伟，但也只有 2.8 米宽，仅仅可供一辆手推车一次性通过，而进入城门之后便是一个巨大的开放空间，根据需要，车辆和人可能会被扣留在此。

城门还控制着被城墙分隔的遗址内不同区域，如城堡和平民居住区之间的通道。在朵拉维拉，一座带有堡垒和两侧门房的城门，控制着下城区与中城区之间的入口。在城门门槛铺设的石条上发现可能被用来安装木门的插槽。

昆塔西遗址有由石块和泥砌成的两重城墙，双墙之间是一条宽约 20 米的通道。遗址西南角有一座塔楼，东部开有一座带有两侧门卫房的城门，应是人群进出城的通道。这与无城墙的郊区居民使用的小后门形成了鲜明对比。

摩亨佐达罗、哈拉帕、昌胡达罗、洛塔尔和巴纳瓦利等遗址，全部或部分修建于由泥砖、泥土和碎石砌筑且带护墙的人工土台上，土台可以起到防洪的作用。营建土台需要大量的物资、时间和劳动力（摩亨佐达罗约耗费了 400 万人工），必须在部署大量劳动力和存在必要组织的前提下才能实现。据报告，昌胡达罗和洛塔尔等几处哈拉帕文化遗址都遭受了洪水的破坏，证实了洪水是洪泛平原和纳尔洼地等地区遗址所面临的一大威胁。詹森已证明，摩亨佐达罗内超过 6 米高的土台足以使该城市免遭任何可能的洪水威胁。

郊区

郊区聚落的证据越来越多，似乎可以说是许多哈拉帕文化城市和城镇的一个特征。在摩亨佐达罗、哈拉帕、巴拉克特和卡利班甘等遗址的外围发现了建筑。洛塔尔和朵拉维拉等遗址外围发现的土墩和散落的泥砖等哈拉帕文化遗物，表明这些遗址周围也可能是郊区。

很有可能由于城内的面积有限，无法容纳所有人群居住，郊区因此逐渐发展起来。

有时郊区通过建造附加的城墙而成为城址的一部分，如哈拉帕的 ET 墩，又如朵拉维拉连续扩增的中城和下城。苏特卡根多尔、苏尔科塔达、格拉·朵拉和昆塔西等遗址的郊区则没有城墙，其中可能居住了那些与城址有关但被排除于城外的人。郊区还很可能安置大体量的和会产生有害废气或副产品的手工业作坊，如泥砖制作作坊。与许多文化一样，郊区也可能有花园、农田、果园或牧场。

"城堡"

在讨论哈拉帕城市化时常常会提到所谓的"城堡"。这是一个带有文化内涵的术语，暗示防卫，在哈拉帕文化语境中并不太合适，所以一些学者会避免使用它。但这一术语在哈拉帕文化背景中带有某种神圣性质，并提供了一个有用的指代，用来表示在哈拉帕文化城市和城镇中常见的高耸的或有城墙围护的独立土墩或区域。因此，"城堡"在这里使用时表示一种狭义的内涵，它并不具有该词语的任何内在含义。

在哈拉帕、摩亨佐达罗和卡利班甘，城堡是独立的，位于遗址的西部。对摩亨佐达罗的调查发掘已经证实，在城堡的西侧没有人类居住的痕迹。哈拉帕的城堡遭到严重破坏，因此对其了解有限。一般认为，摩亨佐达罗城堡最初规划时便是一座完整的建筑群，而卡利班甘的城堡被城墙一分为二。摩亨佐达罗和哈拉帕是最早经过调查和发掘的哈拉帕时期遗址，似乎确立了城堡的一种模式。20 世纪 60 年代对卡利班甘的发掘似乎也印证了这一点，但很明显，城堡的结构因地而异。后来的发掘也表明了城堡的模式具有多样性。洛塔尔和巴纳瓦利的城堡是带城墙的城镇的一个部分。古吉拉特邦的苏尔科塔达是有城墙围护的遗址，它被分为两个部分，西半部分建在一座大型台基上，被视为城堡。朵拉维拉的城堡则是有围墙围护的独立区域，周围是开放的空间，城堡可以再分为外庭（bailey）和城堡（castle）两部分。

昆塔西没有城堡，但是城墙内的区域和周围的郊区存在明显的功能差异，后者是纯粹的居住区，而前者分布有大规模的仓库、一处手工业作坊和有规划的居住区。格拉·朵拉的情况也类似，分成有城墙的区域和无城墙的区域两部分。

城堡往往建在早期遗址的废墟之上，如巴纳瓦利、卡利班甘、朵拉维拉、洛塔尔和哈拉帕。这可能表明，城堡能有现存的高度，部分是因为之前的土墩。但那些新的遗址，如摩亨佐达罗使用泥砖和烧砖砌筑城堡的基础，表明抬高城堡及其上的建筑物是经过精心设计的。也并不是所有的城堡都建在高墩上，那些没有建在墩上的城堡也建有巨大的城墙，从而与遗址其他区域区分开，彰显了其独特性和重要性。城堡的位置各不相同（如摩亨佐达罗和哈拉帕的城堡位于西边，朵拉维拉的城堡位于南边而洛塔尔的城堡则位于东南），但所有城堡都坐落在遗址的一边而不是中心。这表明城堡是有意建造的，是遗址独特的一部分。这意味着进入城堡内的建筑是受到限制的，无论是宗教建筑（比如摩亨佐达罗的大浴池）、经济建筑（比如洛塔尔的仓库）、政治建筑（摩亨佐达罗的柱廊大厅可能属此类建筑），还是住宅建筑（比如卡利班甘的北部城堡）。

城堡的城门

进入城堡和各部分在一方面是受到控制和限制的，另一方面，入口和通道的布置也令人印象深刻。摩亨佐达罗城堡土墩东南角局部揭露了一处建筑，显示着该处是公众进入城堡包括柱廊大厅的通道。阿特雷（Atre，1989）提出，南部建筑的布局也方便控制其内部各个部分之间的人员流动。城堡的西侧可能通过坚固的台阶，进入大浴池等城堡北部的各类建筑。在台阶的顶端，需穿过另一道门进入浴池，可见在当时进入神圣区域之前需要先净化自己。在大浴池和学校（the College）之间的街道上，发现一个带有卯孔的烧砖平台，卯孔内可插入木梁，这可能是门的遗迹，也许可以防止有人擅自进入大浴池以北的区域。

朵拉维拉的城堡区被分成两个各有城墙围护的独立区域，即地势较低的外庭和地势更高（相对高度 18 米）的城堡。其中城堡的每面墙上都有一道门。东门的两侧有门卫房，前面则有以石头为基础的柱子。在门周围的区域发现了几根高度磨光的石柱，这在其他印度河时期遗址未曾见到，让人联想到 2000 年后著名的孔雀王朝石柱。在地震之后，城堡的主入口北门进行了精心设计。通过公共场所的门道可进入一个斜坡，从而到达北门前的一个平台。从这里经过一条走廊穿过城墙，走廊尽头有一段 L 形的台阶可供进入城堡。走廊两侧各有一个门房，门房前面各有一排放置在石柱础上的石柱。在一个门房的地面上发现了一块可能原先位于城门上方的木牌遗存，其上有 9 个神秘的印度河文字石膏标记，颇为独特。在公共场所的另一端，也有台阶通向平台，并可通过一道门进入外庭。穿过外庭城墙的通道上铺砌了石头标记（stone flags），两侧也各有一处门房。外庭和城堡通过一条穿过城堡西墙的斜坡通道相连，在外庭的尽头保留有几级台阶。

卡利班甘的城堡南边有一座雄伟的城门，门两边是塔楼，不过现在已经被严重破坏，最初可能有台阶。发掘者 B. B. 拉尔注意到门东边有一个带洞眼的基础，推测之前可能插有旗帜（banners）。城堡北部也有一处简易的城门，一条用泥砖铺就的小路和由一条城墙内侧的台阶通向南部的中部城门。苏尔科塔达城堡的两个部分同样被一条穿过内墙的通道连接起来。每半部分都有一个单独地穿过城墙的外部入口，城堡的两侧分布有门卫房。城门的设计意味着任何车辆都不能进入遗址的任何一半。在遗址的最后阶段，人们用石头重建了城墙，城堡的城门精心设计了两处台阶和一处坡道。惠勒在哈拉帕遗址城堡的西侧发掘出两三个不同时期的入口，由门、坡道、平台、堡垒、门卫室组成，还有通往城堡的楼梯或坡道。一个世纪前，坎宁安提到城堡两边都有台阶。北面还有一个带坡道的更大的城门，可连通城堡和北部的 F 墩。

城堡的建筑

对城堡中发现的不同建筑结构进行概括是很难的。高海拔、宏伟的城墙和对入口的控制似乎表明城堡内主要是公共建筑。城堡通常分布有一些其他遗址中罕见的特殊建筑，尽管摩亨佐达罗的下城和哈拉帕的 F 墩也有少量此类建筑的发现。一般来说，城堡可能是官方活动和公共建筑的主要分布区。可惜现有的资料相当有限。对摩亨佐达罗的考古工作最丰富，且发表资料最详细。洛塔尔等遗址中建筑发现较少，巴纳瓦利和拉齐嘎里等遗址则还没有进行详细的工作或还未披露考古资料，而哈拉帕和纳沙罗遗址的城堡已遭到严重破坏或侵蚀。

有一些建筑被认为是宗教设施，特别是摩亨佐达罗的大浴池和卡利班甘南部城堡的台基。朵拉维拉城堡上发现了大型水库和雨水收集系统，考虑到水和哈拉帕意识形态之间的紧密联系，这些建筑可能与宗教活动有关。据报道，朵拉维拉城堡的部分区域发现了一些大型建筑，但资料没有详细披露。摩亨佐达罗城堡东北的一大片区域位于历史时期的佛塔之下，因此没有进行发掘，但其周边的建筑遗迹表明主体的建筑即位于此。土墩南部的大部分被一处大型建筑群所占据，其中包括柱廊大厅，也许还有一个神龛，该建筑似乎既有公共空间，也有住宅区域。在所有经过发掘的城堡中，住宅建筑占很大比例，有些房屋与下城区的房屋没有什么不同，但有些房屋似乎是为了容纳大量人口而设计的。

存储设施？

在几处遗址的城堡上发现了被认定为大型存储设施的建筑物。惠勒认为摩亨佐达罗城堡北部大浴池附近的一处建筑是一个粮仓，呈东西向。北侧为 6 米宽的用烧砖建造的"用于堆积物品的平台"，里面有许多卯孔，可能用于放置支撑屋顶的木柱。西侧有一个陡直的凸出部分，惠勒认为是拖拉货物上来的地方。后面的粮仓是东西长 50 米、南北宽 33 米的长方形台基，有 3 排高 1.5 米的砖砌平台，平台之间有宽约 80 厘米的通道。南部和中东部的平台上揭露出一排排用来安插木柱的卯孔。惠勒认为这些木柱支撑着一个坡道或台阶，而詹森（Jansen，1979）则认为每个平台都有简易的屋顶。另外，整个建筑可能有巨大的木构上层建筑。由于在发掘过程中没有发现粮食遗存，学者们对该建筑作为粮仓这一解释还存有疑虑。

不过这个粮仓与洛塔尔的仓库有相似之处。洛塔尔的仓库建在一个高起的泥砖台基上，有 64 处泥砖平台，其中 12 处未揭露，这些平台被排列成 4 组，各组之间有通道隔开，每组 3 排，该建筑最初可能有简易的上层结构。从建筑中发现有许多从印章和成捆货物（可能用芦苇、编织布和席子包裹）上留下来的印蜕。在其他遗址也发现了存储设施。拉齐嘎里的一座粮仓里装满了大麦。昌胡达罗的一些建筑可能是仓库。在格拉·朵拉一处带围墙的区域中，发现许多黏土储物箱，或装有大量来自索拉什特拉的碧玉。珠子是用储存在这些箱子里的斑点碧玉制作而成的，而较大的斑点碧玉则不在格拉·朵拉遗址使用，而是存储于此以备进一步分配。

小遗址阿拉迪诺没有单独的城堡（或者说整个遗址都是城堡），但其布局和建筑表明它履行了管理的职责。最大的建筑的北部有几个房间，里面有储藏用的陶器，另一处更小的单独建筑内也发现有这类陶器。在巴拉克特城堡中一处大型建筑群的一些房间里发现了下沉式的储物陶罐。昆塔西有围墙的区域包括许多用来储存物品的房间，有些房间内发现有陶罐和黏土箱，有些房间本身就是坚固的储藏室。与巴纳瓦利房屋里发现的一样，这些主要是家庭用的存储设施。

在哈拉帕遗址位于河流和城堡之间的 F 墩上发现的一座大型建筑，最初被认定为粮仓。一个巨大的泥砖地基之上分布了 12 个隔间，分成两排，一排 6 个隔间，底部设有地垄墙（sleeper walls）以便空气在地面下流通。原先无疑有一处木结构的上层建筑，可能是一系列独立的房间或大厅，每个房间都可以通过台阶从中央通道进入，并有狭窄的通道彼此隔开。认定其为粮仓主要是基于它与罗马粮仓的相似性，但建筑中并没有发现谷物的存在。它也可能被用来储存其他物品和材料，但没有发现印章等遗物来证明这一点。HARP 团队最近对其进行了重新调查，也没有发现关于其功能的任何新线索，但他们认为该建筑可能是宫殿或公共建筑，而不是粮仓。

住宅

哈拉帕城堡内的许多建筑都是住宅。它与卡利班甘城堡北部、巴纳瓦利城堡和苏尔科塔达城堡内的建筑一样，主要用于居住。虽然有时这些建筑比下城区的要大，但似乎总体上在规模、布局或相关设施和材料的质量方面没有差别。

此外还发现了另外两种类型的住宅建筑，在城堡和下城都有分布，尽管每个地区的此类建筑功能不一定相同。一种是有许多重复单元的建筑，每个单元包括一两个房间和一间浴室；另一种是庭院和房间的复合体，远远超过了正常的规模，往往具有不寻常的建筑特征，或被认为是宫殿建筑。在某些情况下，两类建筑同时被发现或相互联系。和其他建筑一样，这两类建筑大多数都发现于摩亨佐达罗遗址。

在摩亨佐达罗大浴池北面，有一处含 8 间浴室的建筑，共分两排，每排 4 间，每间都有楼梯通向上一层。有一种较为合理的说法是这里居住着与大浴池有关的人（牧师？）。附近的一座开放式庭院可能与该建筑有关，但被位于大浴池和学校（一处大型建筑群）之间的街道分开。学校中有许多小房屋，多数房屋表面砌砖，同时房屋还附有几处庭院，其中有一处大的庭院周围环绕着带窗户的廊道。该建筑群至少有 7 个入口，表明它由一些独立的住宅或者功能区组成，可能与管理有关。两处楼梯的发现表明其上还有第二层。

较远的南部是一个巨大的大厅，发现有 4 排砖砌柱基，每排有 5 个表面以烧砖铺砌出的意义不明的装饰图案，基诺耶（Kenoyer，1998）认为这里可能是人们举行活动时供他们就座的地方。这处建筑与后来次大陆的一些公共建筑有某种相似之处，如孔雀王朝的柱廊大厅和佛教大厅。有人认为这个大厅是公众集会的场所。它是一个更大的建筑群的一部分，让人联想起近东的宫殿，包含有大庭院一类的公共空间、神龛和居民区，既是行政、法律、经济和政治活动的中心，也是统治者及其大家庭的住所。柱廊大厅南面的一组房间里，浴室所占的面积异常大。在西边有一些可能用作储藏的小房间，还有一个较小的大厅，有长方形的柱础支撑柱子，里面有大型的炊煮设备，还有一个与一口大型水井相邻的长长的房间。在更远的西边，一处被严重破坏的大厅里出土了用来安插木柱的石环。一个隐蔽的房间可能为神龛。值得注意的是，在这个建筑群的部分地方发现了三座人的石雕像，在已发现的极少量哈拉帕文化石雕中占据了很大比例。

洛塔尔城堡的居民区共有 12 个沐浴平台，平台与大型排水沟相连，这可能属于一排单间式房屋，但建筑细节尚不明确。发掘者 S. R. 拉奥认为平台附近的一座建筑是统治者的住所。在巴拉克特城堡上发现有一座大型建筑群的一部分，包括庭院和一些不常见的建筑特征，如带有图案的地面等。

这些建筑遗存并不能明确证实城堡是公共活动的主要场所和行政中心，但至少说明了有这种可能性的存在。

下城

在大部分哈拉帕文化的城市和城镇中，城堡只占一小部分，其余部分为下城，下城通常有城墙，郊区则没有。郊区的存在只是最近才被逐渐认识到的，几乎没有进行过发掘，也没有进行过大规模的调查，而且其范围往往也不明确。因此，哈拉帕的城市生活和社会的许多方面仍待揭示。尽管已被考古调查过的一些下城所提供的资料可能有些不准确，但我们知道那里有设施完善的住房、轻型手工业和包括良好的供水和卫生设施的高标准的城市建筑。

街道规划

笔直的正南北主街道将哈拉帕的城市和城镇划分为不同的居住区。对摩亨佐达罗的早期发掘以及对卡利班甘的发掘工作，显示两座城址均为棋盘格状布局。但最近的考古工作显示其并不只有这一种模式，不过城址的规划布局确实有着精确的标准。主街道是南北向的，偏离不超过 2°。霍尔格·汪兹克（Holger Wanzke，1987）提出，这一基本方向可以通过将街道与明亮恒星毕宿五（Aldebaran）以西的降落点对齐而确认，而谷仓方向则可能通过将街道与小犬星座的南河三（Procyon）的降落点对齐而确认。随着所观测天体上升和降落位置的变化，方向也会发生细微的变化。

正南北的主街道并非普遍存在。朵拉维拉的一条笔直的主街道从西到东穿过中城区，继而通过一道城门进入下城区，随后街道开始变得弯曲。巴纳瓦利则并不完全严格地遵循网格状街道布局模式，在阿拉迪诺和昆塔西等小遗址，居住区规模较小，街道不是十分必要。

主街道通常都很宽阔，如摩亨佐达罗的第一街道（First Street）宽达 10 米。与主街道连接的狭窄小巷往往是弯弯曲曲的，惠勒认为，这种曲折布局可以减弱盛行风的影响。和许多现代印度聚居地一样，主街道两旁是没有门窗的墙，居民通过小巷进入房屋，从而避开了充满灰尘的主街道。

摩亨佐达罗和卡利班甘遗址内的一些房屋外面有砖砌的平台，可能是供人们坐下来聊天的地方。街道中间有排水沟，这是完善的卫生系统的一部分。沿街种有许多树，可供乘凉，或许还有宗教意义。

早哈拉帕时期的哈拉帕、卡利班甘和纳沙罗等遗址中，就已经出现规划有序的布局，并在整个哈拉帕时期严格地遵循，街道宽阔而整洁。但在晚哈拉帕时期，人们放弃了这种规划，建筑物开始侵占街道。宽敞的庭院式建筑不复存在，在某些情况下之前的房屋被分隔以供许多人居住，或者被密集的单层房子所取代，这些房子通常用之前的建筑材料建造而成。洛塔尔等遗址的房屋则用木骨泥墙建造，类似哈拉帕时期和同时期的农村房子。城市设施缺乏维护，居住区内也开始出现会产生难闻味道的手工业作坊。甚至摩亨佐达罗城堡中精美的柱廊大厅也被粗糙的砖墙分割，部分区域用于加工贝壳。

公共建筑

相比其他文明中著名的神庙和宫殿，哈拉帕的城市和城镇中很难确认出世俗或者宗教建筑。朵拉维拉的城堡前面有一个地面铺砌平整的长方形区域，周边还分布有座位，可能是公共活动或表演的场所。在其他的遗址中也存在类似的设施，比如有学者认为，巴纳瓦利城堡的一部分也是类似的一处开放区域，在昆塔西的中心也有一片很大的开放空间，一侧有石砌的平台。

摩亨佐达罗下城发现的一些建筑具有不同寻常的特征或布局，有人认为是神庙或宫殿。HR-B 区的 XXX 号房址和 L 号房址等大型建筑，建造得非常坚固，内部有平台，可能用于支撑巨大的上层建筑。另一些建筑中包含多个庭院，如 HR-B 区的 XVIII 号房址和 DK-G 区的建筑 1，被麦凯称为宫殿。HR-B 区的 V 号房址以大型庭院为中心，其中一个房间中发现用木柱支撑的门道，里面有一些石环和石盖，表明这里曾经有一排用石头和木头组成的圆柱。哈拉帕遗址的粮仓也被认为是一座宫殿或行政建筑。

摩亨佐达罗的 HR-B 区有一处长条形的建筑，由两排双间式房子组成，每个房间的角落里都有浴室，并由封闭的通道相连；北面有一座带隔间的大房子，南面的几个房间发现有水井和尖底杯残片（可能是一次性的水杯）；紧邻该建筑的东面是 XXX 号地址，被认为可能是宫殿或神庙。该建筑群可能是来访的商人或官员的住处，因为单元都很小，设备也较好，让人联想到带浴室套房的现代酒店。哈拉帕 E 墩的南部，有一处由房屋和沐浴平台组成的建筑，也被认为是商队旅馆，在附近的土墩中可能还有另一处类似的建筑。另外，洛塔尔城堡中包含 12 间浴室的建筑，以及哈拉帕的 F 墩中由两排一大一小两间房组成的建筑，也被认为是这类旅馆。在其中一座建筑的地下发现有金器珠宝窖藏。

房子

现在发现哈拉帕文化房子都是带着石灰痕迹的裸露砖墙，但最初石灰上或许装饰着丰富多彩的彩绘图案。门前台阶（使住房位于街巷地面之上）可能也有装饰，就像今天常常绘有红色和白色的吉祥图案的门阶一样。楼上可能有木质百叶窗窗户，可以关闭，窗外挂着格栅（木质或石质）或席子，以便内外空气的流通。

重要遗址特别是摩亨佐达罗和哈拉帕，经常使用烧砖建造房屋，而较小的遗址更常用的则是未被烧制的泥砖。在一些遗址，尤其是在古吉拉特邦的遗址中，也使用石块。烧砖被广泛用于建造水井、排水沟和浴室地面。砖块的比例是一致的（1∶2∶4），标准尺寸为 7 厘米 ×14 厘米 ×28 厘米，不过有一些变化（例如，在巴纳瓦利砖块的尺寸从 6.5 厘米 ×13 厘米 ×26 厘米到 8 厘米 ×16 厘米 ×32 厘米不等）。木材也常常被用于建造门及门框一类的结构和固定装置。随着时间的推移，房子的墙壁在同一个地方被修复和重建。为改变家庭空间的布局，内部的墙壁可能也会变动。偶尔也会有单独的房子被一分为二，或者两个房子合并成一个。

这些房子虽然在细节上各不相同，但总体布局都差不多，都有围绕庭院的房间，还有楼梯通向楼上的房间。这种通道的布置使人从外面看不见庭院和房子内部，避免了房子被从街上吹进来的垃圾弄脏，并保护了居民的隐私。有时对着门口会设置有一间小的门卫房，访客首先要经过看门人的检查。庭院是家庭的中心，在现代南亚也是如此。一年中的大部分时间居民都在这里处理日常事务，如处理粮食、水果和蔬菜以备储存或食用；洗涤和晒干衣物；纺纱、织布和缝纫；做饭、吃饭、玩耍和睡觉。在纳沙罗的一些房子里，庭院的一部分被柱网支撑的屋顶覆盖。

储藏的形式多种多样，包括罐子、圆柱形黏土箱和可能通过梯子进入的没有门的长方形砖砌小房间。通常带有浴室的房间都对着庭院。有学者认为卡利班甘、巴纳瓦利和洛塔尔的一些房子里还包括一间作为家用神龛的独立房间。

部分房子里有带灶台的小厨房，可供炊煮食物和水。除了在砖砌平台上发现有一些灶台，摩亨佐达罗很少报道有灶。鉴于这一发现，加之有房屋起火的证据，有人指出灶台可能位于房屋上层，考虑到上层建筑是木质的，这是一种危险的做法。但从最近对哈拉帕遗址的发掘中发现，一些房间内会保留大型陶罐的下部，以作为可移动灶台。摩亨佐达罗可能也有类似的做法。纳沙罗房子庭院的东墙边通常有一个砖砌的灶，旁边还有砖砌的隔间，里面有用来储存燃料的陶罐或黏土箱。灶坑的中心柱是用涂有泥浆的砖砌成。灶一般用于家庭用途，有些也可能用于手工业生产。

房屋的地面通常用泥土铺垫，但有的铺砖或三角形的红陶饼，其中几乎没有发现过家具的痕迹。一些印章上的图案表明人们有时会使用矮凳，但很可能与现代一样，人们主要坐在地板上的席子和垫子上。在卡利班甘发现了一张早哈拉帕时期的床的模型，可惜其构造细节因被床罩掩盖而无法知晓。当时的床可能类似于现代的轻便床，以木框架和网格状的绳子组成。

摩亨佐达罗等许多遗址发现有从庭院通向一层或偶尔通向两层楼的楼梯。而卡利班甘等遗址的房屋只有一层。屋顶由木梁搭建，其上覆盖夯实的黏土或席子和石灰，屋顶为住户额外提供了就座、聊天和睡觉的地方。

大型房子中有从庭院到附属房间的通道，甚至有几个庭院，这些可能属于富有的贵族家庭或扩大家庭。安娜·萨尔奇纳（Anna Sarcina）对摩亨佐达罗的房屋进行了研究，她认为大多数房屋都供核心家庭居住。一些较大的房屋周围有一圈小的房子，其中居住着依赖于核心家庭的家族成员。房屋呈网格状分布，中间有巷子隔开。许多房屋发现增加或拆除内墙、改变房门等改建的迹象，可能与家庭的大小或组成发生变化有关。

在城市和城镇中烧砖或泥砖砌成的庭院式建筑很常见，但在村庄里，即使是像罗迪这样较大的遗址，房屋都是圆形或长方形的用泥或木骨泥墙建成的单间式建筑。有时一个家庭可能有几处房屋建筑和院落，部分用于饲养动物。

供水、排水和废水处理

水在哈拉帕先民的生活中扮演着重要的角色，哈拉帕人是熟练的水利建设者。据迈克尔·詹森计算，摩亨佐达罗有 700 口甚至更多的井，每 3 户人家就有一口。那些自己没有井的人，需要依靠公共供水系统。从房屋附近井边的明显磨损可以看出，使用井的人不只是与房屋直接相关的人。井边的凹槽表明，人们是用捆绑于绳子上的容器（如陶罐或木桶）汲水的。摩亨佐达罗大量水井的存在表明城市离河太远，不方便取水。詹森（Jansen，1987）认为，为建筑而挖掘的土坑可以用来储存雨水，作为城市的额外水源。

其他城市未发现如此大量的水井，但人们可以从附近的河中取水，如哈拉帕遗址中水井可能不到 30 口。与摩亨佐达罗那些似乎都是在城市建造初期就已挖出的水井不同，哈拉帕（AB 墩上）至少有一口井是在更晚的街道中被挖掘的。在哈拉帕城址的中心也可能有一个蓄水池。朵拉维拉城墙范围内，至少有 16 座巨大的水库，占据了城内三分之一的面积。这些水库开挖至岩层面甚至基岩内，水库被表面铺石的土墙围绕。水库的水源部分由雨水供应，但通过水坝从流经遗址的两条季节性溪流中分流出来的水是更主要的水源。城堡也利用复杂的集水区和排水沟系统来收集雨水，并将其引导到石砌房屋。在城堡附近还修建了另外两个水库，其中一个深 5 米，有 31 级台阶，居民可以下到水库边。水库得到了精心维护，如人们会清除淤泥和加固水库围墙。卫星图像显示，在城市的西南墓地区域也有一座水库。

哈拉帕时期房屋最令人印象深刻的是浴室。洗澡可能遵循今天仍然使用的方式——用一个小陶罐把水倒在自己身上。有些家庭使用一种改进后的淋浴方式，即另一个人可以爬上浴室边上的一处小楼梯，把水倒在沐浴者的身上。浴室地面主要使用烧砖砌筑，通过切锯和打磨减少砖块之间的缝隙，有时地面也会用石头或陶片铺垫，地面略微倾斜，水能因此流到一个角落，并通过红陶排水管或排水沟流入为城市服务的高效的排水系统。高层房间的排水沟经常被建在墙内，这样它们就可以向街道附近排水。

几乎哈拉帕遗址的每个家庭都有私人厕所，这在其他遗址可能也很普遍。地上放置一个大型陶罐作为厕所，通常只有一个供蹲坐其上的孔洞，不过摩亨佐达罗有些厕所还设置了座位。一些陶罐通过排水管连接到城市污水系统，有些罐子底部则有一个小孔，可供液体排出。巴纳瓦利遗址中一座房子的厕所似乎属于一个富裕的家庭，还配置了一个脸盆。

污水被集中到小巷中的小型露天排水沟中，然后流入主排水系统。排水沟通常由紧密贴合的烧砖砌成，沿着主街道延伸，其上覆盖着大块的烧砖或石板。每隔一定的间距都设置有检查盖，以便检查和维护排水口的流动性。随着街道的抬升，排水沟的两侧也会砌砖抬高，如此，随着时间的推移，排水沟可能会达几米深。城郊的砖砌暗沟可使排水沟里的水排到墙外，这些涵洞内有时还设置水闸或格栅，以收集固体垃圾或防止有人通过涵洞非法进城。

这样的排水系统是许多哈拉帕文化遗址的特征，但并非所有遗址都有，如卡利班甘就没有排水沟，而是沿街设置下沉式陶罐。在洛塔尔，既有排水管，也有下沉式陶罐。雨水的排水沟与废水、污水的排水沟是分开的。大型排水沟和涵洞有券顶，其中一个特别引人注目的是摩亨佐达罗大浴池的排水管。

哈拉帕遗址许多街道两旁都有半埋在地下的陶罐，人们可以往里面扔垃圾，目前已经发现 200 多个。紧靠摩亨佐达罗下城区的北部是一个倾倒日常垃圾的场所。沿排水渠铺设了污水坑来收集固体垃圾，以保证水流畅通无阻，这些需要定期清理干净。在摩亨佐达罗的南北主街道上，有两个砖砌的污水坑，其中一个有台阶，可供清洁人员进入。市政标准并没能一直保持，例如，有证据表明，在哈拉帕50~100年的时间里，在新排水沟建成和恢复清理之前，排水沟内的污水会溢出到街道上。

手工业活动

在大多数哈拉帕文化遗址中都有手工业活动的迹象，无论是在私人住宅还是在较为集中的区域。哈拉帕E墩的西部和中部，以及ET墩南部城门的右边均存在手工业活动。在F墩靠河处发现有烧砖砌筑的圆形工作平台，其中部下凹，可供放置木盆或木臼，每个平台都附属于一座小型建筑。摩亨佐达罗下城区的许多地方都有手工业作坊。在土墩的东部和南部发现了大量与手工业相关的遗物，虽然这些遗物主要是来自侵蚀堆积或生活废弃堆积，但该区域内无疑曾存在手工业作坊。

昌胡达罗的制珠作坊最令人印象深刻，其内有一座窑炉。该遗址发掘了有限的面积，其中大部分属手工业区，昆塔西和洛塔尔城亦然。昌胡达罗的II号土墩外围可能有带屋顶的开放式作坊。

大多数轻型手工业都位于成熟哈拉帕时期的城市和城镇，如珠子和彩陶的制作，贝壳、石头、鹿角、骨头、木材、金属和滑石的加工。会产生有毒废气或副产品的手工业一般不会设置在带围墙的居民区内，在大多数情况下，已发现的这类手工业的例子要么属于城市衰败时期，要么位于郊区和住宅区的外围或专门的手工业遗址。如摩亨佐达罗下城区以东，有一处单独的郊区土墩，在这里发现会产生恶臭的清除贝壳的作坊；铜的冶炼也可能在那里进行。

墓地

除了在遗址最后阶段被遗弃在街道或房屋里的人骨外，摩亨佐达罗遗址内没有发现墓葬。但在其他许多遗址中，城墙之外发现有墓地。

像许多其他文化一样，哈拉帕人也把死者的墓地与生活区或活动区分开。

参考文献

ATRE S, 1989. Towards an Economico-religious Model for Harappan Urbanism[J]. South Asian Studies, 5: 49-58.

BALA M, 2004. Kalibangan: Its Periods and Antiquities[M]//CHAKRABARTI D K. Indus Civilization. Sites in India. New Discoveries. Mumbai: Marg Publications: 34-43.

BELCHER W R, 1997. Ancient Harappa in 3D[EB/OL]. [2005-06-14]. www.harappa. com/3D/index.html.

BHAN K K, 1989. Late Harappan Settlements of Western India, with Special Reference to Gujarat[M]//KENOYER J M. Old Problems and New Perspectives in the Archaeology of South Asia. Wisconsin Archaeological Reports. Vol. 2. Department of Anthropology. Madison: University of Wisconsin Press: 219-242.

BHAN K K, 1994. Cultural Development of the Prehistoric Period in North Gujarat with Reference to Western India[J]. South Asian Studies, 10: 71-90.

BHAN K K, 2004. In the Sand Dunes of North Gujarat[J]//CHAKRABARTI D K. Indus Civilization. Sites in India. New Discoveries, Mumbai: Marg Publications: 96-105.

BHAN K, SONAWANE V S, AJITHPRASED P, PRATAPCHANDRAN S, 2005. Gola Dhoro[EB/OL]. [2005-07-05]. www.harappa.com/goladhoro/index.html.

BISHT R S, 1982. Excavations at Banawali: 1974–77[J]//POSSEHL G L, Harappan Civilization: A Contemporary Perspective. New Delhi: Oxford &IBH Publishing Co.: 113-124.

BISHT R S, 1984. Structural Remains and Town Planning of Banawali[J]//LAL B B, GUPTA S P. Frontiers of the Indus Civilization. New Delhi: Books and Books: 89-97.

BISHT R S, 1990. Excavation at Dholavira, District Kutch[M]. Indian Archaeology—A Review, 1989–90: 15-20.

BISHT R S, 1991. Excavation at Dholavira, District Kutch[M]. Indian Archaeology—A Review, 1990–91: 10-12.

BISHT R S, 1992. Excavation at Dholavira, District Kutch[M]. Indian Archaeology—A Review, 1991–92: 26-35.

BISHT R S, 1993. Excavation at Dholavira, District Kachchh (Earlier Kutch)[M]. Indian Archaeology—A Review, 1992–93: 27-32.

BISHT R S, 1999. Dholavira and Banawali: Two Different Paradigms of the Harappan Urbis Forma[J]. Puratattva, 29: 14-37.

BISHT R S, 2002. Dholavira Excavations: 1990–94[J]//JOSHI J P. Facets of Indian Civilization. Recent Perspectives. Essays in Honour of Professor B. B. Lal. New Delhi: Aryan Books International: 107-120.

BISHT R S, ASTHANA S, 1979. Banawali and Some Other Recently Excavated Harappan Sites in India[J]//TADDEI M. South Asian Archaeology 1977. Naples: Istituto Universitario Orientale, Seminario di Studi Asiatici: 223-240.

BONDIOLI L, TOSI M, VIDALE M, 1984. Craft Activity Areas and Surface Survey at Moenjodaro[J]//JANSEN M, URBAN G. Reports on Fieldwork Carried Out at Mohenjo-daro, Pakistan 1982–83 by the IsMEO-Aachen University Mission: Interim Reports I. Aachen and Rome: RWTH and IsMEO: 9-37.

CHAKRABARTI D K, 1997. The Archaeology of Ancient Indian Cities[M]. New Delhi: Oxford University Press.

CHAKRABARTI D K,1999. India. An Archaeological History. Palaeolithic Beginnings to Early Historic Foundations[M]. New Delhi: Oxford University Press.

CUCARZI M, 1985. Geophysical Investigations at Moenjodaro, 1985[J]. East and West, 35: 451-457.

CUCARZI M, 1987. A model of Morphogenesis for Mohenjodaro[J]//JANSEN M, URBAN G. Reports on Field Work Carried Out at Mohenjo-daro, Pakistan 1983–84 by the IsMEO-Aachen University Mission: Interim Reports II. Aachen and Rome: RWTH and IsMEO: 79-90.

CUNNINGHAM A, 1875. Harappa[J]. Archaeological Survey of India: Report for the Years 1872: 105-108.

DALES G F, 1965. New Investigations at Mohenjo Daro[J]. Archaeology, 18(2): 1145-150// POSSEHL G L, 1979. Ancient Cities of the Indus. Delhi: Vikas Publishing House: 192-195.

DALES G F, 1974. Excavations at Balakot, Pakistan, 1973[J]. Journal of Field Archaeology,

1(1–2): 3-22.

DALES G F, 1979. The Balakot Project: Summary of Four Years Excavations in Pakistan[M]//TADDEI M. South Asian Archaeology 1977. Naples: Istituto Universitario Orientale, Seminario di Studi Asiatici: 241-274.

DALES G F, 1982a. Mohenjodaro Miscellany: Some Unpublished, Forgotten or Misinterpreted Features[J]//POSSEHL G L. Harappan Civilization: A Contemporary Perspective. New Delhi: Oxford&IBH Publishing Co.: 97-106.

DALES G F, 1982b. Adaptation and Exploitation at Harappan Coastal Settlements[J]// PASTNER S, FLAM L. Anthropology in Pakistan. Ithaca, NY: Cornell University Press: 154-165.

DALES G F, KENOYER J M, 1993. The Harappa Project 1986–9: New Investigations at an Ancient Indus City[J]//POSSEHL G L. Harappan Civilization, 2nd ed. New Delhi: Oxford University Press: 469-520.

DHAVALIKAR M K, 1993. Harappans in Saurashtra: The Mercantile Enterprise as Seen from Recent Excavation of Kuntasi[J]//POSSEHL G L. Harappan Civilization, 2nd ed. New Delhi: Oxford University Press: 555-568.

DHAVALIKAR M K, 1996. Kuntasi, a Harappan Emporium on West Coast[M]. Pune: Deccan College Post-Graduate and Research Institute.

FAIRSERVIS W, 1982. Allahdino: An Excavation of a Small Harappan Site[J]//POSSEHL G L. Harappan Civilization: A Contemporary Perspective. New Delhi: Oxford&IBH Publishing Co.: 106-112.

FLAM L, 1993. Excavations at Ghazi Shah, Sindh, Pakistan[J]//POSSEHL G L. Harappan Civilization, 2nd ed. New Delhi: Oxford University Press: 457-467.

FRANCFORT H P, 1984. The Harappan Settlement at Shortugai[J]//LAL B B, GUPTA S P. Frontiers of the Indus Civilization. New Delhi: Books and Books: 301-310.

FRANKE-VOGT U, 1997. Reopening Research on Balakot: A Summary of Perspectives and First Results[J]//ALLCHIN R, ALLCHIN B. South Asian Archaeology 1995. New Delhi: Oxford&IBH Publishing Co.: 217-235.

HEGDE K T, BHAN K K, SONAWANE V H, KRISHNAN K, SHAH D R, 1992.

Excavations at Nageshzvar, Gujurat. A Harappan Shellworking Site on the Gulf of Kutch[M]. Baroda, India: Department of Archaeology and Ancient History. M. S. University of Baroda.

JANSEN M, 1979. Architectural Problems of the Harappa Culture[C]//TADDEI M. South Asian Archaeology 1977. Naples: Istituto Universitario Orientale, Seminario di Studi Asiatici: 405-431.

JANSEN M, 1981. Settlement Patterns in the Harappa Culture[J]//HARTEL H. South Asian Archaeology 1979. Berlin: Deitrich Reimer Verlag: 251-269.

JANSEN M, 1984. Architectural Remains in Mohenjo-daro[J]//LAL B B, GUPTA S P. Frontiers of the Indus Civilization. Delhi: Books and Books: 75-88.

JANSEN M, 1987. Preliminary Results on the 'Forma Urbis' Research at Mohenjo- Daro[J]// JANSEN M, URBAN G. Reports on Fieldwork Carried out at Mohenjo-daro, Pakistan 1982– 83 by the IsMEO-Aachen University Mission: Interim Reports II. Aachen and Rome: RWTH and IsMEO: 9-22.

JANSEN M, 1993. Mohenjo-daro: City of Wells and Drains[J]. Bergisch Gladbach: Frontinus-Gesellschaft e.V.

JANSEN M, 1994. Mohenjo-Daro, Type Site of the Earliest Urbanization Process in South Asia: Ten Years of Research at Mohenjo-Daro, Pakistan and an Attempt at a Synopsis[J]// PARPOLA A, KOSKIKALLIO P. South Asian Archaeology 1993. Helsinki: Suomalainen Tiedeakatemia: 263-280.

JANSEN M, 2002. Settlement Networks of the Indus Civilization[C]//SETTAR S, KORISETTAR R. Indian Archaeology in Retrospect. II. Protohistory. Archaeology of the Harappan Civilization. Indian Council of Historical Research. New Delhi: Manohar: 105-126.

JARRIGE C, 1994. The Mature Indus Phase at Nausha8ro as Seen from a Block of Period III[J]//PARPOLA A, KOSKIKALLIO P. South Asian Archaeology 1993. Helsinki: Suomalainen Tiedeakatemia: 281-294.

JARRIGE J F, 1986. Excavations at Mehrgarh-Nausharo[J]. Pakistan Archaeology, 10–22: 63-131.

JARRIGE J F, 1988. Excavations at Nausharo[J]. Pakistan Archaeology, 23: 140-203.

JOSHI J P, 1990. Excavations at Surlcotada 1971–72 and Exploration in Kutch[M]. Memoirs of the Archaeological Survey of India. SI 87. New Delhi: Archaeological Survey of India.

KENOYER J M, 1993. Excavations on Mound E, Harappa: A Systematic Approach to the Study of Indus Urbanism[J]//GAIL A J, MEVISSEN G J R. South Asian Archaeology 1991. Stuttgart: Franz Steiner Verlag: 165-195.

KENOYER J M, 1996. Around the Indus in 90 Slides[EB/OL]. [2005-06-14]. www.harappa. com/Indus/indus0.htm1.

KENOYER J M, 1998. Ancient Cities of the Indus Valley Civilization[M]. Karachi: Oxford University Press and American Institute of Pakistan Studies.

KENOYER J M, MEADOW R H, 1998. The Latest Discoveries: Harappa 1995–98[EB/OL]. [2005-06-14]. www.harappa.com/indus/indus0.html.

KESARWANI A, 1984. Harappan Gateways: A Functional Reassessment[J]//LAL B B, GUPTA S P. Frontiers of the Indus Civilization. New Delhi: Books and Books: 63-73.

LAL B B, 1984. Some Reflections on the Structural Remains at Kalibangan[J]//LAL B B, GUPTA S P. Frontiers of the Indus Civilization. New Delhi: Books and Books: 55-62.

LAL B B, 1997. The Earliest Civilization of South Asia: Rise, Maturity and Decline[M]. New Delhi: Aryan Books International.

MACKAY E J H, 1938. Further Excavations at Mohenjo Daro[M]. New Delhi: Government of India.

MACKAY E J H, 1943. Chanhu-daro Excavations 1935–36[J]. New Haven, CT: American Oriental Society.

MARASHALL J, 1931. Mohenjo Daro and the Indus Civilization[J]. London: Arthur Probsthain.

MEADOW R, 1991. Harappa Excavations 1986–1990[M]. Madison, WI: Prehistory Press.

MEADOW R H, KENOYER J M, 1994. Harappa Excavations 1993: The City Wall and Inscribed Materials[C]//PARPOLA A, KOSKIKALLIO P. South Asian Archaeology 1993. Helsinki: Suomalainen Tiedeakatemia: 451-470.

MEADOW R H, KENOYER J M, 1997. Excavations at Harappa 1994–1995: New Perspectives on the Indus Script, Craft Activities, and City Organization[J]//ALLCHIN R, ALLCHIN B. South Asian Archaeology 1995. New Delhi: Oxford&IBH Publishing Co.: 139-

172.

MEADOW R H, KENOYER J M, 2003. Recent Discoveries and Highlights from Excavations at Harappa: 1998–2000[EB/OL]. [2005-06-14]. www.harappa.com/indus4/el.html.

MEHTA R N, 1982. Some Rural Harappan Settlements in Gujarat[J]//POSSEHL G L. Harappan Civilization: A Contemporary Perspective. New Delhi: Oxford&IBH Publishing Co.: 167-174.

MEHTA R N, 1984. Valabhi—A Station of Harappan Cattle-Breeders[J]//LAL B B, GUPTA S P. Frontiers of the Indus Civilization. Delhi: Books and Books: 227-230.

MERY S, 1994. Excavation of an Indus Potter's Workshop at Nausharo (Baluchistan), Period II[J]//PARPOLA A, KOSKIKALLIO P. South Asian Archaeology 1993. Helsinki: Suomalainen Tiedeakatemia: 471-481.

MILLAR H M L, 1994. Indus Tradition Craft Production: Research Plan and Preliminary Survey Results Assessing Manufacturing Distribution at Harappa, Pakistan[J]//KENOYER J M. From Sumer to Meluhha.Wisconsin Archaeological Reports. Vol. 3. Department of Anthropology. Madison: University of Wisconsin Press: 81-99.

MOMIN K N, 1984. Village Harappans in Kheda District of Gujarat[J]//LAL B B, GUPTA S P. Frontiers of the Indus Civilization. New Delhi: Books and Books: 231-234.

NATH A, 1998. Rakhigarhi: A Harappan Metropolis in the Sarasvati- Drishadvafl Divide[J]. Puratattva, 28: 39-45.

NATH A, 1999. Further Excavations at Rakhigarhi[J]. Puratattva, 29: 46-49.

NATH A, 2001. Rakhigarhi: 1999–2000[J]. Puratattva, 31: 43-45.

POSSEHL G L, 1979. Lothal: A Gateway Settlement of the Harappan ivilization[J]// POSSEHL G L. Ancient Cities of the Indus. New Delhi: Vikas Publishing House: 212-218.

POSSEHL G L, 1982. Harappan Civilization: A Contemporary Perspective[M]//POSSEHL G L. Harappan Civilization. New Delhi: Oxford University Press: 15-28.

POSSEHL G L, 1999. Indus Age: The Beginnings[M]. New Delhi: Oxford University Press.

POSSEHL G L, 2002. The Indus Civilization. A Contemporary Perspective[M]. Walnut Creek, CA: AltaMira Press.

POSSEHL G L, 2004. Rojdi: A Sorath Harappan Settlement in Saurashtra[J]//
CHAKRABARTI D K. Indus Civilization. Sites in India. New Discoveries. Mumbai: Marg
Publications: 80-88.

PRACCHIA S, TOSI M, VIDALE M, 1985. Craft Industries at Moenjo-Daro[J]//
SCHOTSMAN J, TADDEI M. South Asian Archaeology 1983. Naples: Istituto Universitario
Orientale, Dipartimento di Studi Asiatici: 207-248.

RAO S R, 1973. Lothal and the Indus Civilization[M]. Bombay: Asia Publishing House.

RAO S R, 1979 and 1985. Lothal: A Harappan Town (1955–62)[J]. 2 vols. Memoirs of the
Archaeological Survey of India. SI 78. New Delhi: Archaeological Survey of India.

RATNAGAR S, 2001. Understanding Harappa. Civilization in the Greater Indus Valley[M].
New Delhi: Tulika.

RATNAGAR S, 2004. Trading Encounters. From the Euphrates to the Indus in the Bronze
Age[M]. New Delhi: Oxford University Press.

RISSMAN P C, CHITALWALA Y M, 1990. Harappan Civilization and Oriyo Timbo[M].
New Delhi: Oxford&IBH Publishing Co. and American Institute of Indian Studies.

SARCINA A, 1979. The Private House at Mohenjo-daro[J]//TADDEI M. South Asian
Archaeology 1977. Naples: Istituto Universitario Orientale,Seminario di Studi Asiatici: 433-
462.

SHARMA Y D, 1982. Harappan Complex on the Sutlej (India)[J]//POSSEHL G L. Harappan
Civilization: A Contemporary Perspective. New Delhi: Oxford&IBH Publishing Co.: 141-
165.

SHINDE V, 1991. Excavation at Padri, District Bhavnagar[M]. Indian Archaeology—A
Review, 1990–1: 8-10.

SHINDE V, 1992a. Padri and the Indus Civilization[J]. South Asian Studies, 8: 55-66.

SHINDE V, 1992b. Excavation at Padri, District Bhavnagar[M]. Indian Archaeology—A
Review, 1991–92: 21-22.

SHINDE V, 2004. Saurashtra and the Harappan Sites of Padri and Kuntasi[J]//
CHAKRABARTI D K. Indus Civilization. Sites in India. New Discoveries. Mumbai: Marg
Publications: 64-70.

SONEWANE V H, 2004. Nageshwar: A Center of Harappan Shell Craft in Saurashtra[J]// CHAKRABARTI D K. Indus Civilization. Sites in India. New Discoveries. Mumbai: Marg Publications: 71-79.

THAPAR B K, 1975. Kalibangan: A Harappan Metropolis beyond the Indus Valley[J]. Expedition, 17(2): 19-32//POSSEHL G L, 1979. Ancient Cities of the Indus. New Delhi: Vikas Publishing House: 196-202.

VATS M S, 1940. Excavations at Harappa[M]. New Delhi: Government of India.

VIDALE M, 1989. Specialized Producers and Urban Elites: On the Role of Craft Industries in Mature Harappan Urban Contexts[J]//KENOYER J M. Old Problems and New Perspectives in the Archaeology of South Asia. Wisconsin Archaeological Reports. Vol. 2. Department of Anthropology. Madison: University of Wisconsin Press: 170-181.

WANZKE H, 1987. Axis Systems and Orientation at Mohenjo-Daro[J]//JANSEN M,URBAN G. Reports on Fieldwork Carried out at Mohenjo-daro, Pakistan 1982–83 by the IsMEO-Aachen University Mission: Interim Reports II. Aachen and Rome: RWTH and IsMEO: 33-44.

WHEELER R E M, 1968. The Indus Civilization[M]. 3rd ed. Cambridge, UK: Cambridge University Press.

第 7 章　社会和政治组织

通过一些可靠的考古学资料，我们了解到了哈拉帕文明的许多方面，如经济活动、遗址、手工业和生物人类学等。相比其他有文字记载的文明，这些对哈拉帕文明的调查与研究已经达到同样高甚至更高的水平。缺乏文献是理解哈拉帕文明的社会生活、政治组织的主要障碍，如对法律人们就完全无从了解。但这并非意味着完全没有希望，有许多证据可能有助于重建哈拉帕政体的运作方式。

有关社会组织的线索

对史前社会组织的考古研究往往侧重于人群之间的差异和相似之处，如性别、社会地位、种族、职业、文化或宗教信仰，这些提供了有关社会等级的线索，包括房屋和遗址的组织模式，个人形象，人们获取精美物品的机会，丧葬习俗，健康和饮食等。贸易和手工业生产的组织以及大规模工程建设时劳动力的动员也可以反映社会的性质。哈拉帕文化已有的考古资料提供了解答其中一部分问题的思路，但其他问题的解答则很难推进。

贵族通常被认为能优先获得奢侈品和基本生产资源。哈拉帕文化的人口似乎并未超出该地区的承载能力范围，他们的生活标准（反映在住房、营养补给和手工业产品上）总体上不错。但哈拉帕的贵族可能期望获取更多有价值的物品或材料来显示他们的社会地位，比如作为首饰佩戴的这些物品或材料的价值是根据购买或制作所需的消耗来决定。他们也可能更接近神灵，这可能意味着他们需采取更好的措施来保持宗教的纯洁性。

个人形象

许多社会（如果不是全部的话）往往利用个人的外表特征来表达有关个人和社会群体的信息。因此，我们可以通过研究印度河人群的服饰、发型和个性化的装饰品的变化，来获取关于印度河社会组织的信息。雕像提供了很多关于个人外表的信息，尤其是女性的，另外墓葬中随葬的装饰品也提供了一些线索。这些证据表明个体之间存在着一定的地位差异，但并不存在明显的社会分层。

珠宝

与其他社会类似，佩戴珠宝的数量和质量可能表明社会地位。哈拉帕人与同时代的其他人群相比，对待一些珍贵物品的态度是不同的。他们自己很少使用难以获得的青金石和绿松石，而往往将其用来出口。金子的价值似乎不比银子高。象牙像骨头一样被用来制作日常用品。哈拉帕人更重视制作工艺、所投入的劳动力和材料的转化，擅长制作诸如超长的玛瑙珠、微小的滑石珠和费昂斯、石器等贵重物品。

手镯是印度传统女性服饰中的重要元素，是社会身份的象征，其种类和形制可反映社会群体的归属或婚姻状况等信息。男人也可能佩戴手镯，最著名的例子是锡克卡拉（Sikh *kara*）。从一些雕像，如著名的舞女像可知，手镯在哈拉帕人服饰中很常见。墓葬中的发现证实了这一点，女性通常都戴着大量手镯，要么在双臂上，要么就在左臂上，手腕附近戴的是较小的手镯，肘部以上戴的手镯则更大。

用于制作手镯的材料和制作的技术水平的不同或可反映哈拉帕社会的地位差异。大多数手镯都是手制的红陶镯，可能用于日常佩戴，就像今天随处可见的玻璃手镯一样。陶手镯有的为素面，有些则有彩绘或刻画的图案，有的陶手镯用较细腻的黏土制成。贝壳手镯不那么常见，但同样分布广泛。即使是从事重体力劳动的妇女也可以佩戴大而结实的手镯，这在许多遗址均可见到，但在哈拉帕遗址的墓葬中妇女佩戴的都是贝壳手镯。贝壳手镯薄而易碎，一般呈肾形，形状模仿了精美的费昂斯手镯。白色或蓝绿色的费昂斯也被用于制作简单的镯环，其上装饰 V 形图案。也发现了一些铜或青铜手镯，是通过将铜棒弯曲制作而成的，呈略带开口的圆环形。还有一些手镯是用银或金片制成的。由于费昂斯、铜、银和金手镯远不如红陶或贝壳手镯常见，佩戴者很可能是贵族阶层。有些人还佩戴银线或铜制成的指环或趾环。

从一些雕像看，妇女佩戴着各种各样的装饰品，包括耳坠、吊坠和脚环等。有些人的前额上也佩戴着装饰品。哈拉帕遗址的女性墓葬中，墓主脖子上会悬挂圆柱形或截锥形的护身符，一般用黑色石头，偶尔用蛇纹石、费昂斯或滑石制作。这类护身符在其他遗址也很常见。考虑到出土的数量，这类装饰可能表示女性已婚，就像今天印度女性佩戴大量珠宝首饰一样。男性很少随葬珠宝。在哈拉帕遗址发现的一座男性墓葬中，墓主戴着贝壳手镯和由串珠、微型滑石珠和贝壳环制成的发饰；而另一座男性墓葬则随葬由340件滑石珠组成的项饰和用7颗金、铜和石质的珠子（包括一颗缟玛瑙眼型珠子）组成的装饰品。男性雕像一般也缺乏装饰，只有少数有项饰。相比之下，无论是男性神灵还是女性神灵，手臂上均戴满手镯，有时还佩戴着巨大的项饰。

珠子制作在手工业活动中占有突出的地位，说明了串珠在服饰中的重要作用，这一点也在雕像上得到了证实。大多数雕像上串珠以外的装饰品很少。许多雕像戴着一串或多串长度不一的珠串作为项饰，这些项饰几乎盖住了他们的胸部。另一些则很少或根本不戴项饰，比如纳沙罗的磨谷物和揉面团的女性雕像。哈拉帕人用大量本地和进口的原材料制作珠子，包括金、银、铜，玛瑙、玉髓、碧玉等金属和宝石，滑石、青金石和贝壳，以及青铜、红陶和费昂斯等。带状玛瑙等带有图案的石头非常珍贵，尤其是那些可以切割出眼形图案的石头。同时还发现这些天然眼型珠的仿制品，采用的材料价值不一，如费昂斯、蚀刻玛瑙和彩陶。这些装饰品的价值取决于原材料的稀有性及制作所涉及的工艺。比如只有1毫米直径的滑石微珠，制作时需要非凡的技巧和耐心。有些项链等装饰品由上千件微珠组成，比如在哈拉帕一座男性墓葬中发现的发饰，必然是极其珍贵的。玛瑙长管的制作同样需要熟练的技术和大量的劳动力，每一件的制作都需要花费大约两周的时间。纳沙罗等遗址也出土了用廉价的红陶制作的仿品。

发型

发型也可能显示了个体的社会地位。女性雕像通常会把头发卷起来，搭在一个扇形框架上，或者高高地盘在头顶，有时也佩戴花或装饰品。有些雕像头戴圆锥形发饰，在一些哈拉帕文化遗址中发现过金质的圆锥形装饰品。另一些雕像则仅有简单的发髻或戴个头巾。精心设计且耗时的发型表明这些个体有闲暇时间，可能还有仆人，具有较高的社会地位。这些人身上佩戴的大量珠宝也证实了这一点。

印章上的许多人物，可能有男性也有女性，把头发编成长长的辫子。虽然这些雕像可能表现普通的崇拜者，但礼仪性的发型表明他们可能都是神，因为雕像或红陶俑中人的发型都不是这个样子的。

不太常见的男性雕像中，男性通常把头发梳成一个发髻，通过头巾横向分开，这很容易让人联想起同时期苏美尔的王室发型。在哈拉帕、摩亨佐达罗和阿拉迪诺的窖藏中，发现了一些末端有孔、可以用绳子固定的金片。有时哈拉帕男性把头发剪短，梳直，或者用头巾遮住。大多数男性都留着胡子。

服饰

哈拉帕人穿的衣服是用棉花、皮革和可能的羊毛制成的。其中羊毛可能从美索不达米亚进口，可能只有贵族才能拥有。从艺术作品中很难了解到衣服的风格，因为大多数的男性和许多女性雕像都是裸体的。被称为祭司–国王的石雕像穿着一件精心装饰的长袍，露出了其胸部和右肩，这可能是一种只有统治者或高级祭司才能穿的衣服。另一些更完整的石雕像显示，这种长袍是穿在类似现代腰布（dhoti）衣服之外的，腰布缠绕于腰部，在两腿之间收紧，然后绕到背后塞好。腰布可能是常见的男性服装，特别是印章上可能为男性的人物，这些人物有时穿着裙子，裙子在铺开的状态下可作为腰布。女性似乎穿着遮住大腿的短裙，有时还会佩戴由串珠组成的厚重腰带。

墓葬

哈拉帕文化中发现的墓葬很少，只有哈拉帕遗址的一处墓地经过较大规模的发掘。因此，目前只有有限的资料可供学者观察墓葬所表现出的地位差异。哈拉帕人埋葬死者时，似乎一般都随葬装饰品。除陶器外，很少有其他随葬品。随葬品的数量和个人饰品的丰富程度可能反映了墓主的地位。哈拉帕遗址中有两座男性墓主随葬有装饰品，显示出其较高的社会地位。少数随葬铜镜的女性也可能属贵族阶层。有些墓葬也会随葬贝壳勺和动物或人的雕像。墓葬中未发现印章或工具，这也许表明墓主在生活中的角色与死后的世界没有太大关系。

有些人直接被放置在墓坑的底部，而另一些人则被放置在一层陶器或黏土上，与墓地隔开，或者是埋葬于砖块的墓坑中。一些墓葬中发现了裹尸布或木质棺材的痕迹，或有时两者兼有。其中一副棺材用红木制作而成，盖子则用雪松制作，棺内埋葬了一位女性，共随葬 37 件陶罐。卡利班甘遗址发现一座砖砌墓坑，墓主是一名老年男性，随葬的 70 多件陶罐铺成一层，把墓主和墓底隔开。这些墓主很可能具有更高的地位，尽管也有其他可能的解释，如或许与宗教信仰有关。

埋葬在已知墓地的人数只占人口的一小部分，如卡利班甘的墓地里只有不到 90 座墓葬，而城镇本身可容纳约 1000 人。因此，可能只有一小部分人埋入墓葬，而其余成员以另外的方式被处理。

所有墓地都位于居住区之外。但是，在印度河文明的末期，当文明衰落之际，摩亨佐达罗的中心区域出现了一种独特的埋葬方式。尸体被杂乱地扔弃在废弃的街道或空房子里，惠勒曾认为这是所谓"大屠杀"受害者。但只有两例人骨上观察到暴力的痕迹，且伤痕都发生在死亡前几个月。HR-B 区的一处房屋发现 13 名成年人和 1 名儿童的骨架，是埋葬人数最多的一例。这些人在不同的时间被放置或扔到那里，相关发现表明，他们还佩戴有少量的装饰品。另外还有两处，一是在 VS 区有 6 个个体，二是在 DK-G 区有 9 个个体，从其中一组的一具人骨上发现了一把象牙梳子和一对象牙，说明有时会有随葬品。在 HR-A 区的街道上也发现了一具骨架。骨头上不见动物啃咬的痕迹，说明尸体上被有意地覆盖了泥土。他们很可能因为感染疾病而死，并被安置在无人居住的地方，因为他们对其他人的健康或宗教构成了威胁。在该城市的最后阶段，DK-G 区的一口井内发现两具人骨，这两个人显然是试图从井里的台阶往上爬，他们可能是疾病或饥饿的受害者，在没有人注意的情况下孤独地死去。

哈拉帕文化中未发现王墓。虽然王墓是许多古代社会中最著名的遗存，但值得强调的是，王室墓葬中真正保存下来并被发现的是非常少的。许多在古代就被盗掘或掠夺。也有很多社会采取了将王埋葬在远离遗址的特殊场所的做法，这可能是导致这些墓葬无法被发现的主要原因。或者当时的人认为不需要通过墓葬来反映其社会身份，2005年沙特国王法赫德（Fa'ad）的墓葬就很简单且没有标志。

住房

社会地位的差异往往可以在房屋的大小和质量上体现出来。但在哈拉帕文化区发现的此类证据相对有限。哈拉帕文化的大部分房子都是庭院式建筑。不同建筑中房间的数目有所不同，有些大房子拥有多个庭院。有时大房子周围还分布有一些小房子，表明贵族家族可能抚养了较多人口。在摩亨佐达罗等遗址，房屋有两层甚至三层，而在卡利班甘的房屋只有一层，但这可能仅仅是因为城市人口太多而导致空间不足，迫使居住者向上扩展空间。在巴纳瓦利，下城区仅有的几座经过发掘的房屋看起来很富有，拥有储藏室，有两层楼，还出土有珍贵的遗物。哈拉帕的E墩上，从城门延伸而来的主街道两旁排列着房屋，房屋中出土了印章、炻镯等刻有文字的遗物。不同于该遗址的许多其他房屋，这些房屋中没有发现任何手工活动的痕迹，表明其居住者可能是文化精英。根据朵拉维拉已发掘的一小部分区域的情况，中城主街道和下城弯曲的街道存在明显的区别。目前尚不清楚这种差异是否会反映在两个区域的房屋规模或质量上，这对哈拉帕郊区的调查可能会有所启发。但在摩亨佐达罗下城外的郊区进行的发掘表明，城墙内和郊区的房屋质量几乎没有差别。

在昆塔西城墙外分布着一批简陋的房子，可能是手工业工匠的居所，也可能是携带着商品和材料的牧民和狩猎采集者的营地。城内发现两处大型房子，各自有独立的厨房，可能是高级官员的住宅；而另有许多小房子则共用一个单独的厨房，发掘者认为这可能是宿舍，可为在该贸易和手工业中心工作的员工，如工匠和较低级的官员提供住宿。昆塔西发展农业的条件很差，但城镇郊区可能居住着农民、牧民、渔民和狩猎采集者，他们的产品满足了遗址的日常所需。这些人群可能也居住在一些城镇的城墙内。卡利班甘的房屋经过设计，便于牲畜和手推车进出庭院。

与其他文明一样，哈拉帕文化的统治者可能也居住在宫殿里，无论是在城堡还是在下城中的独立区域。但还没有发现任何具有这种性质的建筑。少量经过发掘的建筑包括有住宅以及公共房间，如摩亨佐达罗城堡南部的大型建筑和下城 HR-B 区的 V 号房址，哈拉帕遗址的粮仓，巴拉克特城堡区的复杂建筑和阿拉迪诺遗址的建筑。这里可能居住着当权者及其随从。

值得注意的是位于摩亨佐达罗城堡北部的建筑。毗邻大浴池的学校，包含了一处有着带窗户廊道的庭院，与大浴池颇为类似，另外还有几处庭院、一些房间以及大量入口。大浴池的北面是与外界隔绝的居住区，一楼有浴室，浴室之上的一层可能有卧室。大浴池很可能是宗教设施，因此附近的这些建筑很可能是祭司居住和办公的区域。

在哈拉帕文化遗址中的城堡上发现的房屋通常与相关的下城区的房屋相差不大，但有时也会存在明显的区别。在任何情况下，地理位置上的差异必然带有某种意义，印度河城堡上的房屋与其他建筑，包括宗教设施和可能的行政或公共建筑有关。

遗物

从哈拉帕文化遗物的类型中也能得到一些关于社会组织的线索。根据使用者的身份，工具会采用不同的材料制作，如地位高的家庭可能使用金属器皿烹饪，而一般家庭则用质量各异的陶器。同样，在哈拉帕文化遗址发现了丰富的铜质工具，说明这是为大多数家庭所拥有的。类似地，贵族可能占有数量更多的金属工具而不是石质工具。有相当多的证据表明，所有城市甚至部分村庄都出土了高质量的遗物（如卡内瓦尔村庄出土有铜饰品和费昂斯珠，以及贝壳和红陶珠）。可见，人工制品的证据表明当时的生活水平普遍较高，社会分化相对较小。

健康和营养

对哈拉帕墓葬出土人骨的体质研究表明，哈拉帕人一般都营养状况良好，身体比较健康，表明社会差异并不影响充足食物的获取。但不可否认的是，这些墓葬仅仅是人群中的一部分，并不一定具有代表性。

　　哈拉帕遗址 R–37 墓地中约 70 具人骨的研究表明，他们饮食普遍很好且健康，尽管有 3 例由于童年时期营养不良或疾病而有生长停滞的迹象。其中许多人患有龋齿等牙齿疾病，原因是饮食中含有大量的软性食物，如加工过的谷物。女性的牙齿状况比男性差，表明男性可能有更加均衡的饮食，这可能反映了对待两性的文化差异。值得注意的是，偶尔可见的儿童营养不良症状也来自女性而不是男性。对朵拉维拉出土的动物骨骼遗存进行的分析显示，中城区居民获取的肉食资源中有四分之三来自牛，但外庭区的居民中这一比例仅占一半，猪和山羊的比例比中城区更高。这两个区域在饮食方面可能反映出了某种地位差异，不过这还需要其他遗址的一些资料来印证。

　　有些个体的颈部患有关节炎，可能是由肩部负重所致。埋葬在卡利班甘的一名儿童患有脑积水，并因颅骨穿孔手术而死亡。颅骨穿孔手术需将一块骨头从颅骨中取出，危险性很大。哈拉帕先民预期寿命似乎很不错，近一半的人活到了 35 岁左右，近六分之一的人活到了 55 岁以上。

　　颇具讽刺意味的是，哈拉帕人对水的重视可能导致他们感染了疾病，尤其是在摩亨佐达罗。污水排水沟的渗漏很容易污染公共水井中的饮用水。由此引发的霍乱爆发可能导致污染的恶性循环。不过霍乱是否爆发过还存在疑问，但疟疾的存在最近已得到证实。排水系统和积水容易造成蚊虫滋生，而蚊虫往往携带有传播疾病的寄生虫。这种情况在摩亨佐达罗的后期是非常严重的，当时的市政水平正在下降。许多来自摩亨佐达罗的人骨显示出骨质增生（porotic hyperostosis）和由贫血导致的颅骨变薄等症状。肯尼迪是一位著名的古人类学家，他认为这与疟疾流行导致的地中海贫血（thalassemia）有关。地中海贫血是一种使人体质变弱的遗传疾病，但它能在一定程度上预防疟疾。相比之下，哈拉帕遗址人骨中的骨质增生的现象很少见。

种族和亲属关系

　　哈拉帕人生活的某些方面，包括宗教等基本问题，具有明显的差异性，这在很大程度上可能归因于人群文化背景的多样性。在文明出现之前的几个世纪里，这些人包括本地狩猎采集者和渔民、农民和牧民，印度–伊朗边境地区人群的后裔，以及仍然居住在这一地区的人。遗物的差异表明，这些经济体和族群分属多种不同的文化。哈拉帕文化的主流意识形态传播广泛，最明显地表现在过渡时期向新规划遗址的普遍迁移中，由此掩盖了大部分的差异性。但在公元前二千纪早期，哈拉帕城市文化崩溃后出现了一批区域族群，说明成熟印度河文明时期民族和文化的差异性并没有因哈拉帕主流意识形态的存在而消失。对种族群体的识别很大程度上依赖于物质文化的间接证据。索拉什特拉的陶器组合缺乏许多典型的哈拉帕器型特征，如 S 形罐（S-profile jars），同时存在独特的当地类型特色，如带把碗（stud-handled bowls），波塞尔据此提出了哈拉帕文化的一个地方类型，命名为索拉特哈拉帕（Sorath Harappan）。在东部也存在类似的情况，从早期哈拉帕到后城市时期，索提·西斯瓦尔陶器一直延续着，与成熟哈拉帕时期的陶器共存。

过去许多对人骨的研究，常常将头骨尺寸等形态特征归结为种族的原因，这种研究过于重视族群之间的差异性，而忽视了其内部的变异，得出的研究结果意义不大。但近几十年来，遗传学等复杂研究方法的应用使族群构成的研究得到了长足的进步。

肯尼迪等学者对哈拉帕人和其他印度人骨的研究取得了非常有趣的结果。洛塔尔墓地中的人群与当地狩猎采集人群有相当程度的一致性，这似乎符合从人工制品上得到的推断，即古吉拉特邦的土著居民从早哈拉帕时期就成为哈拉帕社会的一部分。罗帕尔和卡利班甘遗址中的遗存也体现了区域多样性。但哈拉帕遗址的人骨在生物特征上相似度很高，表明哈拉帕人群是相互关联的。摩亨佐达罗是一个例外，该遗址中哈拉帕晚期街道的人骨特征明显，彼此之间表现出相当大的差异性。

哈拉帕墓底人骨的基因研究表明，男性之间缺乏很强的基因联系，但女性却表现出了很明显的相似性，表明她们之间具有血缘关系。这暗示哈拉帕社会的婚姻模式是母系的，男人婚后与妻子的家庭生活在一起，而女性则一生都生活在家乡或附近。这一模式是否是普遍存在尚需进一步的研究证实。

职业专业化

绝大多数哈拉帕人都是生产者，如农民、牧民、渔民或狩猎采猎者。不过在维持生计之外的空闲时间，许多人可能也从事其他职业。大部分农业工作在冬季进行，这样农民就可以在夏季从事手工业生产等其他活动。在古吉拉特邦，公元前二千纪早期，秋收（夏季）小米变得越来越重要，这一情况可能发生了改变。海洋渔业和贝壳采集业也存在季节性的活跃期和淡季，淡季里人们可以从事其他职业，贝壳采集业尤其如此。内河捕捞业受季节性的影响较小，但在每年的洪水泛滥期也必须暂停，至少在信德省是这样的。在一年中特定的时间内，牧民和狩猎采猎者在季节性的牧场等资源地之间迁徙，同时他们也充当了运输者的角色，在生产者和消费者之间运输原材料和成品。此外，狩猎采集者，或许还有牧民，可能会在季节性迁徙时到达其他可以获得资源的地方，所以他们可能也会在罗赫里山开采宝石和燧石。

许多工匠可能只是利用空闲时间从事手工业活动，但也有全职的专业手工业者。这些人居住在城市和城镇，不少工匠都技艺高超，且专门生产特殊的产品，如滑石印章、大型盛储陶罐或特别长的玛瑙珠。这些专业技能需要经过多年的练习，而且很可能是从父母那里传承下来的。城市居民还包括（尽管从考古证据上看还不是十分清晰）祭司、官员等贵族阶层，以及从事诸如清洁下水道等低端工作的人群。有些房子在前门设有小隔间，可能供家庭雇佣的看门人居住。其他（尤其是城市里）全职专业人员还包括维护水井和市政设施等的建筑工人，不过这些工作可能作为劳役，由城市居民代替承担。服劳役也是一种将大量人群聚集在一起建设大型项目（比如许多城市和城镇的台基）的方式。

商人一定会在城市和城镇中安家，尽管为了工作他们不得不远离家乡。海外贸易需要熟练的航海家和水手。尽管由于海洋环境，海上航行的时间受到限制，但海上贸易可能也是一项全职工作，需要商人在外国停留较长的时间，等待返航的时机。维护船只和建造新船也将占用返航后的几个月时间，同时这些还需要专业的技能。而内河上的交通贸易在一年中的绝大部分时间都是可行的，其参与者很可能是住在船屋里的人群，就像现代的河上居民摩哈那人（Mohana）一样，他们既是船员又是渔夫。

有关政治组织的线索

关于哈拉帕政治组织的争论一直没有停止。相关的证据极其有限，且存在多种解释。哈拉帕文化有着高度组织化的手工业生产体系、高度一致的遗存特征、经过设计规划的城市、已经被证实的海外贸易、职业专门化以及宏观上的组织和控制系统。但许多在其他文明中可见的等级国家的特征，如宫殿、高等级墓葬、大型国家储存设施，以及用于维护内部稳定和抵抗外部侵略的军事力量似乎并不存在。更令人困惑的是印度政体的庞大规模。面对这一谜团，一些学者认为印度河文明根本不是一个国家，并为其所表现出的惊人的统一性寻求其他的解释。

关于官僚体系的文字证据

许多文明都留下了充分的关于官僚体系的文字证据。但在印度河文明中没有发现，或许这些证据是以易腐的材质为载体，如棕榈叶、布、树皮，或许就是没有。不过已经发现的少数刻画符号为认识哈拉帕的社会政治组织提供了一些线索。

印章

方形的滑石印章占哈拉帕邦带刻符遗物的大多数。绝大多数都出自摩亨佐达罗和哈拉帕，但也有一些出自一些城市和城镇，如遥远的肖图盖遗址，以及罗迪等一些村庄。还有一些是发现于国外的，如苏美尔城邦、苏萨和海湾。

印章的背面有一个带穿孔的凸起，说明这是挂在绳子上佩戴的。大多数印章是主人离开时丢弃的。哈拉帕遗址的印章一般出土于主街道、手工业作坊区和一些房屋内。印章有时也会出土在安全的地方，如埋在房屋的地面下，但更常见的是被扔弃的残损印章。墓葬中不随葬印章。以上情况表明印章不是私人物品，而是与官方活动相关，持有者离职后便将其丢弃。

在一些遗址中发现的印蜕表明，印章主要用来在货物包装上的黏土或陶罐的封泥上盖章。几乎所有已经发现的印蜕都出自洛塔尔的仓库，因为意外失火而得以保存。印蜕的实际数量应比已经发现的要多很多。有些印章磨损严重，但有些则几乎完好无损，可见印章还有其他的功能，最有可能是作为持有者的身份证明，被授权进行某些活动的权利。

哈拉帕文化的印章上有两个组成部分：图案和铭文。几乎每个人都能识别图案，而只有少数受过教育的人才能读懂铭文。印度河文字仍未被破译，因此这些铭文的含义还不确定，但通过与其他文化的印章进行对比研究，发现它们可能是人名、头衔，或者两者皆有。印章的铭文是反过来写的，这表明这些铭文通常是在印蜕上识读，而不是从印章本身。

绝大多数印章上都描绘一种单一的动物图案，动物前面还通常放置有一个食槽。动物图案中最常见的是独角兽，兼有无峰牛和羚羊的特征。在大多数印度河城市和城镇都发现带有独角兽图案的印章，特别是在摩亨佐达罗，目前已经发现超过 1000 多件印章，仅有不到 100 件是其他类型的图案。其中约 50 件印章上是瘤牛图案，这类印章几乎只出土于摩亨佐达罗和哈拉帕，只有一件出自卡利班甘。瘤牛印章一般都很大并且非常精美，铭文也很短。其他动物图案还有大象、犀牛、无峰牛、老虎、水牛、绵羊和山羊，这些主要是原产于印度河流域的野生动物。极少数的印章上描绘了场景而不是单独的动物，且一般这类印章都比较大，一定有特殊的含义。虽然动物图案是标准化的，但在细节上也存在有细微的差别，场景图案则都是独特的，尽管有些是共同的主题。

解读印章

许多学者认为动物图案代表了特定的族群。有学者将其视为氏族图腾，并认为独角兽图案代表统治家族，而其他氏族地位则较低。也有学者认为，印章图像是与城市相关的图腾，独角兽代表摩亨佐达罗，其普遍存在反映了该城市在文明中的领导地位。另有学者将不同的动物图案与社会群体中的个人或职业联系在一起，罕见的瘤牛印章代表着统治者本人，独角兽代表贵族或官员，其他动物图案则代表地位较低的社会群体。一些学者通过观察印章的图案，得出印度河地区存在独立的社会政治实体，而不是一个统一的国家的结论。但印章图案表现出明显的标准化，也不妨将印度河地区解释为统一的政体。独立的小政体可能都有自己独特的印章。里斯曼（Rirsman，1989）在一项关于独角兽印章的研究中指出，尽管不同区域的独角兽图案在风格和细节上存在细微的差异，但总体上遵循统一的标准构图，所有的主要细节都是相同的。

　　我认为，印章图案提供了可以识别持有者地位及其工作领域的相对容易的方式。基于独角兽图案分布的广泛性和存在的普遍性，有人认为它是哈拉帕国家政权和官僚机构的象征，而持有者则在政府机构工作。持有者向门卫、仓库管理者或运送人等出示印章，作为个人身份的证明，以方便通行、确保合作或提取货物。在海湾和美索不达米亚发现的大部分哈拉帕印章都带有公牛和食槽图案，这在印度河地区也是常见的图案，可能表示一群被授权从事对外贸易的群体。在海外发现无峰牛印章，本地瘤牛印章未发现，也可佐证这一推测。其他动物图案代表了国家活动的不同领域，而带有场景图像的独特印章，通常表示一种宗教主题，可能是最高权力的象征，如象征着最高祭司或国王。另外，精美的瘤牛印章也可能用来代表国王。已发现的一些印章具有相同的铭文和不同的图像，据此可推测持有人具有两种不同的身份。

　　已发现的许多印章残损不全，很可能是在印章失效时（如被授权的持有人死亡时）被故意损坏的。同时还发现一些磨损严重的印章，表明印章可能被授予一个人，此人在其工作年限内持续使用，由此造成了磨损。

　　当印章被用来盖章形成印蜕时，可能发挥了不同的功能。盖在运输中的货物和物资上的印蜕，可以在印章持有人不在场的情况下传递信息。货物和物资在运输时将被包裹好，并盖上印章，以确保货物安全运到目的地，避免在运输过程中被篡改。印蜕也可能表明货物已通过了必要的官方管理。洛塔尔仓库的货物有可能是在运输过程中失火的，带有独角兽印蜕的货物可能用于内部贸易，而大象印蜕则是用来对外贸易的。政府官员可以通过阅读印章上的名称或头衔，获取有关货物和物资的来源，以及目的地和用途等信息。

　　考虑到大多数印章出土于被遗弃处而不是其使用场所，印章在遗址中的分布所能提供的有用信息很少。但持有人丢弃印章的地点表明他曾到过此处。在哈拉帕西北部的 E 墩没有发现印章，该墩生产作为商品在当地流通的陶器这点也许很重要。许多带刻符的遗物均出土于珠子和手镯作坊区，这里生产的珠子和手镯作为商品通过内部网络广泛流通。

炻镯

在摩亨佐达罗以及可能在哈拉帕有制作小巧、标准尺寸的炻镯作坊，其制作需要相当熟练的技巧并会耗费大量的时间。每一件炻镯上都带有简短的铭文。烧制时，手镯被密封在容器中，每个容器上用带有印度河符号的封泥密封，最后在外覆的黏土上盖上独角兽印章。在早期文明中，读写能力仅限于在非常有限的群体，写作被作为一种展示精神、世俗控制和权力的手段。在容器上使用印度河文字意味着官方对生产的控制。

炻镯的内径一致，为 5.5~6.0 厘米，无法像传统的手镯一样戴在手腕或脚踝上，尤其是男性。炻镯可能缝在衣服上，或者作为坠饰佩戴或系在腰带上。祭司-国王像可能是王室雕像，其头带中央和上臂各有一个圆环，如果这一雕像与真人大小一致，那么圆环与炻镯的大小正好匹配。不过，对这座雕像所佩戴的圆环还有其他可能的解释，在哈拉帕发现的镶嵌着滑石的金珠也与此相似，只是比例不同。这些炻镯可批量生产，每个容器可以容纳 10 个，每个窑炉可能放置多个容器，这说明它们是给不止一人佩戴的，它们似乎是官僚阶层的领导成员所佩戴的官职徽章。这些炻镯的刻字也暗示了它具有某种官方功能。其使用几乎局限于摩亨佐达罗和哈拉帕，这是权力和行政活动的中心区域，人们期望在这里能够找到高级官员的象征物。

其他刻画材料

许多哈拉帕文化遗址的刻字遗物可能缺乏官方意义。如多种材质的板状遗物可能是护身符，而有些工具上刻的铭文可能是为了记录主人的名字或确保工具使用的符咒。但大型陶罐或小杯等陶器，在被烧制之前会先留下一些标记——可能用来表明内容或所有权。有些陶器上发现烧后刻的涂鸦式的符号，不像文字那么正式和标准化，这些也许是所有者的个人标记，或官员的检查标记。

遗址等级

哈拉帕文化的聚落模式可为了解社会组织提供一些线索。这些遗址基本上可以分为三大类。首先是城市一类的大型遗址，其面积至少有 60 万平方米（朵拉维拉的面积实际上可能达 100 万平方米），最大的摩亨佐达罗面积有 250 万平方米。4 座城市（朵拉维拉、摩亨佐达罗、哈拉帕和拉齐嘎里）至少在某种程度经过了考古调查，甘瓦里瓦拉等遗址已经得到确认，但还需要更多的调查来确定其范围和性质。这些城市均匀地分布于哈拉帕地区，彼此之间相隔 280~600 公里。将这种分布状况与苏美尔地区进行比较是非常有趣的，苏美尔城市居住着大约 80% 的人口，城市的数量多，相距仅 20~60 公里，但由于选址于幼发拉底河支流的狭窄冲积平原上，所以城市往往呈直线分布。每座哈拉帕城市的服务管理范围都为 10 万 ~17 万平方公里，提供了比较全面的城市功能，如管理、社会领导和专业手工业。有将城市看作宗教中心的推测，但这一点仅在摩亨佐达罗得到了确认。

与之相对的是农村聚落，如农业村庄、牧民和狩猎采集者的营地，以及渔村。这些遗址的面积从不足一万平方米到七八万平方米不等。其居民主要从事生活必需品的生产，同时还从事编织和木工等家庭手工业。此外，有些村庄的居民是专业的技术人员，如纳格斯瓦尔的贝壳采集和加工者。这些遗址不像城镇那样复杂，在生活必需品的自给自足方面也不及村庄，可能只是供在一年中剩下时间里从事初级生产的人季节性居住。

第三类是城镇，这是一个相对模糊的概念，包括各种不同类型的遗址。通常面积不大，只有 1 万 ~5 万平方米，部分城镇较大，但面积很少超过 16 万平方米。这一数字不包括许多城镇外延伸的郊区，少数城镇的郊区聚落有过报道，还有一些城镇被推测有郊区，但没有一处正式调查发掘过。

虽然城市和城镇很像，都居住着官员、商人等职业人员，可能还会为该地区的居民提供公共服务，但大多数城镇是专业化的中心。如巴拉克特是手工业生产的中心，苏特卡根多尔等是港口，而肖图盖等则是贸易中心。但这些城镇都有一些共同特征，即都或多或少地参与了手工业生产，通常是专业性质的，用从当地或有联系的地区获得的材料来制作手工业产品，并在全国范围内交换或用于出口；城镇也都在内部流通网络中发挥了一定的作用，包括储存货物和材料以供进一步运输；而那些位于边缘地区的城镇在从外域采购货物和物资方面发挥了作用。他们都小到可以靠腹地的农产品来维持生计，同时其居民中可能有农民和渔民等初级生产者，尤其是郊区的居民与农田、河流或海岸相距较近。城市可能也是如此。

聚落模式似乎表明，城镇和村庄都是其辖区首都（城市）的附属，它们之间通过牧民和水路运输进行沟通，城镇也是当地商品流向城市的渠道。

这种聚落模式与其他文明所熟知的村庄–城镇–城市结构区别显著。村庄从最近的城镇获取产品和服务，并受城镇管理，同时也为城镇提供了基本的生存产品。城市则提供整体管理、专业服务和专业化手工业，其产品只流通到其范围内城镇的贵族阶层，同时从城镇获得生存所需的产品。在国家里，食物链金字塔的顶端是首都，其他所有的遗址在政治、社会和经济上都处于从属地位。

相比之下，哈拉帕国家更类似于人的身体，是由许多不同和互补的单元组成的单一功能实体，每个单元在整体中都有自己的特殊功能。头部、四肢、器官等类似于农业村庄、牧民营地、贸易中心、狩猎采集营地、渔村、采购中心、加工中心等哈拉帕文化遗址。如同每个有机体是由细胞组成的，具有相同的基本生物元素但功能各异，哈拉帕文化遗址居住着各种不同职业的人，包括官员和祭司，以及农民、牧民、渔民、工匠和商人，其构成因遗址功能的不同而有所区别。以此类推，内部流通网络是一个循环系统，它确保生命所必需的一切物质到达身体（国家）的各个部位。其大脑（摩亨佐达罗或哈拉帕）是 1 个、2 个、5 个还是更多？目前还不清楚，但很明显，这种运作方式在当时是不寻常的。

手工业生产的组织

有些手工业活动，如纺纱和织布，是在家庭内进行的，但许多哈拉帕手工业产品是由专业工匠生产的。也许很多农村的手工业者都是兼职的专家，在农耕、捕鱼的淡季，或作为牧民或狩猎采集者季节性活动的一部分，他们在生产基本生存产品的同时从事手工业活动。有些产品是在接近原料产地的地方生产的，或者是在专业化的村落中生产的，如贝壳加工的纳格斯瓦尔遗址，又或者是在专门从事加工的城镇中生产的，如以捕鱼和贝壳加工为业的巴拉克特遗址。原材料也可能集中到手工业中心，在那里大量的本地原材料被加工制作成成品，如洛塔尔遗址即分布有生产石珠、贝壳、象牙制品、陶器和铜器的作坊。一些原材料在运到城镇做成成品之前，会经过处理以减少体积，如在罗赫里山开采的燧石会在当地剥片做成石片和石刀，然后在城市和城镇加工成工具。重要遗址往往拥有多种手工业，使用原料或从原料产地运来的半成品，或使用如费昂斯等人造的材料。在这里，技艺精湛的工匠制作印章等专门产品和金属工具等日常用品。乔利斯坦的调查表明，许多城镇被具有手工业性质的卫星遗址包围，这可能是一种更为普遍的模式。

纳格斯瓦尔遗址第一阶段并没有出土本地的古吉拉特（索拉特）陶器，表明其作为贝壳加工点的建立不是从当地传统发展起来的，而是因为受到了中央的控制，这是国家参与手工业生产的又一例证。

手工业生产遗物的分布，如过烧的陶器和玻璃化的窑汗，原材料废片和遗弃的原材料残块，已经被用来深入了解遗址内手工业生产的组织模式。摩亨佐达罗遍布着轻型手工业小作坊，每个作坊可能都由一个家庭经营。不同的手工业作坊通常是并排排列的，而不存在专门用于特定手工业的区域。但也存在一些规模更大的生产中心，这些属于专业化作坊而不是家庭作坊。这样的作坊多数位于城市郊区，特别是那些生产过程会排放有毒气体等污染物的作坊。在下城东部发现的面积 4 万平方米的手工业区就是这样，那里有贝壳加工业，同时还可能存在冶铜业。在哈拉帕，HARP 团队在 E 墩中确认了一处致力于制作特殊陶器的区域。在城市的其他地方也发现了其他类型的手工业区域和个体作坊。

许多工匠都从事小规模生产，但手工生产明显是高度组织化的。格拉·朵拉遗址的情况表明，虽然珠子是在无城墙的区域制作的，但制作珠子的原材料却储存在城堡区。这似乎意味着官方对原材料进行监管并对生产过程进行控制。单个作坊无论是在专业化的小型遗址还是在主要的中心城市，通常都集中生产某种特定的产品，而不是生产一系列的整套产品，如贝壳制作业中，勺子可能生产于一个独立的作坊，贝壳手镯的生产则在另一个作坊，镶嵌件在第三个作坊。通常在制作过程中产生的废片会被交给其他手工业者，然后制成珠子和棋子等更小的物件。但在某些情况下，一个作坊里也可能聚集了不同的相关行业，比如昌胡达罗的制珠作坊，在那里同时也制作印章。不同产品的分布取决于其性质和质量。优良的犬齿螺手镯分布广泛，甚至可达遥远的肖图盖遗址，但在巴拉克特制作的质量较差的蛤壳手镯只分布于马克兰地区。

分配的组织

几千年来，在伊朗高原的邻近地区，牧民在货物和物资运输方面发挥了重要作用。印度河文明出现的一个关键因素是水路交通的发展，这使得在投入劳动力相对较少的情况下也能实现商品的长距离运输。结合牧民和狩猎采集者携带以及短途马车运输的方式，水上运输为哈拉帕人提供了一个高效的内部分配网络和从外部获取物资和货物的途径。

手工业生产的组织暗示着高度的官僚控制。大量的货物在各个不同的中心聚落被分阶段地生产，人们通过有效的渠道从外部获取大量原材料（可能还有美索不达米亚的制成品），并在整个文化区分配这些产品。原材料和制成品不是唯一流通的商品，如在哈拉帕发现的许多海鱼骨骼表明，有大量的鱼干从沿海地区被运送到了印度河地区的另一端。相反，粮食可能是从平原运到古吉拉特邦的，那里的农业可能无法自给自足，不过这种情况因为在公元前二千纪早期引入了秋收作物而有所改变。

哈拉帕国家很可能存在很多官员，包括组织进口贸易的商人、手工业生产的监督员和负责收集、装载、运输和商品再分配的管理人员。这就是印章和印蜕使用的背景，它们提供了一种在面对面情况下传递权威的方式，以及为货物处理和将其送至的目的地提供了指示。在摩亨佐达罗、哈拉帕和昌胡达罗都发现了印章，印章的制作可能局限于作为管理网络节点的城市和主要城镇，比如在洛塔尔，没有发现印章制作留下的废弃物。

哈拉帕文化贸易网络的一个主要特点是它不在政府控制的粮仓中大量囤积谷物、原材料和成品。已经发现的存储设施，如洛塔尔的仓库、昆塔西和格拉·朵拉的储藏箱和陶罐、摩亨佐达罗的粮仓都相对较小。这表明存储是临时性的，为货物在生产者和消费者之间的运输或中转时（如水路和陆路运输交接时），提供存放和看管的场所。这就要求货物周转高效、快速，即在一年中特定时间内，不断地进行少量商品而不是大宗商品的运输。如果国家的财政依赖某种税收来维持，那么这些税收应是定期少量征收并快速支付的。在城市城门附近发现的门卫房也是一种证据，这些门卫房的作用是收取过路费或关税。

一些商品和材料会作为完整的包裹进行长距离运输，例如，在牧民迁徙到俾路支高地的夏季牧场时，将货物从马克兰港口运送至卡奇平原的城镇，到冬天则由其他人运至卡奇平原。在穆拉山口下有一处尚未经发掘的大型遗址帕萨尼·达姆布遗址，可能是一座城市，至少是主要城镇，它是与哈拉帕地区连接的运输路线的终点。一般来说，一批货物和物资很可能在贸易网络的节点之间进行短距离运输，并在节点被拆开、分类和重新包装后再运到不同的目的地。也可能是在这些节点中，原材料被分配给工匠，并制成毛坯或成品，这些毛坯或成品集中后，或在本地流通，或打包运至外地。在阿拉迪诺遗址发现了大量铜制工具，暗示它可能是这样一种收集、运输和分发的节点。类似地，格拉·朵拉遗址出土了几种类型的碧玉，均来自70公里之外的索拉什特拉。斑点碧玉在那里被加工成珠子，而杂色碧玉没有在遗址中使用，而是储存起来以便进一步流通。

劳动力的组织

从城市和城镇所依托的巨大台基上，可以看出哈拉帕国家动员劳动力的能力。那些建造在摩亨佐达罗的台基是最令人印象深刻的伟大工程。詹森计算出建造城堡的台基需要30万~40万人的总用工量。同样令人印象深刻的是围绕着城市居住区的城墙，无论是独立的，或者作为台基的护墙，这些墙有的超过15米厚，最高可达9米，并配有精心设计的城门。

开凿水井也是一项重大工程。据说在摩亨佐达罗城市建造初期就挖了大约700口井。朵拉维拉的水库也是一项浩大的工程，其中至少有16座水库，占地17万平方米，一些水库已经挖到基岩面甚至部分挖到基岩内。挖水库得来的土被用来建造巨大的堤岸（坝），宽达7米，表面包砖，位于水库之间。在经过遗址的两条季节性河流上修建有许多水坝，将河水引入水库。除了最初的营建工作之外，还需要定期的维护和清淤。

虽然规模不同，但摩亨佐达罗的大浴池和洛塔尔的码头也是相当了不起的水利工程。

哈拉帕人没有建造纪念性的神庙或墓葬，但这些台基、城墙和水库是与其相似的巨大工程，需要把大量的劳动力聚集到一起管理，并提供食物。朵拉维拉和洛塔尔的工程可能是由其城市及其腹地的居民在数年的农闲时节完成的，这些台基和城墙要在城市和城镇兴建之前建好，一般会在冬季洪水褪去的时候进行。亚琛考古队（Aachen team）在调查摩亨佐达罗城堡台基时发现了一些小房屋，很可能是当时工人们的居所。

尽管规模较小，但有证据表明，社区也会定期开展合作。在晚哈拉帕时期，随着国家管控能力的瓦解，罗迪遗址的个体家庭将他们的谷穗（整穗和未加工的）储存起来，并在需要的时候脱粒。这与哈拉帕成熟时期的情况形成鲜明对比，当时谷物是集中脱粒和簸谷的，并作为加工过的谷物储存起来。建造和维护海船等重大工程，虽未留下任何痕迹，但肯定是存在的。挖掘和维护灌溉工程是否也投入了大量的劳动力也尚不确定。

统一性和标准化

印度河文明的统一性和对共同意识形态的接受，可以从哈拉帕物质遗存的统一性和标准化得到证明。这在城市和城镇的布局中尤为明显，这些布局似乎是按照一个统一的规划来构思和建造的，遵循一定的标准并根据当地的实际情况进行调整。

度量衡

哈拉帕人使用了统一的标准化的度量衡系统。虽然只发现很少的测量工具，但砝码是无处不在的。度量衡是否有统一的标准是非常重要的。在美索不达米亚，早期城邦使用的是各种不同的系统，直到阿卡德国王完成政治统一后才开始实行单一的标准化体系。随着阿卡德帝国的解体，这个体系最终也崩溃了，直到乌尔第三王朝重新统一美索不达米亚后，这一体系才得以重新恢复。但在印度河地区，标准化的度量衡从成熟哈拉帕时期的起始阶段就已存在。这一事实提供了一个强力的暗示，即在哈拉帕初期政治上是非常统一的。在整个哈拉帕地区使用标准化的度量衡系统，充分表明当时存在全国性的组织管理体系，以推行、监督和保证这种统一性。官员们必须进行定期检查，以确保度量衡系统的准确性。目前所发现的砝码几乎都没有偏离标准。

砝码在哈拉帕地区的所有遗址中都有发现，但只在大型城市中心才出土涵盖所有重量范围的砝码，而农村聚落出土的砝码只涉及有限的重量范围。标准化重量的存在意味着当时存在如下情况：国家对其他事务的官方控制和集中管理；为官方支持的贸易分配材料和接收由这种贸易产生的材料；在内部贸易网络中分配或者接收货物；向工匠发放物资，并检查成品或者为那些从事国家事务的人发放粮食。

在哈拉帕的城门（用于控制交通）内发现了大量的砝码，表明进出该城市的货物和物资都缴纳了通行费。

遗物

哈拉帕文化遗物的统一性反映了一种潜在的意识形态，要求人们采取正确的形态，这在整个哈拉帕地区都一直存在。尽管贝壳手镯等物品，可能是在相对较少的作坊中生产并广泛传播，陶器则不同，每个家庭都需要陶器，它的脆弱性使得对其进行大规模长距离的运输是不切实际的。陶器可能是在每个小城镇单独制作的。因此，工匠们是按照一个已有的模板来生产的。但这并不意味着哈拉帕时代物品的风格是一成不变的，如用于盛液体的带有刻度的高脚杯，在成熟哈拉帕时期大部分都是圜底的，但最终演变为尖底，并大量生产。在摩亨佐达罗和哈拉帕发现的大批量遗物（如陶器）和特殊遗物（如雕像），都可能在某些情况下反映了在城内工作的个人或团体的存在，如官僚机构中的高级官员，或者是为城市贵族制作奢侈品的工匠。在相当大的程度上，这两个群体很可能是同一种人。

战争

哈拉帕存在战争吗？

惠勒对他 20 世纪 40 年代在摩亨佐达罗和哈拉帕发掘的材料的解读反映了一种思

维定式，这受到了两次世界大战中频繁的兵役和对罗马时代大量考古经验的影响。他相信他找到了哈拉帕时期存在战争的证据。城堡周围围绕的宏伟城墙在惠勒看来显然是军事防御的证据。许多哈拉帕人的遗物可能是武器，如箭头、矛和短剑，尽管惠勒承认这些工具也可能用于狩猎等其他用途。在摩亨佐达罗的街道上，惠勒发现了大屠杀的证据，如坚守城市最后防线的居民最终被杀害。

惠勒之后，这些证据却都逐渐变得缺乏说服力。惠勒认为的大屠杀受害者似乎更有可能死于疾病。在已经发掘的墓葬中，没有一座（诚然很少）表现出受害者死于暴力的迹象，除了一名卡利班甘的男性，其膝盖受了致命的伤，很可能是意外造成的。事实证明，修筑城墙不是为了防御，特别是城门的设计不是为了防止敌人进入。这些城墙通常是台基的护墙，用来抵御持续的洪水威胁，同时作为不同功能区的分界线，而城门则是为了控制进出，同时还可能是为了方便收税。城墙的设计可能也是为了给人以震撼感。

西海岸城镇的城墙似乎更具防御性。苏尔科塔达、苏特卡根多尔和昆塔西等城镇被石墙围绕，这一区域安全性很高，当进入或离开哈拉帕地区时，大量的贵重物品被存放于此。据报道，在昆塔西城旁的门卫房发现有黏土弹弓（尽管在卡内瓦尔村落也有出土，可能是用来对付威胁家畜的野生动物的）。这些石墙的目的是保护财产而不是人，城墙之外也存在居住区，可作为佐证。

战争的普遍性

哈拉帕文明可能是一块没有战争冲突的土地，这是它最令人不可思议的方面之一。与其他文明相比，这一特征是十分不寻常和令人意想不到的，在同时期的美索不达米亚南部战争频仍，有大量的关于战士和战争的描述。这些文明通常有一段和平的和强势政府的时期，但通常其中会穿插着不同敌对势力之间的战争。

文本材料证实战争的存在，在缺少文献的情况下还能发现战争的存在吗？考虑到哈拉帕显然没有战争，这是一个至关重要的问题。

社会控制

在早期文明时期，武力是统治者控制领土和人民的手段之一。在缺少武力的情况下，靠什么将印度河文明维系在一起，并加强社会成员之间的合作呢？在大多数文明中，宗教是一种强大的力量，通过宗教权威根据宗教制裁进行控制，通常是先于由世俗统治者的武力控制的。可以这样说，哈拉帕社会的意识形态基础使得武力威慑没有存在的意义，秩序的维持依靠的是人们对社会和宗教规范的认同。

战争的需要

与同时代和后来的文明相比，哈拉帕人所处的环境很不寻常，因为他们几乎没有天敌。繁荣的美索不达米亚居民一直在防御居住于其领土附近沙漠和山区的流动民族，对灌溉水源的争夺是造成苏美尔和阿卡德各城邦之间矛盾的重要导火索，他们经常与比较强大的邻国，如埃兰等发生战争。被中亚游牧民族不断骚扰的中国也存在类似的问题，希腊城邦之间也会争夺有限的土地等资源，其他国家也是如此。相比之下，哈拉帕人是西边山区游牧人群的后裔，两种人群之间维持了较好的关系，或许还存在血缘联系，即使印度–伊朗边境地区的北部边境居民并不在哈拉帕政治控制下，而且对南部俾路支库利文化的控制也十分松散。哈拉帕边界内，友好的高地文化人群为哈拉帕人和临近的赫尔曼德文明之间提供了缓冲，而这些山脉本身也可以阻止伊朗高原人群的入侵。在哈拉帕地区内，不同区域的资源和经济潜力具有很强的多样性，物产丰饶且人口密度相对较低，则意味着不会引发冲突，同时意味着不同区域居民之间如进行合作将获得巨大的利益。阿拉瓦利山区等邻近地区，人口密度更低，因此考虑到哈拉帕及其邻居在技术水平方面的巨大差异，友好合作所产生的好处也就更大。南边的大海是唯一可能出现潜在敌人的边界，尽管哈拉帕人的船只可能控制着海上航线，且其与最近的陆地邻居马根保持着友好合作的关系。但海盗不归属任何国家统治，是海上的游击战士，他们一直是航运的一大威胁，必须依靠武力和卓越的航海技术应对。如果说哈拉帕人有任何抵御武装攻击的需要，那只能是发生在这里。也许应该从这个角度去看待防御严密的沿海城镇的作用。

历史时期的线索

考虑到印度次大陆传统的力量，后来的社会和政治制度可能渊源于印度河时期。

种姓制度作为后来印度社会结构的基础，其基础是宗教的纯粹性观念。与有机生命体的接触会带来宗教上的污染，而沐浴则可消除这种污染。不同的活动导致了不同程度的污染，由此形成了人群可以遵循的活动等相关实践方面的层级观念，例如，素食主义比肉食主义更纯净，而野味相较于其他肉类污染更少。虽然种姓制度是千年进化的产物，但其渊源很可能是哈拉帕人的宗教信仰。

基诺耶（Kenoyer，1989：188）指出了一些从物质材料可以观察到的，基于宗教纯粹性与等级制度相关的特征，包括居住区的隔离；私人水源、排水系统、废物处置；用于制备、炊煮和提供食物的各种器具。他指出，哈拉帕文化遗址中存在独立区域，如带有围墙的城堡（虽然他也指出阿拉迪诺这类小遗址缺乏这样的分区），房屋建筑也强调隐私性，房门会以避免外人直接看到内部庭院这一思路来进行设计。在居住区甚至建筑内增强了通行限制。很多哈拉帕文化遗址都有私人水井和发达的排水和废物处理系统。

在其他社会中，人工制品的质量和原料的不同可能反映了不同群体的财富及其获取有限资源的能力，而哈拉社会之间的等级制度可能是通过不同的方式来表现的。如果宗教纯粹性是决定地位的关键因素，那么地位较高的人可以通过所拥有物品的纯洁度来识别。在传统的南亚，金属材料比未上釉的红陶等材料更纯净。不同风格的特定遗物也可以反映不同的宗教群体，如戴尔斯和基诺耶（Kenoyer，1986）在摩亨佐达罗观察到 5 种不同的炊煮器，可能是供不同地位的群体使用的。

一种被称为迦吉马尼制（jajmani）的再分配机制与由种姓决定的社会结构息息相关。在这一制度下，社会的所有成员都有相互提供劳动力和某些服务的义务，由此形成一种类似于亲属关系的正式关系。这些商品和服务以实物的形式支付，并成为一种习俗。支付通常在宗教节日等特殊场合定期进行。该制度的基础是宗教纯洁性的观念，有些活动是纯洁的，有些则不是。基于宗教纯洁性的等级制度也反映在劳动力的分工

在哈拉帕的城市和城镇里，垃圾罐颇为常见。图中的垃圾罐来自朵拉维拉。它们是复杂的供水和废物处理系统的一部分。虽然这一系统显然具有实用价值，但也可能反映了对仪式纯洁的重视，这是后来印度宗教的基本原则，可能起源于哈拉帕时期（Namit Arora）

上，宗教纯洁的人需要不纯洁的人来承担会对其纯洁性造成污染的事情。

这一在社区层面运作的系统是一个更广泛的网络，将一个特定种姓的所有成员，无论其住在哪里，都联系在一起。一个种姓的所有成员（历史上经常组成工会）会照顾彼此的需要，并监控其中每个人的行为。

这两种制度可能是哈拉帕社会组织的基础。由官方指派的地方官员和祭司，可能为人们提供了社会、经济和宗教仪式所需的物品，以换取生存必需品和手工业生产、公共工程修建等方面的劳动力。以大家庭的牧民成员的季节性迁徙为媒介，亲属关系也有助于实现城镇和乡村之间商品和食物的流通。在这些物品进入或离开城市和城镇时，国家可能会抽取一定比例的税。

共同的意识形态

哈拉帕文明有两种截然不同的特征,即生活的许多方面有非常明显的标准化,也有些方面存在明显的异质性,有些像宗教习俗一样基本。来自不同背景、往往有着不同信仰的印度河先民,都认同哈拉帕的主流意识形态。其中一定具有宗教内涵,这些内涵反映在遗址的主街道布局和对水、宗教净化的强烈要求上。这在社会和经济领域也很明显,比如个人的装饰品,如珠子和贝壳的装饰,也表现出哈拉帕中有共同的意识形态,因为在整个哈拉帕地区大多数人工制品都具有标准的形制。

参考文献

BHAN K, SONAWANE V S, AJITHPRASAD P, PRATAPCHANDRAN S, 2005. Gola Dhoro[EB/OL]. [2005-07-05]. www.harappa.com/goladhoro/index.html.

BIAGI P, 2005. The Rohri Flint Quarries[EB/OL]. [2005-06-14]. www.harappa.com/rohri/index.html.

BISHT R S, 1984. Structural Remains and Town Planning of Banawali[M]//LAL B B, GUPTA S P. Frontiers of the Indus Civilization. New Delhi: Books and Books: 89-97.

BISHT R S, 2002. Dholavira Excavations: 1990–94[M]//JOSHI J P. Facets of Indian Civilization. Recent Perspectives. Essays in Honour of Professor B. B. Lal. New Delhi: Aryan Books International: 107-120.

BISHT R S, ASTHANA S, 1979. Banawali and Some Other Recently Excavated Harappan Sites in India[M]//TADDEI M. South Asian Archaeology 1977. Naples: Istituto Universitario Orientale, Seminario di Studi Asiatici: 223-240.

CHATTOPADHYAYA U C, 2002. Researches in Archaeozoology of the Holocene Period (Including the Harappan Tradition in India and Pakistan)[M]//SETTAR S, KORISETTAR R. Indian Archaeology in Retrospect. II. Protohistory. Archaeology of the Harappan Civilization. New Delhi: Manohar: 365-419.

CHITALWALAY M, 1984. The Problem of Class Structure in the Indus Civilization[M]//LAL B B, GUPTA S P. Frontiers of the Indus Civilization. New Delhi: Books and Books: 211-215.

CLARK S, 2005. Embodying Indus Life: Terracotta Figurines from Harappa[EB/OL]. [2005-

06-14]. www.harappa.com/figurines/index.html.

DALES G F, KENOYER J M, 1986. Excavations at Mohenjo Daro Pakistan: The Pottery[M]. Philadelphia: University Museum, Pennsylvania.

DHAVALIKAR M K, 1996. Kuntasi, a Harappan Emporium on West Coast[M]. Pune: Deccan College Post-Graduate and Research Institute.

DUMONT L, 1980. Homo Hierarchicus[M]. Chicago: University of Chicago Press.

DUTTA P C, 1982. The Bronze Age Harappans: A Bio-anthropological Study of the Skeletons Discovered at Harappa[M]. Calcutta: Anthropological Survey of India.

FULLER D, 2001. Harappan Seeds and Agriculture: Some Considerations[EB/OL]. Antiquity, 75(288): 410-414[2006-02-25]. www.ucl.ac.uk/archaeology/staff/profiles/fuller/pdfs/AntiquityWeber%20debate.pdf.

GUPTA S P, 1984. Internal Trade of the Harappans[M]//LAL B B, GUPTA S P. Frontiers of the Indus Civilization. New Delhi: Books and Books: 417-424.

JANSEN M, 1987. Preliminary Results on the 'Forma Urbis' Research at Mohenjo-Daro[M]//JANSEN M, URBAN G. Reports on Fieldwork Carried Out at Mohenjo-daro, Pakistan 1982–83 by the IsMEO-Aachen University Mission: Interim Reports II. Aachen and Rome: RWTH and IsMEO: 9-22.

JANSEN M, 2002. Settlement Networks of the Indus Civilization[M]//SETTAR S, KORISETTAR R. Indian Archaeology in Retrospect. II. Protohistory. Archaeology of the Harappan Civilization. Indian Council of Historical Research. New Delhi: Manohar: 105-126.

KENNEDY K A R, 1982. Skulls, Aryans and Flowing Drains: The Interface of Archaeology and Skeletal Biology in the Study of the Harappan Civilization[M]//POSSEHL G L. Harappan Civilization: A Contemporary Perspective. New Delhi: Oxford&IBH Publishing Co: 289-295.

KENNEDY K A R, 1984. Trauma and Disease in the Ancient Harappans[M]//LAL B B, GUPTA S P. Frontiers of the Indus Civilization. New Delhi: Books and Books: 425-436.

KENNEDY K A R, 2000. God-Apes and Fossil Men: Palaeoanthropology of South Asia[M]. Ann Arbor: University of Michigan Press.

KENOYER J M, 1989. Socio-Economic Structures in the Indus Civilization as Reflected in Specialized Crafts and the Question of Ritual Segregation[M]//KENOYER J M. Old Problems and New Perspectives in the Archaeology of South Asia. Department of Anthropology. Wisconsin Archaeological Reports. Vol. 2. Madison: University of Wisconsin Press: 183-192.

KENOYER J M, 1994a. The Harappan State. Was It or Wasn' t It?[M]//KENOYER J M. From Sumer to Meluhha: Contributions to the Archaeology of South and West Asia in Memory of George F. Dales, Jr. Wisconsin Archaeological Reports. Vol. 3. Department of Anthropology. Madison: University of Wisconsin Press: 71-80.

KENOYER J M, 1994b. Experimental Studies of Indus Valley Technology at Harappa[M]// PARPOLA A, KOSKIKALLIO P. South Asian Archaeology 1993. Helsinki: Suomalainen Tiedeakatemia: 345-362.

KENOYER J M, 1995. Ideology and Legitimation in the Indus State as Revealed through Symbolic Objects[J]. The Archaeological Review, 4(1/2): 87-131.

KENOYER J M, 1998. Ancient Cities of the Indus Valley Civilization[M]. Karachi: Oxford University Press and American Institute of Pakistan Studies.

KESARWANI A, 1984. Harappan Gateways: A Functional Reassessment[M]//LAL B B, GUPTA S P. Frontiers of the Indus Civilization. New Delhi: Books and Books: 63-73.

LAL B B, 1993. A Glimpse of the Social Stratification and Political Set-up of the Indus Civilization[J]. Harappan Studies, 1: 63-71.

LOVELL N C, KENNEDY K A R, 1989. Society and Disease in Prehistoric South Asia[M]// KENOYER J M. Old Problems and New Perspectives in the Archaeology of South Asia. Wisconsin Archaeological Report. Vol. 2. Department of Anthropology. Madison: University of Wisconsin Press: 89-92.

LUKACS J R, 1982. Dental Disease, Dietary Patterns and Subsistence at Harappa and Mohenjodaro[M]//POSSEHL G L. Harappan Civilization: A Contemporary Perspective. New Delhi: Oxford&IBH Publishing Co: 301-307.

LUKACS J R, 2002. Bio-archaeology of Ancient India: An Integrated Perspective on the Past[M]//SETTAR S, KORISETTAR R. Indian Archaeology in Retrospect. ll. Protohistory. Archaeology of the Harappan Civilization. Indian Council of Historical Research. New Delhi: Manohar: 93-109.

MOMIN K N, 1984. Village Harappans in Kheda District of Gujurat[M]//LAL B B, GUPTA S P. Frontiers of the Indus Civilization. New Delhi: Books and Books: 231-234.

MURTY M L K, SONTHEIMER G D, 1980. The Prehistoric Background to Pastoralism in the Southern Deccan in the Light of Oral Traditions and the Cults of Some Pastoral Communities[J]. Anthropos, 75: 163-184.

PARPOLA A, 1994. Deciphering the Indus Script[M]. Cambridge, UK: Cambridge University Press.

PARPOLA A, 1997. The Pastoral Economy of Dholavira: A First Look at Animals and Urban Life in Third Millennium Kutch[M]//ALLCHIN R, ALLCHIN B. South Asian Archaeology 1995. New Delhi: Oxford&IBH Publishing Co: 101-113.

POSSEHL G L, 1992. The Harappan Cultural Mosaic: Ecology Revisited[M]//JARRIGE C. South Asian Archaeology 1989. Madison, WI: Prehistory Press: 237-241.

POSSEHL G L, 2002. The Indus Civilization. A Contemporary Perspective[M]. Walnut Creek, CA: AltaMira Press.

PUSKAS I, 1984. Society and Religion in the Indus Valley Civilization[M]//ALLCHIN B. South Asian Archaeology 1981. Cambridge, UK: Cambridge University Press: 162-165.

RATNAGAR S, 1991. Enquiries into the Political Organization of Harappan Society[M]. New Delhi: Ravish.

RATNAGAR S, 2001. Understanding Harappa. Civilization in the Greater Indus Valley[M]. New Delhi: Tulika.

RATNAGAR S, 2004. Trading Encounters. From the Euphrates to the Indus in the Bronze Age[M]. New Delhi: Oxford University Press.

RISSMAN P C, 1989. The Organization of Seal Production in the Harappan Civilization[M]// KENOYER J M. Old Problems and New Perspectives in the Archaeology of South Asia. Wisconsin Archaeological Reports. Vol. 2. Department of Anthropology. Madison: University of Wisconsin Press: 159-169.

SHAFFER J G, 1982. Harappan Commerce: An Alternative Perspective[M]//PASTNER S, FLAM L. Anthropology in Pakistan. Ithaca, NY: Cornell University Press: 166-210.

SHARMA A K, 1982. The Harappan Cemetery at Kalibangan: A Study[M]//POSSEHL G L. Harappan Civilization: A Contemporary Perspective. New Delhi: Oxford&IBH Publishing Co: 297-299.

SHARMA A K, 1999. The Departed Harappans of Kalibangan[M]. New Delhi: Sundeep Prakashan.

STEEN A B, 1986. The Hindu Jajmani System—Economy or Religion? An Outline of Different Theories and Models[M]//PARPOLA A, HANSEN B S. South Asian Religion and Society. Copenhagen: Scandinavian Institute of Asian Studies: 30-41.

VIDALE M, 1989. Specialized Producers and Urban Elites: On the Role of Craft Industries in Mature Harappan Urban Contexts[M]//KENOYER J M. Old Problems and New Perspectives in the Archaeology of South Asia. Wisconsin Archaeological Reports. Vol. 2. Department of Anthropology. Madison: University of Wisconsin: 170-181.

WHEELER R E M, 1968. The Indus Civilization[M]. 3rd ed. Cambridge, UK: Cambridge University Press.

WRIGHT R P, 1989. The Indus Valley and Mesopotamian Civilizations: A Comparative View of Ceramic Technology[M]//KENOYER J M. Old Problems and New Perspectives in the Archaeology of South Asia. Wisconsin Archaeological Reports. Vol. 2. Department of Anthropology. Madison: University of Wisconsin Press: 145-156.

第 8 章　信仰和仪式

在已有了解的哈拉帕生活的各个方面中，信仰和仍未被破译的文字引发了大量的猜测和合理的假设。由于缺乏明确的与信仰有关的建筑，研究主要集中在相关的图像上，尤其是在带铭文的遗物上。很多理论包括了这两个领域，用信仰推断出解读文字的线索，并根据假设的解译来探讨信仰。由于南亚信仰的很多方面都与过去保持着连续性，传统的南亚信仰经常被用来寻找有助于我们理解哈拉帕信仰和仪式的线索。

建筑

信仰在所有社会中都占有重要地位。每种文化都有其独特的神龛或神庙，通常比较容易识别，可与一般住宅区分开来。即使在较为简单的社会，人们通常也可以根据神龛与住宅在形式、内部布局和内容上的差异来识别神龛。但在印度河文明中，这种线索却很少。建筑代表着一种信仰功能，而这些功能在不同的地方是不同的，这与印度河文明的其他很多方面所表现出的文化统一性形成了鲜明的对比，尽管这种多样性在后来的印度信仰和实践中得到了反映。

神龛?

摩亨佐达罗的城堡是少数几处最可能存在与信仰有关的建筑的地方之一。在土墩的北部是大浴池，南部则有一个大厅和多个房间组成的建筑群。有些房间用于居住，但该建筑群其中的一个房间（100 号室），只有通过两个街区之间的一条隐蔽长廊才能进入，不过从这两个街区都可以进入该房间。里面有一个女性雕像的头部，可能是一个神龛。建筑群内的一些其他建筑也可能暗示着信仰功能，如可能围绕着神树的3个圆形砖环。该建筑群的主要特色是柱廊大厅，通常它被认为是公共世俗集会的场所，但不能排除其用于信仰目的的可能性。

摩亨佐达罗下城区HR-A区的1号房子被认为可能是神庙。有一对门廊从一个很大的开放空间（可能是一个庭院）通向两条通道，通道位于两组房间之间。尽管这些房间可能与1号房子有关，但无法走通。通道的尽头是一个庭院，院子里有一个与城堡区类似的砖环，可能曾经围绕着一棵神树。庭院里有两段相对的楼梯，通往第二个高起的包含多个房间的庭院。游客有可能沿着循环的路线，从一道门进入，沿着相应的楼梯到达上层庭院，然后通过另一个楼梯、通道和门返回。

这个复合建筑除了布局独特外，还有很多不寻常的特征。建筑内没有发现一口井，这在摩亨佐达罗是非常罕见的，说明这座建筑可能不是家用的。里面有几件石雕像，一件只有头，另一件是碎成3块的坐姿人像。摩亨佐达罗出土的石雕像非常少，而且在其他哈拉帕文化中几乎没有发现过石雕像。建筑内还出土大量均带有独角兽图案的印章、大量微型陶罐等陶器、陶俑和珠宝等，这些遗物并不是通常的家庭用器，而可能是供品。不过，这也可能是一处行政建筑。在上层庭院的地面下发现了一具人骨，戴着费昂斯颈饰和象牙手镯。这座墓葬可能属于城市历史中较晚的阶段，可能与某一个历史事件有关，在该事件中这座建筑群的雕像被砸碎，碎片散落在附近地区。这座建筑也属于城市历史的晚期，在早期建筑的基础上改造而成。

摩亨佐达罗HR-B区的XXX、XXIII和L号房子以及DK-G区8A号建筑的房子，都有大型台基来支撑现已不存的上层建筑，而DK-G区中未完全被揭露的11号建筑，有几乎排成一条直线的3口井。这些建筑都颇不寻常，因此被许多学者认为是神庙，尽管其中没有发现举行过仪式的迹象，也没有发现实物证据。在其他哈拉帕城市和城镇中也很难找到明确的神庙建筑。对仪式或相关遗物缺乏具体了解的这一状况，加剧了神庙建筑考古的复杂性。

阿特雷（Atre，2002）指出现代印度村庄的神龛外观颇为简陋，与家用小房子几乎没有什么不同。值得注意的是，在印度历史时期较早阶段，大型神庙并不会特别显眼。当石窟寺开始出现时，其建筑细节显示它们是对木结构建筑的模仿。信仰实践通常集中在神圣的物体上，如树、柱子或土墩，有时被围绕在神龛里。与这些场所相关的活动包括供奉水果、花等，以及沿着顺时针方向进行绕拜仪式（pradakshina）。此外，信仰活动还可能包括默祷和在柱廊大厅中聆听说教。因此，我们可能无法明确地找到哈拉帕文化神庙，至少不会有大型神庙。

大浴池

从西边通向摩亨佐达罗城堡的台阶顶端有一间浴室，进入该区域的人可能需要在那里先净化自己。粮仓的另一边是大浴池，从两道门（位于南边）通过前厅，进入有窗户的庭院，庭院中部是精心建造的不透水的长方形大浴池。浴池两端的台阶通向狭窄的平台，水可以从那里进入浴池。

大多数学者认为这是沐浴仪式有关的建筑。至少 2500 年以来，沐浴仪式在印度宗教中发挥了重要作用。柱廊的作用可能是让那些不允许进入庭院的人也能观看在大浴池中举行的仪式。

柱廊的东边有一口大型水井，旁边是成排的浴室，大概是为了方便人们在参加仪式前净化自己。这一建筑群也可以从这一边（西面）和北面进入。隐蔽的居住区可能住着大浴池的工作人员（可能是祭司）。大浴池是独一无二的，它表明摩亨佐达罗如果不是哈拉帕的政治首都，也一定是信仰中心。

净化仪式

虽然在其他哈拉帕邦城市和城镇的城堡中没有比得上大浴室的建筑，但在有些遗址的城堡中发现有供水设施，如洛塔尔和卡利班甘的沐浴平台。最近在朵拉维拉城堡的发掘中发现了一些供水设施，包括一个小型水池，可能是用来洗澡的。它有台阶通向水池底部，那里有一个圆柱形块充当座椅；还有一个更大的水池和一口水井，可能还有与此相关联的浴室。

许多印度河居民的房屋都有一间与高效的排水系统相连的浴室，比哈拉帕同时期文明的卫生设施要复杂得多。印度河先民非常重视沐浴和不洁物（如废水）与纯洁物之间的隔离。他们对清洁的关注超出了卫生的需要，这表明仪式纯洁的观念在哈拉帕信仰体系中就已经存在，在后来的印度宗教中这也是非常重要的观念。

火

火是与水几乎同样重要的元素。它是净化仪式的主体，也是人们用来向神供奉祭品的方式。但水的信仰意义似乎贯穿整个哈拉帕地区，目前只有南部地区，如在萨拉斯瓦蒂河流域和古吉拉特邦，才发现有涉及火的仪式设施。其中，最早发现的是在卡利班甘的火祭坛遗迹。在城堡南部的一处台基上分布有一排7个长方形土坑，里面有木炭、灰烬和红陶饼；这种饼在窑里也有发现，作用是保温，它在这些火坑中可能发挥了类似的功能。每个坑里还有一件圆柱形或多面形的泥碑，可能代表男根（sacred phallus）。一个铺砌的洗浴平台和一口砖砌的水井与这些坑相关联。在另一处平台上，在一座单独的祭坛旁，发现一个砖砌的长方形坑，坑里有鹿角和牛骨，可能是动物祭祀坑。这些坑可能是被用来进行燔祭的。在城镇的东面还有一座土墩，其上也发现了火祭坛。据报道，卡利班甘下城的许多房屋都有一个房间，房间里面有一个火祭坛，作为家用的神龛。今天，很多印度人的房子里也有自己的神龛，在那里烧香和向神供奉食物及花。

在东部的拉齐嘎里和巴纳瓦利遗址以及古吉拉特邦的洛塔尔和瓦加德遗址（Vagad）中也发现了火祭坛。其中，在纳格斯瓦尔遗址发现的一座被认为是升焰窑的遗迹，也可能是火祭坛。在这些遗址中发现的坑和泥碑的形式都有一些变化。在卡利班甘的一些房屋里，坑内砌有泥砖。在洛塔尔，火祭坛被安置在下城的砖砌围墙内，在那里火祭坛的建造和使用延续到了后哈拉帕时期。

火祭坛和家用灶台之间的区别不是很清晰。在纳沙罗遗址发现了日常使用的类似遗迹，虽然是一种不常见的类型，但它们被认为是灶。它们和德干人后来的住宅中所使用的灶台有些相似，有时人们会用灶台中部房址的一个泥块来支撑陶罐。这就引出了一个问题：家用的火祭坛究竟是普通的灶台，还是相反地，所有家用灶台都可以同时用于家庭祭祀和炊煮呢？

图像学

印度传统宗教的一些方面可能会有助于对哈拉帕人信仰的研究，哈拉帕同时期邻居的信仰也可能提供一些线索。印度宗教是孤立和复杂的，经历了很多时代的变迁。尽管后来印度宗教的元素在哈拉帕时代就已存在，但我们不能认为哈拉帕时期的信仰与后来的信仰是一致的。

现在的家用神龛里可能会有神的形象，而寺庙里则有神的巨大雕像。无论如何，印度教并不把这些形象看作是神本身的化身，而是作为祈祷的对象和神灵现身的场所。这与古代美索不达米亚神和图像之间的关系有很多共同之处。

有学者试图将印度河艺术中的雕像视为神的代表。但这些石头雕像可能代表的是人而不是神，或许是统治者的肖像，而许多陶雕像则是玩具。少量石雕像或青铜像可能与无处不在的红陶像和印章图案在功能或意义上有显著差异。

雕像

为数不多的石质或青铜像几乎全部出自摩亨佐达罗。除了城堡中保存较差的头部雕像（被认为是女性），摩亨佐达罗的石雕像表现了一个男性的形象。这些雕像通常都不完整，其中一件雕像的身体部分保留下来，他穿着一件只覆盖左肩的长袍，类似后来僧侣、苦行者等宗教人物常穿的服装风格。这些人物通常是一条腿下蹲，另一条腿屈膝抬高，并用手抱住，可能表示了对神灵的尊敬，它与印章上准备供品的人物所采用的姿势近似。保存下来的头部一般都有胡子，尽管有些可能刮得很干净。头发可以是短而整齐的，也可以扎成一个发髻，用发带绑在头上。发带可能是金子做的，因为在摩亨佐达罗等遗址发现了薄的金带，其上有孔，可以用线绑缚固定。

　　最典型的雕像是在摩亨佐达罗出土的被称为"祭司-王"的半身像。他表情沉静、严肃，梳得整整齐齐的短发扎在发带里，发带的丝带垂在后背。他的后脑勺是扁平而有棱角的，可能曾经附有一个头饰。他穿着一件长袍，上面装饰着三叶草纹，最初三叶草纹上可能涂有红彩。这一服饰可能是用一些很好的材料制作而成，并缝有贴花。阿斯科·帕尔波拉非常详细地研究了哈拉帕的宗教图像，他认为这些三叶草可能具有多层宗教意义，与美索不达米亚和中亚艺术以及后来的印度传统颇有相似之处，它们可能表示天袍（sky-garment）上的星星，三叶草在摩亨佐达罗等遗址与红色联系起来，暗喻火和灶台，后来也表示了阴户（外阴或子宫），象征着在天国重生。子宫是女神杜尔迦（Durga）的象征，对应的林迦则是湿婆（Shiva）的象征。在这个背景下，摩亨佐达罗出土了一件精心打磨的红色石座，其上装饰着三叶草装饰，该石座最初可能是用来支撑男根的。帕尔波拉注意到，比尔瓦（bilva）或木苹果树的三叶形树叶在传统上用于男根崇拜。很多红玉髓珠上也装饰有类似的三叶草纹。这些推测为进一步的调查提供了有价值的线索。

　　出自哈拉帕遗址的两个小雕像风格迥异，均表现了赤裸的男性躯干，虽然腿都残断，但从卵钉孔可知手臂和头部是各自独立并捆绑在一起的。可以看出一个雕像所刻画的是在跳舞的人，其上半身向一侧摆动，而左腿向相反方向抬起。另一个雕像，还不明确是否属哈拉帕时期，似乎也表现的是其在运动的状态。两者都是极富自然主义的。马歇尔将跳舞的雕像与后来湿婆·纳特拉杰（Shiva Natraj，舞王）的形象进行了对比。

　　在摩亨佐达罗发现了两尊铜像，都描绘了年轻女性。她们仅佩戴手镯和项链，全身赤裸，一只手拿着一件可能是小碗的物件。虽然其中一位被称为"舞女"，但这指的是她的职业，而不是她的姿势，因为她呈现出自然的、放松的姿势，一只手放在臀部。另一座雕像人物呈现僵硬的站姿。第三座铜像来自昌胡达罗，虽不完整，但被认为是一个男人，正在做投掷东西（可能是长矛）或举臂跳舞的动作。

陶像

　　哈拉帕文化中出土了不少女性红陶像。许多陶像戴着裙撑形（panier-shaped）的头饰，这可能是一种灯，用于某种祭祀，因为其中一些含有黑色残留物的痕迹，可能是燃烧过的油。一些雕像出土地点不同，表明它们在仪式中的作用仅限于仪式进行过程中，仪式结束即被丢弃，被孩子们捡起来玩，但这至少说明它们最初是作为供品的。一些女性像在最开始的时候只有躯干，后来又增加了其他部位。如果这些陶像是作为供品，那么这些后加的部位可能表现了与崇拜者特别相关的神的某些方面。或者，它们可能被用作一种表示，所选择的部位与献祭者所遭受的痛苦有关，要么是希望被治愈，要么是感谢已被治愈。

几千年来，印度-伊朗边境地区文化的先民一直都会制作女性雕像。在后来的千年里，女性雕像继续流行着，因为她们经常被用来代表母神。这些雕像在民间信仰中扮演着重要的角色，被用于与母亲身份相关的仪式，如受孕、分娩或保证儿童健康。一些哈拉帕雕像也反映了这种关注，强调女性丰乳肥臀，偶尔表现了吃奶的婴儿。女性雕像也被用于更广泛的场合，如辟邪和提供保护。但很多女性雕像不是母神类型，后者在整个哈拉帕地区都没有发现，而主要来自印度河流域和西部的遗址。正如马歇尔所猜测的，这些雕像有可能在家内神龛被当作偶像崇拜，尽管他更倾向于认为它们是作为还愿物来使用的。少数男性形象往往强调生殖器官，也有雌雄同体的雕像。

动物形象

有些小雕像可能是特制的玩具。部分雕像是拼接起来的，头部和四肢可以摆动，也有带移动轮子的模型车。但动物在哈拉帕肖像中扮演了重要的角色，很多红陶像可能有某种仪式用途。几乎所有哈拉帕人熟悉的生物，从鱼、野兔到大象、犀牛，都被做成了雕像，或印在印章等刻字遗物上。一些陶像可能是为了祭祀而制作的，替代了活的动物，这在后来是一种常见的做法。偶尔有人或动物的雕像随葬于墓中。松鼠、公羊等小型费昂斯或贝壳雕像，可能被当作护身符使用。

摩亨佐达罗出土了两件微型青铜动物像，一件是水牛，一件是作为针端部的山羊。还有几个石头动物雕像。鉴于印度河雕像的稀有性，它们似乎具有特殊的意义，尽管不一定是与信仰有关的。摩亨佐达罗出土了两个公羊或公牛石像和三分之一的复合动物石像。这个复合动物有大象的鼻子、公羊的角和公牛的身体。红陶像和印章上也可以见到复合动物形象，但没有一种与之完全相似，它们以不同的组合使用了包括老虎、水牛、山羊和羚羊等部分的元素。其中一件动物像的尾巴是一条眼镜蛇，这是一种在印度与信仰有关的生物。有些动物有 3 个不同的头，每个头来自不同的动物。有些还是人和动物（特别是公牛、水牛和老虎）的混合体。

有一枚印章上画着一棵菩提树，树干上长着两只独角兽的脖子和头。独角兽是印章上最常见的形象。有学者认为这是无峰公牛，但更主流的观点认为它是一种结合了公牛和羚羊特征的独角动物。来自哈拉帕、昌胡达罗和洛塔尔的一些小雕像证实了这一点。雕像显示的动物是雄性的，就像印章上描绘的很多其他动物一样。独角兽脖子上有一个项圈，前面有一条毯状物（blanket），其形状非常像一片菩提树叶。这是复合兽主题里最巧妙的一种，家养动物和野生动物的巧妙结合可能具有一定的意义，反映了不同人群或经济模式的融合。

公牛和水牛在哈拉帕肖像中扮演了重要角色。巨大的公牛是很常见的雕像主题，在印章上也有发现。在卡利班甘和拉齐嘎里中各有一座火祭坛，其相关的坑里发现了牛骨，这表明牛被作为祭品。用水牛角或不太常见的公牛角制成的头饰，在印章等遗物所显示的神话场景中，似乎代表着神灵。从早哈拉帕时期开始，水牛角也出现在陶器上，通常带有星星状的坠饰，或者与菩提树叶或花朵相关联。一件出土于古吉拉特邦帕德里遗址的陶罐上装饰着水牛角图案和一个戴着一对巨大的水牛角的身着破旧裙子的大型人物。水牛经常出现在印章或书板上，通常表现了动物与人类之间进行战斗的场景。有时是一个人与一两只动物搏斗，有时是一个人用一只脚踩在动物低下的头上，用长矛刺穿其身体。

人兽搏斗的场景中也会出现老虎的形象。在一些场景中，一个男性或女性人物卡住两只老虎的脖子，有些场景则是牛头人攻击老虎。一些红陶像表现了老虎等猫科动物，一些被认定为神的人物身上带有老虎的条纹。在一些场景中，一个简笔画人物坐在印度楝树枝上，一只潜行的老虎回头望着他。人坐在树枝上，腿的姿势类似于石雕人像，蹲在脚后跟上，单膝抬高。这个人物很苗条，不穿衣服也不戴珠宝，没有明显的性别特征。牛和老虎这两种强大的动物，无论是单独的还是结合在一起出现的，似乎都在印度河文明的图像中扮演了重要的角色。它们都出现在后来的印度宗教中，作为神的坐骑，或表示了神的某种可怕形象，有时候还互相成为对手，如女神杜尔迦骑着一只老虎，击杀了水牛恶魔摩西娑苏罗（Mahishasura）。虽然水牛、黄牛和独角兽以毫无疑问的雄性形态出现，但老虎则不然，可能也有雌性的，这表现了另一个重要的二元性特征。

哈拉帕人对水的关注反映在他们肖像中常见的鱼和鳄鱼形象上。帕尔波拉令人信服地论证了在哈拉帕符号中，鱼的符号代表了星星，被认为是在天空之水游泳。"星"和"鱼"在德拉威语系（可能也是哈拉帕人所操语言的早期形式）中是同音字。

神树

在印度宗教中，自然在人和神之间起着重要的调解作用，因此很多种动植物受到了崇拜。如菩提树（*ficus religiosa*）、印度榕树（*ficus indica*）、金合欢和印度棟树（*azadirachta indica*），通常都是善良或邪恶灵魂的住所。从哈拉帕艺术的证据来看，这些树木显然已经受到了很高的崇拜。很多书板上显示一个人拿着一个陶罐，显然是在向一棵树（通常是一棵小树）献祭。一些印章上的形象可能是神或女神的形象，位于树中部或树叶下。早在很久以前，这些叶子就是西北地区陶器上的常见装饰，它们通常与公牛或水牛的角结合在一起，构成诸神灵佩戴的头饰。有时，这些树处在陶罐中，或者在砖环内，就像后世的神树一样有时也需要被保护。摩亨佐达罗发现了几个可能用于保护这些树的砖环。

可能存在的神灵

哈拉帕刻字遗物上的画面中，人物展示了后来神灵的一些特征。通常这些人，不管是男是女，都戴着角状头饰，手上戴满手镯，他们可能会有发辫或围巾。通常人物的某些部位，如脚会变成动物的脚。

在一件很有名的印章中，描绘了一个被野生动物包围的人物，可能是湿婆（兽主）的前身。在该印章中，神的脚下有两只鹿或羚羊，两侧是水牛、大象、犀牛和老虎各一只。这种组合反复出现，或许有仪式内涵。这 4 种动物可能被排列成一个坛场（*mandala*），一个宇宙图，其中每只动物代表一个基本方向（cardinal directions）。在另一件印章上，神与一对鱼联系在一起，而在一件三棱柱形器（triangular prism）上，神的两侧有恒河鳄（gharial）、蛇和鱼。这个神也出现在一件费昂斯制品上，同时还有眼镜蛇和供奉了一件陶罐的崇拜者的形象。在哈拉帕的一个书板上，在神的注视下，一个人按住水牛的角并用长矛杀死了它，其上还有一条恒河鳄。所有这些生物都在传统的印度宗教中占有一席之地。

坐着的神通常戴着水牛或公牛的角，水牛或公牛的角经常与位于中部的菩提树枝一道组成三叉形头饰（three-pronged headdress），这可能是三叉戟（trident）的起源，后来成为湿婆的一个特征。该神灵戴着很多手镯，在帕苏帕蒂印章（Pasupati seal）上可能有 3 张脸（如果背面有 1 张，那就是 4 张，就像后来的印度教图像一样）；在另一件印章上该神也有 3 张脸，但没有表现动物。他通常是坐在一个牛脚矮凳上，在后来的印度宗教中，这种凳子是社会地位高的表现。这个人物采用了瑜伽的姿势，两腿弯曲，双脚朝下。湿婆的角色多样，后来也被认为是瑜伽之王。从哈拉帕出土的两块书板也许可以反映后来瑜伽苦行与森林静修冥想的联系，书板上描绘了一位坐在芦苇小屋或神龛旁的人物。

这些印章上的人物有勃起的男根。湿婆的崇拜与生育密切相关，他经常以林迦为代表，这可能也是哈拉帕图像的一个元素。但一些学者认为帕苏帕蒂印章实际上描绘了一位女神，她身材修长，除了男根之外，没有明显的性别特征，所谓男根也可以看作是腰带的末端，其明显的胡须则也可能是老虎的鬃毛，因为这张脸不是特别像人的脸。由于在几件印章上发现了女人和老虎的复合形象，所以这种解释也是有可能的。

尽管湿婆只是在公元前一千纪才在文学中出现，但是哈拉帕神的特征表明他是湿婆或类似神灵的先驱，包括南印度的牧神穆鲁坎（Murukan）。换句话说，对湿婆及类似神灵的崇拜，至少有一部分是从哈拉帕时代的信仰中发展而来的。值得注意的是，湿婆在传统上常与畜牧联系在一起，这是哈拉帕人的主要经济活动之一。泰米尔版本的穆鲁坎有两个妻子，一个来自农民和商人的定居社区，另一个来自牧民和狩猎采集者的流动社区，这反映了这两种生活方式的融合，可能与哈拉帕时期也有关系。

摩亨佐达罗的一件费昂斯书板上描绘了一个瑜伽人物的图像，这是很不寻常的。这位瑜伽修行者是坐着的，未穿任何神圣服饰，比如有角的头饰或手镯，而是赤身露体。但其两边各有一个虔诚的人物形象，每个人的背后都有一条直立的眼镜蛇。这幅图像与后来的印度宗教中佛陀接纳纳加斯（nagas，蛇神）顶礼膜拜的场景非常相似。

哈拉帕图像中也有一位女神。通常她头上装饰有一件类似于原始湿婆神的三叉形头饰，手上戴着很多手镯，一般把头发编成长辫或戴着飘动的头巾。她经常出现在一棵树（一般是菩提树）的中部，或与一棵树或一只老虎共出。在卡利班甘的一枚印章上（这是一枚不常见的圆柱形印章），一个女性人物站在两个男人之间，他们用长矛互相刺穿对方，可能是在为她而战或在决斗，然后被她分开。在印章的其他部位也有一个女性（同一个人？）站在旁边，戴着头饰，其身体与老虎的身体融为一体。在卡利班甘的另一件印章中，女神再次以后一种形式出现。女神的其他形象也带有动物元素。在一件印章上，她有牛的角、蹄和尾巴。她与后来的女神杜尔迦——湿婆的配偶有很多共同之处。就像原始湿婆神一样，人们可以认为哈拉帕人崇拜一位女性神灵，后来的杜尔迦崇拜可能渊源于此。

林迦和女阴

马歇尔指出在哈拉帕的图像资料中可能存在着经典的印度男性和女性象征物，即林迦（男根）和女阴（阴户或子宫），与历史时期的湿婆神崇拜存在联系。但他提出的一些例子被认为用于其他目的，如很多被认为是林迦的物品可能是棋子或杵。有些其他的器物似乎作为林迦则更具说服力，如火祭坛中的泥柱。在洛塔尔的一座火祭坛附近发现了陶勺，这表明奠酒是仪式的一部分。在祭祀湿婆时，人们也会将牛奶、酥油、圣水等倒在林迦上，可能与此类似。几件中空的半球形石座，可能用来支撑直立的石柱或木柱，似乎表示的是林迦和女阴的组合，这在后来的印度教艺术中是一个常见的象征。卡利班甘遗址出土了此类的陶质组合物。几件石柱显然是男根。有少量陶像描绘了一个男根勃起的男性，印章上的一些神圣人物似乎也有勃起的男根。此外，有几枚印章被认为描绘了交配过程，其中一枚是一头公牛和一头母牛在交配。不过这些描述并不清楚，可以有其他解释。

石环（球形或环形，大小各一，中部有孔）最初被认为可能表示女阴，但后来根据朵拉维拉的考古发现，确认它们其实是柱墩。其用途无疑是在建筑上，但也不应排除其与信仰有关的可能性。公元前 3 世纪，阿育王（Ashoka）将饰有雕花柱头的石柱作为供奉的对象竖立起来，这是之前竖立石柱或木柱传统发展的高峰。它们象征着林迦和女阴，或象征后来的世界轴心（world Axis）。对于哈拉帕人来说，支撑着石柱和支撑中心木柱的石环完全有可能具有神圣的意义，这一点从其出土位置得到证明——出土这些遗物的朵拉维拉城堡城门是一个介于世俗和神圣领域之间的区域。

星群

阿斯科·帕尔波拉试图通过对个别符号看似合理的解释来破译印度河文字，同时他也非常详细地研究了印度河印章的图像。他发现哈拉帕人对恒星、行星等天体及其运动非常感兴趣。星体神和神话是后来印度宗教的一个特征。根据已知的恒星和行星运动的比较，传统的恒星历在公元前 24 世纪就已经被使用，因此哈拉帕人可能使用了恒星历。帕尔波拉认为对印度河人很重要的天体有土星、金星、北极星、大熊星和昴宿星。

帕尔波拉通过摩亨佐达罗的一枚著名印章在一些细节上丰富了他的理论。一个戴着神圣头饰的女神站在一棵菩提树下，在她面前跪着一个男性崇拜者，也戴着角状头饰，并为她献上供品。供品经常被认为是一个被砍下的人头，但不能完全明确。头上可能是两个大的动物耳朵，而不是圆发髻。一只巨大的长着人脸的公羊站在男性崇拜者的身后。在他们下面有 7 个列队行进的人物（可能是女性），戴着手镯和头饰（可能是一根菩提树枝），梳着辫子。帕尔波拉认为女神是杜尔迦（维纳斯或毕宿五），直到最近人们还向她献祭，而跪着的是年轻的神，被称为塞犍陀（Skanda）、楼陀罗（Rudra）或鸠摩罗（Kumara），在圣魂中与女神结合，并以其献祭告终。楼陀罗（大熊星）在年轻时由 7 个圣贤的妻子（昴宿星）照料，场景下部的 7 个人物形象可能是表示其 7 个妻子。

其理论可能有过度解释的嫌疑，但在试图重建印度河人的信仰方面迈出了重要一步。其他学者对此有不同的解释，如对于场景中 7 个人的性别就缺乏一致的意见。从其他印章中也可见到 7 人一列的场景，这 7 个形象很可能与信仰有关。他们都把头发编成辫子，就像印章上很多看起来像是神的人物一样，这种发型甚至可能仅限于神使用。辫子有两种形式，一种形式出现在这 7 个人物以及站在两个持长矛男性之间（上文已有介绍）的人物上。这是一种简单的辫子，以一团松散的头发为末端的罗纹或填充有斜对角线的两根窄线表示。另一种形式的辫子则宽得多，可能表现了围巾或饰带，而不是头发，有时辫子会像头带或头巾一样环绕头部。很多神灵形象都有这种形式的辫子，比如有老虎身体的女神和树中的女神，以及与鱼图案共出的瑜伽形象。在列队的场景中，可见绑在柱子上的类似饰带。

符号

抽象设计等图案经常出现在铜书板、印章、陶器等遗物上，或者被应用到物件的设计中。心形的菩提树叶特别常见，用来象征菩提树，有时与角结合使用，如在神灵佩戴的头饰中，印章上独角兽背部的毯状物也呈菩提树叶形，同时心形或肾形的贝壳镶嵌片上可能与此相呼应。另一个主题即无穷结（the endless knot），主要发现于铜书板上，这一设计一直在南亚次大陆使用。还有在哈拉帕文化中已有出现的万字符（swastika）。这两种符号都是吉祥的标志。在陶器、少量地砖和贝壳镶嵌上或装饰着重圈纹，眼形珠上的图案可与之呼应。其他的设计，如在陶器等器物上的装饰还包括规则的鱼鳞纹、带中心点的圆圈和棋盘格。类似于六辐车轮的圆形或椭圆形图案在很多场合中都有发现，尤其是作为一种符号以竖写的形式出现在文字里。它很可能象征太阳盘，就跟在许多文化中一样，因为带辐条的车轮这时还没被发明出来。在一件圆柱形模制书板上描绘了一个女神正与两只老虎扭斗，其上便有一个类似的符号，它是横写的，也许是为了表明它不是文字。对称性、几何复杂性和顺序似乎是这些主题的主要特征。哈拉帕人生活的很多方面遵循同样的指导原则，如主朝向的街道、1 ：2 ：4 比例的砖、很多比例为 1 ：2 的城堡，或像大浴池这类复杂建筑的布局。

数字在哈拉帕时期可能和后来的印度宗教一样具有仪式意义。其中包括 3 这个数字，如祭司–国王雕像长袍上的三叶草纹，还有神的三叉形头饰（两只角和一根菩提树枝）。在很多场景中刻画有 7 个崇拜者，卡利班甘城堡的一个平台上有 7 座火祭坛。13
是另一个在后世具有重要意义的数字，如代表一年中的农历月数。哈拉帕遗址几件书
板上的图像显示一个神灵位于有 13 片菩提树叶的拱门下，而在另一个例子中，拱门上
有 7 片树叶。数字有许多天文学含义，可能在哈拉帕图像中也有反映。

外部的参照

通过与同时代西亚文化，尤其是苏美尔及埃兰的与信仰相关的图像进行对比，有
助于理解哈拉帕文化的信仰。在这个地区的艺术品和图像中，一种常见的场景是英雄
或神灵与两只凶猛的野兽（狮子或公牛）搏斗。类似的场景在哈拉帕图像中也有发现，
只不过公牛被水牛代替，狮子被老虎代替，有些图像中的人物是女性。西亚学者认为
这一冲突场景表现了自然力量之间的永恒对立，如白天和黑夜、太阳和月亮、夏天和
冬天、热和冷、火和水、生和死。在印度的文化背景下，考虑到老虎和女神的联系，
水牛和神的联系，我们也可以增加一种二元对立的案例，即男性和女性。大西亚地区
的图像包括各种想象出来的野兽，而哈拉帕地区图像的构成元素来自印度的大象等生
物。二者之间也有很多其他共享的图像元素，如圣山和树（有时表现山羊吃树的场景）。

这种相似的出现并不一定表明西亚影响了印度河信仰的形成，它更有可能表现的
是一种共同的遗产，至少可以追溯到几千年前的第一个农业社会时期。西亚、南亚和
中亚之间存在着长期的联系，并为思想和信仰的传播提供了途径。

实践

萨满教？

虽然陶像和费昂斯像包括了许多种类的野生动物和家畜，但印章上表现的都是体
型巨大而强壮的动物，且大多数是野生的。在印章上，这些动物面前一般都会放置一
个食槽，这可能表示向它们献上实际或象征性的祭品。

勒德纳吉里（Ratrager，2001）认为，对野生动物的重视可能说明哈拉帕人信奉

萨满教。萨满教信仰认为灵魂存在于自然界的各种元素中，如植物和诸如蛇、鸟等的
动物。萨满被认为可以与这些神灵沟通，他们通过各种方式进入一种恍惚的状态。在
这种状态中，他们离开自己的身体，进入灵魂的世界。他们由此可以治愈病人、对抗
干旱等自然灾害，或者预测未来。萨满的来自精灵世界的助手通常被想象为动物或复
合野兽。这些生物出现在哈拉帕的图像中，如摩亨佐达罗印章和铜书板的相关形象，
其中包括一个长着角、浑身是毛、手持弓箭的野人，这种形象经常被想象成穿越到神
灵世界的萨满。这些书板和印章上的形象通常是大型野生动物，但也有其他地方很少
见的野兔。哈拉帕文化遗址出土的穿孔陶罐有可能被用来烧香或制作烟雾，以帮助萨
满进入恍惚的状态（尽管也可以说这些器物是一种筛子或用来捕鱼的设备）。印章上
独角兽前面的火盆也可能起到同样的作用，击鼓是另一种进入恍惚状态的方法。摩亨
佐达罗和哈拉帕出土了一些打鼓的雕像，印度河文字中还有一个可能表示鼓手的符号。
迪兰·卡斯珀斯（During Caspers，1993）很早就开始关注哈拉帕信仰和萨满教之间可
能的联系。

仪式用具

有几件器物很可能与供奉的仪式有关，如贝壳勺可能是用来清洁的，犬齿螺壳则
可能是用来奠酒的，奠酒是一种传统的用法。而犬齿螺壳也可以做成喇叭，在仪式上
吹奏，哈拉帕遗址中即出土了一件。很多印章上描绘了陶罐被供奉给神的场景，其内
可能盛装液体、粮食等供品。

在很多哈拉帕文化遗址中出土了棋盘、骰子等游戏器具。这些可能被用于游戏作
为消遣，也有可能跟在许多文化中一样，用在占卜等仪式场合。象牙棒两侧刻有不同
数量的同心圆，可能被用作骰子，或用于占卜或天文历法等相关的仪式中。

印章上的独角兽等动物面前有一种奇怪的物件，它由一根棍子、棍子上的一个半
球形碗和碗上的一个带突脊的圆柱体组成。有时碗被水滴包围。这个物件也单独出现
在费昂斯和滑石书板上，一件金发带上，以及描绘了该物件在人群之中被高高举起的
场景的一件三维象牙模型中。关于这个物件有很多猜测，它可能是香炉、祭台，也可
能是神圣的火盆。还有一种有趣的解释，认为这是用来准备神圣饮料苏麻（soma）的

过滤器，这种饮料在后来的吠陀文献中有所提及，但还没有得到令人满意的鉴定，也不知道它是否是由次大陆的植物制成。不管是什么物件，它显然与信仰有关。

虽然一些叙事场景被描绘在印章上，但它们更常见于书板上，多以小型雕刻滑石、模制红陶和费昂斯制成，主要出土于哈拉帕遗址，也见于摩亨佐达罗遗址。每一件书板都有多件相同的副本，常常被认为是护身符。书板背面有几个被认为是数字的符号，通常还共出别的符号，如一个"U"，可能代表了一个装有供品的陶罐，因为它与某些场景中供奉给神灵的陶罐形状接近。因此，帕尔波拉（Parpola，1994：107-109）认为这些书板可能是准备供品时的标记，目的是记录数量。

公共事件

因为哈拉帕文化中几乎没有发现很明显的神庙，很多宗教仪式可能是在露天进行的。几块书板上展示了游行队伍，其中横幅、火盆和公牛的形象挂在柱子上高高举起，这可能是宗教节日的一部分。一些可能表现哈拉帕文化神话的场景，在很多印章等刻字遗物上有所展现。这些神话故事可能用人、动物和复合动物的模型和面具来表现。出土的面具中有全尺寸的红陶面具和可能作为手指木偶的微型面具，还有带孔的红陶面具，可以绑缚在木棍上方便举起。这种带孔的红陶面具有些表现了怪诞的人和动物形象，可能在神圣活动前后提供一种休闲娱乐。宗教节日可能是物品流通的重要场景，人们向神献祭，祭司将祭品收集起来，然后作为神圣物品和材料分发给朝拜者。

对死者的处理

墓葬是研究信仰的重要资料，但是在哈拉帕遗址发现的墓葬很少，可提供的信息较少。此外，也不能确定墓地中的土葬是否是哈拉帕人唯一的葬礼仪式。

哈拉帕墓葬

在哈拉帕 R-37 墓地揭露了哈拉帕文化中最大的墓地，埋葬有约 200 个个体，HARP 团队近年来的发掘工作使我们对哈拉帕文化的埋葬仪式有了更全面的了解。在其他遗址中也发掘出少量墓葬。

墓坑一般为椭圆形或长方形，有时用泥砖砌成，或用木制棺材作为葬具，但已仅存朽痕。墓主为仰身直肢，头朝北，脚朝南。北方在后来的印度宗教中与死亡之地联系在一起。在拉齐嘎里遗址发现一种不寻常的墓葬，墓坑内挖出悬垂部分，墓主即置于其下。随后在墓坑上部用泥砖砌成拱顶，由此形成墓室。在卡利班甘的墓葬中，墓主身下、墓底之上铺垫了一层黏土。有时死者被裹在布匹或芦苇里，通常随葬生前佩戴的装饰品，同时随葬的还有很多陶罐，有时置于墓主身下。在一座女性墓中随葬有一面铜镜，可能是萨满用来窥探精神世界的法器。洛塔尔的三四座墓葬中有两个人的骨架，这并不像有人所说的是殉葬的遗孀，因为至少有一座墓葬中包含两个男性。

有时墓葬之上有土堆、石堆或泥砖堆作为标志。在卡利班甘遗址，墓葬成组排列，每组 6~8 座墓葬，每组墓葬可能都有一个纪念碑（cenotaph）。这是一个敞开的长方形坑，里面放置了一些陶罐，也许是属于某个家庭的祭祀场所。

相比之下，哈拉帕和洛塔尔的墓葬更加随意，更晚的埋葬经常会打破更早的墓葬，这在卡利班甘是很少见的。当墓葬被打破时，似乎很少受到尊重，有时随葬的珠宝会被拿走，破碎的陶器和半腐烂的尸骨被扔在附近的坑里。罗迪等很多遗址中都发现无主的人骨和牙齿，还在一座房子的地面下发现了两个婴儿。在昌胡达罗的 II 号土墩里发现了一个放有头骨的陶罐。摩亨佐达罗 VS 区的XXVIII号房子发现了一篮子的人骨，在HR-A 区的 III 号房子也出土了一个单独的头骨。在城市的最后阶段，在废弃的街道和房屋内随意的埋葬反映了城市社会的崩溃。

喜马拉雅山麓罗帕尔遗址的一座墓葬中，埋葬有一个人和一条狗，这与克什米尔北部新石器文化先民的做法近似，也许这个人和这一文化有关。罗帕尔墓葬的其他方面也与哈拉帕 R-37 相似。

哈拉帕文化的丧葬有可能也采取其他方式，如海葬、火葬或露天放置使肉体腐烂。卡利班甘的一座墓葬里有多个个体的人骨，包括 3 个头骨和一个装着一颗儿童牙齿的小盒子（casket）。在几个墓地里都发现了纪念碑，里面只有陶器。在卡利班甘墓地中，墓葬之外，还发现有一些圆坑，其内未发现人骨，只有陶罐。类似地，在朵拉维拉的石冢墓地（cemetery of cairns），发现 4 个圆坑和 2 个长方形坑（坑铺有石灰石板，可能曾经有压顶石覆盖），其内有陶器而无骨头，尽管在一个坑中发现了疑似为土棺的遗存。

在卡利班甘墓地发现了烧黑的土块，这可能与火葬有关。据报道，在哈拉帕有数百个装有陶器、灰烬和骨头的陶瓮，但只有一个发现了人骨。因此，这些不太可能是瓮棺。在摩亨佐达罗的 VS 区的两座房子里，各发现一个陶瓮，里面装着火化后的人骨。在萨拉斯瓦蒂河流域的成熟哈拉帕时期的遗址塔尔坎瓦拉·德拉（Tarkhanwala Dera）的一次试掘中，发现了一座台基，其上有至少 5 处火葬遗存。

早期哈拉帕时期的古吉拉特邦有在墓地设置纪念碑的做法，纳格瓦达遗址和苏尔科塔达遗址的墓地中发现有没有人骨的瓮棺和只有陶器的坑，在苏尔科塔达还发掘一座部分土葬的墓葬和一座局部火葬的墓葬，在纳格瓦达还发现了一座直肢葬（an extended burial）。这些做法与印度–伊朗边境地区的做法形成鲜明对比，在那里屈肢土葬（contracted inhumation）有着悠久的历史，这表明这些葬俗可能源于当地。

丧葬和信仰

丧葬习俗为我们了解印度河信仰提供了重要线索。每个人都随葬能体现其社会地位的服饰和装饰品，他们被分别埋葬于居住区之外的不同墓地。随葬的陶器包括彩绘圈足盘和 S 形罐，还有平底壶、大口杯和盘，这些都可能是用来盛装食物的容器，因此可能是起到在来世提供食物的作用。有时还发现有动物骨骼，说明还会随葬肉。在疾病或城市崩溃的影响下，原有的仪式可能无法进行，但墓地 H 底层墓葬中传统的直肢葬仍在延续，表明文明的衰落并没有普遍影响到丧葬习俗。

因此，除非在特殊情况下，以适当的方式埋葬对哈拉帕人来说显然是重要的。在许多情况下，身体和地面是通过裹尸布、棺材、一层陶器或土分开的，可明显看出仪式纯洁对于先民的重要性。

考虑到在哈拉帕人挖掘新的墓葬时，对碰到的更早阶段墓葬中人骨、陶罐、个人饰品，甚至未完全腐烂的尸体的处理方式，暗示着一旦丧葬仪式完成，遗骸及其随葬品似乎就无关紧要了。也许哈拉帕人相信转世需要一种仪式，其中包括埋葬（或其他没有证据的处理仪式），但完成之后，灵魂就离开了，不再需要遗骸了。

哈拉帕地区的各种埋葬方式中，只有直肢葬保存较好，这可能反映了许多不同的因素，如社会地位、种族或信仰。

重建哈拉帕信仰

多样性是印度宗教的特征，对湿婆和毗湿奴（Vishua）的多种形式的崇拜，重生的观念和对涅槃的追求，交织着混杂的各种地方崇拜。次大陆已经见证了许多本土宗教的发展，如佛教（Buddhism）和耆那教（Jainism），而定居于此的外来人群也带来了其他的宗教形态。实践、信仰和对特定神灵的崇拜往往与群体认同紧密相连。回到印度河时代，鉴于哈拉帕人的多元文化背景及其与许多邻国的长期联系，那时宗教多元化应当已经出现了。

尽管哈拉帕信仰的许多内容是模糊的或推测性的，但现有的证据确实已经足够复原一些大致的图景。哈拉帕人的大量用水设施和摩亨佐达罗的大浴池表明，水的使用在宗教实践中发挥了关键作用，最可能是用于净化仪式。图像学显示，陆地的水及鱼，在信仰上是与天空的水及其内的星星密切相关。

哈拉帕文化印章用于官方场合，因此应该反映了哈拉帕先民共享的官方信仰系统。我们看到了对一个男神和一个女神崇拜的证据，这种崇拜可能有多种形式，与男性和女性的原则以及自然界（尤其是菩提树和公牛、水牛和老虎等一类强大的动物）紧密相连。大型的独角兽等现实世界中不存在的动物同样出现在神的世界里。与这些神和精神崇拜有关的仪式包括游行、供品和可能的萨满仪式等。

此外，哈拉帕社会或某些区域的一些群体中似乎信仰较少，区域的差异尤其能反映哈拉帕人祖先的不同文化背景。印度河流域随处可见的女性陶像，包括女神像，都与印度–伊朗边境地区制作这些陶像的悠久传统有关。相比之下，在古吉拉特邦和萨拉斯瓦蒂河流域，许多人都是当地狩猎采集部落的后裔，可能在公共场合和家里，都存在通过火来献祭的仪式。

参考文献

ATRE S, 2002. Harappan Religion: Myth and Polemics[J]//SETTAR S, KORISETTAR R. Indian Archaeology in Retrospect. II. Protohistory. Archaeology of the Harappan Civilization. Indian Council of Historical Research. New Delhi: Manohar: 185-205.

BISHT R S, 1984. Structural Remains and Town Planning of Banawali[J]//LAL B B, GUPTA S P. Frontiers of the Indus Civilization. New Delhi: Books and Books: 89-97.

BISHT R S, 1993. Excavation at Dholavira, District Kachchh (Earlier Kutch)[M]. Indian Archaeology—A Review, 1992–93: 27-32.

BISHT R S, 1999. Dholavira and Banawali: Two Different Paradigms of the Harappan Urbis Forma[J]. Puratattva, 29: 14-37.

BISHT R S, 2002. Dholavira Excavations: 1990–94[J]//JOSHI J P. Facets of Indian Civilization. Recent Perspectives. Essays in Honour of Professor B. B. Lal. New Delhi: Aryan Books International: 107-120.

BISHT R S, ASTHANA, 1979. Banawali and Some Other Recently Excavated Harappan Sites in India[J]//TADDEI M. South Asian Archaeology 1977. Naples: Istituto Universitario Orientale, Seminario di Studi Asiatici: 223-240.

CLARK S. Embodying Indus Life: Terracotta Figurines from Harappa[EB/OL]. [2005-06-14]. www.harappa.com/figurines/index.html.

DALES G F, 1968. Of Dice and Men[J]. Journal of the American Oriental Society, 88(1): 14-23//POSSEHL G L. 1979. Ancient Cities of the Indus. New Delhi: Vikas Publishing House: 138-144.

DALES G F, 1984. Sex and Stone at Mohenjo-daro[J]//LAL B B, GUPTA S P. Frontiers of the Indus Civilization. New Delhi: Books and Books: 109-115.

DHAVALIKAR M K, ATRE S, 1989. The Fire Cult and Virgin Sacrifice: Some Harappan

Rituals[J]//KENOYER J M. Old Problems and New Perspectives in the Archaeology of South Asia. Wisconsin Archaeological Reports. Vol. 2. Department of Anthropology. Madison: University of Wisconsin Press: 193-205.

DURING CASPERS E, 1993. Another Face of the Indus Valley Magico-religious System[C]// GAIL A J, MEVISSEN G J R, 1991. South Asian Archaeology 1991. Stuttgart: Franz Steiner Verlag: 65-89.

HABIB I, 2002. The Indus Civilization: A People's History of India[J]. 2. Aligarh: Tulika/ Aligarh Historians Society.

HUNTINGTON S L, 1995. The Art of Ancient India[M]. New York: Weatherhill.

IRWIN J, 1973–1976. 'Asokan' Pillars: A Reassessment of the Evidence[J]. The Burlingon Magazine, 115: 709; 116: 712-727; 117: 631-643; 118: 734-753.

JANSEN M, 1985. Mohenjo-daro HR-A, House I, a Temple?—Analysis of an Architectural Structure[J]//SCHOTSMANS J, TADDEI M. South Asian Archaeology 1983. Naples: Istituto Universitario Orientale, Dipartimento di Studi Asiatici: 157-206.

KENOYER J M, 1989. Socio-Economic Structures in the Indus Civilization as Reflected in Specialized Crafts and the Question of Ritual Segregation[J]//KENOYER J M. Old Problems and New Perspectives in the Archaeology of South Asia. Wisconsin Archaeological Reports. Vol. 2. Department of Anthropology. Madison: University of Wisconsin Press: 183-192.

KENOYER J M, 1998. Ancient Cities of the Indus Valley Civilization[M]. Karachi: Oxford University Press and American Institute of Pakistan Studies.

MARSHALL J, 1931. Mohenjo Daro and the Indus Civilization[M]. London: Probsthain.

NATH A, 1998. Rakhigarhi: A Harappan Metropolis in the Sarasvati- Drishadvafi Divide[J]. Puratattva, 28: 39-45.

NATH A, 1999. Further Excavations at Rakhigarhi[J]. Puratattva, 29: 46-49.

PARPOLA A, 1984. New Correspondences between Harappan and Near Eastern Glyptic Art[M]//ALLCHIN B. South Asian Archaeology 1981. Cambridge, UK: Cambridge University Press: 176-195.

PARPOLA A, 1985a. The Harappan 'Priest-King's' Robe and the Vedic Tarpya Garment: Their Interrelation and Symbolism (Astral and Procreative)[J]//SCHOTSMANS J, TADDEI

M. South Asian Archaeology 1983. Naples: Istituto Universitario Orientale, Dipartimento di Studi Asiatici: 385-403.

PARPOLA A, 1985b. The Sky-Garment. A Study of the Harappan Religion and Its Relationship to the Mesopotamian and Later Indian Religions[J]. Studia Orientalia, 57: 8-216.

PARPOLA A, 1992. 'The Fig-deity Seal' from Mohenjo-daro: Its Iconography and Inscription[J]//JARRIGE C. South Asian Archaeology 1989. Madison, WI: Prehistory Press: 227-236.

PARPOLA A, 1994. Deciphering the Indus Script[M]. Cambridge, UK: Cambridge University Press..

PITTMAN H, 1984. Art of the Bronze Age. Southeastern Iran, Western Central Asia, and the Indus Valley[M]. New York: Metropolitan Museum of Art.

POSSEHL G L, 2002. The Indus Civilization. A Contemporary Perspective[M]. Walnut Creek, CA: A1taMira.

PUSKAS I, 1984. Society and Religion in the Indus Valley Civilization[J]//ALLCHIN B. South Asian Archaeology 1981. Cambridge, UK: Cambridge University Press: 162-165.

RAO S R, 1979 and 1985. Lothal: A Harappan Town (1955–62)[J]. 2 vols. Memoirs of the Archaeological Survey of India. SI 78. New Delhi: Archaeological Survey of India.

RATNAGAR S, 2000. The End of the Great Harappan Tradition[M]. Heras Memorial Lectures 1998. New Delhi: Manohar.

RATNAGAR S, 2001. Understanding Harappa. Civilization in the Greater Indus Valley[M]. New Delhi: Tulika.

SHARMA A K, 1982. The Harappan Cemetery at Kalibangan: A Study[J]//POSSEHL G L. Harappan Civilization: A Contemporary Perspective. New Delhi: Oxford&IBH Publishing Co.: 297-299.

TRIVEDI P K, PATNAIK J K, 2004. Tarkhanewala Der and Chak 86 (2003-2004)[M]. Puratattva, 34: 30-34.

第 9 章　物质文化

手工业作坊

在哈拉帕的城市和城镇中，既有由个体或家庭经营的小型作坊，也有一些较大的手工业作坊区。这些作坊可能分散在不同的居民区，也可能集中分布。城堡内也存在一些手工业作坊，如在格拉·朵拉城镇遗址的城堡中发现贝壳加工和费昂斯制作的作坊，而串珠制作则主要在居民区进行，尽管原料都储存在城堡中。在城市和一些城镇，很多从事不同手工业的专业手工业者可能在毗邻的作坊区工作。当几种不同的手工业需要相似的技术或者设备时，可能会在同一个作坊中进行生产。陶器烧制和金属冶炼往往在特定的区域进行，与其他手工业活动分开。

许多手工业活动可能尚未被发现，因为人们会定期或不定期地把作坊区内的手工业活动遗物清理出来，并通常会倾倒到一定距离之外的垃圾场内。许多手工业活动会使用易腐的原材料，如皮革加工业，这样只留下一些功能往往难以确定的生产工具，而其他痕迹则无迹可寻。有时只有窑址一类不可移动的遗存被保存下来，揭示出该手工业曾存在于本地区。而在手工业活动密集的地区，大量废片堆积的分布使得该区域很容易被识别出来。一些消极的证据并不能完全排除某些活动存在的可能性，但可以起到暗示的作用。例如，在哈拉帕文化的城镇没有发现金属冶炼作坊，这暗示冶炼可能发生在矿石原料的附近，尽管这些手工业活动也可能分布在尚未进行发掘的聚落郊区或居住区的外围。

虽然存在这些问题，但对摩亨佐达罗和哈拉帕等几个遗址的深入调查和研究，已可揭示哈拉帕手工业生产的特征。科技考古、实验考古以及与现代工艺技术的比较研究，丰富了我们对人工制品特征的认识，为我们了解哈拉帕手工业技术提供了大量的信息。对摩亨佐达罗的地表调查勾勒出了各种手工业活动（陶器、石器和贝壳制作）废片的分布情况，可知下城的南部和东部，特别是在莫尼尔区（Moneer）是主要的手工业作坊区。

在 HR 区的东部也发现了两排作坊。在莫尼尔区的外围发现了作坊中定期清理出来的废料，伴随着这些废弃堆积的不断侵蚀，其分布范围也变得相当大。莫尼尔区的手工业包括串珠制作、石制手镯制作、滑石加工、燧石打制、费昂斯制作、贝壳加工、砝码制作和铜器生产等。陶器作坊也有发现，但仅限于该遗址的最晚阶段。虽然这些区域看起来像是手工业作坊区，但它们主要由小作坊组成，通常排成一排，而不是进行大规模生产。在遍布城市的房屋中也分布有许多小的手工业作坊，专门从事某些手工活动，其生产的产品有串珠、印章、贝壳镶嵌片和银器以及滑石器。可能用于染色的设施表明或许也存在着棉织品制作业。许多手工业活动都是高度专门化的。一些是专注于制作过程中的某一阶段，例如一些郊区聚落专门清理犬齿螺；另一些作坊则生产少数几种产品，比如在莫尼尔区的两个制陶作坊生产有大量的尖底杯。在莫尼尔东南的一组房屋内有多种手工业活动，某种手工业不会长期固定在一个地点，大型的滑石生产作坊被一个更大的炻镯作坊取代，后来又被石器加工作坊取代，最后成为陶器作坊。

对哈拉帕遗址作坊区的详细考古调查表明，位于 E 墩西北部的一个作坊一直从事特殊陶器的制作。在 E 墩和 ET 墩的不同区域都存在手工业作坊，其产品包括贝壳制品、玛瑙珠、燧石工具、砝码、印章、金属制品和陶器。惠勒在城堡区北部的 F 墩城堡发掘出来了一个大型窑炉群，可能用于金属冶炼，年代属城市的最晚阶段。

在摩亨佐达罗和哈拉帕生活着一些高度专业化的工匠，同时也有生产日常用品的工匠。制砖和产生有毒废气或副产品的手工业等还尚未发现，这些可能分布于未被调查发掘的郊区。炻镯（在官方严格管控之下）和刻符铜书板等特殊类型的人工制品，明显只存在于摩亨佐达罗和哈拉帕遗址，尽管其他城市可能也会有。

一些城镇是制作业中心，不过其生产的人工制品的范围有限。昌胡达罗遗址可能是个例外，该遗址生产长玛瑙珠一类的特殊产品，同时还生产若干比较普通的产品，其手工业活动的种类包括铸铜、珠子制作、石制砝码生产、骨器和象牙器制作、贝壳生产、费昂斯制作，也许还有陶器制作。有些小型作坊分布于II号墩边缘，有些作坊，如珠子制作作坊，则分布于I号墩已经发掘过的房子里。原材料和一些半成品也存放在某些房间内。昌胡达罗遗址的手工业生产的规模似乎远远超过摩亨佐达罗地区，其也许占所有城镇手工业规模的一半，这可能反映了重点手工业城市与大城市居住区之间的区别，因为在大城市中还有很多手工业作坊可能分布于未经发掘的郊区。与贸易密切相关的遗址也生产大量种类繁多的商品，如洛塔尔生产陶器、珠子、贝壳制品、象牙器和铜器，而昆塔西遗址则生产陶器、珠子、费昂斯、铜器和滑石器。在小遗址阿拉迪诺，发现了烧制红陶的陶窑，也存在冶铜业和大规模的纺织业。

同时，哈拉帕文化也存在大量专业化的手工业活动。许多城镇和手工业村庄规模化加工本地材料，产品随后流转到整个哈拉帕地区，如印度河河口附近的巴拉克特遗址和古吉拉特的纳格斯瓦尔遗址都集中从事从附近沿海获取的贝壳的加工。这些遗址的不同区域专注于产品生产流程的不同阶段，每个阶段可能由不同的专职工匠负责。城市中的手工业作坊表明专业化是普遍存在的，如哈拉帕E墩西北只生产某些特殊陶器。一个手工业作坊可能同时进行若干相关的活动，如珠子和印章的制作。

建筑

建筑材料

土

泥砖和烧砖是印度河先民主要的建筑材料。尽管烧砖应用于摩亨佐达罗遗址内的很多建筑，但房屋和城镇城墙用的都是泥砖。烧砖广泛用于建造排水沟和浴室地面，偶尔也用于哈拉帕F墩的工作平台和摩亨佐达罗的染色缸等的建造。砖一般有两种尺寸：用于家庭建筑的砖尺寸为 28 厘米 ×14 厘米 ×7 厘米，用于城墙和台基的砖尺寸为 40 厘米 ×20 厘米 ×10 厘米。目前还没有发现与印度河城市有关的制砖遗址，很可能位于郊区或更远的地方。现代的制砖作坊同样离城市和城镇很远，但在合理的交通距离之内。考虑到城市建筑中使用的砖的数量，制砖在印度河时代一定是一项重要的手工业活动。为了制作大量烧砖，必须砍伐大片森林。最近的研究表明，印度河地区大量的自然植被完全可以提供足够的燃料。同时，牛粪也可能被用作燃料。

哈拉帕时代使用的技术可能与今天的技术有很大的不同。砖块可能用木质模具制作。除了标准的长方体砖，还有用来建造水井的楔形砖。哈拉帕砖块的底部因在干燥的过程中与地面接触而显粗糙，顶面则会用木块刨平而带有纹理。砖块半干后模具会被移走，随后继续晾干。晒干后泥砖便可以拿来使用了。需要烧制的砖块被堆放在炉床上，覆上燃料并点燃，干草堆会燃烧好几天，散发出难闻的烟气。因为在这种生产下，唯一能够保存下来的遗迹就是炉床，因此制砖作坊很难被考古学家发现。

砖偶尔被用来铺地面，如摩亨佐达罗城堡的柱廊大厅，以及摩亨佐达罗和洛塔尔城堡区内的一些街道。黏土还被制成红陶排水管、三角形红陶饼和过烧的土块（nodule）等。有时红陶饼可以替代砖块铺在浴室或庭院里，也被用作挡板放置在窑炉和灶内以保持热量。这些陶饼也经常发现于火祭坛中。过烧的绿色半球形土块也用于建筑，通常作为砖砌地面下的基础；它也用于石头建筑，起到隔热和排水的作用。

石头

在摩亨佐达罗和哈拉帕遗址的早期发掘中发现的巨大石灰石环一直是一个谜，直到 20 世纪 90 年代在朵拉维拉城堡城门再次发现此类器物。那些中间带大孔的卷轴形（reel-shaped）石环是木柱的基础，而带小孔的扁平球状石环被用来堆成柱体，通过一根木杆串联。在朵拉维拉的城堡区及其附近也发现了磨光的石柱。这些巨大的柱子基座和柱子可能具有宗教意义和建筑功能。

石头偶尔也会被用于房屋建筑，如铺浴室地面，或者制作精美的石质窗栅。石板也可以充当排水沟的盖板。在古吉拉特邦，石头在建筑，尤其是城市和城镇的城墙中的使用更为普遍。那里的房子通常有石头地基，墙体则是碎石或料石砌筑。朵拉维拉水库周围的墙体是用石头砌成的，在城堡中也被广泛使用。在附近的墓地里，有些墓坑也用石头砌成。

木头

木材在建筑中的使用也很广泛，尽管很少能保存下来。在摩亨佐达罗、卡利班甘和洛塔尔等遗址发现雪松、柚木和印度黄檀木块，显示木头被用于制作梁架、椽、门及门框和柱子。从一些房屋模型中可以看出，一些哈拉帕文化的房屋有带格子栅和百叶窗的窗户，大多数可能是木质的。木梁和木材也被用来建造很多大型建筑，如摩亨佐达罗、哈拉帕和洛塔尔中所谓的粮仓。摩亨佐达罗城堡区南部有一处建筑群，包括一个大型的柱廊大厅和两个较小的大厅，所有这些大厅的屋顶均由木柱支撑。

石灰浆（Plaster）和砂浆（Mortar）

黏土等多种材料被用于涂抹墙面。公元前三千纪早期，梅赫尔格尔遗址发现一次不成功的露天烧陶行为。在烧制陶器的过程中，在陶器边放置了石灰石块，并一同烧火，石灰石于是转化为生石灰（quicklime），然后用石磨磨成粉末。这种方法很可能延续至哈拉帕时代。生石灰和烧过的贝壳混在一起被做成石灰浆（Plaster）。石灰也可与沙子和水混合做成砂浆（mortar），不过泥浆（mud mortar）更常见。牛粪和泥混在一起可以用来涂抹村舍的篱笆墙，也被用来覆盖地板。

建筑方法

烧砖或泥砖通常用在所谓的英式砌法建筑（English bond masonry）中，砌筑不同的层面时砖块的长面和短面被交替使用，这是一种非常牢固的砌筑方法。偶尔也有应用法兰德式砌法建筑（Flemish bond masonry），砌筑一层时砖长面和短面被交替使用。建筑中使用了大量的砖块，摩亨佐达罗的房屋墙壁通常有 3~4 块砖厚，而小型遗址巴纳瓦利只有 2~4 块砖厚。

木材被用于制作门框、窗框和门槛等，以及天花板和屋顶。考古发现了带芦苇席印痕的房屋平顶，茅草、夯土和木板都可能也用于建造屋顶。在一些建筑中，木柱被用于支撑内部阳台或外部回廊，如纳沙罗遗址的一座制陶作坊中有一处回廊，其木柱是用石头楔牢的。

很多房间的地面都经过夯打，其上通常覆盖石灰浆或一薄层沙。但浴室的地面通常是由经过切割紧密契合的砖块铺砌，以确保防水。摩亨佐达罗的庭院也经常铺砖。偶尔会用陶片或地砖铺在地面上，可能起到了装饰的作用。洛塔尔遗址的地面通常用泥砖铺成。

城市和城镇的城墙有多种建造方式。一般以土或泥砖为内芯，并外包烧砖。在古吉拉特，砖通常用原石或料石包边。城墙往往都非常厚，从 4 米（苏尔科塔城墙）到 14 米（哈拉帕城堡城墙的基础）不等。随着遗址的延续使用，当砖的包边不断叠加时，城墙的厚度往往也是不断增加的。

从摩亨佐达罗的大浴池中可以看到哈拉帕建筑技术的复杂性。其墙体的内外侧均为烧砖，并以泥砖为墙芯。大浴池内用边缘紧密贴合的烧砖砌成，砖与砖之间的缝隙用石膏浆填充，其外再涂抹一层厚厚的沥青。

在洛塔尔、摩亨佐达罗、巴纳瓦利和帕布玛斯发现了一种测量工具。洛塔尔的测量仪器是一件中空的贝壳圆柱体，两边各有 4 条缝隙，可以用来确定和排列线条，使建筑和街道能按照正确的角度布置。巴纳瓦利的仪器是用动物脊椎骨制作的，有两条直角交叉的缝隙。

装饰

虽然现在印度河城市和城镇的砖砌建筑看起来很简朴，但在哈拉帕时代，可能会有各种装饰使得它们更有吸引力。砖墙一般用灰泥涂抹，如朵拉维拉遗址，在地震前的一段时期，无论是城墙还是房屋的墙壁和地面都涂抹有白色和粉红色的灰泥。墙壁可能用纺织品等挂饰来装饰。一些门框的顶部有洞，或许用来悬挂窗帘或席子。门和窗框等木质的建筑构件和装置，可能雕刻了祈求神灵保护和希冀好运的图案装饰。房屋模型显示，一些窗户和内部隔墙都雕琢有复杂的格子窗栅。哈拉帕和摩亨佐达罗出土了一些雪花石膏和大理石质地的格子窗栅。

人工制品

哈拉帕手工业和手工业产品的显著特征有标准化、系统性组织的大规模生产和各种人工制品的广泛分布。珠宝，尤其是手镯和串珠，可能在确定个体社会地位这一方面起着重要作用，因此贝壳生产和串珠制作是主要产业。与同时代人群一样，哈拉帕人经常使用金子等珍贵材料，他们也高度重视费昂斯一类人工制作的材料，以及能够展示工匠高超技术的长玛瑙珠等产品。

陶器

作坊

窑炉基础、窑炉残片和过烧的陶片通常是制陶活动仅存的证据。不过在纳沙罗北部土墩周围的城墙脚下发现了一处制陶作坊，是一座由几个房间组成的小型建筑。在那里待烧的陶罐堆放在架子上晾干，作坊被突然废弃后，现场保留了陶器和一些工具。在早期建筑的废墟上新建了一座建筑，也是一处包含有烧陶用窑炉的制陶作坊。烧坏的陶器碎片被用来铺垫在作坊外的道路表面。遗址中出土的陶器中只有少数几种是在该作坊制作的。

在哈拉帕 E 墩的西北角有一个制陶区域，其中发现了几座陶窑。窑址附近散落着用于塑形的骨抹刀和石刀以及用于着色的红赭石等。在一个灰坑中发现一件用于轮制陶器的黏土轮盘残片。该区域只生产数量有限的陶器。红陶饼则在位于 ET 墩的另一处作坊区制作。

在摩亨佐达罗的 HR、VS 和莫尼尔区发现了一些窑址，年代均属城市的最晚阶段。有些窑址位于以前的街道上，表明它们所在时期城市已处于衰落阶段。在成熟哈拉帕时期，陶器的生产区很可能处于远离城市中心的地方。卡利班甘的情况就是这样，在城堡南部的无围墙区域发现了烧陶的废品。

在距离梅赫尔格尔遗址约 1 公里的拉尔·沙阿（Lal Shah）遗址中揭露了一处制陶作坊。其中发现了至少 7 个升焰窑窑址，以及用于打磨烧制后陶器表面的工具的碎片。

陶土

在整个冲积平原上广泛分布有烧制陶器所需的优质黏土，其他地区也有合适的黏土，如索拉什特拉，包括昆塔西遗址附近，都有极好的球状黏土。

跟巴拉克特遗址一样，先民可能使用不同种类的黏土来制作不同的陶器或陶器的不同部分。或跟摩亨佐达罗一样，先民通过控制制陶时温度的不同来完成不同的生产。制陶过程中使用多种掺合料，如牛粪、稻草等有机材料和沙子、云母、石灰矿物等矿物，或陶渣等材料。在制作精美陶器时，会对黏土进行精心的研磨和筛选。

陶器制作

有些陶器制作采用泥条盘筑或泥片筑成的方式，但很多陶器都是部分或全部由快轮拉坯制成。目前还没有发现轮车，可能因为它们是木质的，与今天在该地区使用的一样。轮车有一个转轮（turntable）以供放置黏土，转轮通过一个轴连接到下面的飞轮（flywheel），飞轮放置在一个坑中，通过脚部用力转动。转轮可以以不同的速度转动，这取决于所进行的操作，如使用快轮拉坯，或使用慢轮修整器物。在纳沙罗遗址发现了一个顶部有凹槽的圆锥形土块，可能是在轮制拉坯过程中被突然废弃的。垫板（bat）很常用，是被固定或牢牢地放置在转轮上的。陶器放在垫板上拉坯完成后，将垫板和陶坯从转轮上移走即可，这样就不需要切割陶坯。这在陶器被分成几个部分分别进行制作时十分有用。更简单一点的器物在制作完成时通常用绳子从转轮上切割下来，然后用同一团黏土连续制作一批产品，这是一种大规模生产实用陶器的方式。一些陶器的底部使用模具拉坯，以使陶器的尺寸标准化。在纳沙罗遗址发现了一些尺寸各异的平底模，在摩亨佐达罗和巴拉克特遗址也发现了一些模具碎片。模具用轮缘的轮挡（chock）或黏土固定在转轮上。

转轮还可用来去除陶器上的多余黏土，也可用于刮削特定部位，让陶器变得更薄。在纳沙罗的制陶作坊发现的工具有用来对陶器塑形的燧石石刀和红陶刮削器。随后使用木拍（wooden paddle）和石垫（stone anvil）或陶垫（potteng anvil）在半干的陶坯上做出圜底。哈拉帕遗址出土的磨石和纳格斯瓦尔遗址出土的陶拍（dabber）可能就是这样的工具。

特殊的器物因为形状复杂，需要较高水平的技能来生产，如大型储藏罐。其底部用快轮拉坯制成，上部则用泥片或泥条筑成。随后在快轮上修整和做出口沿。成型后，把器物用绳子固定起来，以确保在干燥的过程中不变形。

带圈足的器物也是专业产品。这类陶器是分成两到三部分制作而成的。喇叭形圈足可以使用模具制作，也可以在制作器身的同时制作。器身可以用手直接轮制拉坯，也可以使用圆形模具。圈足与之上的碗或盘子分别制作，并在半干之后再拼接。圈足的顶部和碗或盘的底部可能会划几道短线，然后将半流体的黏土涂在这两个面上，最后将两个部分拼接起来。连接处会涂抹一圈薄薄的黏土。或者，这两个部分可能在轮制成型后立即拼接，这时就不需要再附加一圈黏土，但圈足的顶部会更宽。

陶器制作完成后需晾干，就像在纳沙罗遗址架子上被遗弃的25件器物一样。在其半干的时候，可以在其上装饰各种各样的图案。有些器物会重新放到转轮上，以便在陶器上刻上水平的凹弦纹或者梳齿纹。有些纹饰则使用贝壳的边缘或带尖的棍子进行刻画。有些陶器通过手指来制作凹槽纹或凸棱纹。许多带圈足碗的内部都留有一圈圈用芦苇末端制作的同心圆。位于同心圆中心的一个小标记表明，这些圆最初是用类似圆规的东西刻画的。许多器物表面都涂有一层红色陶衣（slip），有些还进行了抛光，可有效地降低坯体的空隙。只有少数几种陶罐内壁会涂抹陶衣，包括一些大的储藏罐，罐的内外壁都涂上了黑色陶衣。炊器等陶器的表面会涂抹砂质黏土，在陶器加热时可以起到保护作用。有一种特别精致的专用的剔花施衣陶器，是先在陶器上涂上一层黑色陶衣后再涂抹一层灰色陶衣，灰色陶衣随后被选择性地刮去，露出底下的黑色陶衣，从而形成梳齿纹。

当陶器完全干燥后，可能会在上面绘彩，颜料通常是黑色和红色，其中黑色是用铁和锰氧化物混合而成，红色则用红赭石制成，偶尔也会有白色或极少的黄色、蓝色或绿色等颜色。当陶器在转轮上转动时可以刻画水平线，以形成装饰纹样带，在一些陶器上会用网格来制作纹饰。早期陶器上多见有植物和动物的图案，但在晚期较为罕见。

烧制

陶器可以在简单的窑炉中烧制，这些窑在哈拉帕之后延续了数千年，至今仍在使用。将牛粪、芦苇、灌丛和稻草等燃料铺在浅坑内或倾斜的开阔空地上，然后将陶器一层层地堆放在燃料上面，陶器摆放比较随意，除完全直立或倒立外，各种方向都有。有时候会使用陶片支撑不稳定的陶器。为了在烧制过程中能够有效保护陶器，人们将一些易碎的器物放入一个有盖的陶罐（匣钵）中，并用稻草和黏土的混合物密封，在纳沙罗遗址的制陶作坊里即有相关发现。有时几个陶工在同一座露天窑炉（bonfire firing）中烧陶时，他们会预先在陶器上用不同图案做好标记。

陶器堆上覆盖一层灰烬和土，然后是更多的燃料，最后在顶部铺上一层黏土密封住窑体，顶部放置一个残陶罐作为烟道，另外在边缘也放置了陶罐，以方便空气进入并在烟囱内部循环。在纳沙罗遗址，赤陶饼也可能被用来覆盖在顶部或保护其边缘。一旦燃料点燃后，烧窑过程需要 8~10 天，其中 1~3 天用于烧制，剩下大约一个星期用于器物的冷却。在纳沙罗遗址发现一座与制陶作坊有关的小型露天窑炉，可能大多数陶器都是用这种方式烧制的。

与此同时也存在其他类型的窑炉，但可能主要用于烧制少量精致陶器和炻镯等产品，可以控制烧制条件。这对于烧制费昂斯等材料来说很重要。首先，陶器会在氧化气氛中烧制。然后，关闭通风口，在还原气氛下完成烧制，在这一过程中颜料被烧结形成黑彩。最后，重新打开通风口，恢复成氧化气氛，陶器未彩绘的部分又会重新变成红色。

大多数窑炉为升焰窑，其底部为涂抹有泥浆的圆形或椭圆形窑床，窑床或为土坑，或以砖砌而成并以土墙围绕。用柱子或砖块在窑床支撑起一个带孔洞的平台，陶器即放置在平台上。每次烧制都会在上面搭建一个临时的半圆形顶，烧制完成之后即拆除。几百年中，窑炉被不断使用和翻新。在窑炉的一侧有一个漏斗状的火口，通过火口可以添加燃料和增加空气流动来保持窑炉的温度。红陶挡板可以起到防止热量流失的作用。窑炉另一侧可能会有额外的烟道，使空气得到充分循环，并让燃料均匀燃烧。在哈拉帕、摩亨佐达罗、洛塔尔、拉尔·沙阿、巴拉克特和纳格斯瓦尔遗址都发现有典型的窑炉。在卡利班甘等遗址，发现有烧结的砖块或黏土、灰烬、过烧的陶片等，说明也曾存在陶窑。

陶器类型

哈拉帕陶器既有普通的日用陶器（一般都比较厚重牢固），也有精美的彩绘陶器。哈拉帕陶器一般是素面的橙红陶，但也有一些是黑陶，彩绘通常使用对比色。摩亨佐达罗出土的少量早期陶器是灰陶，古吉拉特的陶器可追溯到当地更早期的陶器，如帕德里陶器。

大部分陶器类型在哈拉帕地区都有发现，虽然日用陶器有一些差异，但在更专业化的产品上却具有相当的一致性。普通陶器包括圜底炊器（有着牢固的口沿便于从火上移开），中等大小的盛储罐（通常为尖底，便于安插在地面上），用于盛放食物的盘和碗，以及饮用的大口杯和杯子。特殊的器皿包括精致的带圈足的盘和碗，可能被用来盛放贡品，还有彩绘的 S 形罐。大型的黑色盛储器是由有经验的陶工生产的，而且可能只发现于哈拉帕遗址。其他器型有器座，可能用作筛子或火盆的带孔陶罐，以及在摩亨佐达罗和哈拉帕遗址晚期非常常见的尖底高脚杯。此外，在一些地区，除了标准的哈拉帕陶器外，还有一些本地的陶器，特别是东部的索斯·西斯瓦尔陶器和索拉什拉邦的索拉特陶器，索拉特陶器中有一种独特的带柄碗。

更精美的陶器上涂有红陶衣，很多都带有彩绘。在成熟哈拉帕时期早期，彩绘图案主要有植物纹样，偶尔也会有动物纹样，如孔雀或菩提树叶，也有几何图案，但是再后来的彩绘图案通常只有几何图案。这些纹样有交叉圆圈纹、独特的鱼鳞纹和带阴影线的正方形或三角形。

炻镯（Stoneware Bangles）

在摩亨佐达罗出土了一些令人困惑的玻璃化的陶器、黏土和手镯，经过巴基斯坦考古部门和 IsMEO 团队马西莫·维达勒（Massimo Vidale）详细的化学和物理分析与解剖观察后，发现这些遗物是在烧制炻镯时发生了重大失败后的产物。

炻镯是一种复杂的产品。用于制作它们的黏土要经过筛选和精心研磨，做成非常细腻的粉末。在陶轮上制成一个厚的中空圆筒状，并将其标记成几段。经过几个小时的干燥后，用一根绳子将其切割成单个的镯坯，然后将其晾干直至变硬。在转轮上固定放置一个中心柱，每个手镯都被依次放在上面，当转轮旋转时，用石刀修整其外边缘。内部也要用手或放在一个浅腹碗中在陶轮上修整。手镯的表面用石头或者布打磨。最后，在手镯侧面用雕刻刀刻一段简短的铭文。

通过熟练的轮制和小心地控制，手镯被制作成精确的尺寸，烧制后的内径尺寸为5.5~6.0厘米。烧制的过程很复杂。手镯通常成对地放在作为匣钵的带盖小碗中，大约5个匣钵叠在一起，然后涂抹夹谷壳的黏土密封。随后又整体放在一个巨大的、装饰水平凸棱纹的、涂有黏土的陶罐里。陶罐盖上盖子，并涂抹一层黏土来密封，这可以在烧制过程中有效地将手镯与空气隔离开来。接下来，在其顶部放一个大型盖子，并用独角兽印章盖章，以确保不会被篡改。最后将陶罐放置在窑中高温烧制。

制作完成的手镯呈斑驳的灰黑色，类似细粒度变质岩，而从一些残片可知它们通体是黑色的。这在一定程度上是因为器物是在还原气氛中烧制而成的，通过在容器中加入一些有机材料可以加强这种效果。实验表明，山羊粪在这方面作用明显。这些手镯只生产于摩亨佐达罗和哈拉帕。

红陶器

红陶环作为"最廉价"的手镯，在印度河文明中随处可见，其中一些有红彩作为装饰。其他红陶制品包括刻文书板、地砖、三角形饼和功能尚不明确的带有装饰的圆锥体。最有趣的物品是在哈拉帕发现的一个鸟笼，这是一个球形的器物，在它的四壁上有水平和垂直的狭缝，还有一个有槽的红陶门。但除了容器，最常见的红陶器是人物和动物的雕像。

这些雕像一般都是手制的，尽管在成熟哈拉帕晚期，公牛像的头多用模具制作，而角、身体等结构是手工加上的。对哈拉帕发现的女性雕像的研究表明，许多雕像左右两部分是分别制作的，包括头部、躯干和四肢，拼接起来后，再增加手臂、增厚的肩膀以及项链等配饰细节。鼻子等许多部位都是用手捏出来的，而眼睛和珠宝等等则是用黏土制成的点或条状。

有一些雕像上还残留有彩绘的痕迹。大多数雕像都是实心的，但是一些大型的动物雕像是用黏土在秸秆上制作的，秸秆在烧制过程中会烧掉，留下一个中空的内部。烧红陶的窑通常比制陶的窑小，最著名的例子来自巴拉克特和阿拉迪诺遗址。

石器

在前哈拉帕时期，金属制品数量很少，种类也很有限，但有很多不同类型的石器。在哈拉帕时期，情况正好相反，金属物品变得普遍，而石器的数量和种类相对较少。就很多物品而言，石头仍然是最合适的材料，如磨石。而钻头和切割工具等，可以用石头或金属制成，它们要么用于不同的材料，要么供不同的人群使用。哈拉帕的石器有带刃工具（主要以角岩制成，有时也用碧玉和玉髓制作）、砝码、磨石、印章、珠子等。

硬石

磨盘由花岗岩、玄武岩等火岩制成，多为河卵石。石英岩或砂岩被用来制作磨石。砝码主要是用燧石制作的，但也有使用长石、玉髓、红玛瑙、玛瑙、碧玉、大理石以及天河石。大理石、雪花石膏等美石也被制成棋子、球等小物件，以及窗栅等小型建筑构件。像陶罐这样的容器也可以用石头制作。关于大小各异的穿孔球状物件，有多种解释，如权杖头、挖掘棒端饰（digging stick weights）和流星锤构件。

制作石器时一般先通过剥片和锤击法成坯，再使用磨石对其进行研磨和抛光而最终完成。表面的凹陷和穿孔可以用同样的方法制作，也可以用石钻和磨石来制作。雕像的制作方法与此类似。

燧石

前哈拉帕时期的燧石工具一般是由本地不同类型的燧石制成。相比之下，哈拉帕人，包括肖图盖的居民，几乎都是用信德省罗赫里山的棕灰色燧石制作相关工具的。这处石灰岩高原上有大量质地优良的燧石露头，从旧石器时代就开始被人们利用。那里也存在用于制作雕像和石环等的石灰石。在高原边缘发现了许多哈拉帕采石场。石灰岩可能分布于1米多厚的燧石层下。

印度河的石器工匠在打制石器之前会把原先剥片产生的废片清理掉以腾出空地。哈拉帕文化中有一处石器加工形成的堆积，其中出土了35000多块燧石废片。首先，使用石锤直接剥片加工出一个合适的毛坯。最初的剥片工作通常在采石场附近进行。然后，粗制的预制石核被加工成适合剥片的形状，并使用带有铜端头的工具从一侧面剥离石叶。一些预制好的石核会被带到哈拉帕人的居住地，比如摩亨佐达罗，在那里完成剥片工作。罗赫里山一带有生产石叶的作坊，其附近的科特·迪吉城镇是一个重要的燧石石叶生产中心。

大多数印度河石器工具都是使用或二次利用长而形状规则的石叶制成，这种长石片是用带铜尖端的工具压在石核顶部，利用身体的重量剥离出来的。通常在剥片之前，石核会经过热处理，这样可以剥离出更长的、更规整的石叶。一件石核通常可以产生几十片石叶。专业的石器加工者可以从直径仅为1厘米的微小石核上剥片，从这些核体上剥离的狭窄细石叶宽仅2~3毫米。

大多数石叶被用来制作切割工具，或加工成更小的工具。有些石叶作为毛坯被加工成钻头、修整陶器的刮削器和用于切割贝壳的雕刻器等工具，叶形石镞是使用软锤法在石叶片段的基础上修整而成。

坎贝技术（The Cambay Technique）

反向间接剥片法可能也有使用，特别是用来制作带有方形截面的产品，如砝码、钻头和珠子。这种被称为坎贝技术的燧石锤击剥片的方法是南亚特有的，公元 16 世纪仍在使用。目前还没有发现这种技术在哈拉帕时代的确切证据，但这是可能的。将石核固定在带铜尖端的棒子或鹿角棒上，然后用木头、鹿角质的软锤敲击剥离出长长的石叶。这项技术与普通间接剥片方法可取得同样的效果，但更具有优势，尤其是在制作珠子之类的小型器物时，可以空出一只手固定住需要剥片的物体，而普通的间接剥片，手握着石锤和剥片工具，被剥片的物体必须牢牢地夹在膝盖或双脚之间。

钻头

很多用来对珠子进行钻孔的钻头是用密致硅页岩制成的，这是一种含有微量氧化铁的绿色燧石。这些钻头以小石片为基础，石片被修整成截面近方形的条状体，再进行进一步的剥片和打磨使其变成微小的圆柱形钻头，在尖端有轻微的凹陷。有些钻头是用一种极其坚硬的石头制成的，这种石头被称为厄内斯特石，以厄内斯特石·麦凯的名字命名，他是第一个发现这种石头用途的人。其制作的第一步是通过人工加热一种罕见的含有氧化钛的细粒度变质岩，直到其晶体结构发生变化，硬度增加。燧石微型钻头也有使用。燧石钻头的磨损表明，它们不用于串珠制作，而是用于加工软性的贝壳、皮革等材料。

金属加工

丰富的铜、青铜工具和装饰品普遍分布于所有的哈拉帕城市和城镇，它们甚至出现在小的农村聚落。铜颗粒、窑内壁残块、坩埚碎片以及偶尔发现的窑炉，都表明在很多遗址中存在金属作坊。

铜和青铜

对哈拉帕人工制品的分析表明，几乎所有使用的铜要么是天然铜，要么是氧化铜，而不是硫化铜，后者更难处理（尽管后者在摩亨佐达罗的早期就已存在）。微量元素分析显示哈拉帕人有多个获取矿石的途径，特别是阿拉瓦利山和阿曼（马根）。

到目前为止，还没有确凿的证据表明在哈拉帕文化遗址发现冶铜的痕迹，所以铜可能是作为冶炼后的金属进口的。马根的铜就是这样的情况，铜在矿山附近的遗址中熔化、精炼，制成圆形铜锭。这种铜锭已经在洛塔尔、摩亨佐达罗和昌胡达罗遗址中出土过，它不需要鉴定，因为它是冶炼时在碗形窑炉中自然形成的，因此它在古代有广泛的传播。用精炼铜制成的方形和圆形截面的小铜棒，也可能是铜锭，这样的铜锭可以通过冷锤法加工成铜器，类似的遗物在摩亨佐达罗很常见。

据推测，杰德普拉–加尼斯瓦文化的先民也在阿拉瓦利山附近的矿源处冶铜。到目前为止，在摩亨佐达罗、哈拉帕、昆塔西和洛塔尔发现的窑的用途是精炼冰铜（matte）（大致熔炼过的仍然含有杂质的铜），以及熔化铜块以铸造器物或形成合金。洛塔尔有两种类型的窑，一种是带有长烟道的圆形窑，使用风箱来循环空气并提高温度，另一种是环绕烧砖的长方形窑。在该遗址还发现了一件碗形的坩埚，在朵拉维拉遗址则发现了一件船形的坩埚。

诸如冶炼等污染性手工业活动很可能位于遗址的郊区或更远的地方，因此可能尚未被发现。在摩亨佐达罗的一处手工业区内可能有冶铜业，该手工业区位于下城以东，尚未进行过发掘，在那里发现过有清理犬齿螺贝壳的活动，还发现了炉渣和炉壁碎片。在摩亨佐达罗 DK 区一个砖砌坑里面储存了氧化铜矿，进一步证实了冶铜活动的存在。

铜被用来制作各种日常用品。由于损坏的金属物品可以回收再利用，所以现有的发现仅代表使用过的铜器的一小部分。工具种类有刀、匕首、剃刀、箭头、矛头、斧、锛、凿子、棒、带刺鱼钩、管状钻头和各种各样的锯子，包括左右交替使用的锯子。哈拉帕的铜和青铜锯显然可以像今天使用的钢锯一样用来有效地切割贝壳。还有线环（呈圆形或螺旋状）、珠和间隔珠（spacer bead）。其中大多数形式都非常简单，可以通过冷锤和低温退火锻造，或用模具（单片或双片）铸造，如在昌胡达罗遗址发现了砂岩和滑石模具。摩亨佐达罗有一把铜斧，这件铜斧在制作的最后阶段浸在熔化的铜里，因此形成了光滑的外壳。用于加热金属的夹稻草坩埚显然是从上面而不是从下面加热的，从而减少了对它们的潜在压力。夹稻草黏土也被涂抹在用来烧陶和熔炼金属的窑的窑壁上。

一些金属容器等器物制作时使用冷锤法把几部分锤打成一个整体，如在昆塔西和洛塔尔的制铜作坊里，发现了石砧和石锤。用于拼接的技术还有铆接等。

很多人因哈拉帕金属工具技术简单，而给予了负面评价。有人指出印度河的金属工匠仍在制作简单的平斧（flat axes），而他们的邻居已经制作技术上更先进的管銎斧（shaft-hole axes）。在印度河遗址中发现的少数管銎类器物似乎都是进口的。但使用简单的技术是他们的一种人为选择，因为哈拉帕的金属工匠也生产大量技术上更为复杂的产品。这些都是在城市里的专业作坊里制作的，而日常用品的生产则更为广泛。当地的金属工匠将他们的时间投入到生产大量技术简单但更有效的工具上，而不是生产数量较少而较为复杂的产品。

青铜雕像表明哈拉帕人能够熟练运用失蜡法（cire perdue）铸造复杂铸件。最著名的例子是摩亨佐达罗的舞女像。精美的铜、青铜碗和盘是通过在青铜砧上不断锤击铜块制作而成，如在昌胡达罗遗址的一处金属加工作坊内发现了一件青铜砧（snarling iron，两端都有凸起面的青铜棒），同出的还有几件铜碗，可能和许多其他金属器一样都是在这里锻造的。此外，还有一套称量用的秤盘。哈拉帕人也用一种相反的方法——碟形凹陷法（sinking）来制作容器。铜丝的制作，可能是在石块内刻出的凹槽内制作出来的。在哈拉帕发现了一串紧紧缠绕的铜丝项链。

哈拉帕文化的大部分手工制品是纯铜的，但当时也会使用锡、铅、砷甚至银制作各种铜合金。由于锡比较稀有，必须进口，所以使用较为节约。砷可能是有意加入的，但在阿曼和阿拉瓦利山都发现了砷铜矿，所以更有可能是哈拉帕人因为其质量好，而有意选择了这种含有少量砷的天然合金。砷铜虽然不如锡青铜硬，但比纯铜更硬、更坚固，而锡青铜也更易铸造。选择何种合金也与人工制品的使用目的相匹配。纯铜器用于制作不需要很高强度的器物，但如刀、斧和凿等需要加工较为坚硬的材料，则是用含有 13% 锡的铜合金制成的，即传统的青铜。整个哈拉帕时期锡青铜制品的比例在不断增加，大概表明锡的来源增加了。一种锡含量高得多的合金，有时会与铅结合，用于制作镜面和精美器物的表面。

金和银

哈拉帕人也使用银金矿，或许是来自南印度的天然银金矿，或许是金银合金。金银也可以单独使用。在摩亨佐达罗的一个可能的制银作坊中出土了一件小型坩埚、一件银铅锭和一些矿渣。铅和银可能在这一作坊和哈拉帕遗址被熔炼过，不过相关证据很少。金银制品主要发现于哈拉帕和摩亨佐达罗，其他遗址中只有少量发现，如在洛塔尔和巴纳瓦利的金珠，以及在阿拉迪诺珠宝窖藏中的金银器。

黄金主要用于制作吊坠、耳饰、锥形饰（cone）、胸针和珠子。金片在锤打后弯曲成空心管状，从而制成手镯。在摩亨佐达罗的 HR 区发现一个窖藏，出土了一条项链，其间隔珠以两个金质圆盘形珠焊接而成。另一条来自摩亨佐达罗的项链用捶打而成的穿孔金条为间隔，形成 6 串珠子。公元 2000 年，在北方邦的曼迪遗址（Mandi）偶然发现一个晚哈拉帕时期的窖藏，出土了由薄如纸的圆牌珠、间隔珠和半圆形的结尾珠（terminal bead）组成的金项链，以及管状的金银手镯或脚镯。工匠把金子锤成薄片，再从薄片上剪下用来固定头发的发带（fillet），随后抛光，去除锤子的痕迹，并在两端穿孔。在巴纳瓦利发现了一些还覆盖着金片的红陶珠，在哈拉帕发现了几颗金珠，其中有铜芯金珠和金片纽（a button of gold sheet）各一件。金珠和金坠饰通常与石珠组成项链、手链或脚链。工匠使用这些材料还制作出了一些更精致的装饰品。如在哈拉帕发现的两枚一模一样的胸针，带有金底座，其上焊接金条，做成双螺旋形结构，并用胶泥镶嵌大量带有金质末端的蓝釉滑石珠。

银也被用来制作珠宝。有银丝和银片制成的手镯和银丝制成的戒指。在阿拉迪诺遗址的一个陶罐中埋藏的珠宝里，有一条由银圆牌和间隔珠组成的项链，还有两三条银珠项链，几条金带项链，以及石制和铜制的串珠项链。在摩亨佐达罗发现了两个银制印章，其上均带有相同的独角兽图案。但银容器只发现那种精美的带盖罐，均出自摩亨佐达罗。

很多用于加工铜和青铜的技术也用于加工金银器。此外，哈拉帕的珠宝商在生产他们最好的首饰时也使用金银丝（filigree）和造粒工艺（granulation）。

其他金属器

已出土了一些铅锭，但发现的铅制品很少，其中包括铅锤。哈拉帕遗址出土了一个用铅钉修补的贝壳勺。铅有时会与铜加工成合金，生产出一种更有韧性且更软的金属，更易于铸造。

有研究称，铁器在公元前 3000 年左右在南亚便有生产，洛塔尔和昌胡达罗，拉贾斯坦邦的阿哈遗址，以及印度–伊朗边境地区的蒙迪加克等遗址都报告发现有铁制品。这些器物有可能是用陨铁制成，也有可能是用矿渣中的铁锤打而成。这些矿渣是冶炼铁含量较高的硫化铜矿石的副产品，也可能是冶铜时将氧化铁作为熔剂使用时产生的。在同时期的近东，铁在这个时候是一种稀有的东西，并不经常使用。

贝壳

海贝是制作个人装饰品，尤其是手镯的主要材料之一，尽管它也有其他的用途。有些贝壳品种更受欢迎，如犬齿螺用于制作镯，但已知的或多或少有所利用的贝壳种类超过了 30 种。

作坊

很多贝壳在海岸或靠近海岸的附近加工，但同时也有些完整的贝壳则被转运到摩亨佐达罗等内陆中心。贝壳加工废片的分布表明，贝壳生产过程的不同阶段往往选择在不同的地点进行。这一点在纳格斯瓦尔遗址这一专门加工贝壳制品的遗址中尤为明显。在这里，清洗贝壳（这一步骤会产生恶臭）、制作镯、制作镶嵌片、制作勺子等步骤分布在不同的区域。

在格拉·朵拉城堡内的作坊中发现 3 大堆遗物，分别为未加工的贝壳，因为太小或被海洋生物损坏而丢弃的贝壳、镯坯，其中镯坯件显然是放置在一个易腐材料制成的方形大袋子里。完整的贝壳被运到纳格斯瓦尔和格拉·朵拉进一步加工; 在更远的位于海岸的纳格瓦达遗址, 贝壳产业是建立在已经准备好的犬齿螺壳上的, 它们被用来制作镯、勺和镶嵌片, 以及装饰了圆圈纹的精美球状物。

在格拉·朵拉和巴拉克特遗址发现了很多未加工的贝壳, 以及大量堆积的废料, 这些都表明了遗址内生产规模之巨大。根据复原的废片, 在纳格斯瓦尔加工的贝壳数量远多于摩亨佐达罗, 尽管随着城市郊区考古的进展, 这一情况可能会发生变化。在哈拉帕 ET 墩、洛塔尔和昌胡达罗等遗址制作镯和勺的地方, 也发现了制作贝壳的证据。在摩亨佐达罗, 贝壳镯似乎是在很多分散的小作坊完成的, 而贝壳镶嵌片加工则集中在一些较大的作坊。在摩亨佐达罗的作坊里, 还生产珠、勺和圆牌。在 HR–B 区的一座房子内, 靠近一个镶嵌片作坊, 贝壳废片被焚烧来制作石膏。

在摩亨佐达罗晚期, 贝壳加工等手工业活动都是在城堡墩上的柱廊大厅里进行的。与下城早期的制壳活动不同, 这家作坊既不做手镯, 也不使用以前最常用的犬齿螺, 似乎主要制作镶嵌产品。

采办和选择

这些贝壳大多从西海岸收集, 那里有巴拉克特和纳格斯瓦尔等专门处理加工贝壳的遗址。在哈拉帕地区的西海岸, 人们可以找到犬齿螺、瘤平顶蜘蛛螺和刺螺等贝壳; 在喀奇湾和阿曼近海则有四角细带螺; 在马克兰海岸, 人们还可以获得蛤壳等其他种类的贝壳。

在格拉·朵拉遗址, 发现一堆被丢弃的不能用来制作手镯的劣质贝壳, 表明挑选贝壳并不都是那些采办贝壳的人所做的工作。与此相反, 纳格斯瓦尔的废弃堆积表明, 捕捞这些贝壳的渔民, 可能也是加工贝壳的工人, 他们通常在近海捕捞获取高质量的贝壳, 因为近海捕捞可以较少接触到海绵等令人厌烦的生物。

制作手镯

大部分贝壳镯都是用犬齿螺制作的，需要使用金属工具。人们用石锤或铜锤在贝壳的顶端凿一个洞，然后把散发着难闻气味的腐烂软体组织清理出来。这项令人不快的工作不仅在纳格斯瓦尔村落和巴拉克特城镇等专业聚落存在，在摩亨佐达罗下城区以东的一个独立区域也有发现。

工匠们用锤子、金属打洞器（punch）或镐将螺壳的轴柱等内部部分打碎并取出。他们通过用一种薄的凸面铜锯去除对角的口部和顶部，留下宽的中间部位，可将犬齿螺壳制成一件大而厚重的镯，也可以将一件贝壳锯成多件镯坯，并用磨石打磨而得到合适的厚度和光滑度。由此制成漂亮的肾形手镯，总体呈圆形，局部较厚的部分略向中心突出，这种形状是对其他材料的一种模仿。通常工匠们用金属锉刀或燧石刀在镯的外部刻上 V 字形装饰，以掩盖螺纹连接的位置。

犬齿螺是制作手镯最常用的贝壳，但其他种类也有使用，包括"pugelina buchephala"和刺螺。在巴拉克特，人们使用蛤壳来制作相当易碎的手镯，这很费力，但此类制作只需要石头工具。把贝壳放在石砧上用石锤敲打，再放到磨石上加上湿砂进行打磨，并用石锉进行磋磨，直到贝壳中部和边缘平滑，由此产生近圆形的手镯。每片刺螺壳只能制造出一个这样的镯，这些镯可以在 2 小时内制作完成，不过很多可能在制作过程中就已经破碎。这种镯只分布于马克兰海岸一带。

其他贝壳制品

哈拉帕人通常会根据不同的目的，利用他们所能获取的各种（但不是所有）贝壳资源。骨螺经常用来制作手镯（如昌胡达罗遗址），但主要还是用于制作勺子。大部分勺子用骨螺制作而成，但在纳格瓦达遗址却是使用犬齿螺来制作的。纳格斯瓦尔和昌胡达罗遗址生产勺子坯件。首先锯掉体刺，然后垂直锯成两半，一半略大一半略小，用于制作两个勺子。从两边各切下一个直角的部分，把较窄的一端做成勺柄。勺子坯件运送到哈拉帕和摩亨佐达罗等主要的中心，在那里磨成最后的形状并抛光，很可能用于仪式中。

有时候，把犬齿螺壳挖空并把外表打磨光滑，可以做成现在印度人仍在使用的那种奠酒的容器，这种做法很不易。摩亨佐达罗出土了几件犬齿螺壳奠酒器，昌胡达罗也出土了一件用四角细带螺制作的同类器物。在哈拉帕遗址出土了一件犬齿螺做成的喇叭，其顶端有一个敲打形成的哨嘴，这件喇叭跟奠酒器一样，也用于宗教仪式，并沿用至后世。

几种类型的贝壳被用来制作镶嵌件，用于装饰木制家具，偶尔也装饰雕像。四角细带螺被切割并磨成一段一段（pieces）的，而瘤平顶蜘蛛螺壳被锯成厚和薄的片状（sheets）。镶嵌件通常雕刻有图案，有时在其边缘或刻画的线条上会见有红色和黑色颜料的痕迹，表明最初还有彩绘。镶嵌件也用制作其他器物留下的犬齿螺和刺螺的边角料制作。

细带螺、蜘蛛螺贝壳的边角料也可用来制作戒指、锥形器、盖子、棋子、吊坠、纽扣、小雕像和制作珠子时使用的钻帽（cap）等小件器物。戒指一般由犬齿螺壳的螺塔制成，轴柱则用来制作穿孔的圆柱体，其他物品也由合适的贝壳制成。有些小型海贝不需要进一步改变，可直接穿孔做成珠子和坠饰。在纳格斯瓦尔的手镯作坊区，废片被分类并整齐地堆放在一起，可供工匠们挑选来制作镶嵌件等小件器物。这些器物的制作需要多种石头和金属工具，包括用于切割小圆圈和圆牌的一个管状金属钻头。任何东西材料都不会浪费，小贝壳可以制成珠子或雕像的眼睛一类的细小镶嵌件，可以用石膏灰浆来固定。所有碎片都可以燃烧后与石灰混合制成灰泥。

宝石制作

珠饰制作在印度次大陆有很长的历史，但哈拉帕人发明了很多新的和复杂的工具和技术来制作具有挑战性的珠饰类型，包括能够钻透硬石长珠的钻头。哈拉帕人是特别优秀的宝石工匠，他们用各种各样的半宝石来制作珠子，尤其是玛瑙和红玉髓，也有紫水晶、玉髓、碧玉、缟玛瑙（onyx）、水晶、蛇纹石等，此外还利用了金、银、铜、贝壳、象牙、费昂斯、红陶和滑石。令人惊讶的是，由青金石或绿松石制成的珠子并不常见，这些美丽的蓝色宝石来自中亚南部，很早以前就在该地区受到重视。哈拉帕人似乎更喜欢玛瑙和玉髓这样的宝石，它们比较难加工，但能保留较高的光泽，与较软的青金石和绿松石形成对比。

作坊

在信德省和古吉拉特邦（以上石料的主要来源）的一些哈拉帕文化遗址中，分布有大型珠饰作坊。珠子也在小作坊里生产。工匠的技能和使用的窑炉等设备，同样适用于相关产品的生产，如砝码、护身符和滑石印章。因此，这些产品往往是在同一作坊制作的。

在摩亨佐达罗整个城市的各个房子里发现了很多作坊。在莫尼尔区的一座房子里出土了大量的珠子、16 个小砝码和一套铜天平。摩亨佐达罗下城东南边缘的废弃堆积中含有大量制作珠子时形成的废片，包括钻头、磨石和各种宝石的原料和成品。滑石珠等滑石制作作坊似乎与用其他材料生产珠子的作坊是分开的。

洛塔尔的珠饰制作作坊等大型建筑中，庭院是生产制作的主要场所，其中 11 个小房间则可供住宿和储存。放置在平台上的几个陶罐装着处于不同生产阶段的珠子，储藏室里的陶罐中装着原材料。昌胡达罗市的中心也有一处作坊，这里生产了各种类型的串珠，是目前所知唯一的生产长玛瑙珠的作坊。还发现一座有很多烟道的窑炉，其作用可能是对石头进行热处理和烧制滑石印章。

珠子制作

不同类型的石头有不同的成分，因此也有不同的制作工艺。石英岩类，包括最常用的玛瑙、红玉髓和玉髓，是通过锤击、锯切和研磨来成型的，而很少使用的青金石，则是通过片切割技术（groove-and-splinter technique）成型的。

哈拉帕的很多珠子是由红玛瑙制成的，做法是将黄色玉髓放在一个封闭的装有锯末的陶罐里并对其进行多次加热，使其颜色逐渐加深。所用燃料可能是木炭、芦苇和牛粪的混合，能在相对较低的温度下稳定燃烧。热处理也使这种石头更容易加工，所以其他石头，如玛瑙，在加工过程中也经常反复进行热处理。即使是在阳光下进行晾晒也能起到作用。在洛塔尔发现了几座具有这一作用的开放式圆形窑，包括了相互连接的烟道和一个位于地下的共享的火口。

工匠在制作一颗珠子时，首先会从原材料上去除一些石片，以评估石头的质量。由此，工匠可以确定采用最合适的方式来进行加工，以做出最好看的形状。工匠随后把石头打制成珠坯，即用来制作球形珠的一个粗立方体，或者用来制作长珠的长方体或三角形。利用这种技术可以将每一块原材料做成珠子。一件鹅卵石材料，可以通过剥片做成柱状体，再将其切割成一段一段，每一段做成一个珠坯，由此做成很多颗小珠子。在昌胡达罗遗址的珠子制作作坊中，发现了一个特殊的案例，即使用铜锯结合磨料把原材料切割成毛坯。一些毛坯在制作过程中可能会断裂，特别是那些条纹状毛坯，因为它们的纹理对敲击会有不同的反应。

接下来是把毛坯剥片成想要的形状，然后将其放在砂岩或石英岩磨石的研磨面上切割出的凹槽上打磨，磨成珠子的形状。在打磨过程中很可能使用木板按住它，就像今天的做法一样。

短珠一般两面对钻孔，由此形成沙漏状的孔。而较长的珠子则是用微型钻头打孔的，这种钻头的尖部是由较硬的铜或页岩制成。钻头的尖端通常是管状的，这使得它可以更好地带动磨料。钻头和珠子是在同一个作坊生产的。把钻头安装在一根木杆上，通过弓带动其旋转。木杆顶端带有石制或者贝壳的钻帽，可以在工匠向下施压进行钻孔时保证手的安全。钻孔的同时可能会加水以防止串珠和钻头过热。钻完孔后，在抛光前需进行最后的打磨，可能是把珠子与一些精细的磨料放进同一个袋子里进行研磨。

有图案的珠子

带条纹或斑点的玛瑙、碧玉和缟玛瑙特别受人喜爱，因为它们经过加工后，表面可以露出环绕珠子的条纹或一系列圆圈，有些是眼睛状的同心圆。彩绘烧制滑石、费昂斯、蚀刻玛瑙、层理状贝壳和彩绘红陶等质地的珠子也会模仿制作出这种眼睛的形状。哈拉帕遗址出土了一颗镶嵌着一块滑石圆牌物的眼形金珠。

红玉髓

玛瑙珠经常装饰白色或黑色的图案。这些图案经常模仿条纹玛瑙上的图案，但也会装饰三叶纹或几何图案。这些通常被错误地称呼为蚀刻玛瑙珠。这些图案实际上是用漂白剂画上去的，这种漂白剂可能是碳酸钙的溶液，或者像现在一样，是碳酸钠和刺山柑嫩枝汁液的混合物。珠子干燥后加热，使涂过颜料的表面变白。随着时间的推移，比其他部分更脆弱的漂白区域经常被侵蚀，形成蚀刻的现象。有时人们把整个珠子漂白后再涂上黑彩，这种黑彩可能是硝酸铜或金属氧化物溶液。有时会用彩绘滑石和费昂斯珠仿制蚀刻玛瑙珠。

长可达 13 厘米的玛瑙珠的制作需要非凡的技巧。长方形珠坯是从优质的、热处理过的红玛瑙原料上切割下来，用间接打击法大致成形的。然后将其磨成珠子的形状，并使用装有各种大小的厄内斯特石尖头（Ernestite bit）的特殊钻头来进行钻孔。许多珠子在制作的这个阶段破裂了。这项工作又慢又难，一个工匠要花大约两周的时间才能制作出一颗这样的珠子。这些珠子制成的装饰品，如在阿拉迪诺窖藏中发现的腰带，里面有 36 颗珠子，是一个熟练工匠一年或更长时间的全部产出。厄内斯特石钻头的制作也很费力，每一个大概要花费一天的劳动。有时带红彩的红陶珠会模仿这种珠子，并被组装成类似的装饰品。

滑石微珠

同样令人惊叹的是只有 1 毫米 ×（1~3）毫米大小的白色滑石微珠。这些珠子被串成很长的一串，每一串里都有几百颗珠子，在许多城镇遗址都有发现。埋葬在哈拉帕的一位男性戴着由很多微珠串成的头饰。在古吉拉特邦的一个村落遗址哲卡达出土了大约 34000 颗珠子，这些珠子被埋在两个精心密封的小陶罐里的灰烬中。通过显微镜观察，3 位研究者，赫格德（Hegde）、卡伦斯（Karanth）和塞产萨沃格（Sychanthavong, 1982）复原了这些珠子可能的制作方法。他们的结论是，工匠将质地相当软的滑石原料磨成细粉，再将其与水混合制成糊状，然后将其挤压并切成一段一段。目前还不知道有什么合适的器具可以做到这一点，他们推测工匠可能使用了一个有孔铜盘，孔的中部焊有铜丝。糊状体穿过这些洞，就会形成管状，最后工匠可能用头发将其切割成微珠。切割时底部放有一盘灰烬来接住这些珠子，可以防止它们相互粘在一起或损坏。这些珠子在大约900℃的高温下烧制，它们从柔软的滑石糊状物变成了极其坚硬的白色成品珠。

在摩亨佐达罗莫尼尔区和昌胡达罗发现了另一种可能的方法，这种方法也需要非常高超的技术。工匠将滑石切割成一个微小的近似长方体的形状，并双面钻孔，然后将其锯成薄的圆片。或者，就和在哈拉帕遗址的情况一样，工匠将滑石切割成薄的滑石圆片之后再钻孔。这些圆盘用一根线紧紧地串在一起，以防止其横向移动，然后工匠在磨石上打磨成珠坯，直到变成圆形。最后这些珠子通过烧制变成白色并变硬。用这种方式制作如此微小的珠子是令人难以置信的，考虑到一件装饰品中包含数百颗珠子，如此耗时的制作过程也令人难以置信。

费昂斯

到了公元前四千纪早期，印度–伊朗边境地区的工匠们发明了一种技术，在烧制滑石珠子之前，用铜、石灰和黏土的混合物涂抹在珠子表面，由此制作成坚硬的蓝釉珠。哈拉帕时期，在这一基础上继续发展了费昂斯制作技术，与同时代美索不达米亚和埃及使用了不同的方法。通过这种技术产生了一种更坚硬的材料，可以用来制成细长的物件，如镯。大部分用于制作费昂斯的原材料可能来自宝石和印章制作作坊中的废料。

哈拉帕文化的费昂斯分两个阶段制作。首先，工匠将岩石磨成粉末，与助焊剂（flux）和适当的着色材料混合，哈拉帕人使用了相当多种着色材料，能生产出蓝色、蓝绿色和白色、红色、浅黄色、棕色的费昂斯。在某些情况下，同一件器物上会使用两种颜色，如哈拉帕的一些书板和珠子。这种混合物会在1000~1200℃的温度下融化，形成玻璃状物质，随后工匠再次将其磨成细粉末，混合助焊剂和一些水形成糊状。在摩亨佐达罗、哈拉帕和昌胡达罗遗址，发现了玻璃状材料与细小骨头块共出，说明煅烧的骨头（含有磷酸钙和碳酸钙）可能作为助焊剂使用。

费昂斯糊可以由手工加工成型，也可以通过模具制作珠子和手镯、耳饰、书板、小雕像（如猴子和松鼠）等器物。在哈拉帕遗址晚期阶段出土了大量模制的微型书板，可能是护身符。这是工匠用一个装满沙子的小袋子作为模具，在外面敷上糊状物质制成的，可以做成小型费昂斯罐。罐成型后，沙子就被倒出来，袋子也被移走。随后将费昂斯器物放在空气中晾干，使助焊剂流动到器物表面。最后在 940℃ 左右的高温下烧制，做出的成品内部烧硬、外表带釉。

费昂斯制品在哈拉帕文化遗址广为人知。在东部地区的后城市时期，这种技术也在继续使用。费昂斯作坊在多个遗址都有发现，在摩亨佐达罗、哈拉帕和昌胡达罗遗址，费昂斯和滑石经常在同一个作坊生产。

在哈拉帕文化衰落后不久，费昂斯技术又有了进一步的发展。在哈拉帕的一处窖藏中发现了一颗约公元前 1700 年的珠子，是用棕色玻璃制成的，这是南亚已知最早的玻璃。

滑石

滑石质地较软，用燧石、铜甚至贝壳材质的工具很容易进行加工，但滑石在加热后会变得非常坚硬。滑石主要用来制作印章和珠子。哈拉帕遗址 E 墩的一个作坊主要生产彩色费昂斯珠、滑石珠和滑石书板。作坊里的废弃堆积中发现一个用来制作扇形费昂斯书板的滑石模具，以及两件废弃的滑石书板，同样都是刻有相同的蹩脚的符号，可能是练习用的。

滑石的耐火性能使其成为制作铸模的理想材料。在哈拉帕遗址出土了很多带有滑石涂层的掺杂稻草的陶盘。掺杂稻草的陶器可以做成坩埚等器具在高温环境中使用，而滑石涂层似乎是为了能够承受更高的温度，但这类器物的作用还不明确。在昌胡达罗发现了一些可能出自窑炉或火炉的小型耐火棒，是用黏土和大量滑石粉混合制成的。

印章

独特的印度河印章通常用滑石制成，但有时也会使用玛瑙等其他石头。印章的制作一定是一项高超的技艺，因为印章体积通常很小，对雕刻的工艺要求很高。广泛发现的未完成印章表明印章有多个生产中心，包括摩亨佐达罗、哈拉帕、昌胡达罗和洛塔尔。

工匠首先会锯出一块较厚实的方形滑石块。然后，从每一边锯下一小块滑石，留下中部的凸起，由此得到粗略的形状。接下来，他们在印章的正面用雕刻刀仔细地用阴线刻出图案，这样当它印在黏土上时就会留下浮雕图案。一些未完成的印章表明，工匠会在印章上画一个网格，图案将严格雕刻在网格中。动物或场景雕刻在印章下部，简短的铭文则刻在顶部，铭文可能由文字专家而不是印章制作者雕刻，因为识字的人很可能仅限于少数精英。然后，工匠用刀在背面刻出一个半球形的凸起，凸起上部刻有一道凹槽。在凸起中部双面钻孔一个，这是印章上最薄弱的部位，如果运气不好，很可能会破裂。最后，将粉末状的滑石糊、碱性助焊剂与水混合后涂在印章表面，通过烧制使其硬化并变白。滑石糊熔化后会在印章表面形成光滑的保护性釉层。

象牙、骨头、角和鹿角

野生或可能是驯化大象的象牙被用于制作各种各样的小物件。象牙器在印度河城镇中很常见，其数量往往超过了同类的骨器。器型有化妆用的棒、刻纹柱形器、梳子、别针和珠子。还可用于制作盒子或家具的镶嵌饰。鱼和野兔等小型象牙雕像可能作为护身符使用。

在很多城市和城镇都有象牙作坊，包括洛塔尔和哈拉帕 ET 墩等，在那里同样也制作骨器和鹿角器。一些遗址发现了未加工的象牙，它们可能是用窄齿的金属锯锯成小段，然后用金属凿、刀和管钻工具加工成所需的形状，最后用磨料进行抛光。

骨头被用来制作多种日常用具，如金属和燧石工具的把手、编织器、珠子、用于打磨和装饰陶器的工具、锥、针等。未经修整的骨头可能被用作软锤对燧石进行剥片。角和鹿角的使用方式可能是相似的，鹿角也被用作镐或锤。

游戏器具

哈拉帕文化中棋盘类游戏似乎很流行。大多数棋盘可能和今天一样用绣花布做成，但也有一些是刻在砖上或用红陶制成。方框和线的排列表明当时有多种不同的游戏。这些游戏使用的棋子和骰子是用骨头、贝壳、石头和陶瓦等各种材料做成的，其中象牙制品是最好的。立方体骰子的相对面上有各种不同的点对，类似现在的排列方式，这些点对的总和总是7。还有一类精美的计数工具，即刻着点和线的细长的长方形木棒，其顶部通常是鸭子、鸭头或其他动物的形状，用象牙或骨头雕刻而成。

其他手工业制品

哈拉帕人肯定还练习过其他手工技术，但人们对这些产品知之甚少，因为这些手工制品本身已经腐朽不存。但可以通过各种各样间接的线索来了解相关的产品及其制作技术，如留在工具上的痕迹，工具等材料中的残留物，以及来自现代传统手工业方面的信息。

木头

在一些遗址中发现有少量木材痕迹，表明哈拉帕人使用的木材品种众多，有柚木、印度黄檀、红木、雪松、松树、枣树、相思树、榆树和竹子。木材在建筑中有广泛的应用，既能用于搭建建筑结构，也能用于制作固定装置的组件，建造很多哈拉帕船只（尽管也可能是使用芦苇建造的），还能用来制作车（车模型中有清楚的表现），这些车有木质框架和用木板做成的实心车轮。

木质家具（如在印度河印章上描绘出的矮凳）上有时装饰贝壳和象牙镶嵌件。贝壳镶饰件是摩亨佐达罗最晚阶段的手工业产品之一，这与通常城市衰落的景象截然相反。在哈拉帕时代可能已有类似今天使用的由木质框架和绳架组成的床。在卡利班甘发现的几件陶模型床都有角柱，但其上的罩子掩盖了床框的其他细节。哈拉帕文化墓葬中偶尔能留存木质棺材的痕迹，在哈拉帕遗址的一座墓葬中，保存了一些红木棺材的残片，其上带有雪松棺盖。

砍伐木材的工具可能是青铜斧（flat axes）或石斧，但石斧很少有发现。木材切割则使用青铜锯和凿切。木工工具有多种金属工具，如凿、钻头和刀，石刀也有所发现。木器表面的打磨可以使用磨石或乌贼骨制成的锉刀来完成。奥特玛约·布提遗址即出土过这类锉刀，乌贼骨也可以磨粉做成研磨膏。一件出自哈拉帕遗址的双锥形红陶杵（biconical terra-cotta pestle）被认为可能是研磨器具。

尽管留存下来的证据很少，但哈拉帕人可能在很多其他方面也使用木材，如盒、盘等生活用器和雕像。哈拉帕F墩的一个工作平台上发现枣木臼的痕迹。哈拉帕人在其他材料上展示出的艺术性暗示很多木器上可能带有雕刻或彩绘装饰。

纺织品

到目前为止所讨论的大多数手工业活动都是由专职工匠操作的，生产的产品传播广泛。而纺织品可能是每个家庭各自生产，以满足家庭的需要，尽管也可能有大规模生产。在许多房子中都发现了纺轮，它们形式的多样性与通常哈拉帕人工制品的一致性形成鲜明对比，这突出了纺织的家用属性。织机配重暗示一些家庭可能使用了大型立式织机[这似乎不太可能，因为巴伯（Barber，1991：240-254）]指出立式织机是欧洲的发明，而近东及其东部地区使用水平地面织机，"织布机的配重"可能有其他用途）]。很多妇女可能使用小型背带织机（backstrap loom）来纺织窄幅的布。华尔特·费尔塞维斯（Fairservis，2002）认为，那些很多遗址都有出土的通常被认为是模型车框架（其上有小孔，可以在里面插入木棍）的长方形陶器，实际上可能是纺织用的梭。在阿拉迪诺遗址，数百件这类器具与穿孔圆牌（很可能是纺轮而非车轮模型）和枕头形陶器（中部带有凹槽，华尔特·费尔塞维斯认为是织机的配重）同出。因此，阿拉迪诺遗址可能是集中进行纺织的场所。

哈拉帕遗址出土的一件拉维时期骨牌残片，上面至少有3行孔，每行4个，这可能是用来防止大量单独的丝线缠结的装置，可能用于在织布机上卷经或捻线时。对后者来说，线或骨牌可以转动，以确保丝线绞匀（Barber，personal communication）。

在摩亨佐达罗发现的一片布袋子的残片被保存在两个银罐的腐朽堆积中。这是用棉花做的，这种作物在公元前 5000 年左右就已种植在次大陆。哈拉帕、昌胡达罗和拉齐嘎里也发现保存在银或青铜器上的棉布的证据，在洛塔尔遗址的一块铜片上发现的不明植物纤维，可能也是棉花制品。关于印度河纺织品的其他发现还有费昂斯器皿内侧的棉布印痕，印蜕上留下的捆绑麻布袋的粗糙布料和绳索的印痕，以及烧前放在布料上晾干的陶器（有一个例子是砖）底部的痕迹。这些痕迹表明印度河流域的人们制作各种等级的棉布，包括非常精细的织物。这些织物由很精细的线紧密编织而成，以至于有人认为它是在纺车上纺成的。资料显示这些织物似乎都是平纹布。

一些陶器上丰富的几何纹样可能反映了纺织品的图案。在摩亨佐达罗的一处房屋建筑中，放置在地面上的大型陶罐可能是用来染色的，在那里的其他房子里和其他遗址中还发现砖砌的小池子，也被认为可能是染缸。HARP 团队在哈拉帕 F 墩的一个圆形砖砌地面上发现一个包含绿色黏土层的凹陷，这可能是制备靛蓝染料造成的。布很可能被染成了各种颜色。目前唯一残存的染料是在摩亨佐达罗发现的棉花残片，它被茜草根染成红色，并用明矾作为媒染剂固色。类似罗迪遗址发现的靛蓝和姜黄等其他当地植物，可能也用于染色，分别形成蓝色和黄色。

棉花显然被用来制作布料，但也可以制作其他纺织品。自哈拉帕人饲养绵羊和山羊以来，人们就开始使用羊毛，虽然没有证据表明他们有长毛绵羊。尽管可能性不大，如果毛织品是从美索不达米亚进口的，哈拉帕人也可能进口羊毛自己纺织。亚麻可能也有使用，但目前所知的最早证据属哈拉帕时期之后的几个世纪。

丝绸也有存在的可能性。中国家蚕蚕丝制作的丝绸直到相当晚的时候才进入中国西部地区，但印度的一些本地野生飞蛾也可以产丝，如琥珀蚕（*antheraea assamensis*）、印度柞蚕（*antheraea mylitta*）和蓖麻蚕（*samia cynthia*）。这些蚕丝不如中国丝，但在历史时期，蚕丝就在印度广泛使用。像许多森林产品一样，现在这些野生蚕的蚕茧是由狩猎采集者收集的，他们与定居的人群进行交易。同样，哈拉帕人也可以从其贸易对象狩猎采集者那里获得生丝。目前印度最早的丝绸证据来自公元前二千纪中期，但哈拉帕人使用丝绸也并非不可能。

芦苇席、草席和编织或盘绕的篮子，也在土质器具和泥土地面上留下了印记，残存的屋顶石灰块上也留下了屋顶垫子的印记。地面或墙壁上可能也覆盖有纺织品，基诺耶（Kenoyer，1998：159）指出印度河先民制作的一种小弯刀与今天用于切割地毯的刀很相似，暗示了地毯制作的可能性（尽管绒毛地毯也需要羊毛）。

更早一些的时候，皮革可能用来制作服饰（正如梅赫尔格尔遗址的发现所表明的那样），在成熟哈拉帕时期，可能社区的某些人群仍然穿着皮革衣服。皮革还有很多其他用途，如制作水桶等容器、皮带和腰带，也可能用来制作鞋子、帆布和遮盖物。在很多情况下，皮革是布的替代品，也可以用来盛装液体。

艺术

在印度河文明中，艺术表现糟糕得令人惊讶。已知的只有少数青铜雕像和石雕像，但幸存下来的作品中也有一些具有较高的审美标准。在印度，青铜雕像铸造和石雕的发展比较晚，约公元前 1000 年以前的雕像大多是造型丰富的红陶。人和动物的红陶像证明了哈拉帕有着历史悠久且充满活力的民间艺术传统，另外还有用象牙、贝壳或费昂斯制作的雕像。彩陶也延续了早期的传统，装饰有具象的和几何形的图案。布制壁挂等其他材料上可能也有彩绘图案，木雕也可能有彩绘，尽管没有一个被保存下来。印度河人的艺术能力在他们印章上的图像中得到了最好的体现。

雕像

在印度河遗址只发现少量的石雕像，主要集中在摩亨佐达罗遗址，大部分是由石灰岩制成，但有一个是石膏制成的。有些尚未完成，大多数已经残碎。这些雕像都相当小，如著名的祭司-国王像只有 17.5 厘米高。这些雕像通常描绘的是半跪着的男性形象，其穿着一件长袍，露出右肩。从遗留下来的雕像头部可知这些人物为杏眼，下巴上间隔很宽的平行线表示胡须，辫子形或波浪形的线表示头发，也有短发，或挽成圆髻并用发带固定。最好的例子是祭司-国王像，表现了一个冷静、严肃的人物。雕像的质量各不相同，尽管姿势大体相同，但个人的特征和表情有一定差异，这表明它们可能是真人的肖像，而不是理想化的国王或神灵。

相比之下，出自哈拉帕的两件不完整的小雕像描绘了裸体的男性，其雕刻极具自然主义风格，与其他哈拉帕艺术作品的感觉截然不同。一件（红碧玉躯干像，red jasper torso）或两件雕像可能都是相当晚的时期扰乱进来的。用黑色石头制成的一件，尽管只保留有躯干和伸在前面的一条腿的部分，但可以看出他正在跳舞。由红碧玉制成的另一件，在腿的上部残断，看起来也是在微微移动。两者都有连接头和手臂的销钉孔。

最近发现的一件小型假发是由黑色滑石雕刻而成，可能是雕像的一部分，雕像的其余部分可能是用另一种石头或木头制成。

青铜像甚至比石像还要罕见。最著名的是出自摩亨佐达罗的一件精美青铜像，被称为舞女像，描绘的是一个非常瘦高的年轻女性，头发盘成一个发髻，全身只戴着一串手镯和一条小项链。她的左手拿着什么东西，右手放在臀部，以一种非常自然放松的姿势站着。另一个结构特征相同的人物像则远没有那么逼真，她僵硬地站着，一点也不像舞女那样轻松自然，谢林·拉特纳嘎（Shereen Ratnagar）幽默地称之为"丑陋的姐姐"。

动物雕像的艺术价值也各不相同，如极具自然主义风格的一件摇头水牛像和一件石公羊像，以及一件雕琢精美的野山羊像（可能属于哈拉帕文化，但未经证实）。相比之下，出自摩亨佐达罗的复合动物雕像仍然保存完整，带有底座，但显得沉闷而缺乏生命力。另外两件出自摩亨佐达罗的动物雕像轮廓不甚清晰，可能是公羊或公牛。

小雕像

精美的哈拉帕红陶像与雕像有很大的不同。其造型通常很粗糙，管状的手臂，捏制的鼻子，用泥斑点和条带表示的眼睛、嘴巴、头饰、珠宝或者动物身上的标记，但它们都充满了生命力。

它们中有些取材于现实世界，如摆好姿势站着的女性或穿着华丽的坐着的男性，或从事日常工作的女性；配有车夫和一队公牛并装载着微型陶罐的手推车，是印度河流域精美的艺术品之一；各种动物，尤其是公牛，还有宠物、家畜、鸟类和犀牛等野生动物。出自哈拉帕遗址的一件小型狗雕像，它的一只后腿上戴着有装饰图案的箍，正在摇尾乞怜。有些小雕像有活动部件，比如有分开的可摆动头部的公牛或与车轮搭配的动物，大概是儿童玩具。尽管人们的雕像通常衣着暴露，但通常有精心制作的发型、头饰和珠宝。另外有一些雕像是现实的夸张表现，或者是民间故事中的人物，如一件有动物头部和模糊的大肚子的人像。这种类型的小雕像中有一件比较令人喜爱，这件雕像的鼻子上有一个喇叭，并用双臂遮住脸。一些动物雕像的水准更高，非常注重细节且栩栩如生。

可能的护身符

很多用费昂斯塑造或用贝壳、象牙雕刻的小动物可能是护身符。通常它们经过精心设计，具有现实主义风格，包括一些不用红陶表现的生物，如鱼、猴子、野兔和松鼠。

雕刻

也许印章是最能体现哈拉帕艺术水平的，这是一项非常罕见的成就，因为大多数印章只有几厘米宽。艺术品的质量在一定程度上取决于设计。有些场景相当简略，其中加入了大量的人物，因此有必要用简笔表示人物，或者把他们的头表现为椭圆形，有狭长的大眼，并用三个凸起表示鼻子和嘴。但事实并非总是如此，半兽半人的女神与角虎搏斗的场景被雕刻得栩栩如生，比例完美，其特征完全是自然主义风格，构图也很平衡。不过大多数印章上都只有一种动物，有时还配有食槽或火盆。艺术家们在一枚小小的印章上创作出了微型的杰作，如气势汹汹的犀牛、短角的公牛、单角朝天的低头的水牛和静站着的瘤牛。这些动物像不仅符合解剖学的细节，也符合动物的精神气质。

参考文献

AGRAWAL D P, 1970. The Metal Technology of the Indian Protohistoric Cultures: Its Archaeological Implications[M]. Puratattva, 3(1969–1970): 15-22.

AGRAWAL D P, 1982. The Technology of the Indus Civilization[J]//SHARMA R K. Indian Archaeology. New Perspectives. New Delhi: Books and Books: 83-112.

AGRAWAL D P, 1984. The Metal Technology of the Harappans[J]//LAL B B, GUPTA S P. Frontiers of the Indus Civilization. New Delhi: Books and Books: 163-167.

AGRAWAL D P, 2002. Archaeometallurgical Studies in India: A Review[J]//SETTAR S, KORISETTAR R. Indian Archaeology in Retrospect. III. Archaeology and Interactive Disciplines. Indian Council of Historical Research. New Delhi: Manohar: 423-442.

AGRAWAL D P, CHATTOPADHYAYA K, KRISHNAMURTHY R V, et al, 1995. The Metal Technology of the Harappa and the Copper Hoard Culture in the Light of New Data[J]// MISHRA P. Researches in Indian Archaeology, Art, Architecture, Culture and Religion. New Delhi: Sundeep Prakashan: 35-49.

AUDOUZE F, JARRIGE C, 1979. A Third-millennium Pottery-firing Structure at Mehrgarh and Its Economic Implications[J]//TADDEI M. South Asian Archaeology 1977. Naples: Istituto Universitario Orientale, Seminario di Studi Asiatici: 213-221.

BALA M, 2002. Some Unique Antiquities and Pottery from Kalibangan[J]//JOSHI J P. Facets of Indian Civilization. Recent Perspectives. Essays in Honour of Professor B. B. Lal. New Delhi: Aryan Books International: 104-106.

BALA M, 2004. Kalibangan: Its Periods and Antiquities[J]//CHAKRABARTI D K. Indus Civilization. Sites in India. New Discoveries. Mumbai: Marg Publications: 34-43.

BANERJI A, 1994. Early Indian Terracotta Art, Circa 2000–300 BC (Northern and Western India)[M]. New Delhi: Harman Publishing House.

BARBER E J W, 1991. Prehistoric Textiles[M]. Princeton, NJ: Princeton University Press.

BHAN K, SONAWANE V S, AJITHPRASAD P, PRATAPCHANDRAN S, 2005. Gola Dhoro[EB/OL]. [2005-07-05]. www.harappa. com/goladhoro/index. html.

BIAGI P, 2005. The Rohri Flint Quarries[EB/OL]. [2005-07-05]. www.harappa.com/rohri/index.html.

BISHT R S, 1982. Excavations at Banawali: 1974–77[J]//POSSEHL G L. Harappan Civilization: A Contemporary Perspective. New Delhi: Oxford &IBH Publishing Co.: 113-124.

BONDIOLI L, TOSI M, VIDALE M, 1984. Craft Activity Areas and Surface Survey at Moenjodaro[J]//JANSEN M, URBAN G. Reports on Fieldwork Carried Out at Mohenjo-daro, Pakistan 1982–83 by the IsMEO-Aachen University Mission: Interim Reports I. Aachen and Rome: RWTH and IsMEO: 9-37.

BULGARELLI G M, 1986. Remarks on the Moenjodaro Lithic Industry Moneer South East Area[J]. East and West, 36: 517-520.

CLARK S. Embodying Indus Life: Terracotta Figurines from Harappa[EB/OL]. [2005-06-14]. www.harappa.com/figurines/index.html.

DALES G F, 1982. Mohenjodaro Miscellany: Some Unpublished, Forgotten or Misinterpreted Features[J]//POSSEHL G L. Harappan Civilization: A Contemporary Perspective. New Delhi: Oxford&IBH Publishing Co.: 97-106.

DALES G F, KENOYER J M, 1977. Shellworking at Ancient Balakot, Pakistan[J]. Expedition, 19(2): 13-19.

DALES G, KENOYER J M, 1986. Excavations at Mohenjo Daro, Pakistan: The Pottery[M]. Philadelphia: University of Pennsylvania Museum of Archaeology and Anthropology.

DALES G F, KENOYER J M, 1992. Harappa 1989: Summary of the Fourth Season[J]// JARRIGE C. South Asian Archaeology 1989. Madison, WI: Prehistory Press: 57-67.

DALES G F, KENOYER J M, 1993. The Harappa Project 1986–9: New Investigations at an Ancient Indus City[J]//POSSEHL G L. Harappan Civilization, 2nd ed. New Delhi: Oxford University Press: 469-520.

DEO S B, 2000. Indian Beads. A Cultural and Technological Study[M]. Pune: Deccan College Post-Graduate and Research Institute.

DHAVALIKAR M K, 1992. Kuntasi: A Harappan Port in Western India[J]//JARRIGE C. South Asian Archaeology 1989. Madison, WI: Prehistory Press: 73-81.

DHAVALIKAR M K, 1993. Harappans in Saurashtra: The Mercantile Enterprise as Seen from Recent Excavation of Kuntasi[J]//POSSEHL G L. Harappan Civilization, 2nd ed. New

Delhi: Oxford University Press: 555-568.

DHAVALIKAR M K,1996. Kuntasi, A Harappan Emporium on West Coast[M]. Pune: Deccan College Post-Graduate and Research Institute.

FAIRSERVIS W A, 2000. Views of the Harappans—The Transitional Years//JOSHI J P. Facets of Indian Civilization. Recent Perspectives. Essays in Honour of Professor B. B. Lal. New Delhi: Aryan Books International: 167-173.

FREESTONE I C, 1997. Vitreous Materials. Typology and Technology[J]//MEYERS E M. The Oxford Encyclopedia of Archaeology in the Near East. Vol. 5. Oxford: Oxford University Press: 306-309.

GUPTA S P, 1984. Internal Trade of the Harappans[J]//LAL B B, GUPTA S P. Frontiers of the Indus Civilization. New Delhi: Books and Books: 417-424.

HALIM M A, VIDALE M, 1984. Kilns, Bangles and Coated Vessels. Ceramic Production in Closed Containers at Moenjodaro[J]//JANSEN M, URBAN G. Reports on Fieldwork Carried out at Mohenjo-daro, Pakistan 1982–83 by the IsMEO-Aachen University Mission: Interim Reports I. Aachen and Rome: RWTH and IsMEO: 63-97.

HEGDE K T M, BHAN K K, SONAWANE V H, KRISHNAN K, SHAH D R, 1992. Excavations at Nageswar, Gujurat. A Harappan shellworking Site on the Gulf of Kutch[M]. Baroda, India: Department of Archaeology and Ancient History, M. S. University of Baroda.

HEDGE K T M, KARANTH R V, SYCHANTHAVONG S P, 1982. On the Composition and Technology of Harappan Microbeads[M]//POSSEHL G L. Harappan Civilization: A Contemporary Perspective. New Delhi: Oxford&IBH Publishing Co.: 239-243.

HODGES H, 1988. Artifacts[M]. Kingston, ON: Ronald P. Frye and Co.

HUNTINGTON S L, 1995. The Art of Ancient India[M]. New York: Weatherhill.

INIZAN M L, LECHEVALLIER M, 1997. A Transcultural Phenomenon in the Chalcolithic and Bronze Age Lithics in the Old World: Raw Material Circulation and Production of Standardized Long Blades. The Example of the Indus Civilization[J]//RAYMOND, ALLCHIN B. South Asian Archaeology 1995. New Delhi: Oxford & IBH Publishing Co.: 77-85.

KENOYER J M, 1984a. Shell Industries at Moenjodaro, Pakistan[J]//JANSEN M, URBAN G.

Reports on Fieldwork Carried Out at Mohenjo-daro, Pakistan 1982–83 by the IsMEO-Aachen University Mission: Interim Reports I. Aachen and Rome: RWTH and IsMEO: 99-115.

KENOYER J M, 1984b. Chipped Stones from Mohenjo-Daro[J]//LAL B B, GUPTA S P. Frontiers of the Indus Civilization. New Delhi: Books and Book: 117-132.

KENOYER J M, 1985. Shell Working at Moenjo-daro, Pakistan[J]//SCHOTSMANS J, TADDEI M. South Asian Archaeology 1983. Naples: Istituto Universitario Orientale, Dipartimento di Studi Asiatici: 297-344.

KENOYER J M, 1994. Experimental Studies of Indus Valley Technology at Harappa[C]// PARPOLA A, KOSKIKALLIO P. South Asian Archaeology 1993. Helsinki: Suomalainen Tiedeakatemia: 345-362.

KENOYER J M, 1996. Ancient Indus: Introduction[EB/OL]. [2005-01-08]. www.harappa. com/har/har1.html.

KENOYER J M, 1998. Ancient Cities of the Indus Valley Civilization[M]. Karachi: Oxford University Press and American Institute of Pakistan Studies.

KENOYER J M, MEADOW R H, 1998. The Latest Discoveries: Harappa 1995–98[EB/OL]. [2005-06-14]. www.harappa.com/indus2/index.html.

KENOYER J M, MEADOW R H, 2001. Harappa 2000–2001[EB/OL]. [2005-06-14]. www. harappa.com/indus3/index.html.

KENOYER J M, MEADOW R H, 2003. Mystery at Mound F. The Circular Platforms and the Granary at Harappa[EB/OL]. [2005-06-14]. www.harappa.com/indus4/index.html.

KRISHNAN K, 1992. An Analysis of Decorative Pigments and Slips on Harappan Pottery from Gujarat[J]. South Asian Studies, 8: 125-132.

KRISHNAN K, FREESTONE I C, MIDDLETON A P, 2005. The Technology of 'Glazed' Reserved Slip Ware—A Fine Ceramic of the Harappan Period[J]. Archaeometry, 47(4): 691.

LAL B B, 1993. A Glimpse of the Social Stratification and Political Set-up of the Indus Civilization[J]. Harappan Studies, 1: 63-71.

MACKAY E J H, 1938. Further Excavations at Mohenjo Daro[M]. New Delhi: Government of India.

MACKAY E J H, 1943. Chanhu-daro Excavations 1935–36[J]. New Haven, CT: American

Oriental Society.

MANCHANDRA O, 1972. A Study of the Harappan Pottery[J]. New Delhi: Oriental Publishers.

MARSHALL S J, 1931. Mohenjo daro and the Indus Valley civilization[J]. London: Arthur Probsthain,.

MEADOW R H, KENOYER J M, 1997. Excavations at Harappa 1994–1995: New Perspectives on the Indus Script, Craft Activities, and City Organization[J]//RAYMOND, ALLCHIN B. South Asian Archaeology 1995. New Delhi: Oxford&IBH Publishing Co.: 139-173.

MERY S, 1994. Excavation of an Indus Potter's Workshop at Nausharo (Baluchistan), Period II[J]//PARPOLA A, KOSKIKALLIO P. South Asian Archaeology 1993. Helsinki: Suomalainen Tiedeakatemia: 471-481.

MILLAR H M L, 1994. Metal Processing at Harappa and Mohenjo-Daro: Information from Nonmetal Remains[C]//PARPOLA A, KOSKIKALLIO P. South Asian Archaeology 1993. Helsinki: Suomalainen Tiedeakatemia: 497-509.

MILLAR H M L, 1997. Locating Ancient Manufacturing Areas: High Temperature Manufacturing Debris from Surface Surveys at Harappa, Pakistan[J]//RAYMOND, ALLCHIN B. South Asian Archaeology 1995. New Delhi: Oxford&IBH Publishing Co.: 939-953.

MILLAR H M L, 2002. Locating Indus Civilization Pyrotechnical Craft Production[EB/OL]. [2006-12-10]. www.ioa.ucla.edu/backdirt/spr02/miller.html.

PELEGRIN J, 1994. Lithic Technology in Harappan Times[C]//PARPOLA A, KOSKIKALLIO P. South Asian Archaeology 1993. Helsinki: Suomalainen Tiedeakatemia: 587-598.

PITTMAN H, 1984. Art of the Bronze Age: Southeaste: Iran, Western Central Asia, and the Indus Valley[M]. New York: The Metropolitan Museum of Art.

POSSEHL G L, 2002a. Fifty Years of Harappan Archaeology: The Study of the Indus Civilization since Indian Independence[J]//SETTAR S, KORISETTAR R. Indian Archaeology in Retrospect: II.Protohistory. Archaeology of the Harappan Civilization. Indian Council of Historical Research. New Delhi: Manohar: 1-41.

POSSEHL G L, 2002b. The Indus Civilization: A Contemporary Perspective[M]. Walnut Creek, CA: AltaMira Press.

PRACCHIA S, 1985. Excavations of a Bronze-Age Ceramic Manufacturing Area at Lal-Shah, Mehrgarh[J]. East and West, 35: 458-468.

PRACCHIA S, 1987. Surface Analysis of Pottery Manufacture Areas at Moenjdaro: The 1984 Season[J]//JANSEN M, URBAN G. Reports on Fieldwork Carried Out at Mohenjo-daro, Pakistan 1982–83 by the IsMEO-Aachen University Mission: Interim Reports II. Aachen and Rome: RWTH and IsMEO: 151-167.

PRACCHIA S, TOSI M, VIDALE M, 1985. Craft Industries at Moenjo-Daro[J]// SCHOTSMANS J, TADDEI M. South Asian Archaeology 1983. Naples: Istituto Universitario Orientale, Dipartimento di Studi Asiaticil: 207-248.

RATNAGAR S, 2000. The End of the Great Harappan Tradition[M]. Heras Memorial Lectures 1998. New Delhi: Manohar.

RATNAGAR S, 2001. Understanding Harappa. Civilization in the Greater Indus Valley[M]. New Delhi: Tulika.

RATNAGAR S, 2004. Trading Encounters. From the Euphrates to the Indus in the Bronze Age[M]. New Delhi: Oxford University Press.

RISSMAN P C, 1989. The Organization of Seal Production in the Harappan Civilization[J]// KENOYER J M. Old Problems and New Perspectives in the Archaeology of South Asia. Wisconsin Archaeological Reports. Vol. 2. Department of Anthropology. Madison: University of Wisconsin: 159-169.

ROUX V, 1998. de l'Inde C. Des pratiques techniques de Cambay aux techno-systèmes de l'Indus[J]. Paris: Éditions de la Maison des sciences de l'homme. de Saizieu, Blanche Bartelemy and Anne Bouquillon//PARPOLA A, KOSKIKALLIO P, 1993. Steatite Working at Mehrgarh during the Neolithic and Chalcolithic Periods: Quantitative Distribution, Characterization of Material and Manufacturing Processes. South Asian Archaeology 1993. Helsinki: Suomalainen Tiedeakatemia: 47-70.

SHAFFER J G, 1982. Harappan Commerce: An Alternative Perspective[J]//PASTNER S, FLAM L. Anthropology in Pakistan. Ithaca, NY: Cornell University Press: 166-210.

SHAFFER J G, 1984. Bronze Age Iron from Afghanistan: Its Implications for South

Asian Protohistory[J]//KENNEDY K A R, POSSEHL G L. Studies in the Archaeology and Paleoanthropology of South Asia. American Institute of Indian Studies. New Delhi: Oxford&IBH Publishing Co.: 41-62.

SONEWANE V H, 2004. Nageshwar: A Centre of Harappan Shell Craft in Saurashtra[J]// CHAKRABARTI D K. Indus Civilization. Sites in India. New Discoveries. Mumbai: Marg Publications: 71-79.

SRINIVANSAN S, 1997. Present and Past of Southern Indian Crafts for Making Mirrors, Lamps, Bells, Vessels, Cymbals and Gongs: Links with Prehistoric High Tin Bronzes from Mohenjodaro, Taxila, South Indian Megaliths, and Later Finds[J]. South Asian Studies, 13: 209-225.

TEWARI R, 2004. A Recently Discovered Hoard of Harappan Jewellery from Western Uttar Pradesh[J]//CHAKRABARTI D K. Indus Civilization. Sites in India. New Discoveries. Mumbai: Marg Publications: 57-63.

TRIPATHI V, SRIVASTAVA A K, 1994. The Indus Terracottas[M]. New Delhi: Sharada Publishing House.

VIDALE M, 1984. Surface Evaluation of Craft Activity Areas at Moenjodaro 1982–84[J]. East and West, 34: 516-528.

VIDALE M, 1986. Steatite Cutting on Glazing: Relational Aspects of Two Technological Environments in Harappan Urban Contexts[J]. East and West, 36: 520-525.

VIDALE M, 1987a. More Evidence on a Protohistoric Ceramic Puzzle[J]//JANSEN M, URBAN G. Reports on Fieldwork Carried out at Mohenjo-daro, Pakistan 1982–83 by the IsMEO-Aachen University Mission: Interim Reports II 1987: 91-104. Aachen and Rome: RWTH and IsMEO: 105-111.

VIDALE M, 1987a. Some Aspects of Lapidary Craft at Moenjodaro in the Light of the Surface Record of the Moneer South East Area[J]//JANSEN M, URBAN G. Reports on Fieldwork Carried out at Mohenjo-daro, Pakistan 1982–83 by the IsMEO-Aachen University Mission: Interim Reports II. Aachen and Rome: RWTH and IsMEO: 113-149.

VIDALE M, 1989. Specialized Producers and Urban Elites: On the Role of Craft Industries in Mature Harappan Urban Contexts[J]//KENOYER J M. Old Problems and New Perspectives in the Archaeology of South AsiaWisconsin Archaeological Reports. Vol. 2. Department of

Anthropology. Madison: University of Wisconsin: 171-181.

VIDALE M, 1990. Study of the Moneer South East Area. A Complex Industrial Site of Moenjodaro[J]. East and West, 40: 301-313.

WRIGHT R P, 1989. The Indus Valley and Mesopotamian Civilizations: A Comparative View of Ceramic Technology[M]//KENOYER M. Old Problems and New Perspectives in the Archaeology of South Asia. Wisconsin Archaeological Reports. Vol. 2. Department of Anthropology. Madison: University of Wisconsin: 145-156.

YULE P, 1988. A Harappan 'Snarling Iron from Chanhu daro[J]. Antiquity, 62(234): 116-118.

第 10 章　知识成就

数量、时间和空间

　　算术和几何学在建筑和测量中的实际应用证明了哈拉帕人的数学能力和知识水平。在早哈拉帕时期，他们开始用比例为 1：2：3 或 1：2：4 的砖块建造房屋，表明当时人们已经开始将数字作为一个抽象概念。在成熟的哈拉帕时期，砖块的比例变成标准的 1：2：4，这是结构稳定的理想比例（摩亨佐达罗的城墙迄今屹立不倒，就是一个实证）。他们的工程技术也体现在复杂的水利工程上，包括朵拉维拉的巨大水库、摩亨佐达罗的大浴池，以及在许多城市和城镇均有发现的砖砌水井和排水网络、下水道和暗沟，有些还有精心设计的券顶。

度量衡

　　极其精确的砝码和测量规则让我们对哈拉帕的数字系统有了一些了解。已经发现了 4 种尺子（graduated rule），用红陶、象牙、铜和贝壳制成，分别来自卡利班甘、洛塔尔、哈拉帕和摩亨佐达罗。尺子被划分成大约 1.7 毫米的区块，摩亨佐达罗尺子的最大单位为 67.056 毫米，洛塔尔尺子的单位包括 33.46 毫米和 17.00 毫米。后者接近公元前 4 世纪的《政事论》（*Arthashastra*）中记载的 17.7 毫米的传统单位。

　　印度河地区的石头砝码同样也被标准化了，并且也被应用于海外，美索不达米亚塔米亚人称之为迪尔蒙标准，甚至遥远的埃勃拉都采用这种标准。砝码一般为立方体，但有的也呈截短的球体。最常见的砝码重约 13.65 克。以此为基本单位，印度人也用更小的砝码，重量是基本单位的二分之一、四分之一、八分之一和十六分之一，还有更大的砝码则是基本单位的 2，4，10，12.5，20，40，100，200，400，500 和 800 倍。

有人认为，重量系统的基础是拉蒂（ratti），即藤本植物相思豆种子的重量，相当于哈拉帕基本单位的一百二十八分之一，略重于 0.1 克。现在印度仍然用来表示珠宝的重量，这是公元前 7 世纪第一批印度硬币的重量标准的基础。用相思豆作为砝码系统的基础，可以解释当砝码本身不再被使用之后，砝码系统在印度河文明衰落后的延续。

哈拉帕数字

重量和长度的测量系统及哈拉帕文字中可能存在的数字似乎表明，哈拉帕人在计数时既使用八进制，也使用十进制。这两种计数方式在后来的印度数学和日常使用中都在一定程度上有所保留。例如，在以前的印度货币中，卢比是 64 派萨（paise）或 16 阿纳（annas），1 阿纳等于 4 派萨。整个阿拉伯数字系统，十进制计数法，以及零的使用，归根结底都源自印度。

阿斯科·帕尔波拉（Asko Parpola，1994）指出，原始德拉威语的词根 "*en" 是表示 "八" 和 "数数" 两种意思，如果哈拉帕人说的是德拉威语（关于语言的问题将在本章后面讨论），那么这是一个当时使用八进制系统的重要证据。

天文学

哈拉帕城市和城镇的布局证明了哈拉帕人有很好的天文学知识。城市和城镇的主街道都遵循基本方向。但这可能不是天文学的充分证据，因为在后世印度文本中已知的建立东西线的简单方法，可能在哈拉帕时代也有使用。这个方法是在日晷柱上画一个半径等于日晷高度的圆，在晷针的影子与圆圈接触的两个位置做好标记，两个标记连成的直线正好是东西方向。但霍尔格·汪克尔（Holger Wanzke，1987）研究发现摩亨佐达罗街道的方向偏离了南北线 1~2°。在其他哈拉帕文化遗址也观察到轻微的差异。汪克尔因此提出，哈拉帕人是通过观察星星来确定基本方向的。以摩亨佐达罗为例，他们利用城市西边基尔塔尔山脉的轮廓作为地平线来记录星星的运动。摩亨佐达罗的居民可以清楚地看到西边落下的毕宿五，其落下的位置在基本方向的西偏北一点，与城市街道的主方向完全匹配。

后来的印度文学中记载了一种基于对天体运动深入了解的星历。组成这一月站（nakshatra，印度二十七宿）历的星群（asterisms）的相对位置，与公元前 24 世纪哈拉帕时期可见的天空星群排列位置最为吻合，说明该日历是由哈拉帕人设计的。在这一天，北极星（the North Star）不是恒星勾陈一（Polaris），而是休布伦 [天龙座阿尔法星（Thubron Alpha Dracoris）]。月站历最初由 24 个星群组成，后来增加到 27个，然后是 28 个，这些星群是从一年中出现在夜空中的恒星和星座中挑选出来的。恒星年（恒星返回起始点的时间）和太阳年（地球绕太阳公转一圈的时间）在长度上只相差 20 分钟，这个差异对日历有微小的累积影响。因此，通过对恒星的观测，哈拉帕人或其祖先能够确定一个太阳年持续的时间和其中特定节点的时间，这对农业发展来说是至关重要的。在成熟哈拉帕时期，一年的开始是由昴宿星团（Pleiades）在春分（spring equinox）时的偕日升（heliacal rising）确定的，这些事件恰好在公元前 2240年左右重合，而在整个公元前 2720—前 1760 年期间，昴宿星团一直是离春分最近的星群。有证据表明，最初用于标志一年开始的恒星是毕宿五，它在公元前 3054 年春分时偕日升。随着地球相对于恒星的位置逐渐改变，毕宿五不再适合作为春分的标志，因此哈拉帕人在公元前三千纪中期的某个时候用昴宿星团取代了毕宿五。阿什法克（Ashfaque，1989）认为，罗希尼（毕宿五）被她的父亲普拉贾巴蒂 [Prajapati（Orion，猎户座）] 乱伦诱惑的神话，反映了随着时间的推移这些星宿观测位置的变化，也反映了以昴宿星团代替毕宿五作为春分标志的这一事件。

根据后来的文献，印度历法同时使用太阳年和太阴年。太阳年大概为 366 天（实际长度约为 365.25 天），太阴年的实际长度为 354 天，包括 12 个月亮周期，每个周期为 29.5 天。太阳年分为 12 个月，每个月 30 天，共 360 天；太阴年分为 12 个月，每个月在 29 天和 30 天之间交替。为了使这些与太阳年的真实长度以及太阳年与太阴年之间保持一致，历法上安排了每 5 年增加一个太阳月和两个 30 天的太阴月。

除月站历中的星群之外，印度天文学家历来对行星表现出特别的兴趣，这些行星神被认为具有强大而通常是邪恶的影响。这些行星共有9个，包括肉眼可见的5大行星（金木水火土），加上太阳、月亮、造成日食和月食的恶魔拉胡（Rahu）和代表彗星或流星的克图（Ketu）。以太阳为中心，行星也可表示东南西北4个基本方向（cardinal directions）和它们之间的方向（如西北方向）。对行星的崇拜在印度南部很普遍，特别是将其与湿婆崇拜相结合时。虽然没有决定性的证据，但很可能所有有关这些印度宗教天文方面的发现都可以追溯至哈拉帕时代。阿尔钦（Allchin）和阿格罗斯（Agueros，1998）对两枚印章上出现的可能的彗星图案进行了研究。彗星图案边上有一个拿着弓的男性，其中一枚印章上还有一棵非写实的树。它被认定为彗星是令人信服的，这反映了哈拉帕人对天空的兴趣，正如阿尔钦和阿格罗斯指出的，这个图案可能是在公元前2000年左右可见的海尔–波普彗星。

语言

人群和语言

哈拉帕人的种族、文化和语言等问题一直存有争论。近年来，一些社会团体控制了这一争论，他们致力于构建符合自己政治或宗教倾向的观点，而不是让证据揭示真相。

在这场争论中，一个经常被忽视的关键问题是，语言、种族和文化是不一致的。来自不同种族的人可能使用同一种语言，相反，同一种族的人也可能使用不同的语言。一般来说，使用两种语言的人经历长时间的互动和经济上的相互依赖后，会有一段双语时期，在这段时期内，两种语言会相互影响。最终，一种语言会占据主导地位，而另一种可能会消失。有多种因素可以决定哪种语言占主导地位，尽管说某种语言的人在数量上的优势是很重要的一个因素，但更常见的情况是，掌握经济、政治、宗教或军事力量的人群的语言会被那些希望改变其处境的人所采纳。

同样，不同种族背景和说不同语言的人可能属于同一文化，而由单一种族构成和说同一语言的群体可能属不同的文化。例如，在罗马帝国内有许多不同的种族和语言群体，他们都认为自己是罗马人。

因此，南亚的史前史不是由其所讲的语言决定的一个整体。几千年来，许多语言被引入次大陆，其中一些得到了持久的流传。比如外来者迁入，既有和平的定居者，也有暴力的入侵者，随后他们被同化了。新的文化观念被引入，有些是从外部引进的，更多的是从次大陆内部的多民族中发展起来的。这一图景一直是复杂的，在这里人们可以感受到文化认同跨越了种族、语言和宗教。

南亚的语言

现代南亚的大多数语言属于 4 大语系。大多数北方人操印欧语系的语言，而南方大部分人说德拉威语。喜马拉雅地区的人群主要讲汉藏语，而在印度的一些部落地区，也有少数操南亚语。在一些与世隔绝的小地方，还存在一些缺乏亲属的语言，曾经可能有更多这样的语言。

文字资料提供了一些过去所说语言的证据。最早的德拉威语文学是来自南部的用古泰米尔语写成的桑迦姆诗歌（Sangam poems），年代可追溯到公元前后。最早的印度雅利安人铭文要早几个世纪，但也有大量年代更早的印度雅利安人的口头文学，它们通过传诵被忠实地保存下来，后来被记录成文字。最早的文本《梨俱吠陀》年代可追溯到公元前 2000 年左右，约在公元前 1700 年到前 1500 年之间。

通过研究语言之间的相互影响以及南亚语与欧亚大陆其他地区语言之间的关系，可以了解早期南亚语的其他信息。从地名和语言的现代分布中也可以得到一些信息。

印度–雅利安语

这些语言中最迟传入南亚的是印度–雅利安语。到公元前一千纪后期，从英国到斯里兰卡和中亚，都有人使用印欧语系的语言（尽管这些地区也居住有操非印欧语系语言的人）。关于为何这一语言会有如此广泛的分布这一问题，目前已经有很多的研究成果。现在大多数学者认为，在公元前 2000 年左右，印欧语系的印度–伊朗分支是从更北部的地区传播到伊朗东部和南亚北部的。这一结论有语言和文字方面的证据支持。

东部的印度–伊朗语系和其他印欧语系存在密切联系，古伊朗语（伊朗东部最早的印欧语系）和古印度–雅利安语（梵语，南亚北部最早的印欧语系）之间关系也很密切，不过随着时间的推移二者之间有了分歧。同样，现存最早的这两个语言群体的宗教文献，《古阿维斯塔》（*Old Avesta*）和《梨俱吠陀》，显示出惊人的文化相似性，反映出这两个群体之间的密切关系，而《新阿维斯塔》（*Young Avesta*）和后来的吠陀文献则显示出日益加剧的文化分歧。这些文本的年代都无法确定，但大多数不持偏见的学者认为，梨俱吠陀不同部分的年代在公元前 1700—前 1000 年之间，最早的阿维斯塔文本年代在公元前 1400 年左右。关于农业和定居生活的骆驼、运河、砖块等外来词汇出现在伊朗和印度雅利安人语言中的这个发现，反映了两种语言分别发展之前的一段时间。在这段时间里，原始印度雅利安人与巴克特里亚–玛尔吉亚纳文化体（约公元前 2100—前 1700 年）存在密切的交流。虽然许多细节还有待确定，但很明显，以前说原印度–伊朗语的人曾居住于巴克特里亚–玛尔吉亚纳以北的一个地区。在公元前 2000 年左右，他们的后代逐渐迁移到伊朗和南亚北部，语言也分化成伊朗语和印度–雅利安语。第三个小的分支包括努里斯坦语 [Nuristani，卡菲尔语（Kafir ）]，出现于兴都库什地区（Hindu Kush ），但它并没有得到更广泛的传播。

印度宗教文本，特别是《吠陀经》中的地理信息，证明了印度雅利安人首先出现于阿富汗、锡斯坦、斯瓦特和旁遮普省的部分地区，并逐渐向次大陆南部和东部扩张。渐渐地，除了南部，印度–雅利安语广布于大部分次大陆和斯里兰卡地区。这些语言包括梵语，梵语是一种宗教语言，保持了相对的纯粹。除此之外还有各种各样的帕拉克里语（Prakrits ），这是受到德拉威语言体系严重影响的一种印度–雅利安语。

虽然一些操原始印度–伊朗语的人可能在公元前 3000 年左右来到印度河地区，但从语言学上可毫无疑问地排除任何有关哈拉帕人说印度–雅利安语的说法。此外，印度雅利安文本反映了一个与城市印度河文明截然不同的社会，社会中有小规模的好战的游牧人群，对他们来说，驯马是极其重要的，而在哈拉帕时期，次大陆上还没有马。

德拉威语

印度次大陆的另一个主要语系是德拉威语。现在大多数说德拉威语的人生活在南部的 4 个邦，由此形成了南德拉威语分支。在马哈拉施特拉邦和奥里萨邦（Orissa），讲科拉米语（Kolami）、奈基语（Naiki）、帕尔吉语（Parji）和加达巴语（Gadaba）的小群体形成了小规模的中德拉威语分支（Central Dravidian branch）。库鲁克语（Kurukh）和马尔托语（Malto）是印度中东部部分地区的人群所说的语言，根据他们自己的传统，他们是在历史时期从古吉拉特邦南部迁徙而来的，在更早的时期他们则居住于恒河盆地中部。这些语言属于北德拉威语分支（Northern Dravidian branch），也包括在遥远的北方，分布于俾路支省南部布拉灰山区的布拉灰语。目前还不确定布拉灰语人群是很早就扩散到该地区分布广泛的说德拉威语人的本地遗民，还是历史上从古吉拉特邦移民而来的人群，后者的可能性更大。有充分的证据表明，在某个时期，德拉威语在印度西部的大部分地区、信德省的大部分地区以及半岛上使用，这从德拉威地名的分布情况以及这些地区现代语言中的某些共同特征中可以看出。

所有这些语言都起源于原始德拉威语，最初被分为北德拉威语和原始南德拉威语。其中原始南德拉威语可能在公元前 1500 年左右分化出中德拉威语和南德拉威语。最终，大约在公元前 1100 年，南德拉威语分裂为两支：南部分支 [坎纳达语（kannada）、马拉雅拉姆语（Malayalam）、泰米尔语和一些小众语言]，分布于卡纳塔克邦、喀拉拉邦和泰米尔纳德邦，延伸到斯里兰卡北部；中南部分支，主要是分布于安得拉邦的泰卢固语（Telugu），以及分布于马哈拉施特拉邦、中央邦和奥里萨邦的贡地语。

南亚语系（Austro-Asiatic）

一些印度社区仍然操南亚语系的语言，其中还包括东南亚的孟-高棉语（Mon-Khmer）。大多数语言，包括主要的蒙达语（Mundari）和桑塔利语（Santali），都属于蒙达语族（Munda group），该语族分布在比哈尔邦（Bihar）、西孟加拉邦（West Bengal）和奥里萨邦的大部分地区，在印度中部的塔普提河上游地区也有使用。尼科巴群岛（Nicobar Islands）的语言形成了一个单独的南亚语系分支。位于西北部的一种已经灭绝的语言——帕拉蒙达语（Para-Munda）可能也是南亚语系的一个独立分支。

汉藏语系

另一个延伸到印度次大陆的语系是汉藏语系，主要分布于喜马拉雅山地区和东南亚。南亚的语言属于其分支藏缅语族（Tibeto-Burman branch）。这个语系目前在中国西藏、缅甸和邻近地区的分布似乎大体反映了过去的分布情况。

其他南亚语言

在山区和部落地区等少数地区，还有一些缺乏亲属关系的语言幸存下来，如喀喇昆仑西部的布鲁夏斯基语（Burushaski）。还有一些现已灭绝的语言，如尼泊尔中部的库孙达语（Kusunda）、斯里兰卡的维达语（Vedda）和罗迪亚语（Rodiya），可能还有喜马拉雅山麓狩猎采集人群使用的原始语言塔鲁语（Tharu）。纳哈里语（Nahali）分布于塔普提河沿岸、阿拉瓦利山和温迪亚山，似乎是一种孤立的语言，依次被南亚语系、德拉威语系和印度–雅利安语系覆盖，该语言大约四分之一的词语来源于原始语言。

在过去，印度次大陆的不同地区很可能使用着许多不相关的语言。马斯卡（Masica，1979）发现了一种被称为 X 语言的未知语言，曾经存在于北方邦和比哈尔邦。来自这种语言的一些词语（包括许多本土动植物的名字）已经进入了德拉威人和印度雅利安人的词汇中，证明了它是一个更早的土著语言。

相邻地区的语言

在哈拉帕时代，邻近地区有分布于巴克特里亚、玛尔吉亚纳的巴克特里亚–玛尔吉亚纳文化和分布于土库曼斯坦的纳玛兹加文化，它们分别有各自的语言。伊朗高原西部说埃兰语和一些与此不相关的语言，在更远的西部分布有玛哈西语（Marhashi）和阿拉塔语，关于这些语言我们一无所知，此外可能还有其他许多语言。埃兰语可能是一个孤立的语言，大卫·迈卡尔平（David MacAlpin）提出了一个没有被语言学家广泛接受的理论，他认为埃兰语与德拉威语系有一个共同的祖先——原始埃兰–德拉威语。再往西，美索不达米亚南部的人们讲的苏美尔语是另一种孤立的语言，而阿卡德语是闪米特语系（Semitic languages）的一部分，现在大多数近东语言都属于闪米特语系。海湾地区的语言无人知晓。在整个地区，可能存在着大量的语言，包括许多现在已经灭绝的语言，还有一些甚至在当时就没有亲属关系的语言。

辨别哈拉帕语

语言的变化

经常接触的群体之间所使用的语言在许多方面都相互影响。在双语环境中，语言通常会发生一些变化，比如当说一种语言的人用他们自己语言的结构和发音来使用另一种语言的词汇时。这种底层影响（substrate influence）的证据可以通过各种方式追溯，特别是可以根据外来词的存在和被别的语言借用的音韵、语法和句法等特征，这些数据可用来研究已知语言在过去的分布，并可以推测已经完全消失的语言的存在。一个地区语言的年代序列可以通过观察外来词汇来确定，因为外来的人通常会对其不熟悉的植物、动物、景观特征、器物、惯例（practices）等采用土著的名字，而且他们经常使用或修改现有的地名。外来词还可以反映不同语言使用者之间的文化和经济差异。

印度-雅利安语的语言学历史已经从文学资料中得到了深入的研究，很多工作都致力于重建原始德拉威语，但人们对次大陆其他语言的了解就少得多了。在确定对印度-雅利安语言的底层影响方面已经做了大量的工作，关于德拉威人和蒙达语相关影响的研究则少得多。

对印度-雅利安语的底层影响

印度-雅利安语是最近才出现的语言，关于其地理分布和底层影响的相对年代可以在现存的口头文学中进行很好的追溯。《梨俱吠陀》中大约有 380 个非印欧文字，反映了原始布鲁夏斯基语、藏缅语、蒙达语、德拉威语等许多语言的早期影响。南亚语言的一个特点是使用卷舌辅音，印度-雅利安语是唯一一个在发音中包含卷舌辅音的印欧语系的语言，很明显，这一特征是在古印度-雅利安语进入次大陆后形成的。

许多语言特征显示了德拉威语对印度-雅利安语早期的底层影响，显示出吠陀时期两种语言使用者之间的广泛接触。早期德拉威语显然是哈拉帕语的候选语言，但这个说法遭到了威策尔（Witzel，1999a）的挑战。他对《梨俱吠陀》十卷内容进行研究之后，确定了三个阶段（《梨俱吠陀》的年代并不精确，但他认为大约是公元前 1700—前 1500 年、前 1500—前 1350 年和前 1350—前 1200 年）。他认为，在第一阶段主要的影响来自非德拉威语，这也是后期阶段大多数外来词的来源。词语结构（特别是前缀的使用）表明它属于南亚语系，威策尔称之为帕拉蒙达语（Para-Munda），迄今为止没有关于此语言的相关记录，他在旁遮普东部、哈里亚纳邦和更远的东部地区发现其存在的一些迹象。有些外来词还可能来自恒河盆地东部更远的 X 语言（Language X），这些外来词很可能是在更早的时候从该语言借用到帕拉蒙达语中的。

虽然帕拉蒙达语在威策尔确定的第二阶段中仍然发挥了主要的影响，但当印度–雅利安语的地理分布范围扩大时，德拉威语轻微的底层影响逐渐变得明显，这一影响可能来自信德省，并在第三阶段得到了进一步的增强。还有来自北方邦和比哈尔邦的 X 语言以及喜马拉雅山麓藏缅语的外来词。很可能神圣的吠陀文本相对来说没有受到非印度–雅利安语言的"污染"，因此，《梨具吠陀》中存在的明显的底层影响在一定程度上反映了印度–雅利安语使用者与土著人口之间有着相当多的相互作用和双语现象。在后来的《吠陀经》等早期文献中存在更明显的底层影响。德拉威语对后来的印度–雅利安语词汇、词法和句法有很大的影响，大部分外来词来自南德拉威语。

德拉威人在哪里？

我们对德拉威语的史前历史一点也不清楚。从原始德拉威语的词汇中可以得到一些信息，并在北德拉威语以及南和/或中德拉威语同源词的基础上重建，这些词汇一定程度上反映了德拉威语分支形成之前的情况。相比之下，虽然在北德拉威语分离之后以及南德拉威语和中德拉威语分离之前的一些发展情况，可能在两个分支中不相邻的成员之间的同源词中有所反映，但二者相近这一特征意味着一些共享的词可能是在后来的接触中产生的。

富勒（Fuller，2007）仔细研究了原始德拉威语中的植物学词汇，认为它反映了印度中部和半岛的干落叶林带的特征，其分布范围从索拉什特拉向南延伸，可能到达邻近的稀疏草原地区。这应该反映了德拉威语使用者在分支分离之前曾生活过的大体区域。根据索思沃思（Southworth，2005b）所说，原始德拉威语词汇表明了一种包含狩猎、畜牧业和农业的经济，包括犁的使用。总体上它似乎反映了一种村庄生活的状态，但有几个词语暗示了更多的东西，如上面的楼层、横梁、冶金，以及某种程度的社会分层、贸易和某种形式的费用（可能是税收或宗教供奉）。考古研究表明这里容纳了来自西部拉贾斯坦邦、德干、半岛地区公元前三千纪和前二千纪的新石器时代至铜石并用时代的文化，以及来自索拉什特拉的哈拉帕文化（该地区的哈拉帕文化属于哈拉帕国家的一部分，但基本上还处于农村生活的状态）。这与《梨俱吠陀》中提到的关于德拉威语影响印度雅利安人的年代和地理证据相一致。因此，当印度-伊朗边境地区的牧民和农民进入印度河地区时，说原始德拉威语的人的祖先可能已经是这些地区土著群体的一部分了。

尽管可能性不大，但这些殖民者可能自己就是早期德拉威语的使用者，索思沃思并不排除说原始德拉威语的祖先可能来自次大陆以外的这一可能性。《梨俱吠陀》中没有多少底层影响的证据能够说明公元前二千纪后半叶信德省使用的是什么语言，但是威策尔在几个词语的基础上，得出这是一种与帕拉蒙达语相关的语言的结论，这些语言之间存在方言上的差异。他称这种语言为梅卢哈语，因为这是与美索不达米亚贸易的哈拉帕人使用的语言，因此需要翻译。他注意到美索不达米亚南部文本中出现了许多梅卢哈词语，但似乎没有一个词语有德拉威语词源。但是，芝麻油很可能是哈拉帕向美索不达米亚出口的产品之一，这种油在苏美尔语中被称为"ilu"，在阿卡德语中被称为"ellu"，与南德拉威语中芝麻的名字"el"或"ellu"非常相似，这可能表明芝麻油是以德拉威语的名字出口的。不过威策尔指出，芝麻油名字的来源也可能是帕拉蒙达语中表示野生芝麻的单词"*jar-tila"。

帕尔波拉（Parpola，1994）认为"梅卢哈"这个名字可能来自两个德拉威语的单词，表示"高地国家"，尽管"mel-akam"这个术语本身没有在任何德拉威语中得到证实。兹韦莱比尔（Zvelebil，1972）提供了可能支持这一观点的证据，表明横跨次大陆的许多说德拉威语的群体用意思类似于"山里人"的名字来称呼自己。"梅卢哈"的变体再次出现在《吠陀经》和后来的文献中，用于表示不讲印度-雅利安语的社区。特别接近它的一个词语是"milakkha"，这在巴利语（Pali）方言中表示印度西北部。虽然这个名字可能与俾路支山区有关，但也可能与东高止山等有关。

其他语言

德拉威语受到的底层影响表明，它到达次大陆的时间晚于南亚语系，因为德拉威语中很多本地动植物的术语都是外来词，通常被认为来自蒙达语，也有可能来自帕拉蒙达语。

其他一些词语在印度次大陆的任何语言中都找不到词源。这些词语包括小麦，它以各种形式出现在德拉威语、帕拉蒙达语和印度–雅利安语中，所有这些都源自近东语。因此，这一小部分外来词很可能是在公元前八千纪或公元前七千纪随着近东的驯化物种的传入而出现的，同时期是否有相关的定居者迁入还不明确。

哈拉帕语言

印度–伊朗边境地区的居民是哈拉帕人口的主要组成部分。生物证据表明，边境地区的人口最初与其他同时代的南亚人形成了一个生物连续体。一些生物特征上截然不同的个体在公元前6000—前4500年的某个时间定居在那里，但文化的连续性没有被打破。此后直到后哈拉帕时期，人口明显没有变化。有可能公元前五千纪的移民把一种新的语言引入了次大陆，考虑到他们似乎与生活在伊朗高原上的人存在生物亲缘关系，他们的语言可能与该地区的前伊朗语有关。《梨俱吠陀》第八卷的一些部分与伊朗东部和锡斯坦有关，那里属于前伊朗语底层的名字听起来像德拉威语。这可能表明，公元前五千纪的新来者是早期德拉威语使用者。

因此，哈拉帕时期印度河地区的语言有几种可能的情况。当梨俱吠陀雅利安人到达时，旁遮普人说帕拉蒙达语，向东迁移到恒河地区的晚哈拉帕移民也可能讲帕拉蒙达语，这说明帕拉蒙达语一定曾在次大陆存在了相当长的一段时间。如果在前哈拉帕时期使用这一语言的地区包括印度–伊朗边境地区，那么帕拉蒙达语很可能是哈拉帕文化的主要语言，至少在旁遮普地区是这样，也可能在整个文明中都是这样，而德拉威语是西部土著居民使用的语言，可能使用范围远至西北部的索拉什特拉。在这种情况下，后哈拉帕时期古吉拉特邦的语言可能发展为北德拉威语分支。

另一种可能是在边境地区人群定居在平原之前，印度河地区的渔猎采集人群就已经开始讲帕拉蒙达语。如果公元前五千纪来到该地区的新来者是说德拉威语的人，那么很有可能德拉威语至少被一些定居在平原上的边境农民和牧民使用，因此也被哈拉帕人使用，但是帕拉蒙达语仍然是旁遮普哈拉帕人的主要语言。

对哈拉帕文字的研究表明，它曾被用来书写单一语言。官方语言的存在与哈拉帕文化统一性相匹配，这种官方语言很可能用于书写，并作为一种通用语在整个哈拉帕地区使用。但哈拉帕地区可能也有属于不同地区或职业群体的一种或几种其他语言，反映了语言形成过程中不同社区聚集在一起的现象。群体长时间使用双语的情况也发生在其他地区，如在美索不达米亚，苏美尔语和阿卡德语共存了好几个世纪，尽管它们最初属于南部美索不达米亚的南部地区（苏美尔）和北部地区（阿卡德），这两个地区受过教育的人会讲两种语言。

印度河文字

尽管人们对破译哈拉帕文字很感兴趣，但一直无法成功。原因有很多，如缺乏双语铭文作为参考，符号过于程式化，长度和特征非常有限，对文字所记录的语言了解有限，以及该文字后来消失且没有被传承下来。此外，符号的数量表明哈拉帕文字可能是形音并存（logosyllabic）的。因此，要破译的符号要素的数量及其使用和组合的复杂性要比音节文字或字母文字大得多。

印度河文字的发展

在大印度河地区的早期陶器上就已经出现刻画符号，并在整个成熟哈拉帕时期和后来的时期被持续使用。这些符号和印度河文字之间没有明显的联系，尽管有一些存在表面上的相似性。两者都包含了简单的几何符号，这种符号在所有文化中都有发现，与其用途没有任何联系。但从公元前四千纪后期开始，类似于独特的印度河文字的刻符出现在哈拉帕遗址的陶器上。在随后的早哈拉帕时期，两个或三个成组的符号开始出现，其顺序往往与印度河文字相同。

公元前 3200 年—前 2800 年，在邻近赫尔曼德省的沙赫里·索科塔遗址曾居住有埃兰人，边境地区的文化在这里进行贸易往来。埃兰人使用一种带有复杂数字符号的书面记账系统和原始埃兰文字，主要用来书写个人名字和商品清单。这些还没有得到破译，但其中的数字和一些符号是可以读懂的，人们对这种文字的结构也有相当多的了解。

印度河地区和边境地区的居民很可能知道有原始埃兰文字的存在及其用途，这种知识可能刺激他们在条件成熟时发明自己的文字，即使他们把文字用于不同的用途。同样地，哈拉帕人发明了与原始埃兰文字完全不同的符号系统，但他们可能以原始埃兰文字为蓝本，借鉴了一些特征。哈拉帕人在所有可能的书写方向和书写媒介空间的使用中，选择了与埃兰人相同的方式，即从右到左和从上到下，而与此同时的苏美尔人文字从左到右分栏书写，呈方块状。这一影响可能推动了哈拉帕文字的发展，在过渡时期，哈拉帕文字发展成为完整的书写系统。与此相反，原始埃兰文字则消失了。

缺乏传承

在公元前二千纪的前几个世纪里，当城市生活衰落时，文字也不再被使用。少量的哈拉帕文字出现在后城市时期的符号中。当几个符号同时使用时，其顺序也是随机的。一些类似于印度河文字的符号在后世偶尔也有出现，这些符号很可能不再神秘，但对于那些书写者仍具有象征意义，例如作为吉祥和宗教的符号或王室标志。

印度河文字和 1000 多年后才开始使用的婆罗米文字（Brahmi script）之间没有任何联系。婆罗米文字起源于一种北闪米特文字，最初在西亚的某个地方使用，是公元前 2000 年左右在黎凡特发明的辅音字母文字的后代之一。另一种印度文字佉卢文在西北部使用了一段时间，其与婆罗米文字有相似的祖先。北闪米特文字字母表（parent alphabet）中的字母被改造为婆罗米文字的基本辅音符号，并加了变音符来表示辅音符号与不同元音符号的组合。书写的方向是从左到右，与哈拉帕文字书写的方向相反。在公元前一千纪早期，在印度南部出现了一种改进后的文字，被用来书写泰米尔语。源于婆罗米文字的现代印度文字有 200 多种，其祖先可以追溯得很清楚。

书写媒介

摩亨佐达罗和哈拉帕城址出土了大多数（超过 80%）刻有哈拉帕文字的器物，它们的种类多样性最为丰富。其余的刻字器物（主要是印章和印蜕）则广泛分布于哈拉帕的城镇和一些域外遗址。

印章和印蜕

大多数现存的哈拉帕铭文材料都来自带有图像和简短文字的方形印章。这些石头主要用滑石制成，也有一些使用了其他石头。摩亨佐达罗出土了两件银质印章，可能是豪华版的印章。大多数图像都是动物，尤其是独角兽，但也有公牛、大象等，主要为野生动物，也包括一些场景和复合动物。目前还没有发现这些图像和文字之间的联系。印章文字通常很短，平均有 4~5 个符号，使用的符号种类数量很多。印章上的铭文是反着书写的，当印在封泥和少量的陶器等材料上时，就可以正常阅读。保存下来的黏土印蜕相对较少，印蜕上可有多个印章的印痕，或同一印章的多处印痕。已知的少量较大的印章，制作时使用了异常高的标准的工艺。

其他类型的印章数量很少。其中包括一件来自卡利班甘的圆筒印章和一些两面都有铭文的印章。格拉·多尔（Gola Dhoro）遗址出土的一件印章呈细长的盒子状，上面刻有文字，一面带有一个开口（opening）。摩亨佐达罗也出土了一些特殊类型的印章。由迪尔蒙人制作的一些圆形波斯湾印章上也有哈拉帕文字。还有一些长方形印章上只刻有一个铭文。

微型书板

在哈拉帕遗址的上层堆积中出土了许多微型书板。书板的一面有简短的铭文，铭文为正字，可正常阅读，另一面通常有数字，有时还伴有一两个其他的符号。滑石书板上经常琢刻着相同的铭文，而模具则用于制作具有相同设计的多个费昂斯或红陶书板。有些书板上带有图案设计和文字。

书板上通常描绘了叙事性的场景，比如一个神观看两个人比赛；有些则只有一个图像，比如描绘了栏杆里的一棵树，或者一个或多个吉祥的符号。

在哈拉帕较晚阶段也出土了一些刻字的圆柱体，摩亨佐达罗也有一件。这些是用两件式模具制作而成的。一面通常刻有铭文，另一面则是带有宗教主题的场景或图像。

大部分书板都出自哈拉帕遗址，它们可能都是在该遗址生产的。在摩亨佐达罗遗址也发现了很多，在朵拉维拉、洛塔尔、卡利班甘、昌胡达罗和罗帕尔等遗址也有发现。基诺耶（Kenoyer，1998）认为书板可能用于计数。在哈拉帕遗址的一个地点集中出土了 13 块书板，其中 9 块刻有一种图案，4 块刻有另一种图案，同出的还有砝码、印章和坠饰。也有学者认为其更有可能是祭品或护身符，可能具有吉祥的内涵或用于祷告。在一些书板上带有一种陶罐的符号，构成了铭文或数字的一部分，书板上偶尔会有一个人向一棵树或向坐着的神献祭的场景。帕尔波拉（Parpola，1994）令人信服地将这些解释为是有关供奉的记录。

类似的还有在哈拉帕、摩亨佐达罗遗址和巴林地区发现的一些三棱柱形器，阿曼的梅萨尔遗址（Maysar）也出土了与众不同的例子。这些均为费昂斯或红陶质，可能是模制而成。其一面印着一行文字，另外两面印着不同寻常的形象，比如一艘船屋，或者手举圣像旗帜的队伍，以及更熟悉的主题，比如坐在低矮宝座上的有角人物。

在摩亨佐达罗发现了 100 多块小型雕刻铜板，而在其他遗址中则没有此类发现。铜板的一面刻有铭文，另一面刻有图案。一般来说，特定的图案与特定的铭文相搭配，其种类都是相当有限的。有时图像会被另一种简短的铭文取代。图案包括复合动物、无穷结和带有公牛后肢的野蛮人（该人物手持弓，头戴着角形头饰，可能是萨满或神灵）。这些可能是护身符。在哈拉帕和摩亨佐达罗都发现了一些完全不同的装饰了浮雕图案的铜板。

刻字的器物

在很多其他器物上也带有琢刻或按压形成的铭文，如可能具有某种仪式意义的象牙棒和骨棒，以及可能在政治或宗教背景下佩戴的炻镯。很多陶器在烧前或烧后被刻上铭文，内容可能是关于盛装的物品、容器的容量或所有权。大型存储罐有浮雕铭文，是通过将铭文刻在用于塑造陶罐底座的模具上而形成的。

许多小物件上都刻有铭文，如青铜斧和凿、摩亨佐达罗的金首饰，以及骨簪、彩绘红陶手镯等。这些铭文有时可能用来表示所有权，但更多情况下可能是护身符，起到保证物品安全使用或保护其所有者的作用。从其质量上判断，有些器物似乎更有可能是用于供奉而非实用器。在这些铭文上，可能表示奉献该物品的人或群体，或者所供奉的神灵。

标志牌

另一种已知的铭文材料在目前是独一无二的。在1989—1990年朵拉维拉遗址的发掘中，在城堡北门的一个门卫房里，发现了一行9个用白色水晶材料制成的大型印度河文字标志牌。这些标志牌高约37厘米、宽25~27厘米。它们最初可能放置在一块木板上，并陈列在城门上。它位于城堡和外部世界的边界，可能具有宗教意义，也许可以起到净化或赐福的作用。在其他城市和城镇可能也有类似的遗物。鉴于朵拉维拉标志牌的脆弱性，其能被保存至今显然是极其幸运的。

消失的媒介？

现存的带铭文器物只具有书写的一些潜在功能，包括作为个人或官方的身份证明（作为徽章的印章），所有权标记（比如器物上的名字可能是一种标记），防止被篡改和作为分配管理的证明（印章和印蜕），还有献词、符咒、祷告或祝福（微型书板、铜书板、刻字的器物）。大多数有文字的社会也用文字记录经济交易，并颂扬其领导人的功绩。哈拉帕人似乎对这样的宣传不感兴趣，但哈拉帕社会似乎不太可能在没有使用某种文字系统的情况下进行如此有效的运转。从另一个角度来看，有文字的美索不达米亚人致力于记录所有的内容，而与之保持密切贸易关系的哈拉帕人，不可能抵制住使用他们自己文字的冲动，只不过在现存的遗物上没有表现出来而已。因此，哈拉帕人也可能使用了没有被保留下来的其他媒介。

在近代，印度次大陆广泛使用了许多易腐烂的媒介进行书写，如木头、棉布、树皮、棕榈叶和羊皮纸。如果哈拉帕人也使用的话，这些物品在很久之前就已腐烂。在近东大量使用的泥板在哈拉帕文化中没有发现，哈拉帕社会可能使用的是即时可得的易腐烂媒介，它们更便于携带和储存，而且相比未烧制的黏土而言没有那么脆弱。在埃及，一种类似的书写媒介是由纸莎草制成的，这些文本只是因为干旱的气候才得以保存下来。因为哈拉帕人没有建造纪念碑，所以哈拉帕地区不可能有碑文。

在现代南亚，孩子们在学校里用木板写功课。木板上覆盖一层白色物质，用后可擦拭干净，以备第二天使用。摩亨佐达罗出土的两件红陶器与这些木制书写板的形状完全相同，表面呈矩形，一端有一个短把手，很可能是木制原件的模型，甚至可能直接用作书写板，其上可以覆盖合适的书写材料。印度河文字中有两个符号可能表示这样的书写板，符号由一个正方形和一条从其顶部上升的线组成，其中一个符号是空白的，另一个符号上有可能表示书写的水平线。

法尔梅反对哈拉帕文化存在任何消失的媒介这一说法，他和他的合作者（2004）指出，目前在哈拉帕还没有发现任何书写工具，如墨汁、尖笔，不过也可以对此提出反证，即目前也没有发现用于装饰陶器的颜料和画笔，这两种工具也可以用来写字。

经济方面的讨论

哈拉帕文化中存在一个高效的内部分配网络，有着繁荣的海外贸易，向哈拉帕地区各个角落的居民提供来自四面八方的商品。偶尔因意外失火而保存下来的印蜕证明了对这种分配的管理。印蜕附在运输途中用布包、麻袋或陶罐包装的货物上，可能是为了防止有人未经授权打开包裹，也为了标志身份。用于盖章的印章上带有图案和铭文，是为了能长期使用而精心制作的器物。因此，它们所传达的信息需要在很长一段时间内不断地被重复，一些印章上的使用痕迹即是明证。我在前文中指出，印蜕既提供了一般信息，以保证包裹得到正确处理，又能方便识别发件人。它们不会用来提供关于包裹内容的短暂信息，这些信息很可能在每次发货时都有所不同，即使是定期发送相同类型的商品，它们也不会被用来提供关于如何处理货物这一类易变指示的信息。这些信息可能是通过口头传播的，但更有可能是写在发货单上，是随货物发送的，或是单独发送的。调动、发送或收到货物的记录可能不是那么重要，但与其他早期国家的比较表明，这些记录可能也会被保留下来。没有任何发货单方面的证据更可能显示当时哈拉帕人使用了易腐烂的媒介，而不是根本不使用这类型的记录。

一个几乎是同时代的例子可以很好地说明这一点。近东地区揭示出了一幅关于贸易系统运行的极其详细的图景。公元前 1830 年左右，安纳托利亚卡内什遗址的大火烧硬了泥板，使之得以保存下来，泥板上记录了亚述商人经营的一个贸易网络。这些泥板来自亚述，其中包括很多关于私人生活和经营环境的信息，但绝大多数内容都是关于货物流通的细节，如运送的货物清单和发货人、承运人的名称，抵达卡内什后将如何处理的指示，退回特定货物的要求，以及支付各种当地税费和关税的细节。发信人的印章常常印在发货单或其封皮和货物的封泥上。这些发货单被小心地储存在卡内什的贸易区，并在商人在安纳托利亚逗留结束时被带回了家乡阿舒尔。在阿舒尔遗址几乎没有发现任何与这一贸易相关的信息，如果亚述人没有使用黏土作为书写媒介，就不会有任何证据表明这一贸易（涉及纺织品、锡和银）的存在。

背景的重要性

通过分析哈拉帕铭文的不同背景，可以得到大量有价值的信息，包括承载铭文的器物类型、铭文的位置、相关的图像以及发现和分布的地点。

有各种类型的材料可供刻字。由于每一种类型的功能决定其铭文的内容，因此有必要对每一种类型的铭文单独进行研究。例如，个人印章通常包括以下一些信息：所有者的姓名、父名（patronymic）、家乡或出生地、头衔，以及对个人神的献词和所有者对其负责的机构的名字。因此，在印章上经常重复或经常被替换的符号序列可能表示头衔或个人姓名。其他文化中的许多文本都是官方记录，保存下来的哈拉帕的带铭文器物及其文本的形式显示它们不属于这一用途。一个可能的例外是前面有文字、后面有数字的书板，可能是献给神灵的供品清单，或作为商品或税收的普通收据，或是发给所从事某种工作的人的配给凭证。

在某些情况下，铭文的位置可以提供一些信息。例如，在一些刻有文字的斧头上，文字刻在被原来的木柄所覆盖的位置。在这种情况下，铭文不太可能表示其所有者，而更可能是一种符咒，其效力并不取决于可见性。

很多刻有文字的器物也有一个或多个图像。铭文与所描绘的动物或场景之间通常似乎没有联系，尤其是在印章上。然而，在组合中寻找规律是有助于研究的。例如，与瘤牛图案相关的文本可能为统治者所有，因此可能包含王室头衔。但有时特定的图像和特定的符号序列之间有密切的关系，特别是铜板的铭文可能在某种程度上与图像的内容有关。

出土刻字器物的遗址可能也很重要，确切的发现地点和大致的位置都有潜在的启示意义。有些刻字器物的分布很有限，例如炻器手镯，几乎只在摩亨佐达罗和哈拉帕等大城市才有出土，因此它们可能是高级官员的徽章。帕尔波拉（Parpola，1994）指出，符号"I I/"只发现于昌胡达罗，它出现在了 11 件物品上（约占昌胡达罗刻字器物的六分之一）。因此，他认为该标志可能代表的是城市的名字。如果刻字器物是意外丢失的，精确的发现位置可能提供不了什么信息。但在有些情况下，例如在洛塔尔烧毁的仓库里，刻字器物、其他手工业产品和出土这些遗物的建筑之间的关联或可提供大量有用的信息。

虽然背景信息可能无法让我们真正读懂铭文，但它们能让我们识别出某些序列可能属于某种特定类别，比如个人的名字、神灵的名字或献词的公式。通过确定某些符号或短语的一般含义，这些推论可供进行整体解读，反过来也可以用于检验对符号或符号序列解读的可信度，从而排除那些荒谬的解读。

哈拉帕文字库

印度河文字使用了大量的符号。有些是明确的图画，如简笔无头人物和头朝下沿着树枝跑动的棕榈松鼠（palm squirrel）。有许多似乎是抽象的，也有许多似乎是图画，但不知道表现的是什么。例如，一个看起来像带把手陶罐的标志也可能表示牛头。少数符号出现得非常频繁，最常见的 20 种符号占整个文字库的 50% 左右。有些只出现过一次（被称为单例），而许多只出现过几次。

研究印度河文字系统的第一步是识别和统计所有的符号。这一点也不容易。

异形字（Allographs）

很多符号看起来相似。有些可能是异形字，即同一符号有不同的写法。而其他的则是不同的符号，具有不同的语义或语音。问题是如何区分这两种可能性。如果两个相似的符号具有相同的用法，如在符号序列中可以互换出现，与相同的符号组成连词，那么它们很可能是异形字。在有些情况下，一个符号的异形字形成一个渐变序列，显示出符号的变化过程。尽管在序列两端的符号看起来明显不同，但每个符号的形式都与其相邻的符号接近。但这些区分方法还是存在很多分歧。

连字（Ligatures）

一个相关的问题是连字。连字是以各种方式将符号组合在一起。或用线条连接，或将一个符号写在另一个符号里面或上面，或将一个符号的部分叠加在另一个符号上（例如用带把陶罐符号代替简笔人物形象的脖子）。有些连字是由两个以上的符号组成，或可达 6 个。一个符号和另一个不作为独立符号出现的元素也可以组成连字。建立符号的边界需要分析整个字库的符号序列，例如在确定两条平行线及其间的一个符号是代表 3 个独立的符号，还是代表一个连字的时候。连字是一种节省空间的方法，可以将完整的单词和短语写成一个整体，在这种情况下，释读时需将其分解成各自独立的部分。或者，连字可能表达与各部分总和有间接关系或完全不同的意思，在这种情况下，分解研究的方法起不到什么作用。

符号列表

从 1934 年的 G. R. 亨特（G. R. Hunter）开始，为建立一个完整的符号列表，学者们进行了很多尝试。伊拉瓦塔姆·马哈迪温在 1977 年发表的文章中建立了一个符号列表，作为其索引的一部分，阿斯科·帕尔波拉在 1994 年出版的一卷书中也提供了一个列表。最近，布莱恩·威尔斯（Bryan Wells）编纂了一份新的符号列表。他们由此区别出的符号的数量有很大的不同，马哈迪温区分出了 419 个符号，帕尔波拉指出了 386 个符号及另外 12 个可能的符号，威尔斯则列出了 676 个符号。这是对个别符号和潜在的异形字、连字进行了长期考虑后的结果。符号列表是分析文本的基本工具，可以检测文本的结构并最终确定文本的意义，许多分析都使用了统计学方法。把不同的符号集中和把相同的符号分开，显然都会影响分析的结果。这是一项极其困难的工作，新数据出现后还需进行修正。

词库和汇编

文字研究依赖于所有刻字器物（目前大约 1700 件）相关图片和背景资料的发表。马哈迪温（Mahadevan，1977）编制了一个索引，在其中他列出了所有可用的文本，使用生成的字体匹配他的符号列表。他还提供了每一件器物的出土遗址和每一枚印章上的图案（或字段符号）等背景信息，并对文字中单个符号在文本和遗址、字段符号（field symbol）中的出现频率和分布进行了一些分析。帕尔波拉和他的合作者（Koskenniemi and Parpola，1973；Parpola，1973；Koskenniemi and Parpola，1979，1982）编制了几个这样的索引。因为对他们所列举资料的质量和完整性不满意，帕尔波拉又开始了一项庞大的任务，即对所有已知的哈拉帕材料进行完整的摄影记录。现在已经出版了两卷书（Joshi and Parpola，1987；Shah and Parpola，1991），第三卷预计很快就会出版。威尔斯已经建立了刻字器物的电子库，配有关于器物出土背景的更详细信息，但尚未公开。

所有这些资料汇编都面临巨大的困境。在分析之前，刻字器物的原始数据必须以易于管理的方式被记录下来，但每位学者编纂符号列表时对符号的识别不同，由此会不可避免地损失一些精度。

文字如何发展

文字本质上是一种代码，其含义为使用者所接受，起到在书写者和读者之间传递信息的作用。大多数早期文字都是从图画符号发展而来，但即使是最明显的象形文字，其所代表的含义也得到了使用者的共识，并不一定与图画含义相匹配。一个象形文字可能包含一系列相关的意思（例如，一个符号可能同时表示"腿"和"走路"）。抽象符号也可能是最初的符号组合的一部分（例如，苏美尔人用分成四等分的圆圈来表示"羊"），但随着新符号的加入，象形文字占据主导地位。一些新的符号是在修改现有符号的基础上产生的。当一个新的符号推出时，它只会在有限的人群中流行；有些符号被更广泛地接受并成为字库的一部分，而另一些符号的使用仍限定在某一区域或被淘汰。随着时间的推移，一些符号的含义也会有所改变。从很早的时期开始，被广泛接受的使用惯例便开始支配符号的使用，少数符号在广泛的区域内被频繁使用。

最初符号用来表示物体，但不久后也用来表示声音。现在可用的词汇范围因双关语（画谜原则）而大为扩展，如用象形文字来表示同音异义词，或表示发音大致相同（或几乎相同）但意思不同的词（例如，"bee"表示"be"）。通过连写（例如，"bee"加上"leaf"构成"belief"），或修改符号（例如，用各种方式改变陶罐符号来表示一罐蜂蜜、啤酒或牛奶）也可以创造新的词语。

早期文字主要应用于一个或多个有限的目的，使用代表词干或词根的符号即可，可以根据上下文来理解词语的适当形式。随着文字用途的多样化，提供这种信息的需求也随之发展，符号越来越多地使用语音，通常是单个音节，但表意符号（logographic）也在继续使用。单个符号现在可能具有多种语义或语音，所以一些文字会添加额外的没有发音的符号来帮助区分不同的语义和语音。语义限定符（semantic determinative）可以确定符号几种含义中的某一种含义。声符（phonetic complement）可再现相应单词的部分发音。这些发展发生在公元前四千纪后期到公元前三千纪的近东（包括埃及）以及后来的中国、中美洲等地区。在美索不达米亚，因为阿卡德文字书写结构迥异，人们书写时遇到了困难，为此他们对苏美尔文字进行了许多修改。

与此同时，为了便于书写，苏美尔文字中的符号被简化了，形象的一面也消失了。埃及人保留了他们的象形文字，用于纪念碑文，但发展了一种简化的僧侣体，书写在纸莎草纸上。

当一些文字继续使用形音并存符号时，在公元前三千纪后期，近东的一些文字主要使用音节符号。这使得语音的再创造更加经济和高效。在公元前 2000 年左右，文字又有了进一步的发展，闪米特人用他们自己单词的首字母辅音表示许多埃及象形文字的图形的意义，并把这个辅音分配给每个符号的修改形式，从而创造了第一个字母表。世界上所有（包括南亚）的字母文字都由此发展而来（在黎凡特发现了一种大致同时代的楔形文字字母表，但其只是昙花一现）。希腊人开发了一种更适合其语言的文字，其中元音也有标记。原则上，字母文字中每个音素（元音或辅音）都有一个单一的符号，因此它可以写下任何单词，并有明确的发音。因此，字母文字进行调整后可以应用于任何语言。

分析印度河文字

要想了解印度河文字系统，就必须找到尽量多的文字。只有这样才能卓有成效地尝试破译文字。对文本字库的详细分析揭示了诸如符号关联、频率和位置等方面的特征。

文字的特点

字母文字（alphabetic script）可以通过其所需的少量不同的符号来识别，数量通常是 20~35 个，也可以通过组成一个单词所需符号的数量来识别，例如，在英语中，一个单词的符号有 1~30 多个。音节文字（syllabic script）需要相当多的不同符号，通常在 100~150 个，但书写一个单词所需的符号则少得多。每个符号都表示一个元音（V）或元音与一两个辅音（C）的组合：V、CV 或 CVC。

形音并存文字有更大的符号库，通常有 400~700 个，尽管可能很少符号被经常使用。符号的数量部分取决于表意符号和表音符号的相对比例和表意符号是多音节还是单音节。在表意文字（logographic script）中，单词通常由 1~3 个符号组成。

哈拉帕文字中使用符号的数量应该可以揭示它的特性。除了不符合历史发展规律，我们从哈拉帕符号的数量就可排除它有字母或音节的可能。虽然符号的具体数量尚未确定，但大致在 350~700 个，其中大约一半是基本符号，符合形音并存文字的一般特征。

文本长度

哈拉帕文化的大部分文本都很短，一般有 1~8 个符号，不到百分之一的文本包含 10 个或 10 个以上符号，相当多的文本只有 1 个符号。最长的连续文本是 17 个符号，在一件三棱柱形器上发现目前所见最长的文本，由 26 个符号组成，但可能是由 3 个较短的连续文本组成。这在某种程度上反映了文本的性质，大多数文本只需要传达很少的信息。印章上的文本可能提供了主人的简要信息。其他物品上可能刻有主人的名字、符咒或献词。大规模生产的书板上大量重复出现的文本似乎与货品（stock inscription）相关，如标准供品或公式化祝福的记录。

虽然这可能为文本的简洁性提供了一个合理的解释，但也可能是由于使用了许多意符（logograph）和相对较少的音符（syllabic sign）。这可能与文字中存在大量而很少被使用的符号一致。另一种可能是，在印度河文字中经常使用连字，反映了一种凝集（agglutination）的倾向。一个连字可能由许多语素组成，构成一个短语或句子。

识别模式

要理解文字的工作原理，通常需要对整个字库进行详细分析，以揭示单个符号的使用方式。尤里·克诺罗佐夫领导的俄罗斯团队、阿斯科·帕尔波拉领导的芬兰团队、泰米尔学者伊拉瓦塔姆·马哈迪温和哈佛学者布莱恩·威尔斯已经在开展相关的艰苦研究。一种方法是获取成对符号关联性的统计信息，以及每个符号在铭文中出现的频率。这种有规律关联的成对符号，可能反映文字的句法特征。

有些文字标记了单词的分节，但印度河文字没有。因此有必要找到其他方法来确定单词或短语的划分位置。有些文本只有一个符号，应该代表一个完整的单词。很多有 2 个或 3 个符号，应该是用一个词或几个词表示一个完整的信息。有些符号序列在一些较长的文本中出现，而这些文本的其余部分也可能表达独立的信息。出现在多个文本中的一些特殊符号，通常占据着相同的位置。例如，"带把罐形"符号被放在许多文本的末尾。这表明，当它出现在文本中时，其后符号形成一个单独的部分。对多行文本的分析表明，换行符几乎总是落在其他地方标识为段落边界的点上。

对位置和关联的各种分析有助于识别用法相同的符号，这些符号某些部分中可以互换。例如，在段落终端位置，"箭头"符号似乎可以与"带把罐"符号互换。人们一度认为这两个符号可能分别代表与格（dative）标记和属格（genitive）标记。这个理论现在没有得到重视，但最近马哈迪温（Mahadedan，2000）提出，该符号可以用来表示人–数–性别（nominal–singular–male/non male，德拉威语中使用的性别区分）。

根据若干这样的线索和大量的研究，我们已经揭示出哈拉帕文本的一些特征。其一，一个独立的文本通常有 1~3 个符号，与形音并存文字中典型的单词长度相匹配，特别是那些语法词缀被省略的文字。其二，许多较长的文本都有一个明确的模式，它们由不同的符号序列组成，每个符号序列的组成都是可预见的。目前对许多单个符号和符号序列的特性的了解，为词法和句法的探索提供了线索。

然而，法尔梅和他的同事（2004）持一种过于悲观的观点。他们认为已知的公元前三千纪的文字包含大量多功能符号，却省略了很多句法、语义和语音，这些统计学研究无法识别任何此类特征。这可能是一种过于悲观的观点。

书写方向

各种各样的证据明确显示，印度河文字是从右到左书写，从上到下排列成行的（这是书板、器物和印蜕上文字的方向。印章的则是反字，这样就可以在印蜕等印痕上正常阅读。因此，在研究印章文本之前，首先需把文本转换过来）。印章上未满一行的文本都是从右边开始书写的。那些有第二行的文本通常也从右边开始，尽管有文本的第二行从左到右书写。有时，书写者从右边开始使用正常大小的符号进行书写，但到最后就没有空间了，于是把最后几个符号挤到一块，或者逐渐缩小其尺寸。在某些情况下，一个符号会与相邻符号重叠，左边的符号部分叠压之前写好的右边的符号。在一枚印章的三面均刻有铭文，铭文呈环绕状，非常罕见，第一行完成后，印章被顺时针旋转90°，把下一行写在第一行左边的空白处，第三行文字书写在印章左边缘。

马哈迪温（Mahadedan，1977）证据确凿地证明了书写方向是从右到左的。他的研究表明，某些符号有规律地出现在文本的特定位置。具体来说，"带把罐"符号通常是位于文本的左边，而某些符号如"脉轮"（chakra，内有六根分割直线的椭圆形）经常出现在右边。一些常规的组合符号书写在"带把罐"符号的右边和"脉轮"的左边。

当文本被分成两行时，通过观察写在第二行上的符号，马哈迪温证明"带把罐"出现在文本的末尾，而"脉轮"则出现在文本的开头。

研究符号

许多学者在编制符号列表时所做的工作已经建立起了一个基本符号的字库，有150~200个符号，以及同样多或更多的其他符号，其中不少是基本符号的复合词。

一些符号是明确的图形符号。例如，简笔画的形象无疑表示一个人，尽管这个人物可能是男性或无性别，也可能是人类或神灵。哈拉帕艺术偶尔可证实符号的图形含义。例如，鱼的符号与长吻鳄口中的鱼是相同的。

对于更多的符号来说，要辨认它们的图形含义就更难了。一个学者判断为螃蟹的符号在另一个学者看来是钳子；有人将一个符号看作是眼镜蛇，有人则看成坐着的人；一个带有多道水平线的垂直笔画被认为是一把梳子、一个耙子甚至是一棵树。其他社会的艺术或文字可能有助于对符号的解释，例如，一个带有一只伸出的手臂的三角形符号与古埃及人使用的锄头非常相似。这些比较是有用的，但不如与哈拉帕艺术或后世印度符号系统（可能源自哈拉帕图像）的比较来得有说服力。

基于文化原因，有些解读可以被排除。例如，内部被分割为六个小部分的椭圆形或圆形，看起来就像辐条轮，但这种解释是不可能的，因为辐条轮是在几个世纪之后才在几千英里之外被发明，脉轮是更合理的解释，这是后世印度图像的一部分，代表王权和神权。

很多学者都把图形符号作为破译的起点。理想情况下，这些符号可以产生围绕其图形含义和一个或几个同音异义词的单词，但一个符号的选择不是因为其图形含义。随着时间的推移，表意符号的含义也会不断变化，或者变成一个纯语音符号，这都是有可能的。此外，在表意文字中经常存在多音和一词多义的现象（一个符号代表多种不同的发音和含义），因此即使在已破译的文字中，确定某种符号的具体发音和含义也不容易。

复合词的解读问题更加麻烦。这些通常是由两个或两个以上的基本符号组成。理想情况下，这些应该是由不同部分组合起来的单词或短语，但文字使用的经验显示事情不会这么简单。威尔斯已经证明了在许多情况下，复合词的使用不像其中一个符号或两个都不像，这表明复合词不是其各部分的总和。他还指出，有时候两个符号可以并排书写，也可以作为复合词书写；这些可能是相同事物的不同写法，也可能有完全不同的含义。

其他文字表明，添加到基本符号上的元素有相当多可能的解释，如语法或语义方面的词缀、屈折（inflexion）或黏着（agglutination）、变音符号（diacritic）、声旁（phonetic complement）和语义限定符，也可能反映了修改现有符号以创建新符号的造字方法。

破译线形文字 B 一类的字母或音节文字是相对简单的，因为可能性含义（value）不会太多。已确认的一些含义有助于解释其他含义，这些含义相互关联、相互加强。相反，符号文字是开放式的，一些符号含义的发现对解释其他含义的帮助有限甚至没有帮助。玛雅文字（Maya script）是一种极其复杂的符号文字，使用者喜欢使用各种不同的"拼法"（表达同一个单词的方式）。最近对玛雅文字的解读让我们也看到了破解哈拉帕文字的希望。

数字

数字是文字中符号的一个重要组成部分，通常是最容易识别的符号类型，可以从它们的形式和用法中找到线索。因此，我们在印度河文字中寻找数字，似乎至少有一些已经得到确认。

很有可能被认为是数字的符号是 3 组数目不等的平行笔画，包括一条线组成的短笔画、若干条平行线组成的短笔画，最多可达 5 条，还有长笔画。这些代表数字的概率比较大，因为它们固定出现在某些符号前，且同一符号前会出现不同的可能代表数字的符号，显然表示 1x，2x，3x，3y，3z 等。短笔画非常可能符合这种情况，其笔画最多可到 10 条；另外，长笔画的表现则不那么一致，也不太常见，最多只画 5 条，所以很可能不是数字。

并非所有这类符号都可能是数字。位置分析显示，排成三行的 12 个短笔画（每行4 个），还有写在凸起处的一两个短笔画，看起来不像数字。此外，数字符号有时又似乎有不同的意义，如被作为语音符号。威尔斯认为，根据在文本中的位置及其与其他数字符号的频繁联系，有些符号可能也起到了数字的作用。帕尔波拉认为一个特殊的半圆形符号可能表示 10。

文本的语言

破译文字需要了解文字所用的语言。透彻地理解文字的结构有助于确定可能的哈拉帕语言。

全球语言学研究表明句子可以有多种构造方式。其主要特征是句子基本要素 [主语（S）、动词（V）和宾语（O），尤其是动词和宾语] 的顺序，但这些要素还不能在哈拉帕文本中得到确定。另外，词序的许多其他特征也很重要。一是名词和限定数的顺序。对哈拉帕文字中的符号序列和文本分段的分析表明，数字符号总是位于与之有规律性联系的符号之前。因此，其词序是数字后面跟着名词。哈拉帕语言可能比较接近使用OV 顺序而不是 VO 顺序的语言，由此可以推知许多其他的特征。例如，在 OV 语言中，头衔位于名字后面。这种模式为解析哈拉帕文本的结构提供了线索，当然，也有必要找到独立的证据来证明这些特征的推测是正确的。

文本的分行也显示哈拉帕语可能是黏着语（agglutinative），使用后缀（如德拉威语和原始德拉威语）而不是屈折变化（如拉丁语和法语），但根据目前的知识还不能证实这一点。如果哈拉帕语确实是这种类型的语言，这将会进一步证明它是一种原始德拉威语，这是主要的可能性中的一种。

研究表明，印度河地区出土的印章文本都遵循一致的结构模式。这表明整个地区的书写都使用一种语言。在美索不达米亚和海湾发现的大量哈拉帕印章进一步证实了这一点。相比之下，这些符号通常具有不同结构的符号序列，表明书写者是用了不同的语言来书写名字等信息。

实验法（Experimentation）

另一种方法是观察那些可以用图形解释的符号，然后从候选语言中为它们选择可能的发音。描述对象的词语中应该有一些（或很多）在候选语言中有同音异义词。可以用这种方式解释的符号序列，应该可以被组合起来，在正确的语言中形成单词、短语或句子，而在其他语言中则是胡言乱语。可惜这是一种非常偶然的方法，因为在符号的图形含义方面有很大的解释空间，一些所谓的破译者随意地使用这种方法，他们可以选择任何方式来解读文字。在文字破译的早期阶段——不幸的是，这仍然是印度文字所处的阶段——我们可以提出很多看似合理的解释并去证明。但随着时间的推移，破译的正确路径应该会变得明显，因为使用正确语言进一步识读出的符号会与之前识读的符号相一致，而使用错误语言识读的符号必然是不一致的。目前，一些有说服力的以德拉威语为基础的识读似乎有了一致的结果，但数量太少，无法为确定文字提供足够的证据。目前一个主要的缺点是现在除了原始德拉威语之外，几乎没有其他为人所知的候选语言。

另一种可能：根本不是文字？

最近，史蒂夫·法尔梅与其他人合作（Farmer，Sproat and Witzel，2004；Farmer，2006）提出哈拉帕符号实际上不是一种文字，而是宗教符号。他认为，目前没有发现书写在易腐烂的材料上的文字，因此，保留下来的符号代表了全部的用途。他得出这一结论是基于观察到的多种特征。首先，哈拉帕符号没有在频繁的抄写中进化，如苏美尔文字从图形和几何符号发展为由几个楔形符号组成的高度抽象的符号。但帕尔波拉（Parpola，2005）指出，哈拉帕符号实际上有一些潦草的简化。有人可能会通过将其与埃及文字进行比较，来反驳法尔梅的观点。比如正式琢刻或绘制的古埃及象形文字文本，其符号形式非常保守，留存下来的哈拉帕铭文主要发现于制作精良的器物上，其符号以很高的标准来书写；类似于古埃及文字的，一种书写速度快、写得不那么仔细的草书体，可能会在易腐烂的媒介上使用。

法尔梅也关注到陶片上没有较长的哈拉帕符号。他认为，如果哈拉帕符号是一种文字，那么这种缺失将使它在有文字的文化中独具一格，因为有文字的文化都使用陶片。但这也可能是因为哈拉帕人有其他更方便使用的媒介，比如棉布或木板，或者书写工具不适合在陶片上使用。同样地，对于法尔梅来说，没有较长的纪念性文字似乎很重要，但是哈拉帕人并没有创造出可以书写这种文字的纪念性艺术或建筑。他们找到的最接近的是朵拉维拉的标志牌，这可能是现在已经消失的公共铭文的冰山一角。法尔梅再次指出，哈拉帕艺术或文字中没有关于抄写员的描绘，哈拉帕艺术的任何分支中都没有专职人员的肖像，除了少量从事日常工作的雕像，如碾磨谷物或驾车。少数印章上的叙事场景是哈拉帕最接近特定主题的艺术，但都与宗教题材有关。

哈拉帕文字中频繁出现的单个符号对法尔梅来说意义重大。随着新的哈拉帕文本的发现，符号的数量也会增加。他认为，真正的文字不应该是这样的，新的发现应该会出现更多包含已知的独特符号的例子，从而减少单个符号的数量。他还认为，单个符号和稀有符号的比例太高。帕尔波拉（Parpola，2005）等学者证明事实并非如此，因为一般来说，形音并存文字包含少量的常用符号和大量不太常见的符号。而且即使文字系统已经很完善，新的符号也会不断增加，而这是法尔梅所否认的。从统计学上来看，哈拉帕文字的符号比例与其他形音并存文字没有显著的不同。威尔斯提出了关于单个符号的进一步观点，他指出许多是基本符号的变体或连字，而不是完全不同的符号，这在真正的文字中是可以预料的。

法尔梅还指出，在大多数文字的文本中，单个符号的重复率很高，这在哈拉帕文本中并不明显。他据此提出哈拉帕语的符号不是语音符号。但大量的符号表明，哈拉帕文字中使用了很多的表意符号，意味着与其他表意文字相比，语音符号在哈拉帕文字中所占的比例相对较低。也许更重要的是，哈拉帕文本大部分都很简短（平均4~5个符号），这使得符号在这些文本中重复出现的可能性比在法尔梅用来比较的较长的文本中重复的可能性低。

法尔梅的论点未能令人信服地解释哈拉帕符号的结构规律，而这些规律似乎有力地支持了哈拉帕符号是一种书写系统的假设。法尔梅和他的合作者提出的理论尚未被广泛接受，但它的价值在于促使学者重新审视他们的假设，并引发了激烈的辩论，由此可以加深学者对文字的理解。

破译

目前尚不确定现存的哈拉帕文本是否提供了足够的材料来破译这些文字。破译古代文字需要一定的线索。最有用的破译工具是双语文本，包含分别用未破译的文字和已知的文字与语言书写同样的内容。比如罗塞塔石碑（Rosetta Stone）帮助学者们破译了埃及象形文字，但这之所以成为可能，是因为底层语言（古埃及语）与一种已知语言（科普特语）有关。如果人们无法理解古文字的语言，就不可能破译它。如伊特鲁里亚语之所以无法被破译，是因为尽管文字可以读懂，但它是一种孤立的语言，没有足够的双语材料来重建它。如果哈拉帕文化语言是早期德拉威语，那么就有被破译的希望；如果是帕拉蒙达语，希望就不大了。

跳转到结论

在印度河文明被发现后的最初几十年里，学者们尝试了很多方法来破译文字（也包括最近的一些尝试），他们都以未经检验的假设为出发点，以此为基础进行详尽的解释，并宣称他们完全破译了印度河文字。这些假设涉及图像含义、底层语言、文本的一般内容、文字所属的类型或与同时期文字和印度次大陆之后文字的关系，很多人的研究涉及其中的多个假设。有些是疯狂的幻想，比如，根据一些符号形式表面上的相似性，而将印度河文字和遥远的复活节岛朗戈–朗戈文字（复活节岛文字本身没有被破译，因此毫无帮助）联系起来。有些没有那么疯狂，但仍然是错误的，比如有些人声称印度河文字和婆罗米文字之间存在联系。也有人从合理和有可能的假设开始，这些假设最初产生了明确和有意义的结果，诱使那些所谓破译文字的人相信这些得到了证实的假设，并以此为基础做出设想，随意地给每个印度河符号安排语义或语音内涵。这通常会导致每个符号有很多可选择的发音，每个发音对应许多可能的符号。这种方法的愚蠢从翻译结果中可以得到体现，尽管最终的假设提供了解释的空间，但翻译出来的文本通常都非常奇怪。这从现在臭名昭著的法勒·埃拉斯（Father Heras，1953：97）的"翻译"——"年中的母亲像蚂蚁一样行走"中就可以看得出来。

每一个这样的破译都有一些表面上看起来讲得通的解释，但实际上更多的是无稽之谈。显然，成功的破译应该在整个字库中会有一致的结果。用阿斯科·帕尔波拉的比喻来说，它们应该像填字游戏中的正确答案一样相互关联。

系统的方法

要想在文字破译方面取得进展，只能通过适当的科学工作，明确地提出假设，并根据内部和外部证据进行检验。找到内部证据需要艰苦的分析工作，这是近年来学术努力的方向。这些工作提供了诸如字库、索引和结构信息等内容，使任何感兴趣的学者都能进一步研究，而不像有些基于假设的破译，一旦失败就会回到起点。进一步的相关基础工作将一步一步地加深我们的理解。考古学、语言学和文献学提供的其他资料，有助于缩小哈拉帕语的特性、一些符号的图形意义和文本的潜在主旨等问题的可能性范围。完全的解读需要首先了解语言，但没有这方面的知识也可以取得相当大的进步。

在工作的某些时候，个别学者认为他们已经积累了足够的数据来提出可信的假设。提出假设并进行验证能推进对文字的破译。如果假设与所有已知的背景数据一致，并能产生有希望的结果，就需要对更多材料进行进一步的检验，其结果可能可以支持假设，也可能会提出问题，暴露假设的缺陷。沿着这些路线前进是很费力的，进展缓慢而有限，但这是可靠的方法。以乐观的态度来看，总有一天，这种进步会达到一个临界点，各种成功的积累将为目前看来无法解决的问题开辟出一条清晰的道路。

图形双语文字（Pictorial Bilinguals）

虽然目前还没有发现与印度河文字有关的双语文字，但在某些情况下，哈拉帕遗物可以作为它们的替代品。在最简单的层面上，哈拉帕艺术的表现手法揭示或确认了一些哈拉帕符号的图形意义。比如 U 形符号，在许多微型石质书板上描绘了一个半跪半坐的人物，向一棵树或一个坐着的人物供奉一件罐子，罐子的形状与 U 形符号很类似，二者可能都表示神灵。因此，这个符号必然代表了罐子，其内可能装着祭品。在许多微型书板的背面，重复出现这一标志，并伴随着一系列的短笔画，可解读为"一罐/两罐/三罐祭品"，如此这些书板可作为祭品的记录。还发现有一个罕见的标志，在同样的位置上画了一个举着一个罐子的简笔人物，应表示"提供祭品的奉献者"的含义。

普利亚卡（Priyanka，2003）对此有更进一步的看法，他认为各种站立的简笔人物符号代表着神灵，每一种符号都有不同的宗教内涵。为了证实这一观点，他对艺术和符号进行了多种比较，如对比哈拉帕出土的一件护身符上手握棍棒、两手叉腰的人物与一个两手叉腰、肩膀上有一条斜线（可能代表棍棒）的人物符号；摩亨佐达罗多件铜书板上的弓箭手形象与持弓的简笔人物；肩膀上带两根向上的短线的简笔人物符号与经常出现的有角神灵。在其他一些印章文本上，一个神灵被描绘在一棵树里，普利亚卡将之与用平行直线或波浪线围起来的简笔人物进行了比较。根据以上研究，他认为摩亨佐达罗书板的一系列符号表现的是信众向有角树神献祭的场景。

摩亨佐达罗的铜书板可能提供了另一种类型的图形双语资料。这些书板文字的范围有限，每一个文本的背面都有一个与之有关的特定的图像（一个人物或动物，可能代表神）。但在少数情况下，背面可能也是一个简短的文字。帕尔波拉（Parpola，1994）认为，这个铭文可能是其代表的神的名字。

持续的传统

马哈迪温（Mahadevan，1972）采用了另一种方法。哈拉帕的印章很可能有个人名字和官方头衔，或者兼而有之。马哈迪温试图找出这些头衔，他认为这些头衔很可能与后来印度社会使用的头衔相似。他坚持认为带有轭形符号的简笔人物形象表示"持

一道彩绘墙壁，其上的彩绘精确再现了朵拉维拉城堡的城门标志。符号的顺序是反向的，所以承载符号的标志牌必然被置在地面上，并且木制背面位于最上面；但这一切都腐朽了，只留下那些脆弱的面朝下的符号。脉轮符号是这一组符号的开始，并重复出现了几次，可能意味着王权或神权（Namit Arora/Shunya.net）

有人"（bearer）的意思，并指出其与"带把罐"符号和"箭头或矛"符号组成的两个连字，可以解读为头衔，这是从后来德干的王名"Satavahana""Salivahana"中得到的灵感，这两个王名分别意为"持罐者"和"持矛者"。虽然有人反对这种特殊的解释，但这种方法总体的原则似乎是合理的。

马哈迪温还指出很像（但绝对不是表示）一个六辐条轮子的符号最初代表的是太阳，该符号在后来的印度图像学中很重要，表示脉轮，象征着神权、主权和达摩（dharma，道德或宗教责任）。马哈德文认为，其含义可能来自德拉威语的图形字谜："*vec/vey/ve–"，是太阳、上帝和国王的同音异义词。脉轮符号经常出现在哈拉帕文字中。在几件铜斧和一件大小瘤牛印章上发现了与此有同样顺序的 7 个符号，包括一对脉轮符号。帕尔波拉（Parpola，1994）认为这可能是一个王室头衔。朵拉维拉标志牌上的 4 个符号组成的序列与之一致，标志牌上的 9 个符号中有 4 个是脉轮。在这种情况下，"神或王"的意思与此文字可能的意义是吻合的。

语言和同音异义词

同音异义词提供了扩展符号意义的重要方式。但与符号的图形意义不同的是，寻找同音异义词需要对其潜在的语言做出假设。对这一假设的证实取决于是否为许多符号找到合适的同音异义词，这些符号的图形价值是确定的，从中可形成可靠的读法。使用推荐的语言德拉威语，该方法已取得了很有前景的结果，但它们目前太少，还无法提供决定性的证据。

帕尔波拉（Parpola，1994）认为，很多哈拉帕人的名字可能有神名结构（即包含一个神的名字），如在传统印度中，神灵也会在铭文的其他背景中涉及。因此，他努力寻找一组可能是神灵名字的符号序列或连字，他的研究集中在常见的鱼的标志上。法勒·埃拉斯（Father Heras，1953）确认这类符号在德拉威语中有可用的同音异义词"min=fish/shining/star"。鱼似乎不太可能是印章文本的主题，所以在这种情况下，符号可能被用作同音异义词，它被解读为"星星"，就像在哈拉帕的一些图像中，鱼作为符号代表的明显的意义一样。帕尔波拉识别了许多包含鱼形符号的连字和序列。鱼的符号经常与数字配对，帕尔波拉认为，在每个案例中，都有来自宗教神话的对应星群，并在古泰米尔中得到证实。因此，一条鱼加上数字 6 即为"aru–min"（六颗星），是德拉威人对昴宿星的称呼，在神话中被认为是七贤者的 6 个妻子。天上七贤的代表是大熊星座，它的德拉威语名字"elu–min"（七颗星）对应印度河鱼形符号与数字 7 的组合。"Mum–min"（三颗星）是后来人们知道的梅尔嘎希尔萨（Mrgasirsa）星座的名字。这些名称中的两个元素都是符号，其图形解释是可靠的，而且每个鱼和数字的组合都可对应一个已知的星座，这也支持了这些解释，并得到了马哈迪温等很多学者的认可。

马哈迪温（Mahadevan，1997）发现帕尔波拉对鱼的符号组合的一些解释不那么令人信服。帕尔波拉试图将每一例文本中已知的星座名与符号元素的解释相匹配。例如，他通过同音异义词"vel=white/veli= 封闭空间"，认定鱼形符号与一对括弧内的长线条的组合表示"Vel-min"（白星，德拉威语中金星的名字）。而马哈德文指出，"veli"更准确的意思是"开放的空间，外部"，这与标识不符。去除这些额外的解读，将鱼形符号组合与星座对应的整体论点并不会受到影响，只是这些强调了为哈拉帕符号找到可靠解释的重要性。

尽管已经取得了一些进展，但在可预见的未来，哈拉帕文字很可能仍然无法破译。

参考文献

ABHI, 2004. The Indus Script: Was It Really a Script? December 17[EB/OL]. [2007-01-12]. www.sepiamutiny.com/sepia/archives/000834.htm1.

ALLCHIN F R, AGUEROUS M A, 1998. An Ancient Visitor Returns?[J]. South Asian Studies, 14(1): 155-159.

ASHFAQUE S M, 1989. Primitive Astronomy in the Indus Civilization[J]//KENOYER J M. Old Problems and New Perspectives in the Archaeology of South Asia. Wisconsin Archaeological Reports. Vol. 2. Department of Anthropology. Madison: University of Wisconsin: 207-215.

DAMEROW P, 2006. The Origins of Writing as a Problem of Historical Epistemology[EB/OL]. Cuneiform Digital Library Journal, 2006(1)[2007-01-12]. cdli.ucla.edu/pubs/cdlj/2006/cdlj2006_001.html.

EHRET C, 1988. Language Change and the Material Correlates of Language and Ethnic Shift[J]. Antiquity, 62(236): 564-574.

FAIRSERVIS W A, 1984. Harappan civilization according to its writing[J]//ALLCHIN B, 1981. South Asian Archaeology. Cambridge, UK: Cambridge University Press: 155-161.

FAIRSERVIS W A, 1992. The Harappan Civilization and its Writing[M]. New Delhi: Oxford&IBH Publishing Co.

FAIRSERVIS W A, SOUTHWORTH F C, 1989. Linguistic Archaeology and the Indus Valley Culture[J]//KENOYER J M. Old Problems and New Perspectives in the Archaeology of South Asia. Wisconsin Archaeological Reports. Vol. 2. Department of Anthropology. Madison: University of Wisconsin: 133-141.

FARMER S, 2003. Five Cases of Dubious Writing in Indus Inscriptions: Parallels with Vinca Symbols and Cretan Hieroglyphic Seals[EB/OL]. [2007-01-12]. www.safarmer.com/indusnotes.pdf.

FARMER S, 2003. Five cases of Dubious Writing in Indus Inscriptions: Parallels with Vinca Symbols and Cretan Hieroglyphic Seals[EB/OL]. [2007-01-12]. www.safarmer.com/indusnotes.pdf.

FARMER S, 2006. Lectures and Articles Online[EB/OL]. [2007-01-12]. www.safarmer.com/downloads/.

FARMER S, SPROAT R, WITZEL M, 2004. The Collapse of the Indus script Thesis: The Myth of a Literate Harappan Civilization[EB/OL]. [2007-01-12]. www.safarmer.com/fsw2.pdf.

FARMER S, WEBER S A, BARELA T, SPROAT R, WITZEL M, 2005. Temporal and Regional Variations in the Use of Indus Symbols: New Methods for Studying Harappan Civilization[EB/OL]. Electronic Journal of Vedic Studies, 11(2): 19-57[2006-08-20]. www.safarmer.com/downloads/abstract2.html.

FULLER D Q, 2007. Non-human Genetics, Agricultural Origins and Historical Linguistics in South Asia[M]//PETRAGLIA M D, ALLCHIN B. The Evolution and History of Human Populations in South Asia. Netherlands: Springer: 389-439.

HEMPHILL B E, LUKACS J R, KENNEDY K A R, 1991. Biological Adaptations and Affinities of Bronze Age Harappans[J]//MEADOW R H. Harappan Excavations 1986–1990: A Multidisciplinary Approach to Third Millennium Urbanism. Madison, WI: Prehistory Press: 137-182.

HERAS H, 1953. Studies in the Proto-Indo-Mediterranean Culture[M]. Vol. 1. Bombay: Indian Historical Research Institute.

HUNTER G R, 1934. The Script of Harappa and Mohenjo-daro and Its Connection with Other Scripts[M]. London: Kegan Paul, Trench, Trubner&Co.

JOSHI J P, PARPOLA A, 1987. Corpus of Indus Seals and Inscriptions. I. Collections in India[C]. Helsinki: Suomalainen Tiedeakatemia.

KENOYER J M, 1998. Ancient Cities of the Indus Valley Civilization[M]. Karachi: Oxford University Press and American Institute of Pakistan Studies.

KNOROZOV Y, 1976. The Characteristics of the Language of the Proto-Indian Inscriptions[J]//ZIDE A R K, ZVELEBIL K V. The Soviet Decipherment of the Indus Valley Script: Translation and Critique. Janua Linguarum, Series Practica, 156. The Hague and Paris: Mouton: 55-59.

KONISHI M A, 1987. Writing Materials during the Harappan Period[J]//PANDE B M, CHATTOPADHYAYA B D. Archaeology and History, Essays in Memory of A. Ghosh. Vol. 1. New Delhi: Agam Kala Prakashan.: 213-217.

KOSKENNIEMI K, PARPOLA A, 1979. Corpus of Texts in the Indus Script[M]. Helsinki: Suomalainen Tiedeakatemia.

KOSKENNIEMI K, PARPOLA A, 1982. A Concordance to the Texts in the Indus Script[M]. Helsinki: Suomalainen Tiedeakatemia.

KOSKENNIEMI S, PARPOLA A, PARPOLA S, 1973. Materials for the Study of the Indus Script, 1: A Concordance of the Indus Inscriptions[M]. Helsinki: Suomalainen Tiedeakatemia.

LAL B B, 2002. The Saraszvati Flows On. The Continuity of Indian Culture[M]. New Delhi: Aryan Books International.

LUBOTSKY A, 2001. The Indo-Iranian Substratum[EB/OL]//CARPELAN C, PARPOLA A, KOSKIKALLIO R. Early Contacts between Uralic and Indo-European: Linguistic and Archaeological Considerations. Helsinki: Societo finnoougrienne: 301-317[2007-04-06]. www.ieed.nl/lubotsky/pdf/Indo-Iranian%20substratum.pdf.

MCALPIN D, 1981. Proto-Elamo-Dravidian: The Evidence and Its Implications[J]. Philadelphia: American Philosophical Society.

MAHADEVAN I, 1972. Study of the Indus Script through Bi-lingual Parallels[J]. Paper read at the Second All-India Conference of Dravidian Linguists, Sri Venkateswara University// POSSEHL G L,1979. Ancient Cities of the Indus. New Delhi: Vikas Publishing House: 261-267.

MAHADEVAN I, 1977. The Indus Script: Texts, Concordance and Tables[M]. Memoirs of the Archaeological Survey of India 77. New Delhi: Archaeological Survey of India.

MAHADEVAN I, 1982. Terminal Ideograms in the Indus Script[M]//POSSEHL G L, Harappan Civilization: A Contemporary Perspective. New Delhi: Oxford&IBH Publishing Co.: 311-317

MAHADEVAN I, 1997. An Encyclopaedia of the Indus Script[EB/OL]. International Journal of Dravidian Linguistics, 26(1): 110[2007-01-27]. www.harappa.com/script/maha0.html.

MAHADEVAN I, 1999. Murukan in the Indus script[EB/OL]. Journal of the Institute of Asian Studies. 16(2): 21-39[2007-01-27]. www.murugan.org/research/mahadevan.html.

MAHADEVAN I, 2000. The Arrow Sign in the Indus Script[EB/OL]. [2007-04-06]. www. harappa.com/arrow/1.htm1.

MAHADEVAN I, 2000. Aryan or Dravidian or Neither? A Study of Recent Attempts to Decipher the Indus Script (1995–2000)[EB/OL]. Electronic Journal of Vedic Studies, 8(1): 3-21[2007-04-06]. www.ejvs.laurasianacademy.com/ejvs0801/ejvs0801.pdf.

MAHADEVAN I, 2006. A Note on the Muruku Sign of the Indus Script in light of the Mayiladuthurai Stone Axe Discovery[EB/OL]. [2006-05-16]. www.harappa.com/arrow/stone celt Indus signs.html.

MAHADEVAN I, 2007. Agricultural terms in the Indus script[EB/OL]. [2007-06-06]. www. harappa.com/arrow/Indus-script-terms.html.

MAHADEVAN I, KHAN O, 1998. Interview.January 17[EB/OL]. [2007-01-27]. www. harappa.com/script/mahadevantext.html#4.

MAINKAR V B, 1984. Metrology in the Indus Civilization[J]//LAL B B, GUPTA S P. Frontiers of the Indus Civilization. New Delhi: Books and Books: 141-151.

MALLORY J P, 1989. In Search of the Indo-Europeans. Language, Archaeology and Myth[M]. London: Thames and Hudson.

MASICA C P, 1979. Aryan and non-Aryan elements in North Indian agriculture[J]// DESHPANDE M M, HOOK P E. Aryan and Non-Aryan in India. Ann Arbor, MI: Center for South and Southeast Asian Studies: 52-151.

MEADOW R H, KENOYER K M, 1994. Harappa Excavations 1993: The City Wall and Inscribded Materials[C]//PARPOLA A, KOSKIKALLIO P. South Asian Archaeology 1993. Helsinki: Suomalainen Tiedeakatemia: 451-470.

MEADOW R H, KENOYER J M. Excavations at Harappa 1994–1995: New Perspectives on the Indus Script, Craft Activities, and City Organization[J]//RAYMOND, ALLCHIN B. South Asian Archaeology 1995. New Delhi: Oxford&IBH Publishing Co.: 139-72.

NISSEN H J, DAMEROW P, EMGLUND R K, 1993. Archaic Booldceeping[M]. Chicago: University of Chicago Press.

O'CONNOR J J, ROBERTSON E F. Ancient Indian Mathematics[EB/OL]. [2006-11-24]. www-history.mcs.st-andrews.ac.uk/Indexes/Indians.html.

PARPOLA A, 1994. Deciphering the Indus script[M]. Cambridge, UK: Cambridge University Press.

PARPOLA A, 2005. Study of the Indus script[EB/OL]. [2007-01-18]. www.harappa.com/script/indusscript.pdf.

POSSEHL G L, 1996. Indus Age: The Writing System[M]. New Delhi: Oxford University Press.

PRIYANKA B, 2003. New Iconographic Evidence for the Religious Nature of Indus Seals and Inscriptions[J]. East and West, 53: 31-66.

ANDREW R, 2002. Lost Languages. The Enigma of the World's Undeciphered Scripts[J]. New York: McGraw-Hill.

SHAH S G M, PARPOLA A, 1991. Corpus of Indus Seals and Inscription. Vol. 2. Collections in Pakistan[C]. Helsinki: Suomalainen Tiedeakatemia.

SOUTHWOETH F C, 1974. Linguistic Stratigraphy of North India[J]//SOUTHWORTH F C, APTE M L. Contact and Convergence in South Asian Languages. International Journal of Dravidian Linguistics, 3(1–2): 201-223.

SOUTHWORTH F C, 2005a. Prehistoric Implications of the Dravidian Element in the NIA Lexicon, with Special Attention to Marathi[EB/OL]. International Journal of Dravidian Linguistics, 34(1): 17-28[2007-04-06]. ccat.sas.upenn.edu/}fsouth/DravidianElement.pdf.

SOUTHWORTH F C, 2005b. Linguistic Archaeology of South Asia[M]. London: Routledge-Curzon.

SOUTHWORTH F C, 2006. Proto-Dravidian Agriculture[EB/OL]//OSADA T. Proceedings of the Pre-symposium of RIHN and 7th ESCA Harvard-Kyoto Roundtable. Kyoto: Research Institute for Humanity and Nature: 121-150[2007-02-12]. ccat.sas.upenn.edu/}fsouth/Proto-DravidianAgriculture.pdf.//OSADA T.Proceedings of the Pre-symposium of Rihn and 7th ESCA Harvard-Kyoto Roundtable. Kyoto: Research Institute for Humanity and Nature.

SUBRAMANIAN T S, 2006. Significance of Mayiladuthurai Find[N]. The Hindu May 1, 1.

THAPAR R, 1999. The Aryan question revisited[EB/OL]. Transcript of lecture delivered on October 11 at the Academic Staff College, JNU. [2006-01-31]. www.members.tripod.com/ ascjnu/aryan.html.

THAPAR R, 2000. Hindutva and history[EB/OL]. Frontline, October 13. [2007-04-06]. www. safarmer.com/frontline/horseplay.pdf.

VEENHOF K R, 2000. Kanesh: An Assyrian Colony in Anatolia[J]//SASSON J M. Civilizations of the Ancient Near East. Peabody MA: Hendrickson Publishers (Reprint of 1995 edition. New York: Scribner's): 859-872.

WANZKE H, 1987. Axis Systems and Orientation at Mohenjodaro[J]//JANSEN M, URBAN G. Reports on Fieldwork Carried out at Mohenjo-daro, Pakistan 1982–83 by the IsMEO-Aachen University Mission: Interim Reports II. Aachen and Rome: RWTH and IsMEO: 33-44.

WELLS B, 1998. An Introduction to Indus Writing[EB/OL]. MA thesis, Department of Archaeology University of Calgary Calgary Alberta, Canada. [2007-03-06]. www. collectionscanada.ca/obj/s4/f2/dsk2/ftp03/MQ31309.pdf

WELLS B, No date. Unpublished doctoral dissertation[D]. Department of Anthropology Harvard University.

WITZEL M, 1999a. Substrate Languages in Old Indo-Aryan (R̥gvedic, Middle and Late Vedic)[EB/OL]. Electronic Journal of Vedic Sanskrit, 5(1): 1-67. users.primushost.com/} india/ejvs/ejvs0501/ejvs0501 article.pdf.

WITZEL M, 1996b. Early Sources for South Asian Substrate Languages[EB/OL]. Mother Tongue, Special Issue. October: 1-70[2007-04-06]. www.people.fas.harvard.edu/%7Ewitzel/ Substrates_ MT1999.pdf.

WITZEL M, 2000. The home of the Aryans[EB/OL]//HINZE A, TICHY E. Anusantatyai. Dettelbach, Germany: J. H. Roell: 283-338[2007-04-06]. www.people.fas.harvard. edu/~witzel/AryanHome.pdf.

WITZEL M, FARMER S, 2000.Horseplay in Harappa[EB/OL]. Frontline, October13. [2007-04-06]. www.safarmer.com/frontline/horseplay.pdf.

ZIDE A R K, ZVELEBIL K V, 1976. The Soviet Decipherment of the Indus Valley Script: Translation and Critique[J]. Janua Linguarum, Series Practica, 156. The Hague and Paris: Mouton.

ZVELEBIL K V, 1972. The Descent of the Dravidians[J]. International Journal of Dravidian Linguistics, 1(2): 57-65.

第 二 部 分

最新进展

第 11 章　印度河文明在今天

印度河文明自 80 年前发现以来，一直挑战着学者们对它的认识。近年来，系统的、以问题为导向的研究的应用，加上许多新的、意想不到的资料，使很多以前的解释都被推翻了。

印度河文明的早期图景在很大程度上是通过对摩亨佐达罗和哈拉帕这两座伟大城市的发掘揭示出来的。后来调查中又发现了其他城市，并在朵拉维拉和拉齐嘎里的遗迹也开展了考古工作。在古吉拉特邦、印度–恒河分水岭地区和萨拉斯瓦蒂河谷的发现极大地扩展了哈拉帕文明的范围；现在人们对哈拉帕文化的多样性有了更深入的了解。不过摩亨佐达罗和哈拉帕的资料仍然提供了关于该文明的大部分信息，反映了它们显著的重要性。最近在城市遗址的考古中使用了很多现代考古方法，继续推进了人们对该文明的认识和理解。HARP 考古队的发掘工作确立了哈拉帕遗址的年表，且朵拉维拉等几处遗址年代顺序已经明确。然而，整个成熟哈拉帕时期的发展历史仍然鲜为人知。

最近几十年，对一些农村聚落（包括纳格斯瓦尔等专业手工业村落）的考古工作，改善了早期工作过分集中在城市和城镇的缺陷。在巴哈瓦尔普尔和古吉拉特邦等地区开展的考古调查，极大地提高了对哈拉帕文化遗址的范围和多样性的认识。跨学科的研究，包括植物考古、动物考古、体质人类学和实验考古（特别是那些旨在研究哈拉帕文化技术的实验考古），提供了很多新的信息。最近在次大陆其他地区以及在邻近的阿曼、伊朗和阿富汗进行的研究加深了人们对哈拉帕文明出现、繁荣和衰落的背景的理解。

这些资料仍然只能对哈拉帕文明的主要问题提供部分答案：是什么造就了印度河文明的发展？谁统治着哈拉帕国家，它为什么会解体？

哈拉帕文明的出现

对原始国家（primary or pristine state）的研究确定了促使国家形成的多种原动力，它们可能在全球范围内刺激了社会和经济复杂性的发展，导致了文明的出现。这些原动力包括人口增长、农业生产率提高、环境挑战、资源不平衡和技术创新。其他因素，如竞争，手工业专业化和宗教也参与了这一发展过程。

我们还不清楚在过渡时期（公元前 2600—前 2500 年）究竟发生了什么，早哈拉帕时期地区的传统发展成为统一的成熟哈拉帕国家，导致大多数早哈拉帕时期遗址被放弃或遗弃，在新的位置或原来的遗址上建立其新的聚落。许多关键的发展一定在早哈拉帕时期就已经开始；其他发展则只发生在成熟哈拉帕时期开始之后。

人口的增长与分布

在印度-伊朗边境地区的史前时期，随着时间的推移，以农业和畜牧业为基础的遗址数量和密度稳步增长。相比之下，印度河平原和邻近地区的人口主要靠狩猎采集为生。有限的资料表明，印度河地区的遗址数量很少且小，分布也很分散，尽管在某种程度上，资料有限也是因为寻找狩猎采集遗址困难很大。在一些狩猎采集遗址中也有家畜的存在，证明了狩猎采集者与边境地区人群的接触，这种接触可能是在牧民从山地到平原的季节性迁徙的背景下发生的。山区人口增长的潜力受到严重限制，因此，从公元前四千纪到公元前三千纪，定居者从边境地区迁徙到平原和更远的古吉拉特邦，最初是牧民，农民也随之而来。大印度河地区的巨大潜力为人口的快速增长提供了空间。据推算，到成熟哈拉帕时期结束时，哈拉帕人口数量达到 100 万 ~500 万人，远远低于该地区的承载能力。

边境地区局促的山谷之间由几条路线相连，缺乏发展成大型政治集团的潜力。相比之下，广阔的平原几乎没有地理障碍，由水路和相对不受限制的陆路连接，为更大型的社区、更先进的社会网络、更广泛的政治团体的发展创造了条件。由此形成了多个以不同遗物（如陶器）为标志的区域文化。与此同时，早期哈拉帕时期高地和低地社区之间的联系继续保持着，但低地和高地地区整合程度差异很大，可能意味着它们已经在朝着不同的方向发展。因此，尽管南部边境地区的库利文化人群与哈拉帕人有着特殊的关系，但边境地区并没有成为成熟哈拉帕国家的一部分。

早哈拉帕时期更大、人口更密集的社会内部及之间的关系需要社会控制机制来调节，这必然促成了更大的社会发展和政治复杂性。哈拉帕遗址在早哈拉帕时期就已经是一座重要的城镇，占地约 25 万平方米，可能是该地区的中心遗址，或为该地区的农村居民提供了政治领导以及商品和服务。哈拉帕遗址的发展很可能是这一国家崛起的关键。

集约农业

农业生产力的提高是文明发展的必要前提。农业生产中的剩余产品推动了人口的增长，社会的一部分人开始专职从事手工业生产或行使权力。通常，农业生产率高的地区受到环境的限制，限制了其向适合该文化农业发展的地区以外的扩张。

印度–伊朗边境地区的人群发展了一种混合经济，包括了季节性迁徙的畜牧业和在相对有限的适宜土地上开展的耕地农业。有限的降雨促进了灌溉和节水的早期发展。而向印度河地区的迁徙带来的主要挑战是如何解决相反的问题——过量的水。平原上的早期遗址在选址时避开了活跃的泛滥平原，可能直到成熟哈拉帕时期，才有了足够的技术和劳动力来堆筑巨型台基，并在台基上建造房子，从而解决了洪水问题。目前尚不清楚平原上的农业是否需要灌溉，但水利工程知识很早就得到了发展，这对于建造成熟哈拉帕城市和城镇所需的水井、水池和排水系统至关重要。

北部和东北部的山脉、南部的沙漠是农业扩张的天然障碍。大印度河地区的两端都是开放的，古吉拉特邦通往德干高原，东部地区通往恒河–亚穆纳交汇地区。但就早哈拉帕人的农作物和动物而言，德干高原和恒河–亚穆纳交汇地区都缺乏发展潜力，在这个阶段缺乏进一步扩张的动力。

资源的不平衡与贸易

文明往往形成于农业潜力巨大而重要原材料匮乏的地区。剩余的农产品可用于支持对外贸易，与此同时刺激手工业生产的发展，以制作贸易所需的产品。组织不同的经济部门以获得域外货物和材料的需要，往往是文明出现的主要催化剂之一。大多数社会都参与了贸易网络，最终获得遥远土地的资源，但所涉及的机制，如亲属之间的礼物赠送和处于同一贸易链上的相邻社区之间的交换，既不能提供足够数量的货物和材料，也不能保证供应的可靠性。因此，必须发展新的和更有组织性的贸易和资源采办机制。

数千年来，印度-伊朗边境地区的人群及其在大印度河地区的邻居一直是贸易网络的一部分，材料能够在海岸和山脉之间流通，甚至到达更远的土库曼斯坦。在公元前四千纪，更有组织性的贸易网络发展起来，该网络穿越伊朗高原，将美索不达米亚和印度河串联起来，伴随着沙赫里·索科塔这样从事采办、加工和流通合适的原材料的城镇的发展。早哈拉帕人参与了这些网络，他们不断扩大的视野使他们接触到了南部和东部新的社区和原材料。尤其是他们获得了阿拉瓦利山丰富的铜矿资源，这对一个日益依赖金属制品的社会来说至关重要。邻近地区新材料的获取减少了他们对伊朗高原贸易网络的依赖，但他们仍然还维持着低水平的参与度。随着低地国家的出现，人们与边境地区的联系日益削弱，通往锡斯坦的贸易路线也不再被使用。

早哈拉帕人占据的区域有着他们所需的丰富的资源，通过与相邻人群的贸易也可得到其他一些资源，贸易对象包括长期保持友好关系的人群，如拉贾斯坦邦的狩猎采集者，或者有亲属关系的人群，特别是仍然生活在边境地区的先民。大印度河流域的资源分布并不平均，随着社区向区域边缘扩散，对贸易管理的要求也增加了。这种情况在哈拉帕遗址的体现是，在过渡时期之前，来自南部的材料开始出现在遗址中，反映出贸易关系的扩大。有些材料用于制作工具和满足日常所需，而有些材料，特别是制作珠宝的材料，则具有象征意义，用来彰显社会地位或满足思想或宗教的需要。因此，在大印度河地区，组织资源采办而非对外贸易的需要是哈拉帕国家出现的关键因素。

航海的作用

早哈拉帕人对原材料等商品的需求不断增长，促进了交通的改善，并吸收了印度河平原和海岸的渔猎采集者积累的知识和技术。在印度河泛滥平原上建立的聚落可能反映了河流运输日益增长的重要性。詹森（Jansen，2002）认为摩亨佐达罗遗址就属于这种情况，因为其位置本来不适合居住，附近的印度河带来了巨大的洪水风险。其原始选址位于哈拉帕遗址、山地和朵拉维拉、海洋之间的中心位置，这里也处于印度河与一条通过卡奇平原和博兰山口进入西部山区的主要通道的交叉点上。建造摩亨佐达罗的防洪台基（大约 400 万人/日）所耗费的大量劳动表明，当时存在一个能够组织建造和动员、供养必要劳动力的权威机构。

虽然对外贸易在印度河文明的出现中所起的作用很小，但随着航海技术的成熟，哈拉帕人很快就开始从事航海，以获得阿曼的铜矿，其次获得美索不达米亚的纺织品等产品。到公元前 24 世纪晚期，哈拉帕的船只已经在苏美尔人的港口停靠。在马克兰建立的聚落，能充分利用可安全进行海上航行的季节。前哨遗址，如肖图盖遗址的建立，是为了获取原材料。作为控制海外贸易的城市，朵拉维拉得到了快速的发展；摩亨佐达罗是整个贸易网络的枢纽，是所有路线的交汇点，发挥着突出的作用，哈拉帕则是控制北方贸易的中心。

高风险的土地

不可预测和不可靠的气候或环境因素，特别是可影响水供应（对农业和生活来说至关重要）的因素，往往会造成早期社会对宗教领袖的依赖，他们被认为拥有安抚神灵和控制事件的力量。天文学知识可以提供重要的历法信息，以便于合理进行农事活动，这种知识通常被宗教权威垄断以提高其影响。

公元前 4000 年左右，当来自边境地区的人群在平原上定居时，他们不得不适应这种截然不同的环境。印度河流域是一个高产的农业区，但也是一个极其不可预测的地区，每年洪水的范围和位置都很不稳定，河流也很容易改道。控制这种不确定性的需要必然增加了人们对宗教领袖的依赖。哈拉帕人的天文学知识水平，可以从后来哈拉帕城市和城镇中街道遵循的基本方位充分反映出来。这种知识的发展可能是为了测定季节和了解自然周期。月站历似乎至少可以追溯到公元前四千纪后期，那时毕宿五的偕日升标志着一年（春分）的开始。但随着后来毕宿五作为标志日益变得不合理，从公元前 2700 年左右，昴宿星成为偕日升时最接近春分的星座。

在过渡时期，大多数早哈拉帕时期的遗址被废弃，有些被大火烧毁，也许是为了从仪式上净化遗址。新聚落的建设遵循了一定的原则，如基本方向和污水处理系统的设计，表明新意识形态的广泛采用。人们很容易将这一变化与日历的改变（公元前2700—前 2500 年期间，昴宿星取代毕宿五成为春分的标志）联系到一起。就农业的组织来说，这样的改变很可能是在一个强大的意识形态背景下做出的。无论事实是否如此，哈拉帕国家的出现似乎仍有可能与广泛采用的一种与宗教方面的统一意识形态密切相关，这种意识形态规定了正确的行为方式。这种统一的意识形态将是组建多族群社会的强大手段。

哈拉帕遗址可能是哈拉帕文明的第一座城市。这个城市有组织地发展着，没有像其他许多遗址那样经历显著而突然的转变。在哈拉帕，人们发现了早期文字发展的证据，以及早期哈拉帕时期的石质砝码。在成熟哈拉帕早期，AB 墩和 E 墩都建有城墙，有些区域还建造了台基。哈拉帕文化城市形态的概念可能就是从该遗址发展起来的，包括台基和城墙、基本朝向的街道、水利工程和水的重要性、用相同大小和比例的砖块建造的房子、一处带围墙的可能包含各种公共建筑的区域、器物形态和装饰的标准，以及用来制作特殊器物（尤其是具有象征意义的器物）的特定材料。哈拉帕是科特·迪吉文化的中心聚落，是早哈拉帕时期最大的遗址。从那里开始，这种意识形态可能会像浪潮一样蔓延到邻近的地区，对新聚落的建造和旧聚落的改造形成强烈的影响。

冲突

在许多早期文明中，随着人口的持续增长，资源日益紧缺，社区间对资源的争夺日益加剧，最终演变成战争。能够用武力保卫社区和战胜邻国、扩大资源的人掌握了权力。这导致以军事力量为主导的统一领土国家的出现，这些国家内部存在社会不平等，反映了资源获取能力的差异。同时也需要防御那些资源有限的邻近地区。

印度河文明似乎在这一过程中没有发生过战争和军事集权。一个原因是印度河地区有丰富的资源，对哈拉帕人来说似乎绰绰有余，因此社区间不需要竞争。另一个原因是没有虎视眈眈的邻居，印度–伊朗边境地区的人群通过之前的亲属关系联系在一起，有些人可能仍然在冬季前迁徙至平原放牧，并从事互惠互利的贸易。同样，邻近地区的渔猎采集人群和农业社区，包括阿拉瓦利斯和喜马拉雅地区，通过和平合作比掠夺获得的好处更多。因此，军事主义在哈拉帕文明的出现及其持续的凝聚中都没有发挥作用。相反，这个国家似乎是通过经济合作和共同的意识形态联系在一起的。

印度河国家社会政治学的理论

尽管存在很多争议，但哈拉帕政治组织的性质还不明确，甚至在它是否是单一的国家这一问题上都没有达成一致。

哈拉帕模式

接受哈拉帕的意识形态给参与其中的社区一种团结的感觉，但这是自由选择而非强制的。因此，国家的政治组织需要社区的自愿参与，这些社区与国家存在利害关系。这符合波塞尔（Possehl，2002）的观点，即国家是一个分层结构，拥有共同的权力和集体责任。这意味着机构组织是自下而上的，而不是自上而下的。没有一个强大的中央机构任命官员来控制地区，那些权力将由地方委任，可能是由部落首领或地方长老组成的委员会，对本地社区参与更大社会网络的活动进行管理。这一责任也有可能被赋予给宗教领袖。这样一个系统仍然在一定程度上需要尽管可能相对薄弱的等级和集权。城市和其他遗址在规模和复杂性上的巨大差异，城市数量少且均匀分布的状况，表明城市作为区域行政和组织中心具有重要的政治作用。

国家或联邦（Federation）？

许多学者认为，印度河文明实际上并不是一个国家，而是由更小的单位组成的联邦，这些单位拥有共同的物质文化和意识形态。印度河器物等方面突出的一致性掩盖了较小的文化群体和文化差异，识别区域实体难度甚大。但区域实体在文明出现之前就已存在，在文明消亡后又重新出现，这表明它们在整个文明时期都有发展，只不过不显山露水而已。宗教习俗的多样性也表明了印度社会的多元文化倾向。但大量小型城邦的存在可能会导致竞争和冲突，这在哈拉帕文化中是看不到的。在特定地区内，贝壳手镯或珠子等器物生产的专业化程度和巨大规模也不支持区域国家的存在。这些运营似乎不太可能由依赖区域间贸易的单个国家进行。像纳格斯瓦尔和洛塔尔这样的专业聚落服务于整个印度河地区，而不仅仅是古吉拉特邦。生产是一体化的，一些物品在现场加工，另外一些则送往内陆完成。因此，一个统一国家似乎是证据更多、更有可能性的解释。

国王-祭司？

哈拉帕国家是一个神权国家的说法，似乎特别适合于印度河的背景。僧侣占据了意识形态等级的最高地位，他们经常掌握世俗权力。但许多学者对这一理论并不满意。

在某些方面，将世俗权力和宗教权力一分为二是错误的。在所有古代文明中，无论政府是什么形式，统治者都是通过神的指示来进行统治。神永远是社会的最高权威，统治者是实现其意志的途径。从这个意义上说，所有社会都是神权社会。因此，需要讨论的是：统治者控制社会的途径；他们所遵循的指示（the sanctions at their disposal）；强迫人们与其他人分享劳动成果，并保证获得他人产品的机制；动员、激励和供养建设及维护聚落防洪台基所需的大量劳动力，以及如维护和清理复杂的垃圾处理系统等市政工作所需的少量劳动力的方式。在我看来，权力归属于祭司阶层的社会模式比较契合哈拉帕社会。

难以捉摸的权力标志物，对用水净化的强调，对隔离而非颂扬的提倡，都更符合精神层面而不是世俗层面上的精英和统治者。没有明显的证据表明存在使用武力对不可接受行为进行制裁，神圣惩罚的无形威吓是主要的制裁方式，以管束潜在的做坏事的人，确保其符合社会秩序。社区本身在管理和维持这样一个系统方面通常非常有效，不需要国家的介入。

共同的意识形态是一个主要的整合机制。宗教扮演了一个调节的角色，个体履行其义务，提供供品和劳动来取悦神灵，因为害怕神的惩罚，他们会避免错误的行为。在许多社会中大规模建设有巨型纪念碑，如神庙或墓葬。考虑到遗址中与天文密切相关的主方向布局，以及天文学和宗教之间的联系，城市台基很可能也是为了纪念众神而建造的。

亲属关系

亲属关系可能也是哈拉帕国家组织的基础。历史上，作为同一家庭成员分别从事的活动，耕作和季节性转场放牧的历史整合从印度–伊朗边境地区先民在平原上生活时便已开始，由此形成一个机制，使得人们在广阔的区域内相互联系，并具有相互义务。狩猎采集社会也有类似的特征，如大印度河地区的狩猎采集社会与山区的人群很早就有小规模的联系。外来人口与土著居民的和平融合进一步加强了一种相互依存的制度，个体都有权利和义务在社区内流通商品和服务，这可谓是迦吉马尼制的先驱。

有些国家是领土国家，其公民拥有土地或与那些拥有土地的人联系在一起。这些国家的基础是定居农业，他们的人民以其定居之地来看待他们的身份。因此，权力是通过对领土的控制来行使的，通常统治者或该地区的神灵是所有土地的名义所有者。另一些国家是建立在对人民而不是领土的控制的基础上，更可能建立在畜牧业这样的生计经济基础上。这些制度以等级制度为特征。在等级制度中，个人需要为国家的上层阶级服务，他们通常与上层阶级有理论上的亲属关系；他们没有土地所有权，只有使用权，这是一个复杂的权利和义务的网络。在这样的国家里，忠诚不在于地方，而在于人（族群或部落），而身份则通过亲属关系来表达。虽然哈拉帕人既从事农业也从事畜牧业，但哈拉帕国家更有可能属于第二种类型。畜牧业仍然是经济的主要组成部分，跟渔猎采集社会一样，尽管在一些地方可能有永久耕地，但在很多地方，由于变幻莫测的河道，每年的可耕种土地经常改变，使得人们很难占有某一块特定土地。这种社会体系，结合类似迦吉马尼一类的制度，可以将亲属或职业群体整合成一个单一的整体。

国家管理

国家的发展加强了人们相互依存的体系，增加了一些官方的控制和秩序，扩大了运行的规模。一个管理阶层出现了，其作用是促进和组织货物和材料的流通。规模经济得到了发展，有专门的手工业生产中心，在那里加工材料并流通到整个哈拉帕地区；贸易队伍被派遣到海外，甚至在美索不达米亚和阿富汗也建立了一些资源采办殖民地。

城镇在交通节点或有利于获取资源的位置发展起来。乡村和城镇的手工业生产可以由当地农业来维持。一些常年务农或捕鱼的村民可能在淡季来到卫星手工业村落，从事制作珠子或加工贝壳等活动。城镇里的工匠和国家工作人员可能靠征收农业税来维持生计，这些农业税可能是在城门口征收的，这里经常有砝码出土，可能通过对货物或材料的称重以扣除一定比例。

在适当的时间和季节，物品和材料可能作为强制性的供品被征收并献给神灵，并在宗教节日时分发。在同样的背景下，其他物品和材料可能由宗教机构分配，其价值由于被神灵暂时拥有而得到了提升。在印度的传统中，会通过迦吉马尼制度提供不固定的税费和服务，在哈拉帕时期也可能是这样。

来自国内其他地区或域外的货物和材料的流动和分配很可能受到官僚机构的控制。正在运输或等待分配的货物可能只需要暂时储存，而且数量相对较少；似乎不太可能出现许多国家所特有的囤积行为。

一个王系？

摩亨佐达罗的石雕可能表现的是统治者或重要人物（如圣人或宗教领袖）。所有这些石雕均出自摩亨佐达罗的晚期堆积，而且都是残损的。它们可能是被故意破坏的，虽然也有可能仅仅是由于事故和风化破坏。尽管目前没有支持此观点的证据，一个有趣的观点认为石雕是属于一个统治王朝的肖像，在该王朝被推翻时遭到了蓄意破坏。若是如此，在更早阶段没有发现这样的雕像，可能意味着这个时候存在的王系打破了传统。

印度河文明的崩溃

在公元前二千纪早期，哈拉帕文明的最后几个世纪里，包括哈拉帕、摩亨佐达罗和朵拉维拉等遗址的市政标准出现了下降。排水系统缺乏维护，劣质房屋通常用以前房屋的砖块建造。陶窑和金属窑炉等重型手工业遗迹开始出现在原来的住宅区中，摩亨佐达罗堡垒上的柱廊大厅被划分为手工业作坊。在摩亨佐达罗遗址，城市生活的崩溃似乎尤为明显，死者被草草埋葬在废弃的房屋里或街道上。在许多遗址中发现贵重物品窖藏，拥有者再也没有回来取走，显示出一种动荡的社会环境。

整个国家统一的内部贸易体系开始瓦解，各个地区逐渐依赖当地的资源和贸易网络。区域文化开始出现，且与 500 年前的早期哈拉帕时期有许多物质上的相似之处；一些地区发展起来，而另一些地区，尤其是信德省，则持续衰落。书写系统和砝码被抛弃。古吉拉特邦继续进行海外贸易，但与印度西部而不是哈拉帕地区联系紧密。在东部地区，随着定居者向恒河-亚穆纳交汇地区扩散，萨拉斯瓦蒂河谷的人口逐渐减少。

印度河文明的解体，一些地区中遗址的废弃，以及随后文化的消失，与其他早期文明形成了鲜明的对比，这些文明通常被竞争对手取代，或发展了新的中心并重新崛起。当文明在印度重新出现时，它是在一个与之前完全不同的恒河流域。该流域内的文明在南亚之后的历史中相继兴起和衰落。印度河文明崩溃的原因还不完全清楚，但已经有一些可能的线索。

健康

摩亨佐达罗城市衰败的一个原因可能是居民的健康状况不佳。遗址上层的骨骼被埋在废弃的房屋里或街道上，在过去被认为是战争的受害者（惠勒认为是印度雅利安人的袭击），但研究表明结论完全不同。在这些著名的"大屠杀受害者"的骨骼上没有发现暴力的痕迹，只有两个例外，但这两个案例中都是死前很久才受的伤。相反，这些骨骼显示很多人曾遭受疟疾的折磨，这种疾病通过蚊子传播。在城市附近的洪水泛滥地区可能提供了蚊虫滋生的温床。摩亨佐达罗的居民可能也患有霍乱。从排水管渗出的废水可能污染了很多水井中的饮用水，少数病例可能迅速发展为传染病。

环境问题

许多可能的自然和人为的灾害被认为是文明崩溃的原因，其中一些是突然的、剧烈的，另一些是长期的、隐伏的。例如，季风可能略微南移，减少了某些地区的降雨量，导致干旱，又增加了其他地区的降雨量，引发洪水。但关于这个问题的观点和证据随着时间的推移而起伏不定，我们仍然不能确定这样的变化是否发生了。如果发生了，它是否导致了印度河的衰落。

气候变化

公元前三千纪后期，全球干旱加剧，严重影响了古埃及文明、美索不达米亚文明以及哈拉帕人在锡斯坦的邻居。对印度河流域的影响是其降低了夏季季风的可靠性，但又增加了冬季的降雨量，这两种影响都没有对哈拉帕文化的农业造成严重的影响，尽管它可能推动了农业多样化的发展。但最近对哈拉帕遗址土壤样本的研究表明，这一全球干旱时期对该地区的植被和景观产生了长期的影响，可能导致了区域内人口的减少和公元前 1900—前 1600 年很多遗址的废弃。

环境恶化

有人认为，烧制建造聚落所用的砖块导致了大规模的森林砍伐。但最近的调查显示，印度河流域的灌木植被是一种可持续的燃料来源，足以满足烧砖所需。也许更大的原因是手工业燃料的消耗，特别是金属加工，再加上陶器和费昂斯烧制。为建造房屋和供应出口，人们也砍伐了数量不详的木材。发展农业也可能导致森林砍伐。在古吉拉特邦等地区，环境恶化的证据有限，在晚哈拉帕时期，该地区开始用灌木刺槐树和粪便作为燃料，这意味着此前森林砍伐的力度非常之大。

海岸线

在公元前三千纪后期，海平面开始下降，使得马克兰的哈拉帕文化港口相对位置变高并干涸。这必然对途径马克兰的贸易产生了重大影响。索拉什特拉的洛塔尔遗址失去了通往大海的道路，昆塔西遗址在公元前 1700 年左右被遗弃。在索拉什特拉半岛北部的贝特·德瓦卡（Bet Dwarka）建立了一个新的港口，该遗址坐落于后退后的陆地上（如今又位于水下了）。

古吉拉特邦的海岸也受到了印度河等河流大量淤泥沉积的影响，泥沙的涌入导致兰恩喀奇的开放水域逐渐向盐沼转变，尽管成熟哈拉帕文化的最后几个世纪其转变程度有多大是未知的。但可能这个转变已经足够给航运带来不便，形成了危险的浅水区，并迫使人们暂停使用一些已建立的海上航道。朵拉维拉的衰落（在公元前 20 世纪被暂时废弃）可能与入海通道的变化有关。

印度河

印度河地区容易发生地震，在几个遗址中都观察到了地震的影响，包括成熟哈拉帕时期的朵拉维拉和早哈拉帕时期的卡利班甘。但在人口减少的那段时间，并没有在遗址中发现重大地震破坏的痕迹。有记录以来，因构造活动喷发的泥浆偶尔会堵塞印度河，造成大规模但短暂的积水和洪水。但没有令人信服的证据表明摩亨佐达罗在关键时期曾经历过大规模和长期的洪水。

印度河河道已有多次变更，有时变化非常明显。今天的河流比哈拉帕时期更偏东。但平原上大洪水和河道变迁是经常发生的灾害，哈拉帕人在他们第一次征服平原后便学会了如何应对，如将中心聚落建造于巨型台基上，而在河滩上的村民大部分时间或所有时间均生活在船屋上。

萨拉斯瓦蒂河谷

相比之下，在公元前二千纪早期，萨拉斯瓦蒂河谷发生的变化可能是印度河文明衰落的一个主要原因。在哈拉帕时代，萨拉斯瓦蒂河谷是主要的河流系统，它至少从西瓦利克流到巴哈瓦尔普尔，在那里形成了巨大的内陆三角洲。从西瓦利克山脉发源的一系列小河流向古萨拉斯瓦蒂河提供了水源，但其大部分水源来自喜马拉雅山脉的两条大得多的河流：萨特莱杰河和亚穆纳河。在其全盛时期，萨拉斯瓦蒂河谷聚集了哈拉帕文化中数量最多的遗址，其耕地产量也占据首位。亚穆纳河为德里萨瓦拉蒂河（萨拉斯瓦蒂河的主要支流）提供了大部分水源，到公元前二千纪早期，亚穆纳河转而流入恒河。德里萨瓦蒂河的水量变得很小，成为季节性河流。巴哈瓦尔普尔的晚哈拉帕时期遗址集中在亚兹曼（Yazman）东部的萨拉斯瓦蒂地区，该地区由萨特莱杰河提供水源。后来，萨特莱杰河也改道，转而流入印度河。这些变化导致萨拉斯瓦蒂河谷人口大规模减少，到公元前二千纪末，这里成为一片充斥着陶片和废墟的地方。与此同时，在恒河–亚穆纳交汇地区上游的南部和东部地区出现了新的遗址。有些遗址位于古河道上，说明此时亚穆纳河已经东移。据推测，许多晚哈拉帕时期的移民都来自萨拉斯瓦蒂河谷。

改变农业制度

在成熟哈拉帕时期，主要作物——小麦、大麦和多种豆类——都是在冬天播种的。众所周知，在公元前二千纪早期之前，夏季作物水稻尽管已有出土但栽种很少。本地小米也在夏季种植，是索拉什特拉的主要作物，但产量很低。在公元前二千纪早期，产量更高的非洲小米（高粱、龙爪粟、珍珠粟）开始种植。这些新作物需在夏季投入时间和精力（秋收作物栽培）。

在成熟哈拉帕时期，农业生产力低的古吉拉特邦，其居民部分或全职从事其他活动，如陆地和海洋贸易，贝壳加工和珠子制作、捕鱼和制盐，向其他哈拉帕文化地区提供货物和材料同时得到生计物资。非洲粟的种植，极大地提高了生产力，在公元前二千纪早期带来了索拉什特拉的农业革命，这大大增加了遗址的数量；罗迪等遗址的规模比以前大得多。索拉什特拉的新繁荣为古吉拉特邦提供了一个本地市场，降低了其加入哈拉帕贸易网络的需求。古吉拉特邦选择退出哈拉帕国家，这对国家组织产生了严重影响。

以增加劳动力为代价，现在可以在能同时种植旧作物和新作物的地区，每年种植两种作物。如在卡奇平原，水稻成了一种重要的作物。由于水稻需要灌溉，这就意味着在建立永久性灌溉系统方面需要投入大量的劳动力。小米耐干旱，因此非常适合在以前进行过粗放放牧的边缘地区种植。小米既可以作为人类的食物，也可以作为家畜的饲料。

水稻也开始在印度河东部地区种植。事实证明，这对促进农业社区逐渐扩展到恒河地区北部这一方面很重要。

外部联系

海上贸易

海上贸易对哈拉帕人的重要性还不明确。有人认为，公元前 2000 年左右，由于苏美尔的政治变化，与苏美尔直接贸易的中断，可能影响了哈拉帕国家。但这似乎不太可能，因为直到公元前 18 世纪苏美尔经济崩溃，哈拉帕国家本身已经衰落，以迪尔蒙为中转站的贸易仍在继续，尽管规模有所减小。海平面的下降使得马克兰的港口失去了作用；哈拉帕国家的崩溃，迫使海上贸易转移到古吉拉特邦晚哈拉帕人群手中，他们与迪尔蒙和马根的贸易持续进行，至少直到约公元前 1600 年。

陆上贸易者、袭击者和定居者

在公元前二千纪早期，巴克特里亚–玛尔吉亚纳文化先民扩展到锡斯坦等邻近地区，并逐渐渗透到印度河地区或与印度河居民进行贸易。而在印度河文化衰落之后，巴克特里亚–玛尔吉亚纳文化遗物出现在俾路支省卡奇平原的皮拉克等遗址，同时出现在哈拉帕遗址的墓地 H 文化、信德省丘卡尔文化、斯瓦特地区的犍陀罗墓葬文化，甚至远在拉贾斯坦邦的吉伦德遗址中。摩亨佐达罗最后阶段的人骨存在明显的多样性，表明有些是外来人群。俾路支省被烧毁的遗址表明，新来者是袭击者而不是商人，尽管很少有证据表明印度河地区也是如此。

语言证据表明，来自大草原的原始印度–伊朗游牧民族曾与巴克特里亚–玛尔吉亚纳文化有过一段时间的接触。后来，说印度–雅利安语的后裔开始出现在次大陆北部，包括斯瓦特地区。他们到达此地的最明显的考古证据是驯马首次出现在次大陆上。他们在公元前 1700—前 1500 年，哈拉帕国家解体之后很久，开始渗透到旁遮普邦。

总结

　　哈拉帕城市文明的衰落可能是由许多因素造成的。在国家外围区域以秋收作物栽培为主的转变可能严重打乱了已有的手工业生产、防洪工程建设、排水系统维护等工作的时间安排，而国家的平稳运行依赖于此。萨拉斯瓦蒂河水位的下降及由此导致的农民向东部地区的迁移，打破了哈拉帕国家以往的统一状态，破坏了它的凝聚力和控制内部贸易网络的能力。与此同时，古吉拉特邦可能一直在坚持其独立性。摩亨佐达罗居民的健康状况不佳，无力于改善这一状况，该遗址的衰落将严重影响到内部，尤其是印度河沿岸贸易网络的管理。国家组织瓦解了，留下了古吉拉特邦、卡奇平原和旁遮普或东部地区等繁荣的地区社区，但破坏了维系城市生活的基础。

参考文献

AGRAWAL D P, KHARAKWAL J S, 2003. Archaeology of South Asia. II. Bronze and Iron Ages in South Asia[M]. New Delhi: Aryan Books International.

CHAKRABARTI D K, 1997. The Archaeology of Ancient Indian Cities[M]. New Delhi: Oxford University Press.

DALES G F, 1964. The Mythical Massacre at Mohenjo Daro[J]//POSSEHL G L. Expedition, Vol. 6: 36-43. Reprinted 1979 in Ancient Cities of the Indus. New Delhi: Vikas Publishing House: 293-296.

FULLER D Q, 2007. Non-human Genetics, Agricultural Origins and Historical Linguistics in South Asia[M]//PETRAGLIA M D, ALLCHIN B. The Evolution and History of Human Populations in South Asia. Dordrecht, Netherlands: Springer: 389-439.

JACOBSON J, 1986. The Harappan Civilization: An Early State[J]//JACOBSON J. Studies in the Archaeology of India and Pakistan. New Delhi: Oxford&IBH Publishing Co: 137-173.

JANSEN M, 2002. Settlement Networks of the Indus Civilization[J]//SETTAR S, KORISETTAR R. Indian Archaeology in Retrospect. ll. Protohistory. Archaeology of the Harappan Civilization. Indian Archaeology in Retrospect, 2002, 2: 105-128.

KENNEDY K A R, 1984. Trauma and Disease in the Ancient Harappans[J]//LAL B B, GUPTA S P. Frontiers of the Indus Civilization. New Delhi: Books and Books: 425-436.

KENNEDY K A R, 2000. God-Apes and Fossil Men: Palaeoanthropology of South Asia[M]. Ann Arbor: University of Michigan Press.

KENOYER J M, 1994. The Harappan State. Was It or Wasn' t It?[J]//KENOYER J M. From Sumer to Meluhha: Contributions to the Archaeology of South and West Asia in Memory of George F. Dales, Jr. Wisconsin Archaeological Reports. Vol. 3. Department of Anthropology. Madison: University of Wisconsin: 71-80.

KENOYER J M, 1998. Ancient Cities of the Indus Valley Civilization[M]. Karachi: Oxford University Press and American Institute of Pakistan Studies.

KENOYER J M, MEADOW R H, 1998. The Latest Discoveries: Harappa 1995–98[EB/OL]. [2005-06-14]. www.harappa.com/indus2/index.html.

LAWLER A, 2007.Climate Spurred Later Indus Decline[J]. Science, 316: 979.

MEADOW R H, KENOYER J M, 2003. Recent Discoveries and Highlights from Excavations at Harappa: 1998–2000[EB/OL]. [2005-06-14]. www.harappa.com/indus4/el.html.

MISRA V N, 1984. Climate, a Factor in the Rise and Fall of the Indus Civilization—Evidence from Rajasthan and Beyond[J]//LAL B B, GUPTA S P. Frontiers of the Indus Civilization. New Delhi: Books and Books: 461-489.

MISARA V N, 1994. Indus Civilization and the Rgvedic Sarasvati[C]//PARPOLA A, KOSKIKALLIO P. South Asian Archaeology 1993. Helsinki: Suomalainen Tiedeakatemia: 511-526.

MISARA V N, 1995. Climate Change and the Indus Civilization[J]//GUPTA S P. The "Lost" Sarasvati and the Indus Civilization. Jodhpur, India: Kusumanjali Prakashan: 125-163.

MUGHAL M R, 1984. The Post-Harappan Phase in Bahawalpur District, Pakistan[J]//LAL B B, GUPTA S P. Frontiers of the Indus Civilization. New Delhi: Books and Books: 499-503.

POSSEHL G L, 1990. Revolution in the Urban Revolution: The Emergence of Indus Urbanization[J]. Annual Review of Anthropology, 19: 261-282.

POSSEHL G L, 1999. Indus Age: The Beginnings[M]. New Delhi: Oxford University Press.

POSSEHL G L, 2002. The Indus Civilization. A Contemporary Perspective[M]. Walnut Creek, CA: AltaMira Press.

RAIKES R L, 1984. Mohenjo-daro Environment[J]//LAL B B, GUPTA S P. Frontiers of the

Indus Civilization. New Delhi: Books and Books: 455-460.

RATNAGAR S, 2000. The End of the Great Harappan Tradition: Heras Memorial Lectures 1998[M]. New Delhi: Manohar.

SINGLE G, 1971. The Indus Valley culture: Seen in the context of post-glacial climatic and ecological studies in north-west India[J]. Archaeology and Physical Anthropology in Oceania, 6(2): 177-189.

YASH P B S, SNOOD R K, AGRAWAL D P, 1984. Remote Sensing of the "Lost" Saraswati River[J]//LAL B B, GUPTA S P. Frontiers of the Indus Civilization. New Delhi: Books and Books: 491-497.

译后记

自参加良渚古城遗址的考古工作后，我们逐渐萌生了了解与良渚同时代和同等发展阶段古文明的浓厚兴趣。在购买了大量中文著作之后，发现可以购买到的相关著作多为通识性的、概论性的文本，翻译的国外著作也多为通俗读物，对深入了解古文明的一些内涵和细节方面作用有限，遂产生了直接阅读外文文献的想法。哈拉帕文明年代与良渚文明相当或略晚，一向被认为是旧大陆四大古文明之一。而相对于古埃及和苏美尔文明，哈拉帕文化的中文著作更是少之又少，严重影响了我们对该文明的深入了解。犹记得良渚古城遗址申遗迎检时，联合国教科文组织世界遗产委员会的咨询机构——国际古迹遗址理事会（International Council on Monuments and Sites，ICOMOS）派来的迎检专家便是来自印度的考古学家和申遗专家莉玛·胡贾（Rima Hooja）女士。在良渚遗址考古与保护中心（良渚工作站）我们与莉玛·胡贾女士有过一次座谈，我曾问起她对良渚文明和哈拉帕文明社会发展的看法。在我问完这个问题后，整个座谈的中心便围绕这个话题愉快地开展下去了。甚至在迎检结束后，莉玛·胡贾女士还专门给我们做了一期关于哈拉帕文明的讲座。

《失落的神秘之地：古印度河文明》（*The Ancient Indus Valley: New Perspectives*）的作者简·R. 麦金托什（Jane R. McIntosh）是苏格兰人。她在剑桥大学学习考古学，取得博士学位，并在剑桥大学担任教职多年。她参加过伊拉克、塞浦路斯、印度和英国等国的田野考古工作。自 1995 年以来，她一直从事考古相关的著作及文章撰写，以及多媒体方面的工作。该书既有一定的学术水平，又较为全面地反映了哈拉帕文明的考古成果和相关认识。难易程度也相对适中，比较适合入门者。本书由陈明辉和林森完成。陈明辉完成了第 1~6 章和 11~12 章的翻译，林森翻译了第 7~10 章，整个书稿由陈明辉整合和统稿。

"世界古文明译丛"的开展得到了浙江省委宣传部"良渚文化宣传经费"、杭州良渚遗址管理区管理委员会和良渚博物院的支持。

"世界古文明译丛"将会是一个长期的项目，目前浙江省委宣传部资助 21 本，良渚博物院和杭州良渚遗址管理区管理委员会分别资助 3 本，已有 27 本著作正在推进之中。

由于学力有限，本书的翻译难免会有错漏，敬请读者谅解。

译　者

2021 年 11 月 15 日